요한신학

레온 모리스 著
홍 찬 혁 譯

기독교문서선교회

JESUS IS THE CHRIST

By
Leon Morris

Translated by
Chan - Hyuk Hong

Copyright © 1989 by Leon Morris
Originally published by William B. Eerdmans publishing Co.
as *Jesus is the Christ* by Leon Morris
Translated by permission of William B. Eerdmans publishing Co.
255 Jefferson S. E. Grand Rapids, Hichigan 49503
All rights reserved.

Korean Edition
Copyright © 1998 by Christian Literature Crusade
Seoul, Korea

감사의 말씀

이 책을 저술함에 있어서 나는 Bo Reicke과 G. E. Ladd를 위한 나의 논문 Festschriften을 사용하였다. 제2장에서 나는 William C. Weinrich에 의해서 편집된 *The New Testament Age*의 Volume II에 발표된 나의 소고 "요한복음에서의 표적과 설교의 관계"의 대부분을 포함하였다. 나는 이 자료를 사용할 수 있도록 허락한 the Mercer University Press에게 감사한다. 제3장에서 나는 Robert A. Guelich에 의해서 편집된 *Unity and Diversity in New Testament Theology*에 발표된 나의 소고 "요한복음의 예수"를 사용하였다. 나는 여기에서 그것을 사용하도록 허락한 the William B. Eerdmans Publishing Company의 은혜에 감사를 표한다.

저자 서문

    1976년 나는 일리노이 주 디어필드(Deerfield, Illinois)에 있는 트리니티 신학교(Trinity Evangelical Divinity School)의 객원 교수로서의 행복한 경험을 할 수 있었다. 여러 가지 일 중에 나는 요한 신학을 가르치도록 요청받았다. 이것은 내가 이제껏 가르치던 영예 중 가장 고무적인 수업이었다. 나는 나의 학생들이 내게서 얼마나 배웠는지 모르지만, 확실한 것은 그들이 나에게 많은 것을 가르쳤다는 점이다. 사실 그들은 그보다 더했다. 그들은 나에게 요한신학에 대해 어떤 것을 저술하도록 하는 욕망을 주입시켰던 것이다. 그 기간을 통하여 다른 위임들이 나를 압박해 왔었지만 그것들을 손댈 수 없었다. 그러나 오랜 기간이 지난 이제야 비로소 나는 1976년의 수업에 대한 나의 의무를 치를 수 있기 바라며, 요한신학을 가르치면서 내가 배웠던 바의 어떤 것들을 표현하기 원한다.

    이것은 요한의 모든 저술들을 살펴보게 할 것이며, 대부분의 최근 저자들이 요한 학파로서 이해하는 바를 말할 수 있게 할 것이다. 그러나 그것은 저자에 관한 문제 등과 같은 토론에 몰두시킬 것이기에, 그것들이 의심할 여지없이 중요하기는 하지만 여기에서는 그러한 문제들을 제쳐놓고 다루지 않았다. 이 책은 단순히 제4복음서에서 가르치는 것을 다룬 일련의 에세이들이다. 나는 이것을 남김없이 철저하게 다루려고 하지 않았다. 그래서 의심할 여지없이 나의 많은 독자들은 내가 포함해야만 했던 주제들을 생각하게 될 것이다. 그러나 나는 단순히 요한이 선포한 그의 목적(20:31)을 취하였고 그 목적이 성취된 약간의 방법을 보여주려고 할 뿐이다.

　이것은 76년 수업에 대한 나의 작은 의무이다. 나는 이것이 요한의 저술들을 연구하는 다른 학생들에게 관심을 보여주리라고 확신하는 바이다.

레온 모리스

역자 서문

이 책은 레온 모리스의 『요한신학』(원제: 예수는 그리스도이시다 - 요한신학 연구, *Jesus is the Christ - Studies in the Theology of John*〈Grand Rapids: Wm. B. Eerdmans Publishing Company, 1989〉)을 번역한 것이다. 레온 모리스는 한국 교계에 익히 알려져 있는 신학자이다. 그의 책 중의 많은 책이 이미 한국에 번역되어 소개되었다. 『신약의 십자가』(이승구 역, 기독교문서선교회, 1987)나 『신약신학』(박용성 역, 기독교문서선교회, 1990), 『요한복음서 주석』 등. 그러나 그의 전공이 요한신학이라는 사실을 생각해 볼 때, 이 책 『요한신학』은 그의 저서 중에서 그의 신학적 업적이나 신학적 견해를 가장 잘 나타내 주는 그의 대표작이라고 생각된다. 더구나 이 책의 출판이 최근의 것이기에 더욱 그렇다 할 수 있다.

이 책은 요한신학을 저술해 나감에 있어서 요한이 말하고 있는 그의 기록 목적(요 20:30-31)을 취한다. 그러면서 성경 자체가 말하고 있는 성경 자체의 증언을 깊이 있게 다루고 있다. 각주에 언급되고 있는 다양한 서적들은 이 책이 평범한 신앙 교양 서적이 아님을 보여준다. 오히려 많은 학자들의 논의를 집대성하고 나름대로의 비판을 가하여 자신의 입장을 보여준 역작이라고 할 수 있다. 레온 모리스가 얼마나 성경에 집중하였는가는 이 책을 읽어 가는 중에 저절로 알게 되리라고 생각한다. 우리는 그에게서 성경을 보는 시야를 넓힐 수 있을 것이다.

몇몇 군소 신학교의 강사로 뛰어다니며, 목회의 여러 가지 일들에 휩싸이다 보니 번역하는 기간이 생각보다 의외로 오래 걸렸다. 그러나 그 길고 긴 기간 동안 격려를 아끼지 않고 기다려 주신 CLC 편집부에 감사를 드린다. 특히 어린 나를 격려하시며 끝까지 용기를 주신 기독교문서선교회의 박영호 회장님께 감사를 드린다.

아무쪼록 이 작은 책이 요한복음을 이해하려는 모든 주님의 백성들에게 조금이나마 도움이 되기를 빈다. 졸역이라 할지라도 넓은 아량으로 더욱 큰 격려와 사랑을 부탁드리며….

1995년 2월에
예닮장로교회에서 역자 識

차 례

- 저자 서문
- 약어표

제 1 장 요한복음의 신학적 목적 ·· 11
제 2 장 표적과 설교의 관계 ·· 35
제 3 장 인간 예수 ·· 65
제 4 장 하나님의 그리스도 ·· 97
제 5 장 하나님의 아들 ··· 123
제 6 장 "나는 …이다"는 말씀들 ·· 147
제 7 장 하나님 아버지 ··· 171
제 8 장 성령 ··· 195
제 9 장 "너희로 믿게 하려 함이요" ··· 227
제 10 장 생명 ··· 251

약어표

ANF	The Ante-Nicene Fathers
BAGD	W.Bauer, W.F.Arndt, F.W.Gingrich, and F.W. Danker, *A Greek-English Lexicon of the New Testament and Other Early Christian Literature*
BDF	F.Blass, A.Debrunner, and R.W.Funk, *A Greek Grammar of the New Testament*
CBQ	Catholic Biblical Quarterly
DB	James Hastings(ed.), *Dictionary of the Bible* (rev. by F.C.Grant and H.H.Rowley)
ET	*Expository Times*
GNB	Good News Bible
IB	*Interpreter's Bible*
IBD	*Illustrated Bible Dictionary*
IDB	*Interpreter's Dictionary of the Bible*
ISBE	*International Standard Bible Encyclopedia*
JB	Jerusalem Bible
JBL	*Journal of Biblical Literature*
JTS	*Journal of Tneological Studies*
LB	Living Bible
LXX	The Septuagint
NEB	New English Bible
NIDNTT	*New International Dictionary of New Testament Studies*

NIV	New International Version
NovT	*Novum Testamentum*
NTS	*New Testament Studies*
RSV	Revised Standard Version
SBk	H.Strack and P.Billerbeck, *kommentar zum Neuen Testament*
SE	*Studia Evangelica*
TDNT	*Theological Dictionary of the New Testament*

제1장

요한복음의 신학적 목적

요한은 그가 복음서를 저술하는 목적이 무엇인지 우리로 하여금 추측하게 하지 않았다. 그는 우리에게 명백하게 말해주는 것이다. "예수께서 제자들 앞에서 이 책에 기록되지 아니한 다른 표적도 많이 행하셨으나 오직 이것을 기록함은 너희로 예수께서 하나님의 아들 그리스도이심을 믿게 하려 함이요 또 너희로 믿고 그 이름을 힘입어 생명을 얻게 하려 함이니라"(20:30-31). 이 목적에 대한 진술은 즉시 우리로 하여금 예수께서 행하신 '표적'과, 요한이 '많은' 이야기들 중에서 하나를 선택했다는 사실과 또한 그가 기록한 모든 것들, 즉 신학적이고 복음적인 목적에 주의를 기울이게 한다. 요한은 그의 복음서에 많은 일들을 기록했다. 즉 세례 요한의 사역, 예수의 설교, 예수의 생애 마지막 날 밤에 다락방에서 행해진 장엄한 이야기, 고무적이기도 하면서 동시에 실망시키기도 한 사건, 고난과 부활로 그 절정에 이르기까지이다.[1] 그러나 그

---

1) 이 다양한 주제들은 이 책을 연구하는 광범위하고 다양한 접근법을 가져온다. Brevard S. Childs는 "J. A. T. Robinson과 van Unnik는 요한복음이 디아스포라 유대인들을 회심토록 하기 위한 선교용 핸드북으로 공급되었다고 논증하며, Baldensperger는 세례 요한 주위의 한 분파주의적 그룹을 반박하기 위한 변증적 목적으로 이해한다. Wilkens는 그 복음서의 의도가 우선적으로 영지주의적인 이단과 도케티즘의 가르침을 반대하기 위한 것이라고 말한다. R. E. Brown,

가 이 모든 이야기의 목적을 말하는 부분에서 그것들은 단지 "표적"이라고만 말해진다. 나는 요한이 그 표적들을 복음서에서 가장 중요한 부분으로 여기고 있다고 생각하지는 않는다. 오히려 그것은 그가 그 모든 목적을 명확하게 하려고 할 때, 그가 참고하는 표적들이었다는 의미이다.[2]

1. 표적

요한은 "표적"이라는 단어를 사용하는 데 있어서 자신만의 독특한 방식을 가지고 있다. 이것은 그것 자체를 넘어 무엇인가를 지시해 주는 중요한 단어이다.[3] 하나의 이적을 이 용어로 지시할 때, 그것은 독립적인 사건이 아니며, 그 자체로서 끝나는 사건이 아니다. 그 이적보다는 어딘가 다른 곳에서 성취되는 의미를 가지는 것이다. 물론 그 용어가 요한에게만 한정된 것은 아니다. 공관복음서 저자들도 자주 그 표현을 사용한다(마태는 13회, 마가는 7회, 누가는 11회 사용한다).[4] 그러나

Martyn, Meeks 등은 그 책의 역할을 적대적인 단체와 투쟁하는 상황에서 공동체의 사회적 정체성을 확립하는 것에 초점을 맞추는 것에 동의한다. 마지막으로 Barrett는 외부적인 요소들을 강조하는 것에 대한 반작용으로서 그 책이 다른 사람에 의해서 읽혀지는지의 여부와는 별개로 저자의 내부적인 이유가 제1의 것임을 논증한다"라고 진술한다(*The New Testament as Canon*, London, 1984, pp. 123-24). 나는 이처럼 막대한 양의 다양한 견해들을 다 다루려고 시도하지 않는다. 다만 내가 할 수 있는 한 복음서의 본문에 따르려고 한다.
2) 이 점은 때때로 간과된다. 어떤 학자들은 신약신학을 저술하면서 표적들에 대한 특별한 주의없이 요한신학을 저술한다. 그러나 요한의 전제 위에서 나는 표적들을 생각하지 않으면서 요한복음의 목적이 파악될 수 있는지를 이해할 수 없다.
3) K. H. Rengstorf는 요한의 용법에서 "sēmeion은 신학적인 해석을 위해 열쇠가 되는 말로 이러한 점에서 공관복음서나 사도행전뿐 아니라 주변 세계의 사용법과도 근본적으로 다른 점이 있다"고 논평한다(*TDNT*, VII, p. 247). 요한은 "표적"을 사용하는 그 자신의 방식을 가지고 있어서 다른 사람들이 그 용어를 사용하는 방식으로 설명하려고 하지 않는다.
4) 아마 우리는 누가에게 사도행전에 나와있는 13번을 더 더해줘야 할 것이다. 바울은 그 용어를 8번 사용하고 히브리서가 1번, 그리고 요한계시록이 7번 사용한다. 그래서 신약성경 전체에서 모두 77번 사용된다.

그들은 천사들이 목자들에게 강보에 싸여 구유에 누운 아기를 보게 되리라고 말할 때의 "표적"이나(눅 2:12), 또는 바리새인들이 예수께 보여주기를 구한 "하늘로서 오는 표적"(막 8:11)과 같은 방식으로 사용한다. 예수께서는 그들이 "악하고 음란한 세대"라서 표적을 구한다고 비난하고, 이어서 선지자 요나의 표적밖에는 보일 표적이 없다고 말씀하신다. 하나님께서 요나 안에서 역사하셨기 때문에 그는 하나의 "표적"이다. 예수는 그 마지못해하던 선지자가 밤낮 사흘을 큰 물고기 뱃속에 있었던 것같이 인자도 "밤낮 사흘을 땅 속에 있으리라"고 말씀하신다(마 12:38-40). 또 다른 경우에 바리새인과 사두개인들이 연합하여 예수께 와서 표적을 구할 때, 예수는 그들이 하늘의 붉고 흐림에 따라 날씨를 분별할 줄 알면서 "시대의 표적"을 분별하지 못한다고 비난하시며 다시 한번 "악하고 음란한 세대"는 표적을 구하나 "요나의 표적"밖에는 보여 줄 표적이 없다고 말씀하신다(마 16:1-4).

예수의 제자들은 표적을 구할 수 있었다. 그들은 예수께 "어느 때에 이런 일이 있겠사오며 이 모든 일이 이루려 할 때에 무슨 징조(표적)가 있사오리이까"(막 13:4; 눅 21:7 참고)라고 묻는다.[5] 마태는 이것을 "어느 때에 이런 일이 있겠사오며 주의 임하심의 징조(표적)는 무엇이니이까"라는 형태로 표현한다(마 24:3). 마태가 비록 특별히 하늘에 나타난 "인자의 징조"를 언급하기는 하지만(마 24:30), 이어지는 설교에서 예수는 그들이 요청했던 "표적"을 말하지 아니하고 다만 차례대로 일어날 큰 표적들과 기사들을 말할 뿐이다(마 24:24; 막 13:22; 눅 21:25-28).

그들의 요구가 여러 표적들이 아니고 하나의 표적이었다는 것이 중요

---

5) "이 질문은 성경 내외적인 모든 묵시문학에 걸쳐 존재하는 질문이다. 그들은 표적이 될 어떠한 것들이 말해지길 원하였다. 즉 그들은 종말로 향하는 것을 알게 하는 절대적인 수단들을 알기 원하였다. 사실 그들은 봄으로써 안심할 수 있기를 원했던 것이다. 그러나 단일한 표적 대신에 예수 그리스도는 이해할 수 없는 복잡한 표적들을 그들에게 제시하셨다. 그의 대답의 목적은 비밀스러운 정보를 알려주려는 것이 아니라 믿음을 확증하고 강화하려는 데에 있었다."(C. E. B. Cranfield, *The Gospel according to Saint Mark*, Cambridge, 1959, p. 394).

할지 모른다. 아무도 예수께 많은 이적들을 행하시도록 요구하지 않았다. 이로 추론해 보건대 그 "표적"은 그가 하나님으로부터 온 자라는 것에 대한 틀림없는 증거로 보여진다. 아무도 그 표적들이 어떠하리라는 기대를 말하지 않았으며, 확실히 그 표적을 구성하는 어떤 특별한 사건에 대한 기대도 없다. 그러나 사람들은 만일 예수께서 천상의 존재라는 것을 암시하는 명백한 사건이 있다면, 모든 것이 명확해질 것이라고 생각했다. 예수께서 계속 제시하기 거부했던 것은 바로 이러한 종류의 표적이었다. 그는 그가 누구이며 어떤 존재인지에 의해서,[6] 그리고 그가 항상 하시는 일에 의해서 인식되어야 했다. 볼 수 있는 눈을 가진 자들을 위한 표적들은 거기에 있었지만, 그것을 보는 모든 사람들이 확실한 믿음을 갖도록 강요하는 현혹적인 사건은 없었다. 근본적으로 그러한 이적에 대한 것은 하나님께서는 인류와 유사한 하나의 신으로서는 서기관들과 바리새인들의 개념에 따라서 행하셔야 한다고 요구하는 것이었다. 그래서 예수께서는 이러한 종류의 표적을 요구하는 자들을 "악하고 음란한 세대"라고 부르신다.

2. 요한복음의 표적

요한은 세메이온(sēmeion)이라는 단어를 17회 사용하는데, 그중 11회가 예수의 이적을 지칭한다. 이것은 니고데모가 그 마음에 품었던 일반적인 언급인지 모른다. "랍비여 우리가 당신은 하나님께로서 오신 선생인 줄 아나이다 하나님이 함께하시지 아니하시면 당신의 행하시는 이 표적을 아무라도 할 수 없음이니이다"(3:2). 니고데모가 기적과 표적을 분간하여 기적들이 그 자체로서 끝나지 아니하고(그것들이 표적들로서), 예수께서 하나님으로부터 오신 자라는 사실을 보여주는 것으로 알았다는 것에 주목하라(그는 정확하게 "표적"이 의미하는 바를 분간하

---

[6] 구약성경에서, 이사야와 하나님이 그에게 주신 그의 자녀들은 이스라엘의 표적으로 말해지며(사 8:18), 에스겔 역시 한번 이상 표적으로 말해진다(겔 12:11; 24:24). 아마 우리는 예수 자신이 그 당시의 사람들에게 표적이었다고 이해해야 할 것이다.

였던 것이다). 우리는 예수께서 나면서부터 소경된 자를 고치사 보게 하셨을 때, 어떤 바리새인의 태도에서 이와 유사한 태도를 발견할 수 있다. 바리새인 중의 하나는 "이 사람이 안식일을 지키지 아니하니 하나님께로서 온 자가 아니라"고 하였으나, 다른 바리새인은 "죄인으로서 어떻게 이러한 표적을 행하겠느냐?"라고 반문한다. 이 의견은 반박되지도 않았고, 다른 견해를 주장하는 사람이 그의 판단을 변경하지도 않았다. 그러나 두 번째 견해는 표적들에 대한 통찰력을 제공한다. 그 말을 한 사람들은 하나님께서 예수 안에서 일하고 계시며, 일반적으로 바리새인들이 할 수 있는 것보다 더 뛰어나다는 것을 인식하였다. 그러나 그가 안식일의 규례는 어긴 것으로 간주하였다.

오병이어로 오천 명을 먹이시던 날과 같이(6:2), 표적은 사람들이 예수께 오도록 이끈다.[7] 그러한 동기로 모여드는 것이 바람직한 것은 아니지만, 예수께서는 이러한 방식으로 주께 나오는 자들을 거부하시지 않았다. 잠시 후, 분명히 주님께서는 표적이 아닌 좀더 저급한 동기를 가지고 오는 자들을 비난하신다. 그는 "너희가 나를 찾는 것은 표적을 본 까닭이 아니요 떡을 먹고 배부른 까닭이로다"(6:26)라고 말하는 것이다. 표적에 의존하는 믿음이 높은 수준의 믿음은 아닐 것이다. 그러나 믿음이 없는 것보다는 낫고, 좋은 식사를 얻으려고 예수께 나아오는 것 보다는 확실히 더우더 낫다. 표적들은 믿음을 이끌어 낸다. 예수께서는 표적들에 반응하여 그를 믿는 자들을 환영하신다.[8] 이것은 그가

---

7) 요한이 계속적으로 연속된 긴장을 사용한다는 것을 마음에 새겨 두어야만 한다. "큰 무리가 따르니 이는 병인들에게 행하시는 표적을 봄이러라." 요한은 독자들로 하여금 예수께서 수많은 표적들을 행하셨다는 확실한 인상을 가지도록 한다. 그는 그것들 중의 약간을 기록하기 위해서 선택하였지만, 우리는 예수의 지속적인 치유 사역을 간과하여서는 안된다.

8) J. T. Forestell은 다음과 같이 주장한다. "표적에 대한 요한의 독특한 신학은 복음서의 현본문들로부터 드러난다. 표적들은 하나님께서 하시는 일들로서 아버지의 독생자의 영광으로서의 예수의 영광을 계시한다. 그것들은 처음 제자들에게 있어서 믿음으로 가는 정상적인 방법이었다. 아버지에 의해서 적당히 배열되고 그려지므로 사람들은 예수를 선지자로서 인식하고, 그의 말을 믿게 되어 의심한다는 것이 불가능하게 될 것이다"(*The Word of Cross*, Rome, 1974. p. 70). 이것은 표적들의 중요한 양상에 주의를 기울이게 하지만, "믿음을 가지는 정상적인

사람들이 그를 믿지 않으면 안되게끔 표적들을 행하셨다는 것을 의미하지 않는다. 잠시 후, 동일한 사건에서 사람들은 "그러면 우리로 보고 당신을 믿게 행하시는 표적이 무엇이니이까"(6:30)라고 묻는다. 그러나 제4복음서의 예수는 공관복음서의 예수께서 하시듯이 시종일관하여 그러한 종류의 표적을 행하기를 거부하신다. 표적은 믿음에 이르게 할 수 있고 자주 그렇게 했다. 그러나 그것들은 모든 대적자들을 분쇄시켜 다른 선택을 할 수 없도록 하는 그러한 종류는 아니었다.[9] 사람들은 표적으로 하나님의 손을 발견하기를 거부할 수 있으며, 따라서 당연히 믿지 않을 가능성이 항상 있었다. 하나님께서 말씀하시는 것에 대해 열려 있는 사람들만이 믿음으로 반응할 수 있다. 오직 그러한 사람들만이 이러한 방식으로 반응할 수 있고 또 그렇게 하는 것이다.

"표적"이라는 단어 자체가 필연적으로 초자연적인 것을 암시하는 것은 아니다. 이것은 풍경화를 그린 사람을 나타내는 표시(mark)로도 사용될 수 있다.[10] 그 단어를 이와 같은 의미로 사용하여, 데살로니가 교인들에게 바울이 그 자신의 자필로 인사말을 쓴 것은 모든 서신에서의 표적이라고 말한다(살후 3:17). 그는 또한 할례 역시 "표적"이라고 말할 수 있었는데(롬 4:11), 물론 이것은 하나님께서 제정하신 표적이다. 하나님께서는 오래 전에 아브라함 및 그의 자손과 할례를 언약의 표적으로 제정하셨다(창 17:10-14). 이것은 우리들로 하여금 그 단어가 성

방법"으로서 표적을 보는 것이 다음 사실들을 충분히 숙고한 것인지 의심스럽다. (a) 사람들은 표적을 보는 것이 아닌 다른 방법으로도 그리스도께 올 수 있다. (b) 표적들을 본 많은 사람들이 그 표적들에 반응하지 않았다. 그리고, (c) 요한은 표적들에 기초로 한 믿음을 높은 수준의 믿음으로 간주하지 않는다.

9) R. Bultmann은 예수의 표적 역시 그의 사역과 마찬가지로 "오해의 소지가 많은 것이었다"고 진술한다(*Theology of the New Testament*, II. London, 1955), p. 44.

10) BAGD, sub sēmeion, 1. K. H. Rengstorf는 이 용법을 "어떠한 사람이나 어떠한 사물을 알 수 있도록 하는 가시적인 표시"라고 말하며, 아픔이나 건강의 증후들, 동물이 있다는 것을 보여주는 냄새, 선박임을 알려주는 국기들, 그리고 기타 다른 예들을 언급한다. "제시된 모든 경우에서 그 사람이나 사물은 알 수 있게 되고, 그 사실이나 대상은 개념의 동화나 정확한 분류에 의해서 알 수 있게 된다"(*TDNT*, VII, pp. 204-205).

경에서 더욱 특징적인 용법으로 사용되었음을 발견하게 한다. 그 단어는 하나님의 임재와 관련되어 사용되었던 것이다. 이것은 종교적인 관습에 있어서 중요한 할례와 같이 하나님께서 명령하신 것을 언급하거나, 또는 하나님 자신이 행하신 것을 언급할 수 있다. 중요하고도 특징적인 예는 하나님께서 이스라엘을 출애굽시키신 것을 묘사하기 위해서 "표적과 기사"라는 표현을 사용하는 것이다(신 26:8). 고대 세속 사회에서 일반적인 용어로 의미될 수 있는 모든 종류의 일을 잃어버리지 않으면서, 그 용어는 경건한 백성들에게 특별한 의미를 가지게 되어 하나님의 활동을 보여줄 수 있었다.

이 "하나님의 임재"가 이 용어가 나오는 요한복음의 구절에서 기대할 수 있는 의미이다.[11] 니고데모는 그것을 알고 있었다. 왜냐하면 그가 예수께 왔을 때에 "랍비여 우리가 당신은 하나님께로서 오신 선생인 줄 아나이다 하나님이 함께하시지 아니하시면 당신의 행하시는 이 표적을 아무라도 할 수 없음이니이다"(3:2)라고 인사하기 때문이다.[12] 우리는 니고데모가 여기에서 언급하고 있는 표적이 무엇인지 알 수 없다.

요한은 오직 갈릴리 가나의 혼인 잔치에서 물이 포도주로 바뀐 것만을 언급하기 때문에, 예루살렘에서 온 이 바리새인이 그 소박한 사건을 언급하지는 않았을 것 같다. 그러나 요한은 예수께서 예루살렘 사람들이 알 수 있는 많은 표적들을 행하셨음을 우리에게 알려준다(2:23). 확실히 니고데모는 그러한 소문을 들었을 것이다. 그는 그것을 들었을 뿐

---

11) "요한복음의 기적은 계시이다"(Ethelbert Stauffer, *New Testament Theology*, London, 1955, p. 122). D. S. Cairns는 (특별히 요한복음의 것에 국한되지 아니하고) 일반적인 복음서 기적들에 대해서 말하기를 "그러므로 이러한 표적들은 계시를 구성하는 요소이지, 부수적인 것들이 아니다. 그것들은 인류를 위한 하나님의 전형적인 목적에 대한 계시이며 그의 성품이다"(*The Faith that Rebels*, London, 1933, p. 98)라고 말한다.

12) 이러한 시작은 "현재 예수께서 사람들 가운데에서 스스로 얻어가고 있는 지위에 대해 기대할 수 있는 권위에 대하여 열린 마음을 보여준다. 또한 이어지는 대화와 깊은 관련을 보여준다. 거기에서의 논점은 하나님으로부터의 계시를 가져오는 자로서의 예수의 독특한 기능이 될 것이다"(Barnabas Lindars, *The Gospel of John*, London, 1972, p. 150).

만 아니라 그것들이 무엇을 의미하는지를 깨닫게 되었다. 이렇게 그는 즉시 예수의 천상적 기원을 알아차렸다.

나는 계속해서 요한이 예수에 대하여 말하는 바와, 표적들이 예수에 대해서 무엇을 말해주는지를 진술하고자 한다. 그러나 그전에 표적들이 하나님께 대해 많은 것을 말하고 있음을 주목하자. 분별력이 있는 사람이라면 어느 누구도 요한복음에서의 예수의 지위를 축소하려 하지 않을 것이다. 그러나 우리는 반드시 이 복음서에서 아버지가 가장 높은 위치에 계신다는 것을 명확히 해야 한다. 표적들을 통해서 우리는 지극히 높으신 하나님이 일하고 계신다는 것을 알게 될 뿐만 아니라 하나님 자신을 알게 된다. 바레트(C. K. Barrett)는, 필로(Philo)와 영지주의자들과 요한복음 저자 사이의 중요한 차이를 집중적으로 묘사한다. 필로나 영지주의자들 모두는 하나님의 속성에 대한 이해로부터 출발한다. 그는 순수한 하나님이시며, 순수한 존재이시며, 전능하신 분으로서 그의 목적을 이룰 수 있는 분이시다. 그들은 "그러한 하나님이 사랑받을 만한 가치가 전혀 없고, 기꺼이 구원하고 싶지도 않은 인간을 어떻게 사랑하시고 구원하실 수 있겠는가?"라는 식의 질문을 한다. 그래서 그들은 그들이 가정하는 하나님이 어떻게 이 모든 일을 하실 수 있겠는가에 대하여 "정교한 중재 조직"을 발전시킨다. 그러나 요한은 중재자로부터 시작한다. 그 중재자는 사람들을 "성경적인 전통의 하나님 즉 비록 그가 높이 계셔도 높이 들리시며 모든 만물의 창조주이시며 사람들의 일에 대한 적극적인 참여자이시며 비천한 자들이나 죄를 깊이 뉘우치는 자들과 언제든지 함께하실 준비가 되어 있는 분"에게로 이끈다.[13] 우리는 반드시 제4복음서의 배경에 하나님의 속성에 대하여서나, 그런 하나님께서 어떻게 창조물과 그 자신 사이의 간격을 좁힐 수 있었는가와 같은 종류의 어떠한 차원 높은 이론이 없다는 것을 명확히 해야 한다. 오직 한 중보자가 계시며, 그는 그 자신과 그가 하신 일들을 통해서 하나님 자신을 조금도 부족함 없이 계시하신다. 그리고 우리가 복음서에서 발견할 수 있는 하나님은 그의 피조물에 깊은 관심을 가진 분이

---

13) *Essays on John*(London, 1982), p. 9.

시며, 그의 백성을 사랑하시며, 그가 만든 모든 것을 결코 버리지 않는 분이시다. 이 하나님이 예수 안에서 행하시며 그의 목적을 이루시는 분이시다. 나사로의 무덤에서 예수께서는 "곧 아버지께서(원어상으로 강조적인 2인칭 대명사 sy〈쉬〉가 사용된다 - 역자주) 나를 보내신 것을 저희로 믿게 하려 함이니이다"(11:42)라고 기도하신다. 그는 지금 발생하려는 "표적"으로부터 그 자신이 드러나는 것을 기대하시기보다는, 오히려 사람들이 하나님께서 그를 보내신 것을 볼 수 있기를 기대하시는 것이다. 요한은 확실히 예수에 대하여 생생한 그림을 그린다. 그러나 그는 또한 독자들이 살아계신 하나님과 마주 대하도록 이끈다.

표적들은 하나님께서 일하시는 방법과, 하나님의 손이 그들에게 어떻게 나타나셨는가에 대하여 말해준다. 그러나 표적들은 또한 예수에 대하여 말해준다. 이야기를 하는 요한에게 있어서, 표적은 신적인 어떤 사람에 의하여 행해질 수 있는 것이 아니라, 오직 하나님과 특별한 관계에 있는 사람에 의해서만 행해질 수 있는 것이었다. 그것은 예수께서 신적인 사람들 중의 한 사람이라는 것을 보여주는 것이 아니라, 그들보다 탁월하다는 것을 보여주는 것이었다. 표적들이 가지는 신학적인 중요성을 연구한 쉬나켄버그(R. Schnackenburg)는 "결국 우리는 성육신과, 표적이 설명할 수 있고 표현할 수 있는 예수 그리스도의 계시 사이의 본질적인 연결을 확신하기에 이른다"고 주장한다.[14] 표적은 확실히 우리에게 하나님께서 하신 일을 지시해 준다. 그러나 그것은 예수 안에서 하나님께서 무엇을 하셨는가이지, 전체적인 인류 안에서 하나님께서 무엇을 하셨는가가 아니다. 전체적인 인류는 그 대상이다.

하나님께서 예수 안에서 하신 일은, 죄인을 구원하시기 위한 결정적인 행동을 이룬다. 그것은 하나님께서 예수 안에서 행하신 일을 통하여 우리가 "하나님이 사랑이시라"(요일 4:8, 16)는 사실을 알게 되기 때문

---

14) *The Gospel according to St. John*, I (New York and London, 1968), p. 524. Cf. Stephen S. Smalley, "이러한 여섯 개의 표적들을 표적되게 하는 원리는 요한복음의 서두에서 선포된다. 제1장(전체)에서 우리는 성육신에 대해서 배울 수 있다…"(*John: Evangelist and Interpreter*, Exeter, 1978, p. 87).

이다. 하나님께서는 또한 속죄를 이루신다. 하나님의 사랑이 독생자를 주셔서 "누구든지 그를 믿는 자는 멸망치 않고 영생을 얻도록"(요 3:16) 하셨기 때문이다. 표적은 이러한 결정적인 행동을 지시한다. 그래서 알란 리차드슨(Alan Richardson)은 물을 포도주로 변화시킨 요한복음의 첫번째 표적은 고도의 상징적인 암시를 가지고 있어서, 전체적인 복음서가 이에 대해서 주석을 달아놓는 것 같은 인상을 준다고 말할 수 있었다. 그는 계속해서 말한다. 제3장에서 니고데모는 "유대주의의 불충분함과 그리스도를 통한 중생의 필요성을 보여준다. 가나의 기적이 의미하는 바는, 새로운 생명을 가지고 오신 그리스도를 발견하기 위하여, 그리고 이제 그 아들을 통하여 세상에 주신 하나님의 영원한 생명을 발견하기 위하여 유대주의가 반드시 정화되고(2:6 참고) 변형되어야 한다는 것이다."[15] 개개의 표적들의 의미는 하나님께서 그의 아들 안에서 행하신 구원의 큰 사역의 빛 안에서만 식별될 수 있다. 던(J. D. G. Dunn)도 이것을 주장한다. 그는 "예수의 기적의 참된 의미는 그것들이 예수의 죽음, 부활, 승천과 성령의 새로운 세대로 말미암아 오는 변형을 지시한다는 것이며, 그럼으로써 예수께서 (십자가에 못박힌) 그리스도이시며, (부활하신) 하나님의 아들이라는 신앙으로 인도한다는 것"이라고 말할 수 있었다.[16] 이것은 아마 다른 사람들이 표적에 대해서 승인할 수 있는 것보다 조금 더 나아간 것이지만, 표적들이 그것들 자체를 초월하여 예수의 구원 사역을 지시해 준다는 것은 논쟁의 여지가 없는 분명한 것이다.

때때로 요한은 단순히 표적들에 근거해 믿는 믿음을 기록하는데 그것이 중요하지 않은 것이 아니다. 갈릴리 가나에서의 사건은 그 첫번째

---

15) *The Miracle Stories of the Gospels*(London, 1941), p. 121. 그는 계속해서 "진리는 오직 하나님의 뜻을 행하는 사람들(그 물을 퍼 나르던 종들이 알았던 것처럼)만이 알 수 있다(ii. 9; cf. vii. 17)"라고 말한다.

16) *IBD*, III, p. 1450. 참고. O. Hofius, "그 복음서 자체는 그 사건의 역사적인 실제성을 강조한다. 동시에 그 기적은 그 자체를 초월하여 그것을 행하신 사람을 지시해주는 표적으로서 이해될 수 있다. 그것들은 종말론적인 구원의 완성을 가져오는 하나님의 그리스도로서의 예수의 신분을 증명한다(20:30)"(*NIDNTT*, II, p. 632).

경우이다. 이 표적 뒤에 우리는 "제자들이 그를 믿으니라"(2:11)는 구절을 발견한다. 거기에는 설교도 없고, 그 발생한 일의 의미에 대한 가르침도 없다. 표적이 있고 바로 믿음이 뒤따른다. 신하의 아들을 고치시는 부분도 이와 동일하다. 예수께서 치유의 말씀을 가나에서 하시던 바로 그 시간에 그 아들이 가버나움에서 회복되었다는 사실을 발견한 신하는 "자기와 그 온 집이 다 믿었다"(4:53). 이 부분에서도 역시 어떠한 설교가 없다. 이 모든 일에서 하나님이 일하셨다거나, 예수께서 그에게 믿음을 요구하셨다는 설명이 없다는 것이다. 예수께서는 다만 표적을 행하셨고 그 뒤에 믿음이 뒤따르게 되었던 것이다.

이것은 "네가 이런 일을 행하니 무슨 표적을 우리에게 보이겠느뇨"(2:18)라고 묻는 자들이나, "그러면 우리로 보고 당신을 믿게 행하시는 표적이 무엇이니이까"(6:30)라고 묻는 예수의 적대자들과는 다르다.[17] 첫번째의 예는 성전을 청결케 하신 사건에 이어 나온다. 그들은 예수께서 그날 행하신 일을 하나님께서 인정하셨다는 명확한 증거를 설명하고 확증할 것을 요구한다. 만일 그가 그렇게 하지 않는다면, 그들은 예수께서 단지 인간적인 일을 했을 뿐이며, 그러므로 주목할 필요가 없다는 결론을 내릴 수 있을 것이다. 그러나 만일 그가 표적을 베푸신다면 상황은 달라진다. 그때에는 하나님께서 예수께서 행하시고 있는 일들 속에서 활동하신다는 것을 그들이 알게 될 것이고, 그들은 주목할 것이다. 최소한 그것이 그들의 요구였다. 그러나 두 번째 구절에서는 그들의 신실성이 의심스럽다. 왜냐하면 표적을 요구하는 것이 오천 명을 먹이신 사건 후에 나오는데, 그것보다 더 큰 어떠한 다른 표적을 요구할 수 있다고 보기가 어렵기 때문이다.[18] 분명 예수는 이때 주신 말씀 속에서, 그들의 태도에 대하여 확실히 불평하시며, "내가 진실로 진실로

---

17) 만일 선지자가 표적('wt)과 기사(mwpt)를 행하면 사람들은 반드시 그의 말을 들어야 하지만, 그렇지 않으면 사람들은 그를 들을 필요가 없다는 것이 유대적 교훈이다(SBk, II, p. 480).

18) Dodd는 "사람들이 메시야에게 기대하였던 '표적들'은 단지 기적들이었으나 그들이 기적들을 보았을 때 그들은 '표적'을 보는 데에 실패하였다"라고 주석한다(*The Interpretation of the Fourth Gospel*, Cambridge, 1953, p. 90).

너희에게 이르노니 너희가 나를 찾는 것은 표적을 본 까닭이 아니요 떡을 먹고 배부른 까닭이로다"(6:26)라고 말씀하신다. 식사의 즐거움으로 말미암는 육체적인 만족은 그들에게 매력적이었겠지만, 그들은 그 경우에서도 주님께서 행하신 일 속에서 "표적"을 인지할 수 없었던 것이다.[19] 매우 중요한 진리, 즉 예수 그리스도는 우리들의 깊이 있는 영적 필요를 준비하셨으며, 주님을 떠나서는 이 양식이 만들어질 수 없다는 진리를 보여주는 이 표적에서 이러한 사실은 더더욱 유감스러운 일이다.[20]

또 다른 경우에서 예수께서는 그의 청중들에게 "너희는 표적과 기사를 보지 못하면 도무지 믿지 아니하리라"(4:48)고 말한다. 그들은 극적이고 경이로운 행동을 갈망하였으며, 그들이 그러한 것을 보지 못한다면 메시야라는 것을 인정하려고 하지 않았다.[21] 더 나아가서 그들은 그들 자신이 선택한 행동을 원했다. 이 복음서에서 말해지는 일련의 표적들은 경이로운 능력에 대한 확실한 증거로 생각될 수 있었다. 그러나

---

19) Reginald H. Fuller은 "유대인들은 그 표적들을 사실상 표적으로 인정하지 않았다. 요한이 의미하는바 표적은 그것들로부터 그리스도 안에서 행하시는 하나님의 전체적인 일을 지시하는 것이었다. 그들은 그 안에서 오직 그들 자신만을 위해서 즐길 수 있는 놀랄 만한 육체적인 만족을 보았을 뿐이다. 뒤따라오는 강화는 그 식사가 요한복음의 의미에서 표적이었다고 설명한다"고 말한다(*Interpreting the Miracles*, London, 1963, p. 102).

20) 참고. G. H. Boobyer, "요한복음 6장에서 오천 명을 먹이신 것은 확실히 뚜렷한 종교적인 해석을 취한다. 그것은 하늘로부터 온 생명의 떡으로 예수께서 사람들을 먹이시며, 예수 자신이 그 떡이라는 진리를 보여주는 계시이다"(SPCK Theological Collections 3: *The Miracles and the Resurrection*, London, 1964, p. 43).

21) 때때로 이 점이 잊혀진다. 그래서 A. H. McNeile은 요한이 표적들에 대한 설명으로 "너희로 믿게 하려 함이요"라고 말한다는 것을 지적한다. 이어서 "그 복음서 저자는 그의 많은 독자들이 표적과 기사에 대한 기록이 없이는 믿지 않으리라는 것을 확실히 알았다. 그의 서술에서 그는 많은 사람들이 그것들 때문에 믿었다고 연결시킨다. 비록 그리스도인들에게 그것들이 필요하지 않을지라도 그것들은 귀중한 증명이었던 것이다"(*New Testament Teaching in the Light of St Paul's*, Cambridge, 1923, p. 286)라고 말한다. 그러나 요한이 "표적들"을 말할 때 그는 그것들을 다소 믿음에 대한 전형적인 서곡으로서 간주하지 않았다. 오히려 그는 그것이 받아들여질 수도 있고 거부될 수도 있는 계시라고 말한다.

예수의 대적들은 그것을 알아차리지 못했다. 곧 그들은 예수께서 하신 일들이 기적이라는 것을 인식할 수 있게 되었고, 심지어 "표적"이라는 용어로 그것을 묘사하기까지 한다("이 사람이 많은 표적을 행하니" 11:47). 그러나 심지어 그런 경우조차 그들은 하나님의 손을 분별하지 못하고 더욱더 예수를 대적하려고 하였다. 물론 옛날부터 하나님의 백성에 속하지 아니한 사람도 기적을 행한 적이 있었고(모세 시대에 애굽의 마술사들처럼), 이스라엘은 그러한 사람들과 그들의 행위에 미혹되지 말도록 경고받았다(신 13:1-5 참고). 확실히 유대 지도자들은 예수의 표적들에 대하여 그러한 관점을 가지고 있었다. 그들은 그러한 표적들이 일반 사람들은 행할 수 없는 일이라는 것을 인식하였지만, 그것이 예수의 인격이나 아버지와의 관계에 대하여는 어떠한 것도 말하지 않는다고 생각하였다. 그들은 그 안에서 하나님의 손을 인식하지 못했던 것이다.

그것은 전반적인 요점을 놓치게 했다. 포트나(R. T. Fortna)는 "기적을 증거함에 있어서, 비록 그것들로부터 유익을 얻고, 그것을 행하시는 분을 찾는다고 할지라도… 그것을 '표적'으로 인식하지 못하면 중요한 요점을 놓치는 것이다. 표적은 그 완전한 신학적 의미가 인식되어야 비로소 이해될 수 있다고 볼 수 있다"고 말한다.[22] 예수께서 극소량의 빵과 물고기로 군중들을 위한 식사를 만드시는 것을 보았을 뿐만 아니라 그들 스스로도 그 식사에 동참하고서도 여전히 표적을 구하는 사람들이 있었다(6:30). 그들은 기적을 보았었다. 그리고 그들 자신이 그것들로부터 유익을 얻었었다. 그러나 그들은 그 의미를 인식하는 데 실패했다. 그들은 예수의 하신 일들을 통하여 하나님께서 역사하셨다는 것을 깨닫지 못했고, 표적을 인식하지 못했던 것이다.

요한이 말하고자 하는 것은 그들이 반드시 그렇게 했었어야만 했다는 것이다. 예수께서 행하셨던 일은 단지 경이로운 일에 불과한 것이 아니라(그가 행하신 일에 대해서 요한은 결코 *teras*〈테라스〉, wonder〈奇事〉를 사용하지 않는다), 매우 의미심장한(여기에서 레온 모리스는 '의미

---

22) *JBL* 89 (1970), p. 157.

심장한'이라는 단어, significant를 sign-ificant로 표시하여 sign '표적'이라는 단어가 보이도록 했다 - 역자 주) 것이었다. 표적은 예수께서 경이로운 인물이라는 것을 사람들에게 알려주려고 의도된 것이 아니라, 오히려 그들에게 하나님을 가르치려고 의도되었으며, 그들에게 예수께서 행하시는 일 안에서 하나님이 일하신다는 것을 보여주어, 하나님의 주권에 믿음으로 반응할 수 있도록 도전을 주도록 의도되었다.[23] 유대 지도자들에게 있어서의 문제는 하나님의 손이 그들 앞에서 실제적으로 활동하고 있을 때에 그것을 인식하지 못한다는 것이다. 그들은 표적들과 믿음 사이의 관계를 알아차리고 "이 사람이 많은 표적을 행하니 만일 저를 이대로 두면 모든 사람이 저를 믿을 것이요"(11:47-48)라고 말한다. 그들은 표적들의 실제성을 부인하지 아니하며, 그것들이 믿음을 이끌어 낼 수 있다는 것도 부인하지 않는다. 다만 하나님께서 그 안에서 역사하신다는 것을 부인하는 것이다. 그들은 사람들을 믿음으로 인도하는 것은 단지 능력있는 일들에 불과한 것으로 본다(그래서 비록 그들이 "표적"이라는 용어를 사용하기는 하지만 그 의미를 인식하지 못하는 것이다). 그들에게 있어서 기적은 단지 능력있는 일에 불과하기 때문에, 그 결과는 믿음이 아니라 강퍅이었던 것이다.

한 가지 중요한 논점은 요한이 이러한 실패를 예언의 성취라고 여긴다는 사실이다. 그는 예수에 대해서 "이렇게 많은 표적을 저희 앞에서 행하셨으나 저를 믿지 아니하니 이는 선지자 이사야의 말씀을 이루려 하심이라 가로되 주여 우리에게 들은 바를 누가 믿었으며…"(12:37-38; 요한은 이사야 53:1을 인용하면서 이사야 6:10을 덧붙인다)라고 말한다. 요한은 예수의 표적이 하나님께로 향하게 하며, 따라서 사람들은 마땅히 이것을 인지하고 반응하여야 한다고 확신한다. 그러나 그는 또한, 악한 자들은 선지자들이 널리 증명하듯이 결코 하나님의 지시에 대해 그들의 순종을 명확하게 나타내 보이지 않는다는 것을 확신한다.

---

23) H. Conzelmann은 "기적들이 단지 우리들에게 보여지고 우리에게 소개되었을 때에만 이해될 수 있기 때문에, 그것들의 실행이 가능성뿐만 아니라 필요성에 의해서 이루어졌다는 식의 방법으로 과연 서술될 수 있는가?"(*An Outline of the Theology of the New Testament*, London, 1969, p. 347)라고 묻는다.

그래서 그는 그렇게 많은 유대인들이 예수를 믿는 데에 더딘 이유를 이사야서에서 찾는다. 그들은 단순히 불신앙의 전형적인 길을 걸어가고 있는 것이다.

이사야로부터의 인용은 바로 "이사야가 이렇게 말한 것은 주의 영광을 보고 주를 가리켜 말한 것이라"(12:41)는 말로 이어진다. 영광이란 개념은 특별히 표적과 연결된다. 그중의 첫번째의 것은 예수께서 "그 영광을 나타내시매"(2:11)이며, 예수께서 나사로가 아프다는 소식을 들었을 때에 "이 병은 죽을 병이 아니라 하나님의 영광을 위함이요 하나님의 아들로 이를 인하여 영광을 얻게 하려 함이라"(11:4)고 말씀하시는 경우이다. 후에 그는 마르다에게 "내 말이 네가 믿으면 하나님의 영광을 보리라 하지 아니하였느냐"(11:40)라고 말씀하신다. 이 복음서에서의 영광은 복잡한 개념이어서 그의 비하(낮아짐)에서 나타나는 영광에 대한 개념까지 포함된다. 그래서 십자가까지도 예수께서 영광을 받으시는 장소로 말해질 수 있다. 그러나 그러한 것들까지도 완전히 참작해서, 신자들이 표적을 통해서 그리스도께 속한 당연한 영광을 인지하게 될 것이라는 것을 요한은 명확하게 한다.

하나님께서는 표적을 통해서만 일하시지는 않는다. 요한은 "많은 사람들"이 나오는 것에 대해 기록한다. 세례 요한이 "아무 표적도 행하지 않았던" 곳에서(10:41)[24] 세례 요한에 대해 묘사하는 요한복음에 의하면, 그의 사역에서 하나님의 손이 인식될 수 있다는 것에 대하여 부인하는 것을 찾아볼 수 없다. 하나님께서는 경이로운 일을 통해서가 아니고서도 사람들 안에서 역사하시고, 또 역사하실 수 있는 것이다. 그러나 하나님께서는 예수 안에서 독특한 방식으로 일하셨는데, 바로 표적

---

24) Ernst Bammel은 "John Did No Miracle"(요한은 아무 표적도 행치 아니하였다)라는 주제의 에세이를 발표했다(C. F. D. Moule, ed., *Miracles*, London and New York, 1965, pp. 181-202). 그는 유대인들이 기적적인 증거들에 강조를 둔다는 것에 주목하며 사실 요한의 증거가 "이제 확실성을 두고 말할 수 있는데 전승의 신뢰도에 있어서 유대인의 구조 속에서 너무 많이 벗어난다. 큰 기적으로 입증하는 표적도 없이 증거하였음에도 불구하고 그 선포가 실현되었다"라고 결론을 내린다(*ibid.*, pp. 201-202).

들이 그러한 사실을 보여준다. 요한의 특별한 관심은 바로 이러한 표적들이 보여주는 내용이다.

그렇다면 "표적"이란 용어에 대한 요한의 용법은 매우 중요하다. 그에게 있어서 표적은, 예수의 사역에서 하나님의 손을 집중하여 묘사하는 방식이었다. 요한은 포괄적인 것을 시도하지 않는다. 그는 단순히 예수 안에서 하나님께서 하신 일을 보여주는 일련의 표적들을 선택하였다. 그에게 있어서 이러한 일들이 단순히 기적적인 일로 간주되지 않는다는 것은 중요하다. 그는 결코 예수께서 하신 일을 $teras$(〈테라스〉, 기사)로 묘사하지 않는다. 그 행동을 설명할 수 없다는 사실이 그에게 중요한 것이 아니다. 그 행동들이 순수하게 인간적인 전제에서는 설명될 수 없다는 것은 사실이지만 그것이 요한의 문제는 아니다. 요한에게 있어서 중요한 것은 그 행동들이 신적 특징을 가지고 있다는 것이다. 비록 세례 요한이 의심할 바 없이 하나님의 사람이었지만 아무런 표적도 행하지 않았음을 우리는 명심해야 한다. 표적은 특별한 어떤 것이다. 그것들은 일반적인 하나님의 사람에게 속하는 것이 아니라, 오직 예수에게만 속하는 것이다. 중요한 것은 예수 안에서 하나님이 행하신 일이다. 하나님은 다른 사람들 안에 계시지 아니하는 방식으로 예수 안에 계셨던 것이다. 요한에게 있어서 이것은 매우 중요하며, 그 표적들이 이러한 사실을 증명한다.[25]

---

25) H. van der Loos는 "표적들"에 대한 요한의 사용법에 약간 비평적이다. "광범위한 신학적인 추론들은 제4복음서 저자의 표현에서 나타나는 기적으로부터 표적의 중요성을 끌어낸다. 여기에서의 기적 이야기는 공관복음서판이 가지고 있는 것처럼 자발적인 성격이 부족하다. 만일 기적들을 단지 표적들로서만 평가한다면 그 사건 자체로서의 역동성과 예수의 감정 그리고 구원을 받은 사람들의 감정들을 놓치거나, 그것들을 부차적인 것으로 만들 위험이 있다"(The Miracles of Jesus, Leiden, 1965, p. 249). 그러나 요한복음의 "표적들"을 공관복음의 "권능의 일들"보다 덜 자발적이라고 보기는 쉽지 않다. 나는 기적들을 "표적들"이라고 부르는 것이 어떻게 "사건들의 역동성"이나 예수의 감정 그리고 그것을 받는 자의 감정에 영향을 주었는지 이해할 수 없다. 설사 기적들을 바라보는 다른 유용한 방법들이 있다 할지라도 그것들을 다루는 이 방법의 중요성을 경시하는 것이 정당화될 수 없다.

3. 일

요한에게 있어서 "표적"의 중요성은 명백하다. 그러나 요한복음에서 예수는 주로 그의 "표적"보다는 그의 "일"(works)을 언급하신다는 사실을 간과해서는 안된다.[26] 물론 "일"이란 용어가 일반적인 용어이므로 경이로운 일들과 연결시킬 필요는 없다(이것은 우리가 이미 살펴본 "표적"에 대해서도 역시 사실이다). 이것은 하나님의 일(6:28)이나, 사람의 일(8:39)에 사용된다. 사람의 일에 이 단어가 사용될 때에 선한 일(3:21; 8:39)이나 나쁜 일(3:19; 7:7)에 모두 사용된다.

사람들이 하는 행동은 문제되고 있는 사람보다는 언급하고 있는 어떤 사람의 특성을 나타낼 것이다. 그래서 어떤 유대인이 "우리 아버지는 아브라함이라"고 외치는 것에 대하여 예수께서는 "너희가 아브라함의 자손이면 아브라함의 행사를 할 것이어늘"(8:39)이라고 말씀하신다. 아브라함의 자손이 되는 것은 아브라함처럼 행동하는 것이며, 아브라함이 행했던 종류의 행동들을 하는 것이다. 그러나 그들은 아브라함처럼 살지는 않았다. 예수께서는 그들이 그들의 아비처럼 행했다고 말씀하시며(8:41), 그들의 아비는 마귀라고 하시고(8:44) 그들이 그처럼 행동하는 이유가 바로 그것이라고 설명하시는 것이다.

이러한 시각에서 볼 때 선한 행위들을 "하나님의 일(들)"이라고 부르는 것(6:28, 29)은 놀라운 일이 아니다. 사람들은 "우리가 어떻게 하여야 하나님의 일(들)을 하오리까"(6:28)라고 묻는데, 그러한 질문은 하나님께서 사람들에게 기대하시는 바가 정확히 무엇이며, 어떤 일이 그를 기쁘시게 할 수 있는가 하는 문제에 대한 대답을 구하는 질문이다.

---

26) 이 점은 많은 저자들이 빠뜨리고 보지 못했다. 그래서 R. Bultmann은 단순히 "이러한 기적들에 대해 사용되는 용어는 *sēmeia*('표적', 부차적으로는 '기적')이다"(*Theology of the New Testament*, II, p. 44)라고 말한다. 나는 이제까지 보아왔던 것처럼 요한복음에서 "표적"이란 용어의 사용을 격하시키고 싶지 않다. 그것은 매우 중요한 용어이다. 그러나 그것이 유일한 용어는 아니다. Bultmann은 그가 이 복음서에서의 "일"은 "예수께서 아버지의 명령으로 행하신 궁극적인 한 가지 일"(ibid., p. 52)이라고 말할 때에 매우 중요한 어떤 것을 놓쳤다. 요한의 용법은 이것보다 더 나아간다.

그러나 재미있게도 예수께서는 그 대답에서 복수를 단수로, 즉 "하나님의 일"로 바꾸어서 대답하신다. 즉 "하나님의 보내신 자를 믿는 것이 하나님의 일이니라"고 대답하시는 것이다. 유대인들은 하나님을 기쁘시게 할 수 있는 일련의 선행들의 목록을 기대했을 것이다. 예수께서는 믿음의 필요성을 말씀하심으로 대답하신다. 그들이 하나님 앞에서 그들 자신의 노력으로보다는 하나님을 신뢰함으로 ― 여기에는 물론 그의 보내신 자에 대한 신뢰도 포함된다 ― 그의 자비를 얻도록 노력해야 한다는 것이다.

우리는 여기에서 "하나님의"라는 말을 신중하게 생각해 보아야만 한다. 왜냐하면 잠시 후에 주님은 "나를 보내신 아버지께서 이끌지 아니하면 아무라도 내게 올 수 없으니"(6:44)라고 명확하게 말씀하시기 때문이다. 예수께서는, 믿음이 믿는 자들 안의 하나님의 일이며, 그들을 그 자신에게로 이끄는 일이라고 말씀하시고 있다. 우리는 어떠한 종류의 선행이라도 그 기원을 하나님으로 이해해야만 한다. 우리들 스스로의 힘으로는 하나님을 기쁘시게 할 수 있는 그 어떤 일도 없다. 그러나 우리를 홀로 남겨두지 않았다는 것이 예수의 가르침이다. 하나님께서 먼저 솔선해서 그 아들을 보내신다. 그래서 우리들 안에서의 하나님의 일은 우리로 하여금 빛에 속한 일들을 할 수 있도록 하시는 것이다. 성도는 그가 행한 놀라운 일들에 대해서 결코 기뻐하지 않는다. 그는 하나님께서 그가 할 수 있었던 작은 일을 할 수 있도록 힘을 주신 것에 대해 하나님께 감사할 뿐이다.

예수께서는 그가 떠나가신 후에 그를 따르는 자들이 하게 될 일들을 예상하신다. "나를 믿는 자는 나의 하는 일을 저도 할 것이요 또한 이보다 더 큰 것도 하리니 이는 내가 아버지께로 감이니라"(14:12). 우리는 이 구절을 반드시 이적으로 이해해서는 안되고 회심 등과 같은 일들로 이해해야 할 것이다.[27] 우리가 사도행전을 보면, 제자들이 약간의 놀라운 기적밖에 행하지 않았다는 것을 발견할 수 있다. 솔직히 내 자

---

27) 참고. Eduard Schweizer, "요한에게 있어서 최고의 기적은 한 사람이 믿음으로 나아오는 것이었다"(*The Holy Spirit*, London, 1981, p. 71).

신은 초기 그리스도인들이 예수께서 행하셨던 일보다 더 큰 일을 했다고 말할 수 없다. 그러나 그들은 확실히 성령의 능력으로 예수 생전에 발생했던 것보다 훨씬 더 많은 숫자들을 그리스도께 굴복시켰다. 포시스(Forsyth)가 말한 것처럼 하나님의 섭리 아래, 예수께서는 복음을 선포하기 위해서 오셨다기보다는 선포되어야 할 복음이 있게 하기 위해서 오셨던 것이다.

그러나 요한이 "일"이라는 용어를 사용할 때, 대부분 예수께서 행하신 일을 염두에 두고 있다(그가 이 용어를 27회 사용하는 가운데 18회를 예수의 일에 사용한다). 때때로 이 단어는 명확히 이적들을 지칭한다. 그것은 "아무도 못한 일"(15:24)이다. 예수께서는 "내가 한 가지 일을 행하매 너희가 다 이를 인하여 괴이히 여기는도다"(7:21)라고 말씀하신다. 이것은 우리가 바로 앞에서 논의하였던 그의 제자들이 더 큰 일을 하게 될 것이라고 말하는 구절에서도 역시 염두에 두고 있을 것이다. "일"은 다른 이름으로 "표적"인 것이다.

그 일들은 오직 아버지와의 밀접한 관계에서만 이루어진다. 확실히 그것들은 그의 일이라고 불릴 수 있다. "아버지께서 내 안에 계셔 그의 일을 하시는 것이라"(14:10). 이 복음서에서 예수는 결코 "나의 일"이라고 말하지 않는다(비록 그가 "나의 하는 일들"〈10:25; 14:12; 5:36 참고〉이라고 말하기는 하지만, 문맥상 그 경우에 아버지께서 예수와 함께 그 일에 관여되어 있다는 것은 명백하다). 그는 자진하여 일한다고 생각하지 않으며, 하늘의 아버지와 분리되어 독립적으로 일한다고 생각하지 않는다.

아버지와의 이러한 연결 때문에 예수께서는 그의 청중들에게 "그 일들 때문에"(14:11)라도 그를 믿으라고 초청할 수 있었다. 그들은 그것들이 경이롭고 놀랄 만한 것들이기 때문이 아니라(비록 이것은 사실이라고 할지라도). 오히려 그것들 안에서 아버지께서 일하시며 아버지께서 계시기 때문에 믿어야 한다. 이것이 바로 예수께 가장 핵심적으로 중요한 것이다. 예수께서는 "나의 양식은 나를 보내신 이의 뜻을 행하며 그의 일을 온전히 이루는 이것이니라"(4:34)고 말할 수 있었다. 날 때부터 소경된 자에게 시력을 회복시키신 것은 교훈적이다. 심지어 소경됨의 끔찍한 고통조차도 "그에게서 하나님의 하시는 일을 나타내고자 하심"(9:3)이다. 그래서 소경과 만난 곳에서 예수께서는 "때가 아직 낮이매 나의 보내신 이의 일을 우리가 (반드시) 하여야 하리라"(9:4)고 말씀하시는 것이다. 여기서 "반드시"라는 말은 강제적인 신적 필요성을 가리킨다. 예수께서 보냄을 받으셨기에 그의 사명을 성취하는 것은 절박한 것이었다. 그래서 소경을 보게 하는 그 "일"은 "반드시" 지체함이 없이 이루어져야 하는 것이다. 아버지께서 그를 보내사 이루려 하신 일은 반드시 이루어져야 한다. 요한이 우리에게 말하려는 예수는 기적을 행하는 자나 하나님으로부터 분리된 인간적인 사람, 또는 그의 존재와 행적을 통하여 하나님께 승인을 받아 군중 속을 움직이는 자가 아니다. 요한에게 있어서 예수 안에서 하나님이 활동하신다는 사실은 절대적으로 중요한 것이다. 과연 너무 활동적이어서 경이로운 일들을 직접 행하신다고 말할 수 있을 정도이다. 예수의 삶과 일들 속에서 활동하시는 분은 다름 아닌 하나님이시다.

일은 그것 자체로 아버지와 아들의 밀접함을 증거한다. 요한복음에서 예수의 행하신 일을 인간 예수의 활동이나, 신적인 아버지의 활동으로만 볼 수 없다. 둘 다 관련되어 있다. 만일 우리가 여기에서 이것을 보지 못한다면 요한이 말하는바 중요한 요점을 이해하지 못하는 것이다. 예수의 유대 적대자들은 이것을 보지 못했기 때문에 그토록 강력하게 그를 반대하는 것이다. 한 경우에 그들은 돌을 던지려 했다. 예수는 그들에게 "내가 아버지께로 말미암아 여러 가지 선한 일을 너희에게 보였거늘"(그것은 갈릴리로부터 온 어떤 한 사람의 일이 아니라, 본질상 "아버지로부터 온" 것이었다) "그중에 어떤 일로 나를 돌로 치려 하느냐"(10:32)라고 말하였다.

어떤 대적자가 그를 신성 모독으로 고소하자, 예수께서는 그들에게 "만일 내가 내 아버지의 일을 행치 아니하거든 나를 믿지 말려니와 내가 행하거든 나를 믿지 아니할지라도 그 일은 믿으라…"(10:37, 38)고 대답하신다. 이 복음서에서 믿음은 매우 중요한 행동이다. 그리고 그 일이 그것을 불러일으킬 수 있다. 분명 여기에서 예수께서는 그 일이 그의 가르침보다 더 믿음을 불러일으키는 데 효과적이라고 말씀하신다.

약간 다른 관점으로 예수는 "아버지께서 내게 주사 이루게 하시는 역사 곧 나의 하는 그 역사가 아버지께서 나를 보내신 것을 나를 위하여 증거하는 것이요"(5:36)라고 말씀하신다. 증거를 가지고 있는 일에 대한 개념은, 예수께서 솔로몬의 행각에서 그를 둘러싸고 그에게 그가 그리스도인지를 묻는 유대인들에게 "내가 내 아버지의 이름으로 행하는 일들이 나를 증거하는 것이어늘"(10:25)이라고 대답하는 때에 다시 나타난다. 그 일은 예수께서 하시는 일 속에서 아버지께서 활동하신다는 사실에 대한 확실한 증거이다. 그것들은 아버지께서 예수를 보내셨다는 것을 보여준다. 만일 이 유대인들이 예수께서 실제적으로 행하신 일이나, 하나님께서 예수 안에서, 또는 예수를 통하여 실제적으로 행하신 일들을 고려했다면 그들이 그러한 질문을 하지는 않았을 것이다.

계시로서의 기능으로 그 일은 말씀과 꽤 밀접하다. 예수는 "내가 너희에게 이르는 말이 스스로 하는 것이 아니라 아버지께서 내 안에 계셔 그의 일을 하시는 것이라"(14:10)고 말할 수 있었다. 그는 또한 "내가 스스로 아무것도 하지 아니하고 오직 아버지께서 가르치신 대로 이런 것을 말하는 줄도 알리라"(8:28)고 말씀하신다. 그는 쉽사리 말씀에서 일로, 일에서 말씀으로 진행한다. 루돌프 불트만(Rudolf Bultmann)이 "예수의 일들(또는 전체적인 것으로서 집합적으로 보면 그의 일)은 그의 말씀이다"라고 말하는 것은 너무 비약한 것이다.[28] 서로 다른 이 두 가지의 것을 혼동할 점은 없다. 서로 밀접하게 연결되었다고 동일시되지는 않는 것이다. 그러나 결코 그 연결을 놓쳐서는 않된다.

그 일은 놀라운 일이다. 예수께서는 한 경우에 그의 청중들이 보았던 것보다 더욱 큰 일을 행하실 것을 말씀하시므로 "너희로 기이히 여기게 하시리라"(5:20)고 말씀하신다. 그러나 이것은 그 결과에 의한 것이지

---

28) *Theology of the New Testament*, II, p. 60. 그는 더 나아가서 "일과 말씀을 동일시하는 것은 말씀의 영향에 대해서 말하는 것이라고 볼 수 있다. '내가 너희에게 이른 말이 영이요 생명이니라'(6:68)"(ibid., p. 61)고 말한다. 그러나 다른 사람들이 하는 것처럼 이 말은 하나님의 동일성을 말하는 것에 불과하다. 이것은 말씀과 행동의 밀접한 관계를 말하는 것이지 그것들을 동일한 것으로 만들지는 않는다.

그 일의 본질적인 것이 아니다. 주의를 집중시키는 경이로운 일이 아니라 신적인 일이어서, 주의를 집중시킬 뿐만 아니라 믿음과 순종을 가지고 온다. 예수에게 있어서 그 일이 중심적인 것은 그 기원이 아버지이기 때문이라는 진리를 놓쳐서는 안된다.

그 단어에는 보통 복수형이 사용된다. 그래서 지금까지 우리는 "일들"을 말하는 몇 구절들을 살펴보았다. 그러나 이제 우리는 어떤 하나의 특별한 기적을 언급하는 것이 아니라 예수의 일생 전체를 가리키는 단수 명사의 일을 살펴볼 것이다. 그래서 그의 사역 초기에 예수는 "나의 보내신 이의 뜻을 행하며 그의 일을 온전히 이루는 이것이"(4:34) 그에게 얼마나 중요한지를 말한다. 그리고 그의 기도에서 "아버지께서 내게 하라고 주신 일을 내가 이루어 아버지를 이 세상에서 영화롭게 하였사오니"(17:4)라고 말할 수 있었다. 여기 지상에서 그의 전생애는 하나님의 한 일로 볼 수 있다. 그는 이런저런 특별한 일을 하시기 위해서 온 것이 아니라 그의 전생애를 통하여 아버지의 구원 사역이라는 한 일을 이루기 위해서 오셨던 것이다.

이러한 사실은 예수께서 하신 일에 대하여 "일"이라는 용어를 사용하는 또 다른 이유에 우리의 관심을 끌게 한다. 그 용어는 기적적인 일에 적용될 수 있는 것과 마찬가지로 기적적이지 않은 일에도 역시 적용될 수 있으며, 확실히 기적적이지 않은 일에 더욱 적용될 수 있다. 이것은 우리가 비록 예수의 행위를 기적적인 일과 기적적이지 않은 일로 구분할지라도 그에게 있어서 그러한 구분은 중요한 일이 아니라는 사실을 우리에게 지시해 준다. 그것들은 모두 "일들"이다. 아마 이 복음서에서 예수께서 거의 일관되게 "표적"보다는 "일"을 언급한다는 것은 중요할 것이다. 요한은 그가 "표적"이란 용어를 사용하는 두 경우를 기록한다. 한번은 "표적과 기사"(4:48)로 보지 아니하면 믿지 아니할 사람들을 언급할 때이고, 다른 한 번은 표적들 때문이 아니라 떡을 먹고 배부른 까닭에 그에게 온 사람들을 말할 때(6:26)이다. 그러나 다른 모든 경우에 예수는 "일"이라고 말한다. 요한은 우리에게 예수에게 있어서 표적들보다는 일들이 더 자연스러운 용어라고 묘사하는 것이다. "일"은 그가 쉽고도 자연스럽게 행하신 일이다. 우리는 그것을 자연적인 일과 초자연적인 일로 분류할 수 있을 것이지만 그것은 우리들의 분류일 뿐이다. 예수에게 있어서 그것들은 모두 "일"일 뿐이다.

이러한 용법은 또한 예수의 생애가 분리될 수 없는 전체적인 것이라는 중요한 진리를 지시한다. 우리는 그가 어떤 일은 인간으로서 행하셨고, 어떤 일은 하나님으로서 행하셨다고 말하지 말아야 한다. 그는 하나님으로부터 인간으로 변하시며, 또 인간으로부터 하나님으로 변하시는 분리된 인격이 아니다. 어떤 일은 우리가 할 수 있는 일을 하시기도 하시고 또 어떤 일은 우리가 할 수 없는 일을 하시기도 할지라도 그는 한 인격체이시다. 그가 갈릴리 시골뜨기의 조용한 삶을 살든지, 아니면 어떤 거대한 기적들을 행하든지 예수는 일관성 있게 하나님의 일을 하신다. 그가 하나님의 일을 하시기에 하나님의 영광이 그가 행하시는 기적뿐만 아니라, 매일의 조용한 삶 속에서의 일을 통해서 나타난다. 그 모든 일에 영광이 있다.

요한 못지않게 구약성경에 몰두하는 사람에게 있어서 일을 언급하는 또 다른 양상이 있다. 구약성경에서 "하나님의 일"에 대한 많은 언급이 있다. 그러므로 요한이 그의 복음서를 기록할 때에 그것들을 전혀 염두에 두지 않았다는 것은 불가능하다. 그 무엇보다 예수께서 생수를 주시겠다고 하신 것은(4:10) "생수의 근원"(렘 2:13; 17:13)이나 목마른 자에게 물로 나아오라는 하나님의 초청의 말씀(사 55:1)을 생각나게 한다. 만나에 대한 언급은(6:31, 49) 옛날 그의 백성에게 하나님이 주셨던 선물(출 16:13-15, 33-35)을 기억나게 하며, 모든 사람에게 비치는 참 빛(1:9)은 하나님의 빛 창조(창 1:3)나 "주는 나의 빛이요"(시 27:1)와 같은 구절들을 생각나게 한다. 그러나 "하나님의 일"이라는 표현은, 구약성경에서 특히 창조에서 하나님이 하신 일(창 2:2-3; 시 8:6 등)과 그의 백성을 구속하심(시 44:1; 78:4 등)에서 사용된다. 그리스도의 일의 두 양상에 대한 이러한 조화는 요한에게 특히 중요하다. 이 복음서 저자는 만물이 그로 말미암아 지은 바 되었다고 말하며(1:3), 그의 복음서 전체를 통하여 그리스도께서 그의 백성에게 가져온 새 생명을 말한다. 물론 이것은 그리스도께서 그의 십자가 위에서의 죽음으로 가져온 구원이며, 그것은 모든 것들이 그곳으로 인도되는 절정이다.

구약 시대에 하나님께서 하셨던 일과 그의 아들 안에서 하나님께서 하셨던 일 사이에는 연속성이 있다. 구원을 이루시는 분은 동일한 하나님이신 것이다.

제2장

표적과 설교의 관계

요한복음에는 위대한 일곱 개의 설교가 있으며 정확하게 그와 짝이 되는 동일한 숫자의 표적들이 있다(아마 우리는 6:16-21의 물 위를 걸으신 것을 표적으로 포함시킬 수 있을 것이다. 그것은 겉으로 표적이라고 불리고 있지는 않지만, 요한복음의 표적이 가진 모든 특징을 다 가진 것으로 보인다). 비록 그것이 정확히 무엇인지 말하기는 쉽지 않을지라도 표적들과 설교들 사이에 어떠한 연결이 있다는 데에는 아무런 의심이 없는 것으로 보인다. 많은 사람들은 레이몬드 브라운(Raymond E. Brown)이 "기적적인 사건의 뒤에 하나의 해석적인 설교가 따르는 것은 요한복음의 관례이다"[1]라고 말한 것을 따르려고 한다. 그는 요한복음 1:19-12:50은 포괄적으로 표적들과 "그 표적을 설명하는 설교" 사이에 관계가 있다고 주장한다.[2] 이것은 표적과 설교 사이의 아주 밀접한 관계를 보여주며, 우리가 표적의 의미를 알기 위해서 그 설교로 되돌아가야 한다는 것을 의미한다. 그러한 관점은 비록 널리 주장되지는 않지만 광범위하게 퍼져있다. 쉬나켄버그(R. Schnackenburg)는 그에 대해 두드러지게 반대하는 경우이다. 그는

---

1) *The Gospel according to John* (i-xii) (New York, 1966), p. 527.
2) *Ibid.*, p. CXXXIX.

"명확하게 규정된 설교들의 복합체"가 그 흐름을 가로막는다고 생각한다. "그 나머지 설교들이 자주 그것들의 문맥상 느슨하게 연결된다"[3] 할지라도, 편집 작업으로 말미암아 그것들이 그렇게 되었다고 말한다. 그토록 날카로운 견해 차이로 말미암아 문제는 복잡해지고 연구 과제를 제공할 것이다.

결정해야 할 첫번째 문제는 표적들의 숫자이다. 요한이 명확하게 표적이라고 부르는 사건은 오직 넷뿐이다. 가나에서 둘(2:11; 4:54), 오병이어로 군중을 먹이심(만일 sēmeion이 옳은 독법이라면, 6:14; 즉 많은 사본들은 복수형을 취하지만 아마 이것조차도 오병이어의 사건을 포함하는 것일 것이다), 그리고 나사로를 살리심(12:18) 등이다. 우리는 아마 9장에 나오는 소경을 보게 하신 사건을 표적 속에 포함시킬 수 있을 것이다. 왜냐하면 뒤따라오는 논쟁에서 어떤 바리새인들이 "죄인으로서 어떻게 이러한 표적을 행하겠느냐"(9:16)고 묻기 때문이다. 요한복음 5장에 나오는 38년된 병자를 고치신 사건에 "표적"이라는 용어가 명백하게 적용되지는 않지만, 대부분의 사람들은 그것을 표적으로 인정한다. 이러한 여섯 개의 표적은 널리 인정되고 있다. 물 위를 걸으신 것은 이 용어에 의해서 명백하게 지시되지는 않으며, 뒤따라오는 설교 역시 그 앞서 나오는 오병이어의 사건과 관련된다. 그러한 생각으로 많은 사람들은 요한이 그것을 표적으로 여기지 않았다고 주장한다. 반면에 만일 예수께서 물 위를 걸으셨다면, 그것은 서술하는 의미가 있을 것이며, (마치 38년된 병자의 사건에서 했던 것처럼) 기적적인 사건으로서 그것을 표적들로 인정해야 할 것이다. 이 모든 것을 종합하면 우리는 일곱 개의 표적을 뽑을 수 있다.

요한은 예수의 행위를 언급하면서 복수형의 "표적들"이라는 용어를 선호하는 것처럼 보인다(예. 2:23; 3:2; 6:2). 그가 명확하게 "표적"이라고 부르는 각 사건들은 기적으로서, 요한이 그 용어로 기적적인 어떤 것을 의미하였다는 것에는 일반적인 동의가 있다.[4] 그럼에도 불구하

---

3) *The Gospel according to St John*, I(New York, 1968), p. 67.
4) 그러나 C. H. Dodd는 우리에게 "복음서 기자에게 있어서 *sēmeion*은 본질상 기적적인 행위가 아니다. 그것은 볼 수 있는 눈과 이해할 수 있는 마음에게는

고 어떤 학자는 기적적인 것이 아닌 사건들도 역시 "표적"으로 이해될 수 있다고 주장하여, 성전 청결의 사건이나(2:14-17), 제자들의 발을 씻기심(13:1-11)을 그 대표적인 예로 꼽는다. 혹자는 수난 사화 역시 또 다른 표적으로 계산할 수 있다고 생각하며, 이때 부활 기적 역시 이에 포함된다.[5] 그러나 요한은 결코 이러한 사건들 중의 어떠한 것에도 "표적"이라는 용어를 사용하지 않았다. 그러므로 우리가 그것들을 표적으로 간주하기를 요한이 원했는가에 대하여 의심할 수 있으며, 최소한 그가 그 용어로 기적을 지시하는 데에 사용했는가를 의심해 볼 수 있다. 그는 "표적과 기사"(4:48)라는 표현을 사용하여 그 용어의 기적적인 요소를 지시한다(그러나 요한이 결코 "기사"⟨teras⟩라는 용어를 독립적으로 사용하지 않아서, 그와 같은 기적적인 일이 요한에게 별로 중요한 일이 아니며, 그의 관심사가 기적 자체를 초월하여 지시하는 어떤 것이었다는 것을 마음속에 깊이 명심해야 할 것이다).

만일 "표적"이란 용어가 영적인 진리를 지시하는 기적적인 사건을 의미한다고 이해한다면, 요한복음서에 일곱 개의 표적이 있다. 21장에 나오는 기적적인 고기잡이도, 그것이 예수의 공생애 밖에 위치한다는 것을 제외하고는, 그와 같은 자격이 부여될 수 있을 것이다. 그러나 21장이 복음서의 나머지 부분으로서 동일한 저자에 의해서 기록되었는가라는 문제를 떠나서, 그것이 복음서의 부록으로서의 성격을 띠고 있다는 것은 널리 인정되고 있다. 이 복음서가 기록하고 있는 예수의 공생애에 우리가 집중한다면 일곱 개의 표적이 있는 것이다.

"설교"라는 용어를 취할 때, 군중들에게 주어진 연설들뿐 아니라 개인과의 의미있는 대화를 포함하여 역시 일곱 개의 설교가 있다. 그 숫자상의 일치는, 표적들과 설교들이 가끔 인접하다는 사실과 함께, 각

영원한 실재를 상징하는 의미있는 행위들이다"라고 경고한다(*The Interpretation of the Fourth Gospel*, Cambridge, 1953, p. 90). 하나의 기적이 포함되었을 때, 그 강조점은 그 의미에 있다.

5) Rudolf Bultmann은 "부활 현현이 예수의 기적들과 똑같이 그의 '표적들' 중의 하나로 계산된다"고 주장한다(*Theology of the New Testament*, II, London, 1955, p. 56).

설교가 그 표적에 상응하는 방식으로 연결되었는지에 대한 의문을 불러일으킨다. 이러한 경우에 각 표적은 요한복음적인 해석이 제공된 셈이 된다. 여기에서 우리는 반드시 조심해야 한다. 왜냐하면 요한이 결코 각각의 숫자에 주의를 기울인 적이 없기 때문이다. 사실 요한은 명백하게 "일곱"이라는 숫자를 사용한 적이 결코 없다. 그러나 표적이 설교와 관련된다는 것을 의심하는 것은 혹평이 될 것이다. 예를 들면 오병이어로 군중을 먹이신 사건이 생명의 떡에 대한 설교와 관련된다거나, 세상의 빛에 대한 설교가 어떠한 방법으로든지 날 때부터 소경된 자를 보게 한 사건과 연결된다는 것을 의심하는 사람은 거의 없다. 문제는 "이러한 연결의 정도가 얼마인가?"이다. 각 표적들이 특별한 설교들과 함께 읽히도록 의도되었다고 생각해도 좋단 말인가? 그 대답은 명확하지 않다. 그러나 그 질문은 연구할 가치가 있다.

물론, 한 개 이상의 설교가 표적 하나의 의미를 말하기 위하여 사용될 수 있으며, 그 반대로 한 개 이상의 표적이 한 설교와 관련될 수 있다. 다드(C. H. Dodd)의 저서는 이 복음서에서 예수의 사역을 다루는 각 부분들에서 일곱 개의 일화를 발견하며, 각 일화들은 한 개 이상의 표적과 한 개 이상의 설교를 포함한다는 것을 발견한다. 예를 들면 그의 첫 일화는 2:1부터 4:42까지이다. 그는 이것을 다음과 같이 요약한다. "2:1-10에서는 물이 포도주로 변하고, 2:14-19에서는 새로운 성전이 예언되며, 3장의 니고데모와의 대화에서는 새로운 탄생이 언급된다. 4장의 사마리아 여인과의 대화에서는 야곱의 *phrear*(프레아르)와 '생수'(living water)가 대조되며, 고대 예루살렘과 그리심 산에서의 예배와 때가 이미 이른 *en pneumati kai alētheiai*(엔 프뉴마티 카이 알레쎄이아이)의 예배가 대조된다. 그러므로 우리는 이 두 장을 두 *sēmeia*(세메이아), 혹은 의미있는 행동과 그 의미를 발전시키는 두 설교로 이루어진 하나의 복합체, 혹은 일화로서 다루어야 할 것이다."[6] 이어서 다드는 신하의 아들을 고치심(4:46-54)과, 베데스다 연못에서 38년된 병자를 고치신 사건(5:1-16), 그리고 여기에 이어지는 설교

---

6) *The Interpretation of the Fourth Gospel*, p. 297.

(5:17-47)를 포함하는 두 번째 일화를 말한다.[7] 이번에는 두 가지 병고 치시는 사건과 한 설교가 포함된다. 다드는 고려할 만한 그의 입장을 주장하는데, 결국 우리는, 그의 입장이 요한이 기록하고자 했던 바를 잘 말해주고 있다는 것에 동의하게 될 것이다.[8] 그러나 만일 표적과 설교의 상호 관련이 설교가 표적의 의미를 설명해주는 방식으로 관련되었다면, 각 표적들이 설교에 의해서 해석되는 것과 같은 어떠한 상호 관계가 있는 것으로 보아야 할 것이다. 최소한 우리는 다드의 구조를 받아들이기 전에 그 가능성을 조사해야만 할 것이다.

표적과 설교의 목록을 진술하면 다음과 같다.

표적들	설교들
1. 물로 포도주를 만드심(2:1-11)	1. 새로운 탄생(3:1-21)
2. 신하의 아들을 고치심(4:46-54)	2. 생수(4:1-42)
3. 38년된 병자를 고치심(5:1-18)	3. 하나님의 아들(5:19-47)
4. 오병이어(6:1-15)	4. 생명의 떡(6:22-65)
5. 물 위를 걸으심(6:16-21)	5. 살리는 영(7:1-52)
6. 날 때부터 소경된 자를 고치심(9:1-41)	6. 세상의 빛(8:12-59)
7. 나사로를 살리심(11:1-57)	7. 선한 목자(10:1-42)

우리는 각 표적들이 그 의미를 말해주는 설교들을 동반한다는 관점을 확인해 보고자 한다. 만일 그러한 상호 관계가 있다면, 설교는 그 표적들에 선행하거나 뒤따를 것이다. 어떤 획일성은 없다.

---

7) *Ibid.*, pp. 318-32.

8) 그럼에도 불구하고 R. Schnackenburg는 가나에서 신하의 아들을 고치신 것과 예루살렘에서 중풍병자를 고치신 것을 Dodd가 연결하는 것처럼 연결하지 않는 그럴듯한 이유를 제공한다(*The Gospel according to St John*, I, pp. 476-77).

1. 새로운 시작

첫번째 표적과 설교 사이에는 매우 합당한 관련이 있다.[9] 물이 포도주로 변한 것은 확실히 새로운 시작을 가져오는 예수의 능력을 의미한다. 요한은 예수께서 "유대주의의 물을 기독교의 포도주로, 율법의 물을 복음의 포도주로 바꾸시며, 그리스도께서 계시지 않는 물을 그리스도 안에 있는 부요하고 충만한 영생의 포도주로 바꾸셨음"을 보여주고 있다.[10] 또한 구원이 성취되는 방식이 예수의 "때"에 대한 언급, 즉 십자가의 때에 대한 언급(2:4)에서 기대된다.[11] 이것이 개인에게 의미하는 바는 3장에서 볼 수 있다. 만일 유대교의 어느 한 사람이 하나님 앞에서 의롭다면, 그는 분명히 니고데모와 같은 사람일 것이다. 그는 "바리새인"이었고, "유대인의 관원"이었으며 "이스라엘의 선생"이었다(요 3:1, 10). 그러나 그는 예수께서 가지고 오신 변화하는 능력을 받아들이지 못했기 때문에, 그는 반드시 "위에서 거듭나야" 하며, "물과 성령으로 거듭나야" 한다(3:3, 5, 7). 만일 가르침과 기적이 함께 연결되도록 고안되지 않았을지라도, 최소한 그것들은 매우 잘 어울린다. 요한의

---

9) "복음서 안에서 그것들이 위치하고 있는 대로에 의하면 가나에서의 두 기적은 각각 (a) 독립적이며 각각의 문맥에서 어떠한 명백한 연결을 발견할 수 없다"라고 주장하는 R. T. Fortna에게는 실례지만(*The Gospel of Signs*, Cambridge, 1970, p. 48). "분명하고 깊은 방식으로 요한은 그것들을 그의 계획(schema)속에 복합시킨다"라고 언급한다(*Ibid.*, p. 48, n. 2).

10) Leon Morris, *The Gospel according to John*(Grand Rapids, 1971), p. 176.

11) 참고. R. H. Fuller, "예수께서 제공하신 포도주는 십자가 위에서 최종적으로 성취되며 그 사역을 통해서 계시되는 메시야적 구원에 대한 상징이다. 요한복음에서의 예수는 구원자라기보다 계시자라는 것이 가끔 주장된다. 그러나 가나의 혼인 잔치는 그 계시가 구원 사건, 메시야적 정결임을 보여준다"(*Interpreting the Miracles*, London, 1963, p. 98). 우리는 그 계시가 구원인지를 의심할 수 있을 것이지만, 포도주가 메시야적 구원을 상징한다는 것은 중요하다. H. J. Richards는 수난과 부활을 지시해주는 다른 요소들을 발견한다. 즉 제3일에 대한 언급과 '영화롭게 하다'라는 말, 그 '때'에 대한 언급과 이 복음서에서 오직 갈보리에서 다시 언급되는 예수의 어머니에 대한 언급 등이다(*The Miracles of Jesus*, London, 1975, pp. 31-32).

배열이 우연적이라고 생각하기는 어렵다.

표적과 설교를 연결하는 작은 부분이라도 지나쳐서는 안될 것이다. 기적 이야기 뒤에 우리는 성전 청결 사건을 발견한다. 공관복음서에는 성전 청결이 후기 사역의 일이라서, 그 사건이 정확하게 발생했었는지, 아니면 두 번의 청결 사건이 있었는지에 대해서 많은 토론이 있어 왔다. 여기에서 우리가 이 문제를 토론할 수는 없고,[12] 오히려 예수께서 하신 일의 의미를 요한이 어떻게 보는가를 다루려고 한다. 요한이 이 사건에 뒤이어 유대인들이 "네가 이런 일을 행하니 무슨 표적을 우리에게 보이겠느뇨?"(2:18)라는 질문으로 대답하였다고 기록하는 것은 주목할 만한 일이다.[13] 그들은 예수께서 행하신 일을 통해서 하나의 도전을 보았다. 그리고 그에게 그의 행동의 정당성을 변명해 보라고 요구한다. 이에 예수께서는 수수께끼 같은 말로 대답하신다. "너희가 이 성전을 헐라 내가 사흘 동안에 일으키리라"(2:19). 유대인들은 이것을 문자적인 그대로의 의미로 이해하여 예루살렘에 있는 그들의 아름다운 건물을 부수고 다시 세우는 것으로 이해하였다. 그러나 요한은 계속해서 "예수는 성전된 자기 육체를 가리켜 말씀하신 것이라"(2:21)고 설명한다. 요한은 물이 포도주로 변하게 하신 것으로 상징되는 새 생명으로부터 곧바로 유대인의 삶에서 중심적인 거룩한 곳 성전 청결로, 그리고 이어서 그의 죽으심과 부활로 이끌어 가는 것이다. 이 복음서 전체를 통하여 예수께서 새 생명을 주시기 위해서 오셨으며, 그가 그의 죽으심과 부활로 말미암아 그것을 가지고 오셨다는 것을 강조하고 있다는 것을 분명하게 보아야 한다. 물이 포도주로 변화되는 것 자체가 우리에게 어떻게

---

12) 나는 그것에 대해서 *The Gospel according to John*, pp. 188-91에서 다루었다.

13) 비록 그것을 표적으로 간주해야만 한다고 주장하는 학자들이 있을지라도, 성전 청결 뒤에 즉시 표적을 요구하는 것을 요한이 기록한 것은 그가 그 심한 행동을 표적으로 간주하지 않았음을 보여주는 것으로 보인다. 오병이어의 표적 후에 예수의 어떤 적대자들이 와서 그에게 "당신이 행하시는 표적이 무엇인가?"(6:30)라고 묻는 것은 사실이다. 그래서 그러한 생각은 완전히 증명될 수 없다. 그러나 6장에서, 분명히 그 적대자들은 (그들이 직전에 언급했던) 만나와 같은 어떠한 것을 기대하고 있다. 거기에는 2장과 같은 것이 없다.

새 생명이 오는지를 말해주지는 않는다. 이 보충 설명이 우리에게 예수의 죽으심과 부활의 중요성을 말해주고 있다.

2. 생수

두 번째 표적과 설교도 이와 동일하게 관련된다. 왜냐하면 둘 다 생명에 대해 집중하기 때문이다. 예수께서는 우물가의 여인에게 마시는 자의 속에서 영생하도록 솟아나는 샘물이 되어 다시는 목마르지 아니할 "생수"에 대해서 말씀하신다(4:10, 14). 처음에 그 여인은 예수를 진지하게 받아들이지 않았지만, 그녀가 "물길러 온 우물을 우리에게 주었던 야곱보다 당신이 더 크니이까"(4:12)라고 질문하는 것은 흥미롭다. 이 이야기를 포함시킴으로 요한은 한 번 더 유대교가 할 수 있는 최선의 것과 예수께서 가지고 오시는 생명을 대조한다. 그 여인에게 있어서 예수께서 야곱과 비교된다는 것은 터무니없는 일이었지만, 요한에게 있어서는 야곱이 예수와 비교된다는 것이 터무니없는 일이었다. 예수께서는 유대교를 개조하시기 위해 오신 것이 아니라, 누구든지 마시는 사람은 영적인 기갈이 해소되고 영원히 해소될 생수를 주시기 위해서 오신 것이다. 유대교의 그 어떠한 것도 이러한 일을 할 수 없다.

율법과 물을 매우 빈번히 연결하는 유대교의 배경에서 이것을 이해해야 한다. 시락서에서 "율법을 지키는 자는 지혜를 얻을 것이다"라고 말하며 이어서 "그 지혜가 마실 지혜의 물을 그에게 줄 것이다"라고 단언한다(시락서 15:1-3). 탈무드에서 우리는 랍비 시므온 벤 요하이(R. Simeon b. Yohai)의 이름으로 말해지는 랍비 요하난(R. Johanan)의 말을 읽을 수 있다. "모든 물가에 씨를 뿌리는 너희는 복이 있느니라"(사 32:20)는 말씀을 "율법(을 연구하는 일)에 종사하는 자"(Baba Kamma 17a)라고 설명하는 것이다. 이 밖에도 이와 동일한 많은 것을 인용할 수 있다.[14] 요한은 유대인들이 그렇게도 자부하는 율법이 아무

---

14) SBk, II, pp. 433-36의 증거를 보라. 그들은 R. Simeon의 연대를 A.D. 150년경으로 잡는다. H. Odeberg는 물로써 율법을 상징하는 다양한 유대 자료들을 인용한다(*The Fourth Gospel*, Amsterdam, 1968, pp. 155 이하.).

쓸데없다는 것을 분명히 한다. 율법은 요한이 예수와 제자들 사이의 대화에서 소개하였던 끝이 없는 생명, "영생"을 주지 못한다. 예수께서는 그들에게 "거두는 자가 이미 삯도 받고 영생에 이르는 열매를 모으나니"(4:36)라고 말씀하신다. 예수께서 주시는 생수는 생명을 가져 오지만 율법, 토라는 그렇게 할 수 없다.

후에 예수께서는 "생수의 강"을 언급하시며, "이는 그를 믿는 자의 받을 성령을 가리켜 말씀하신 것이라"(7:38-39)고 설명된다. 이 개념은 이야기를 이어가는 이 지점에서 발전되지는 않지만, 요한이 그의 복음서를 통하여 말하려는 중요한 부분이라는 것을 마음속에 새겨 두어야 한다.

우리는 대화가 진행되면서 진전된 점들을 놓쳐서는 안된다. 그 여인의 죄가 그녀가 이제까지 따랐던 사마리아 방식의 불충분성과 함께 드러난다(4:16-18). 예배의 장소로서 예루살렘과 그리심 산의 경쟁 시비를 가져오려는 그녀의 시도는 예수께서 "이 산에서도 말고 예루살렘에서도 말고 너희가 아버지께 예배할 때가 이르리라"(4:21)고 말씀하심으로 무효화되었다. 이어서 "구원이 유대인에게서 남이니라"는 정보가 뒤따르며, "아버지께 참으로 예배하는 자들은 신령과 진정으로 예배할 것이라"(4:22, 23)는 말씀이 뒤따른다. 이 모든 것은 예수께서 사람들에게 생명, 성령 안에서의 생명을 주신다는 진리를 더욱더 강조하는 것이다.

이것은 신하의 아들을 고치신 "표적"에 나타난다. 환자의 어려움이 말해질 때, 예수께서는 그 소년의 아비에게 "가라 네 아들이 살았다"(4:50)고 말씀하신다. 그 능력의 말씀은 두 번 이상 기록되는데(51, 53), 세 번이나 반복되는 "살았다"는 말씀은 중요하다.[15] 혹자는 이 이야기를 예수께서 단순히 그 소년이 살게 될 것이라고 예언하신 것이라는 의미로 이해하려 한다. 그래서 예를 들면 RSV는 "네 아들이 살아나

---

15) John Marsh는 여기에서 이미 "영생에 대한 언급"을 발견하며, "그 말이 반복된다는 사실은 그 이야기에서 그것이 신학적인 중심어(key word)로서의 중요성을 더해 준다"라고 말한다(*The Gospel of St John*, Harmondsworth, 1968, p. 240).

리라"(H. J. Schonfield도 마찬가지이다. 참고. E. J. Goodspeed, "네 아들이 살아나고 있다")고 번역한다. 그러나 이것은 확실히 요한의 방식에 대하여 공정하지 못한 것이다. 그 반복은 예수께서 생명을 주셨다는 진리를 강조한다. 바나바스 린다스(Barnabas Lindars)는 여기에서 이 표현은 "사마리아 여인과의 대화에서 이미 주어졌던 생명의 약속이 성취된 것을 지시하기 위하여 신중히 선택된 표현이다. 그래서 여기에 구원이나 영생의 넓은 의미가 내포되며, 요한이 이 이야기를 여기에 삽입한 요점이다"라고 말한다.[16] 이것은 요한이 기록한 바를 이해하는 바른 방법인 것 같다. 기적과 설교가 서로서로 보충하는 것이다.

3. 아버지와 아들

세 번째 표적은 38년된 병자를 고치신 사건이다. 그는 치료하는 물로써 고침을 받으려는 소망을 가지고 베데스다 못가에 누워 있었다. 우리는 다시 율법과 관련되어 있는 물 주제를 볼 수 있는데, 그러한 연관은 유대교에서 매우 소중하게 여겨졌던 것이다. 우리는 그가 기대하던 방법이 아무런 효과가 없었으며, 그 사람을 위해서 물이 아무것도 할 수 없었던 것을 예수께서는 오직 말씀으로 하셨음을 발견한다.

이 기적에서 좀 색다른 것은 예수께서 먼저 "네가 낫고자 하느냐?"(5:6)라고 물으신다는 것이다. 그것은 설교에서 "너희가 영생을 얻기 위하여 내게 오기를 원하지 아니하는도다"(5:40; 원하는 것에 대한 다른 언급은 21절과 35절에 다시 나타난다)[17] 라고 말씀하실 때에 취해진 질문이다. 전자는 사람이 일어나 걷는 것을 언급하고, 후자는 하나님이 죽은 자를 일으키시는 것을 언급한다 할지라도, 두 부분에서 *egeiro*(에게이로)의 용법은 중요하다(8, 21절). 요한의 배치는 중요한 연결을 보여준다. 설교는 그 행동이 암시하는 바를 명확하게 해주는 것이다.

---

16) *The Gospel of John* (London, 1972), p. 204.
17) Cf. C. H. Dodd, 그는 그 사람의 대답은 "빈약한 변명이다. 그 사람은 그러한 의지를 가지고 있지 않았다. 율법은 생명의 길을 보여주지만, 살고자 하는 욕망을 만들기에는 무력하다"고 말한다(*The Interpretation of the Fourth Gospel*, p. 320).

그 사건은 안식일에 발생했다.[18] 예수께서는 그 환자가 고침받기를 원하는지를 물으시고(5:6), 그에게 일어나 자리를 들고 걸으라고 명령하신다. 이것은 바리새인들과의 논쟁을 일으켰다. 예수는 계속해서 그의 아버지와의 관계를 강조하고, 세례 요한이나 예수 자신의 일, 그리고 무엇보다 중요하게 하늘의 아버지와 같은 다양한 증인들에 의해서 되어지는 증거를 강조함으로 하나님의 아들로서의 그의 지위를 말했다. 능력에 대한 강조에서 역시 표적과 설교 사이의 연결이 있다. 38년 동안이나 걸을 수 없이 보낸다는 것은, 모든 정상적인 사람들이 도움을 요청하는 방식을 넘어서는, 말로 표현할 수 없는 고통을 견디는 것이다. 따라서 죽은 자들을 살리는 그 아들의 능력과, 그가 전인류의 심판자이심을 강조하는 그 설교(5:25-29)는 매우 적절한 것이었다.

그러나 더욱 중요한 것은 안식일 주제이다. 그 기적이 안식일에 발생했기 때문에, 바리새적 율법 준수자들은 예수를 악인으로 낙인찍는다. 그 표적은 바리새인들이 안식일에 할 수 없는 그 일을 예수께서는 하실 수 있다는 선언이었다. 예수의 아버지와의 관계는 그들과 다르다. 예수는 하나님과 분리되어서는 아무것도 할 수 없다(19, 30절). 그러므로 그 사람을 고치신 것은 인간적인 어떠한 업적으로 볼 수 없다. 요한이 관련시키는 것처럼, 그것은 하나님께서 그의 아들의 일을 인치시는 행위이다.[19] 유대인들은 그 안식일에 매우 큰 관심을 가졌고, 그날 하나님이 하신 일의 의미에 대한 토론에 몰두하였다. 세상의 모든 구조는 분명히 하나님께서 그의 창조를 유지하시지 않는다면 멸망될 것이다. 하나님께서 제정하신 안식일을 스스로 존중하신다는 생각과, 모든 만물

---

18) R. Bultmann과 다른 신학자들은 안식일 주제를 2차적인 추가로 여긴다 (*Das Evangelium des Johannes*, Göttingen, 1956, p. 178, n. 4를 보라). 그러나 Brown은 그러한 관점을 반대하고 안식일에 대한 언급이 본래의 것이라고 주장한다(*John*, I, p. 210).

19) Fuller는 5:17, 18b를 예수와 아버지 사이의 관계에 대한 주제를 도입하여, 5:19-47에 덧붙인 설교에서 발전되도록 하기 위해서 복음서 저자가 첨가한 것으로 본다(*Miracles*, p. 100). 즉 이 복음서의 모습에 의하면 그 기적은 설교로 인도되며, 아버지와 아들 사이의 관계에 대한 연결로 인도된다는 것이다. Fuller는 또한 심판의 중요성을 강조한다.

을 지지하시는 그의 일을 하나님께서 계속하신다는 생각을 결합시키는 재치있는 방식이 있다. 그래서 필로는 "하나님은 결코 만드시는 일을 그치시지 않는다. 불의 특성이 태우는 것이며, 눈의 특성이 차갑게 하는 것이듯이, 만드시는 것은 하나님의 특성이다. 그뿐 아니라 하나님은 모든 행동의 근원 위에 계신다"고 말한다. 그는 또한 하나님의 외관상의 만드심과 실제적인 만드심을 구별하는데, 전자의 사역은 그쳤지만 후자의 사역은 그치지 않았다고 말한다.[20] 미드라쉬 랍바(Midrash Rabbah)에 나타나는 또 다른 관점이 있다. 네 랍비들에게 왜 하나님께서는 스스로는 그렇지 않으시면서 이스라엘에게는 안식일에 일하는 것을 삼가도록 하셨는지의 이유를 설명하도록 묻는다. 그들은 되묻는다. "안식일에 사람도 그 자신의 안뜰을 돌보도록 허락되지 않는가?" 그들은 "높고 낮은 모든 영역이 하나님의 안뜰"이라는 것을 지적함으로 하나님께서도 그 자신의 방식으로 안식일을 지키신다고 대답한다.[21] 그러나 이것은 인간들이 안식일을 지키는 방법이 아니다. 예수께서는 인간들도 아버지께서 하시는 것과 동일한 방식으로 안식일을 지켜야 한다고 말씀하신다. 유대인들은 그가 하나님을 자신의 아버지이며, 특별한 의미로서 그의 아버지라고 주장하는 것임을 깨달았다. 왜냐하면 그가 "그 자신을 하나님과 동등으로 삼으시기"(5:18) 때문이었다. 그러나 예수께서는 이것을 그가 두 번째 하나님이시라는 의미로 말씀하시지 않았고, 아버지로부터 완전히 분리된 존재라는 의미로도 말씀하시지 않았다. 그는 아버지를 떠나서는 아무것도 할 수 없고 아버지께서 하시는 일을 아들도 행한다고 말씀하신다(5:19). 그는 비슷한 일을 행한다고 말씀하시는 것이 아니라, 동일한 일을 하신다고 말씀하신다.

아버지와 아들 간의 밀접한 관계는 아들이 죽은 자를 살리리라는 약속에서 나타난다(다드는 그 설교의 *ho huios thelei zōopoiei* 〈호 휘오스 뗄레이 조오포이에이〉라는 말에서[22] "두드러진 주제"를 발견한다. 물론 그것은 그의 심판의 사역과 연결되어 있다〈5:21-22〉). 그 목적(*hina*〈히

---

20) *Legum Allegoriae* 1.5-6 (Loeb translation).
21) *Exodus Rabbah* 30.9 (Soncino translation).
22) *The Interpretation of the Fourth Gospel*, p. 318.

나))은 모든 사람들이 아버지께 하듯이 아들도 경외해야 한다는 것이다 (5:23). 그 설교는 계속해서 증인이라는 주제로 이어진다. 예수께서는 광범위한 주장을 펼치시면서, 그가 말씀하신 것들이 진리라는 것을 증명하는 적당한 증인들이 있다는 것을 지적하신다.

4. 생명의 떡

오병이어로 군중을 먹이신 일과 생명의 떡에 대한 가르침을 연결시키려고 애쓸 필요가 거의 없다. 오천 명을 먹이신 사건은 4복음서 모두에 기록되어 있다. 확실히 이 사건은 초대교회에서 특별한 호소력을 가지고 있었다. 특히 요한은 독특한 세부적인 사항들을 묘사하는데, 사람들을 먹이기에 불가능하다는 것을 보여주는 빌립의 계산이나, 보리떡과 물고기를 가진 소년을 인도하는 안드레의 행위 등이 그것이다. 요한 홀로 우리에게 그 떡이 보리로 만든 것임을 말해준다. 그러나 그러한 정보는 작은 것에 불과하다. 근본적으로 요한은 다른 복음서 저자들과 동일한 이야기를 우리에게 전해주고 있다.

우리는 떡(bread, 빵)이 20세기의 나라들에서보다 1세기의 팔레스타인의 음식으로 더 널리 퍼져있었다는 것을 명심해야 한다. 에덴 동산에서 쫓겨나는 아담에게 "네가 얼굴에 땀이 흘려야 식물(떡)을 먹고"(창 3:19)라고 말해지듯이, 떡은 일반적인 음식을 요약하는 데 사용되었다. 그래서 우리는 사람의 마음을 힘있게 하는 양식(떡)이라는 구절을 읽을 수 있고(시 104:15), 심지어 "사람이 떡으로만 살 것이 아니요"(신 8:3)라는 말씀을 기억할 수 있다. 이러한 동일선상에서 먹고 마시는 것은 성공을 가리키는 것으로 이해될 수 있다. "사람이 먹고 마시고 즐거워하는 것보다 해 아래서 나은 것이 없음이라"(전 8:15). 또한 재난은 이러한 용어로 묘사될 수 있었다. "주께서 저희를 눈물 양식(떡)으로 먹이시며"(시 80:5). 또 NIV에서는 "그들의 음식에 대한 모든 공급을 끊으셨다"라고 번역되었지만, 모든 "양식에 대한 모든 의뢰"(every staff of bread, 시 105:16; 개역성경에서는 "그 의뢰하는 양식을 다 끊으셨도다"라고 되어 있다 – 역자주)라는 재미있는 언급이 있다.

우리는 물이 은유적으로 율법에 대해 사용될 수 있음을 살펴보았다. 그것은 떡에 대해서도 마찬가지이다. 예를 들면, 유대교로 개종한 아킬라스(Akilas)는 랍비 엘리사(R. Eliezer)를 방문하여 신명기 10:18을 질문하면서 야곱이 (다른 것들과 함께) 먹을 양식(떡)을 구하는 창세기 28:20을 언급하였다. 불만족스러운 그는 다시 랍비 여호수아(R. Joshua)에게 가는데, 그는 "양식(떡)은 토라를 언급한다며 그를 위로한다."23) 이러한 은유는 널리 퍼져있었던 것으로 보이는데, 이 장에서 우리가 반드시 깊이 명심해야 할 것이다. 여기에서 요한은 다른 관점으로 유대교의 특징적인 율법 연구보다 예수께서 하신 일이 우월함을 나타내는 것으로 보인다.

요한복음의 이 부분에 대한 배경으로 매우 중요한 것은 구약시대에 공급받은 만나이다(출 16:13-36). 그들에게 주어졌던 보잘것없는 오병이어로 오천 명을 먹이신 표적을 완전히 무시하고, 그들은 예수께 와서 "그러면 우리로 보고 당신을 믿게 행하시는 표적이 무엇이니이까?"라고 물으며, 이어서 "기록된바 하늘에서 저희에게 떡을 주어 먹게 하였다 함과 같이 우리 조상들은 광야에서 만나를 먹었나이다"(6:30-31)라고 말한다. 그들이 이러한 요구를 한 것은 매우 이상하다. 왜냐하면 오병이어의 기적은 분명히 만나와 동일한 종류의 기적으로 보이기 때문이다. 그러나 물론 그들은 모세가 (단지 오천 명뿐만 아니라) 전체 민족을 먹였으며, (한 번의 식사가 아니라) 40년을 먹였고, 모세는 "하늘의 떡"을 먹였으나 예수가 제공한 것은 사람들이 매일 먹는 같은 종류의 떡이었음을 지적할 수 있을 것이다. 어쨌든 메시야가 왔을 때 만나의 기적이 새롭게 재현되리라는 기대가 유대인들에게 있었으며(2 Bar. 29:8; Sib. Or., Frag. 3:49), 그 사람들이 기대하던 것이 이것이었음은 분명하다. 메시야라고 인정할 수 있게 하는 것은 이 만나였다. 만일 예수께서 그들에게 옛날의 만나를 제공할 수 없다면, 그는 메시야로 받

---

23) 그 구절은 *Genesis Rabbah* 70.5에 있다. R. Eliezer의 연대는 90년경으로 추정되어서 그 사건은 신약성경 시대와 가깝다. 더 많은 언급들은 SBk, II, pp. 483-84에 열거된 구절들을 보라.

아들여지지 않을 것이었다.[24] 그러나 예수는 이러한 관점에 찬성하지 아니하시며, "하나님의 떡은 하늘에서 내려 세상에게 생명을 주는 것이니라"(6:33)고 설명한다. 그들은 잘못된 관점으로 하늘의 떡을 구했던 것이다. 그것은 신기한 종류의 만나가 아니다. 그것은 이스라엘뿐만 아니라 "온 세상에게" 생명을 주시기 위해서 하늘로부터 오신 바로 그분이시다. 예수는 "내가 곧 생명의 떡이니 내게 오는 자는 결코 주리지 아니할 터이요 나를 믿는 자는 영원히 목마르지 아니하리라"(6:35)고 말씀하신다.

여기에서 생명의 근원이 예수라는 것이 명확히 표현되는데, 동일한 방식으로나 또는 다른 선언으로 반복된다(6:40, 48, 50, 51). 이것이 사람들에게 항상 인식되지는 않았다는 것은 사람들이 오기 전에 아버지께서 그들을 이끄실 필요가 있다는 사실(6:37, 40, 44)에 나타난다. 요한복음에는 강한 예정론적 경향이 있는데, 그것이 이 설교로부터 나온다. 예수께서 생명을 주시지만, 사람들이 그것을 이해하기 전에 사람들 안에서 행해지는 신적 사역이 필요하다. 그가 행하신 일에서 하나님을 인식할 수 있는 것은 저절로 이루어지는 것은 아니다. 그러나 그렇다고 그가 행하신 사역들이 명백하지 않은 것이 아니다.

하늘의 양식이라는 개념은 "세상의 생명을 위하여"(6:51, 53-57) 먹고 마시도록 제정된 그리스도의 몸과 피에 대한 개념으로 이끈다. 예수께서는 확실히 생명을 주신다. 그러나 그 생명은 그가 반드시 죽어야 함을 의미한다.[25] 위대한 구원 사역은 십자가와 빈 무덤을 통해서 나타

---

24) 참고. G. H. C. MacGregor, "만나를 주신 것은 너무나 뛰어난 기적이어서, 메시야조차도 할 수 없는 전무후무한 기적으로 유대 신학에서 여겨진다는 것을 보여주는 증거들이 있다. 사실 랍비들은 메시야가 와서 모세가 자신을 증명하였던 바로 그 기적들을 반복함으로 자신의 권위를 증명하리라고 가르쳤다. 그래서 미드라쉬는 계속하여 말하기를, '첫 구속주처럼 마지막 구속주도 그렇게 하여 첫 구속주가 하늘로부터 만나를 내렸듯이 두 번째 구속주도 만나를 내리게 할 것이다'고 말한다"(*The Gospel of John*, London, 1928, pp. 142-43). MacGregor가 언급하는 구절은 *Ecclesiastes Rabbah* 1.9에 있다.

25) Walter Lüthi는 예수의 왕되심에 대한 특별한 특성을 주석하기를 "그는 하늘에서 은혜로 통치하시는 왕이시다. 만일 어떠한 사람이 여전히 그가 유일하신

났다. 예수께서는 분명히 생명을 주실 것이지만, 그 자신의 죽음이라는 대가를 치르시는 것이다.

그렇다면 그 기적은 사람들에게 필요한 떡을 공급하시는 그의 능력을 웅변하는 것이다. 그 설교는 그들의 영적인 필요를 채워주시는 예수의 능력을 강조하는 것이다. 그래서 하늘의 떡이라는 그의 선물(31, 32절)과, 하늘로부터 내려오는 하나님의 떡(33, 41, 50, 58절), 생명의 떡으로서의 예수(35, 48, 51절) 그리고 그가 주실 떡으로서의 그의 살(51, 56, 58절)이 계속적으로 언급된다. 떡의 상징은 복잡하다. 그러나 예수께서 우리의 가장 깊은 필요를 공급해 주시는 분인 것은 분명하다. 구약성경에는 은유적인 특성을 가진, 떡에 대한 많은 언급이 있기 때문에, 예수께서는 그의 청중들에게 잘 알려진 풍성한 상징들을 사용하신 것이다.[26] 그러나 여기에서 그는 구약성경의 모든 떡에 대한 언급을 초월하시는데, 특히 그 자신의 희생적인 죽음에 대해 언급할 때에 그렇다.

5. 예수의 임재

다섯 번째 표적과 설교는 매우 어려운 문제를 가지고 있다. 어떤 사람은 이 복음서에서 물 위를 걸으신 것과 관련된 설교를 찾을 수 있다는 것을 철저히 부인한다.[27] 그러나 문제는 그렇게 간단하지 않다. 그 표적은 오병이어의 기적에 동참하였던 사람들이 그 기적적인 사건이 의미하는 바를 완전히 오해하여 예수를 억지로 임금 삼으려 하였다는 정보와 함께 도입된다. 그것은 그들이 메시야의 의미를 알지 못했다는 것

참 왕이시라는 것을 전혀 확신하지 않을 경우에라도 예수는 더욱 명확하게 자신의 왕되심을 말씀하신다. 아버지로부터 오신 그 자신이 아버지의 뜻대로 죽게 될 것이다. 그의 죽음은 모든 믿는 자들에게 영생을 주는 음식과 음료를 준비할 것이다"(*St John's Gospel*, Edinburgh and London, 1960, p. 90).

26) 나의 책, *The Gospel according to John*, p. 340에 열거된 구절들을 보라.

27) 참고. Fortna, "이 이야기에 뒤이어 나오는 요한복음의 대화는 그것과 어떠한 방식으로든 연결되지 않는다"(*Gospel of Signs*, p. 64). 또한 Fuller(*Miracles*, p. 102)와, Richards(*Miracles*, p. 66), C. K. Barrett(*The Gospel according to St. John²*, London, 1978, p. 279), 그리고 다른 학자들을 보라.

을 보여준다. 그들은 그들이 예수와 밀착되어 있으며 그의 메시야적 목적을 진전시키고 있다고 생각했지만, 그 모든 점에 있어서 그들은 예수로부터 분리되어 더 나아갔을 리 없다. 이것이 제자들과 다른 점이다. 제자들이 역풍에 시달리며 그들의 생명이 어떠한 위험에 빠져 있었던 상황에서 그 기적이 발생했다. 이미 어두워졌는데 예수께서 아직 저희에게 오시지 않았다(6:17). 예수께서는 어렵고 위험한 시기에 계시지 않은 것처럼 보였다. 그러나 놀랍게도 그는 자연을 통치하시는 그의 주권을 나타내 보이시며 그들이 있는 곳으로 오셨다. 그는 그들을 버리시지 않았던 것이다. 그들은 어둠 속에 있었으며, 그가 행하시는 일이 무엇인지 인식하지 못했을 뿐만 아니라, 언제 그가 임재하셨는지도 알지 못했다. 그들은 왕을 삼으려는 자들과 마찬가지로 오해하였지만, 그들과는 달리 근본적으로 예수를 세상적인 용어로 이해하지는 않았다. 모든 주저와 오해 그리고 두려움은 그들이 사람임을 나타낸다. 예수께서는 그러한 그들의 필요를 채워주신다.

분명히 이것이 다섯 번째 설교의 요점이다. 예수를 알아차리지 못했다는 주제는[28] 정확히 그의 형제들이 "자신을 세상에 나타내소서"(7:4)라는 도전, 즉 요한이 명확하게 표현하는 것처럼 "그를 믿지 아니하는"(7:5) 사람들에게 나타내라는 도전에서도 나타난다. 예수를 아는 것에 실패하는 것은 7장 전체에 걸쳐 강조되며, 그것은 우리가 이 복음서의 처음 부분에서 만났던 수준보다 더 큰 것이다. 요한은 예수께 대한 적대감이 늘어난 것이며, 그에 대해 불확실성이 많이 있었다는 것을 분명히 한다. 예루살렘에서 사람들이 예수께 대하여 "수군거리는"(7:12), 불확실성이 있었다. 그것은 그의 메시야됨이 사람들에게 널리 이해되지 않았으며, 그와 동일하게 위험이 있었음을 보여준다. 그래서 사람들은 조심스럽게 말한다. 오래지 않아서 예수는 그 성에 나타나사, 그의 교

---

28) Daniel Lamont는 이러한 연약함에서 그 제자들 중의 일부도 아마 예수를 왕으로 만들려는 시도에 참여했을 것으로 본다(6:15; 참고. 마 14:22). 그는 이 표적이 그들로 하여금 "비록 예수께서 지상적 왕관을 거부하실지라도 여전히 자연과 생명의 왕이시다"라는 사실을 뼈저리게 느끼게 했을 것으로 생각한다(*Studies in the Johannine Writings*, London, 1956, p. 94).

훈이 그 자신의 것이 아니라 하나님으로부터 온 것이라고 말하여 (7:16), 사람들을 놀라게 했다. 그들이 예수를 죽이려고 할 때, 예수는 그들이 모세의 법을 지키지 않는다고 그의 청중들을 비난한다. 이러한 그의 진전된 선언은 "당신은 귀신이 들렸도다"(7:20)라는 비난이 뒤따르게 했다. 여기에서 다시 그리스도의 은닉성이라는 개념이 나타난다. 그가 누구이며 어떤 존재인가가 명백하지 않은 것이다.

분명히 이 지점에서 문제를 벗어나 지엽으로 흐르는 것이 있다. 예수께서는 사람들의 놀라움을 초래했던 "한 가지 일"을 언급하시는데, 그것은 안식일에 대한 말로 이어진다(7:21-23). 이것이 38년된 병자를 고치신 사건을 언급하는 것은 분명하다. 그 사건은 안식일에 대한 예수의 지위를 이해하는 데 있어서 중요하다. 그는 유대인들이 안식일에 대한 규례를 너무 엄격하게 지키는 것을 비난하지 않는다. 약간 완화하도록 제안할 뿐이다. 그는 그들이 안식일을 완전히 오해하고 있다고 말한다. 만일 그들이 관습적인 일을 숙고했다면, 어떤 중요한 것을 배울 수 있었을 것이다. 그들은 안식일이라 할지라도 난 지 8일 되는 아이에게 할례를 베푸는 관습이 있었다.[29] 이것은 (할례와 같은) 어떠한 선한 행실들은 안식일에도 반드시 행해져야 하며, 예수께서 행하셨던 것과 같은 자비로운 행위들에 대해서는 열려 있어야 함을 의미한다. 그의 고치시는 사역은 안식일에 허락되는 방식으로 행해진 것이 아니라, 안식일의 목적을 이루시는 방식으로 행해졌다. 할례가 몸의 한 부분을 다루는 것이라면, 예수는 그 사람 전체를 건강하게 하셨다.[30] 유대인들은 그들이 그토록 귀하게 여기는 율법의 참된 의미를 이해하지 못했다.

---

29) 그 명령은 레위기 12:3에 있다. 그 구절에는 안식일이 제8일일 경우에 어떻게 하라는 규정이 없다. 그러나 유대 저작들은 제8일을 신중하게 준수해야 함을 명확하게 한다. 그날에 대한 명령이 안식일에 대한 명령을 거부하는 것이다(Mishnah, *Shab*, 18:3; 19:1, 2; *Ned* 3:11을 보라).

30) 랍비들은 이것을 깨달을 수 없었다. "만일 단지 248명의 육체에 가하는 할례가 안식일을 멈추게 한다면, 온 육체를 구원하는 것이 얼마나 더 안식일을 멈추게 하겠는가"(Talmud *Yoma* 85b). 그들은 죽을 위험에 있는 환자를 안식일에 고치는 것은 정당화했지만, 죽음이 급박하지 않을 때에는 고치는 것을 허락하지 않았다.

그리스도에 대한 오해가 다양했기 때문에, 예루살렘의 사람들이 약간 혼란스러웠다는 것은 분명하다. 어떤 사람들은 당국자들이 이 사람을 참으로 그리스도인 줄 알았는가(7:26)라고 의심했다. 그들은 그리스도 께서 오실 때에는 어디서 오시는지 아는 자가 없으리라고 말한다. 그런데 예수께서 어디에서 오신 줄을 그들이 알기 때문에 문제에 직면하게 되었던 것이다(7:27).[31] 여기에 모순이 있다. 왜냐하면 만일 그들이 진정으로 예수께서 어디에서 오셨는지를 알았다면, 그들은 그가 확실히 메시야이신 것을 알았을 것이기 때문이다. 그러나 그들은 몰랐고, 이것이 요한이 묘사하려고 하는바 그리스도의 은닉성의 한 부분이다. 그는 계속해서 "너희가 나를 찾아도 만나지 못할 터이요 나 있는 곳에 너희는(강조형) 오지도 못하리라"(7:34)고 말씀하신다.

그 절정에서 예수께서는 "누구든지 목마르거든 내게로 와서 마셔라 나를 믿는 자는 성경에 이름과 같이 그 배에서 생수의 강이 흘러나리라"고 외치신다. 요한은 그에 대해 "이는 그를 믿는 자의 받을 성령을 가리켜 말씀하신 것이라"(7:37-39)고 설명한다. 어떤 의미로 예수께서는 현존하시지 않으신다. 그러나 성령의 사람들 안에서, 그는 그들 자신의 필요들에 대처하기 위해서 현존해 계신다.[32]

이 다섯 번째 설교는 다섯 번째 이적과 분리되어서 나타난다. 분명히 설교와 표적 사이의 관계가 다른 경우들에서처럼 명확하지는 않다. 결국 올바른 결론은 그들이 결합되도록 의도되지 않았으리라는 것이지만, 그것만이 유일한 결론은 아닐 것이다. 그 표적이 의미하는 바가 설교가 가르치는 바와 동일하기 때문에, 요한이 하나의 연결을 보았을 것이라고 추론해 볼 수 있다. 예수께서 계시지 않은 것은 눈에 보이는 것에

---

[31] 다양한 견해들이 있었던 것으로 보인다. 여기에서 말해진 견해는 R. Zera 의 격언에 의해 지지받는다. "알지 못하는 중에 오는 것 세 가지가 있으니 메시야 와 고소장과 채찍이다"(Talmud, Sanh, 97a). 그러나 헤롯의 서기관들은 베들레헴이라는 이름을 의논할 수 있었으며(마 2:4-6), 이 견해는 그 동일한 장 후반에서 발견된다(42절).

[32] J. T. Forestell는 물 위를 걷는 기적에서 "그 복음서 저자는 예수의 나타나심을 세상의 어두움으로부터 임재하시는 하나님의 임재로 이해했다고 생각한다" (The Word of the Cross, Rome, 1974, p. 70).

지나지 않다는 통일된 줄거리가 여기에 있다.

6. 세상의 빛

여섯 번째 표적과 이적은 분명하게 연결되어 있다. 예수께서는 두 번씩이나 세상의 빛되심을 말한다(8:12; 9:5). 첫번째 언급은 어떻게 사람들이 죄의 어두움 속에 있으며, 악한 자의 노예로 있는가를 설명하는 예수의 설교를 도입하며, 두 번째 언급으로 예수께서 한 사람을 어두움의 감옥으로부터 해방시키고 그의 생애에 빛을 주신 기적 이야기를 시작한다.[33] 요한에게 있어서 빛의 도래는 당연히 어두움에 대한 심판을 의미하며, 그 심판에 대한 언급은 두 번 나타난다(8:16, 26, 50; 심판에 대한 개념은 비록 단어로는 아니지만, 21절과 24절에서도 발견할 수 있어서, 이 기적 속에서도 역시 예수께서 "심판하시기 위하여" 세상에 오셨음을 생각나게 한다. 9:39).[34]

그 설교는 장엄한 말로 시작된다. "나는 세상의 빛이라"(8:12). 랍비들은 때때로 "빛"을 메시야에 대한 칭호로 사용하였기 때문에,[35] 이것이 잊혀지지는 않을 것이다. 비록 "아브라함이 나기 전부터 내가 있느

---

33) 참고. Brown, "구약 선지자들이 선포하는 말씀들과 그들의 선포를 각색한 상징적인 행동들을 동반한 것처럼 예수께서도 역시 여기에서 8:12에서 선포된 '나는 세상의 빛이다' 라는 진리를 행동으로 나타내셨다"(*The Gospel according to John*, I, p. 379). 이와 유사하게 E. C. Hoskyns는 9장을 "나는 세상의 빛이다" 라는 말씀에 대한 "행동으로 나타낸 주석"으로 본다 (*The Fourth Gospel*, London, 1947, p. 331).

34) Dodd는 9장의 심판에 대한 언급을 강조한다. "그래서 이 에피소드의 지배적인 주제는 빛의 도래와 같은 것이 아니라 심판의 영향으로 나타난다. 그리스도께서 세상에 빛을 가지고 오셨다는 사실은 상징적으로 극히 짧은 언급으로 되어있지만, 그 비중은 행동으로 심판을 극적으로 나타낸 면밀한 대화를 끌어내는 것이다"(*The Interpretation of the Fourth Gospel*, p. 358).

35) John Lightfoot는 R. Biba Sangorius의 "빛은 메시야의 이름이다"라는 진술을 인용한다. 그것은 그 랍비가 다니엘 2:22로부터 지지받은 것이다. 그는 또한 R. Abba Serongianus에서도 동일한 송영을 발견한다(*A Commentary on the New Testament from the Talmud and Hebraica*, III, Grand Rapids, 1859년판을 1979년에 재판, pp. 330-31).

니라"(8:58)는 표현 속에서는 단언하고 있지 않지만, 요한이 우리에게 말하고 있는 것에서 더욱 중요한 것은 신성을 강조하는 표현인 "나는 …이다"라는 반복되는 형식이다. 그것은 예수의 청중들이 그에게 돌을 던지려고 할 정도로 효과가 있었다. 그것은 그들이 확실하게 그 선언의 중요성을 인식하였다는 것을 보여준다. 그의 빛되심과 함께, 우리는 어느 곳에선가 하나님 자신도 빛이시라고 말해질 수 있다(요일 1:5)는 것을 반드시 명심해야 한다. 예수께서 빛되신다는 선언은 편협되고 좁은 의미에서가 아니다. 그는 "세상의 빛"이시다. 이것은 엄청난 선언이다. 요한이 말하고자 하는 것은 땅 위의 모든 것보다 예수께서 우월하시다는 사실임에는 의심할 여지가 없다. 요한은 그를 창조된 피조물로 분류하지 않고 하나님이라고 한다.

이러한 말들에 이어서 예수께서는 앞에 있는 사람들에게 이것이 의미하는 바에 대하여 설명하신다. "나를 따르는 자는 어두움에 다니지 아니하고 생명의 빛을 얻으리라"(8:12). "나를 따르라"는 말은 의미 깊은 제자도를 언급하는 것이지, 예수의 가르침에 대하여 강력하게 승인하는 것과 같은 그런 종류의 것이 아니다.[36] 그 현재 분사형은 계속적인 고수를 의미한다. 이것이 중요하다. 임명된 제자들은 어두움의 길들로부터 벗어나 깨끗해졌으며, 이 후로부터 그들의 특징은 "생명의 빛"을 누리는 것이다.

예수께서는 사람들을 분류하신다. 익숙해진 어두움에 안주하기를 더 좋아하는 자들이 있는가 하면, 하나님께서 주신 빛을 환영하는 자들이 있다. 예수의 길을 걷는 자들은 모든 어두움의 세력들로부터 구속되었으며 전혀 다른 특성을 가진 생명으로 인도되었다. 그러나 그것을 거부한 자들은 그들의 어두움을 더욱 견고케 하였다. 요한은 즉시 한 가지

---

36) W. Hendriksen은 광야에서 불기둥을 따랐던 사람들에 대해 유추법을 발견한다. "그것을 따랐던 자들은 가나안에 이르기까지 그것의 인도를 반역하지 않았다. 다른 이들은 광야에서 죽었다. 이처럼 여기에서도 참된 추종자들은 도덕적인 어두움이나 영적 무지 속에서 살지 아니할 뿐만 아니라 빛의 세계에 이를 것이다"(*Exposition of the Gospel according to John*, II, Grand Rapids, 1954, p. 42).

예를 든다. 바리새인들은 예수 자신의 증거가 "참되지 아니하다"(8:13)
는 근거로 예수께서 하신 말씀을 거부하였다. 랍비들의 격언에 "사람이
자기 자신을 증거할 때에는 아무도 믿지 말라…아무도 그 스스로를 증
거할 수는 없다"(Mishnah, Ket. 2:9)는 것이 있었다. 그래서 바리새
인들은 그 선언의 요지에 대해서 주의를 기울이지 않았다. 그들은 차라
리 정확한 전문성에 집착하여 살기 원했던 것이다. 이것은 그들로 하여
금 그들에게 안락한 어두움에서 살도록 할 수 있었다. 그들은 진정으로
빛을 원하지 않았던 것이다.

예수께서는 그의 적대자들에게 그들이 그를 모를 뿐 아니라 그의 아
버지도 모르며(8:19), 그들이 그들의 죄 가운데에서 죽을 것(8:21, 24)
이라고 말하며, 그들이 아래에서 났고 세상에 속하였다(8:23)고 말씀하
신다. 그들은 그들이 주장하는 것처럼 그들의 아버지로서의 하나님을
소유하지 않았으며, 오히려 마귀를 아버지로 섬기고 있었다(8:42-44).
그들은 예수께서 어떤 죄도 범하시지 않았음을 볼 수 없었고, 여전히
그를 믿지 않았다(8:46). 그들은 하나님의 백성이 아니다(8:47). 이것
은 철저한 고발이다. 그러니 그들이 예수를 귀신들렸다고 말하는 것이
나(8:48), 아브라함에 대한 논쟁에서 그들이 계속적으로 예수를 반대하
는 것(8:52-59)은 놀랄 만한 일이 아니다. 그러나 이러한 사실들과 뒤
섞여서 많은 사람들이 그를 믿었다는 것 역시 사실이다(8:30).[37] 소경
되었던 사람의 시력을 회복시키신 후에 바리새인들 중에 의견이 나뉘는
것을 발견할 수 있다. 어떤 사람들은 예수가 죄인이라 하는가 하면 다
른 사람들은 죄인으로서 어떻게 이러한 표적을 행하겠느냐(9:16)고 묻
는다. 여기에 또한 그 사람의 부모들이 의무를 짊어지지 아니하는 자라
는 주제가 있으며(9:20-23), 바리새인들과 날 때부터 소경되었던 자 사
이의 재미있는 논쟁이 있다.

종합해 보자면, 이 두 장 전체에서 나타나는 그의 가르침이나 소경을

---

37) 그들의 믿음은 깊지 않았던 것으로 보인다(참고. F. L. Godet), "이러한
새로운 신자들을 회심자들로서 취급하기보다는 그는 즉시 그들을 시험하신다"
(*Commentary on the Gospel of John*, II, Grands Rapids, 1893년도판을 재
판, p. 105). 그러나 최소한 그때에는 그들이 그들 자신과 예수를 단결시켰다.

보게 하신 이적은 예수께서는 세상의 빛이라는 교훈을 가진다. 이 가르침이 널리 받아들여지지는 않는다. 예수의 가르침이 거부될 수 있고 사람들이 그 소경을 영접하지 않을 수도 있다. 빛을 환영하는 사람들이 있는가 하면 빛을 거부하는 사람들이 있다.

7. 죽음 – 그리고 생명!

마지막 설교와 마지막 이적은 명확하게 연결되는 것이 없다. 죽은 자를 일으키시는 것은 목자에 대한 가르침과 전혀 다른 것으로 보인다.[38] 그러나 우리가 기대하지 못할지 모르지만 연결이 있다. 요한복음 11장에 나오는 기적의 요점은 예수께서 "생명의 주"이라는 것이다. 요한은 그 이야기를 예수의 공생애의 절정으로서 이야기한다. 그는 우리에게 예수께서 죽음보다 강하시며 그의 백성을 잘 돌보실 수 있음을 보여준다. 나흘씩이나 무덤 속에 있었던 나사로의 경우, 사람인 이상 더 이상 소망이 없었다. 그는 삶의 영역을 떠나 이미 죽음의 영역에 속해 있었다. 그러나 예수께서 능력의 말씀을 하실 때에 죽음은 타파되었다. 이것은 선한 목자가 죽음을 초월한 주권자시라는 설교에서의 가르침과 같다. 그는 그의 목숨을 버리는 것이 사실이지만(10:11, 15, 17), 그가 다시 생명을 취하신다는 것 또한 중요하다(10:17-18). 이 점이 강조된다. 예수께서는 "이(생명)를 내게서 빼앗는 자가 있는 것이 아니라 내가 스스로 버리노라 나는 버릴 권세도 있고 다시 얻을 권세도 있으니"라고 말씀하시며, "이 계명은 내 아버지에게서 받았노라"(10:18)는 말씀을 첨가하심으로 그것을 강조하시기 때문이다. "권세"라는 단어가 각 항목의 첫 부분에 나오는데 그것은 강조를 위한 것이다("권세, 곧 내가 버릴 권세가 있으며, 권세, 곧 내가 다시 취할 권세가 있다). 그래서 표적과 설교 둘 다에서 진실로 어떠한 사람도 할 수 없는바, 그리스도께서는 죽음을 초월한 탁월한 권세를 가지고 계신다고 강조적으로 말해진다.

물론, 설교의 양상은 선한 목자가 그의 양떼들을 돌보는 방식이다.

---

38) 그래서 Brown과 Dodd 두 사람은 11장을 완전히 분리된 둘로 복음서의 전혀 다른 문단에 위치시킨다.

삯꾼은 동일한 보호를 해주지 않을 것이다. 왜냐하면 그의 관심이 양에게가 아니라 그 삯에 있기 때문이다(10:12-13). 이것은 표적과 또 다른 연결이 된다. 왜냐하면 그 기적은 표현된 진술처럼(11:3, 5, 36) 나사로에 대한 관심을 보여주기 때문이다. 비록 특별한 강조가 주어지지는 않았지만 마리아와 마르다에 대한 관심 또한 거기에 있다. 관심에 대한 개념은 또한 목자가 '반드시' 그의 양들을 양우리 속으로 인도하여야 하며(10:16), 그가 그의 생명을 양에게 준다는 반복적인 진술(10:11, 15, 17)에도 포함되어 있다.

선한 목자에 대한 가르침은 "생명의 주"라는 주제를 강조한다. 예수는 죽음의 희생물이 아니다.[39] 그는 사람들이 선한 목자를 죽이리라고 말씀하시지 않았다. 그가 그의 목숨을 버린다는 것이다. 그는 다시 그것을 취할 것이다(10:17, 18). 그는 "나는 버릴 권세(또는 능력, *exousia*⟨에쿠시아⟩)도 있고 다시 얻을 권세도 있다"(18절)고 말씀하신다. 설교나 이야기 둘 다에서 중심이 되는 사상은 예수께서 죽음보다 우월하시다는 것이다. 그는 그의 친구를 죽음의 영역으로부터 불러 내오는 방식으로 이것을 보여주시며, 또한 그 자신을 죽음으로 몰고 가셨다가 다시 부활하심으로 보여주신다.

어떤 설교는 너무 확실하게 특별한 표적들과 연결되어 있어서 그 점에 대해서 논증할 필요가 없다. 그러나 이러한 고찰을 통해서 본 것처럼, 어떠한 확실한 연결점이 없는 곳에서도 항상 어떤 연결점은 있다는 것이 내 생각이다. 전체적인 실마리로서 이러한 연결을 취해야만 하는지는 의문스럽다. 왜냐하면 그중의 어떤 것은 약간 빈약한 것으로 보이기 때문이다. 그러나 비록 우리가 마음속에 다른 고려들을 품고 있는 것이 옳을지라도 그것들을 간과해서는 안될 것이다.

---

39) 참고. Alf Corell, "왕이신 그리스도께서 그의 십자가와 죽음을 통해서 그의 백성들을 얻고 그들을 모으는 것처럼, 선한 목자로서 그리스도는 그들을 위해서 그의 생명을 줌으로 그의 양들을 모은다. 이 희생은 목자측의 연약함으로 표현되는 것이 아니라 — 양무리뿐만 아니라 그 자신의 생명까지도 초월하는 — 생명을 초월하는 그의 능력으로 표현된다"(*Consummatum Est*, London, 1958, p.

8. 다른 가능성들

그러한 고려는 이 복음서를 전혀 다른 계획으로 구성된 것처럼 볼 수 있게 한다. 예를 들자면, 샌더스(J. N. Sanders)는 요한복음이 일곱 개가 아니라 여섯 개의 표적들을 가지고 있으며 그 숫자가 중요하다고 주장한다. 완전 숫자에서 하나 모자란 그 숫자가 부활이라는 위대한 표적으로 이끌어 간다는 것이다.[40] 그는 그 여섯이 셋씩 두 그룹으로 배열되어, 각각 두 치유 이적에 하나의 자연 이적을 포함한다고 주장한다.[41] 그는 7-10장과 함께 "복잡한 모자이크"로서의 12장을 더 중히 여기며, 5장과 11장이 연결되어 있음을 발견한다.[42]

또 스트라흐한(R. H. Strachan)을 고려해 보자. 그는 물을 포도주로 만드신 사건과 성전을 깨끗게 하신 사건을 "두 가지 상징적인 표적"으로 연결시키지만, 서로를 한 가지 설교에 연결시키지는 않는다. 그래서 그는 "유대인 니고데모, 사마리아 여인, 이방인 신하"와 같은 기독교 개종자들의 다양성을 설명하므로 "그 복음서의 보편주의적 호소"를 인식하기에 이른다.[43] 이것이 이러한 부분들을 연결시키는 가능한 방법이라는 것을 부인할 수는 없다. 이 복음서를 접근하는 또 다른 재미있는 방식은 다드(Dodd)가 일곱 개의 에피소드로 구분하는 것과[44] 존 마쉬(John Marsh)가 "행위와 말씀"의 다섯 부분과 "의식과 실재"의 네 부분으로 구분하는 것이다.[45]

나는 이미 표적과 설교가 연결될 수 있는 가능성을 살펴보았다. 그러나 또한 표적과 표적이 연결될 가능성도 있다. 가나에서의 두 가지 표적

---

25).
  40) B. A. Mastin에 의해서 완성되고 편집된 *A Commentary on the Gospel according to St John*, (London, 1968), p. 5.
  41) *Ibid.*, p. 156.
  42) *Ibid.*, pp. 246, 262.
  43) *The Fourth Gospel* (London, 1955), p. 97. 그는 계속해서 5-12장을 "세상과 교회 사이의 싸움"으로 본다. 그래서 그의 연관성에 대한 견해는 대부분의 사람들의 것과 다르다.
  44) *The Interpretation of the Fourth Gospel*, p. x.
  45) *The Gospel of St John*, pp. 86-87.

은 훌륭한 예가 된다. 물이 포도주로 변한 것은 신하의 아들을 고치실 수 있는 것처럼 예수께서 변화시킬 수 있으며, 새 생명을 주실 수 있음을 보여준다. 확실히 생명을 주시는 것은 한 가지 방식이나 여러 다른 방식들로 모든 기적들과 연결된다. 예수께서 고치시기 전까지 38년된 병자는 완전한 의미로 살아 있었던 것이 아니다. 오천 명을 먹이신 것은 "생명의 떡"을 지시하며, 물 위를 걸으신 것은 예수의 백성들이 결코 생명의 위기에 홀로 두어지지 아니하며, 그들을 양육하시기 위해서 그가 항상 오신다는 개념을 지시한다. 소경을 보게 하신 것은 "생명의 빛"이심을 지시하며, 나사로를 살리신 것은 분명히 생명의 선물이다.

요한이 어떤 방식을 사용하였는가에 대한 문제는 분명히 매우 복잡하다. 표적과 설교 사이의 관련은 분명하다. 그러나 그것이 유일한 것은 아니다. 학자들은 주석들에서 제공되는 "개요"들이 다양한 방법으로 분류되고 있는 것을 통하여 볼 수 있는 것처럼, 그러한 연결들은 매우 폭넓은 다양성을 가지고 있다. 이 모든 사실들로부터 나는, 그 복음서가 다양한 관점들을 보여주며 곧바로 진행되는 많은 줄거리들을 가지지만, 하나의 통일성이 있는 것으로 보아야 한다는 견해를 가진다. 무디 스미스(D. Moody Smith)는 이러한 관점을 매우 중요시한다. "그의 공생애가 12장 마지막 부분에서 시작되는 그의 제자들을 위한 사역과 분리됨에도 불구하고, 요한복음은 신약의 복음서들과 구별되게 문체와 주제 그리고 문맥에서 전체적인 통일성을 보여준다. 예수 그리스도는 그가 어디로부터 오셨으며 어디로 가시는지 즉 하나님으로부터 와서 십자가를 받아들이심으로 하나님께로 가시는 것을 아시는 하나님의 독생자로 묘사된다."[46] 주제의 전체적인 통일성은 문단들 사이를 너무 뚜렷하게 구분하는 것을 위험하게 만든다. 그래서 문단과 문단이 서로 밀접하게 묶여있는 것을 찾으려고 시도하기보다는 모든 문단들이 하나의 큰 주제를 보조하는 것으로 보는 것이 좋을 것이다.[47] 이것은 요한이 왜 그의

---

46) *John* (Philadelphia, 1976), p. 17.

47) R. Kysar (*The Fourth Evangelist and His Gospel*, Minneapolis, 1975, pp. 226-27).

책을 기록하는가를 말해줄 때(20:30-31), 요한이 우리에게 말하고자 하는 것으로 보인다.

　머리말은 복음서의 많은 주제들을 소개한다. 그것을 복음서 저자가 직접 기록하였든지 아니면 그렇지 않든지 간에 현존의 본문들에서 우리가 알 수 있는 것처럼, 복음서를 처음으로 읽는 사람들에게 그 책 전체를 통해서 발전되게 될 주제들을 미리 알게 한다. 비록 머리말 이후 복음서의 다른 곳에서는 발견할 수 없을지라도, 그 복음서는 로고스에 대한 언급으로 시작된다. 그 의도는 모든 것들에 퍼져있는 신적 로고스를 예수 안에서 볼 수 있다는 것이다. 이 복음서에서 "말씀이 육신이 되어 우리 가운데 거하시매 우리가 그 영광을 보니"(1:14)라는 진리를 어떤 방식으로든지 다루고 있지 않는 부분이 거의 없다. 생명에 대해서도 그렇다. 그 주제는 니고데모와의 대화(또는 그 귀착점인 3:16)와 우물가의 여인과의 대화(4:10,11), 신하의 아들을 고치심(4:50, 51, 53)과 하나님의 아들에 대한 설교(5:24, 26 등), 생명의 떡에 대한 설교(6:27, 33, 51, 57 등)와 생명을 주는 영에 대한 설교(7:38), 세상의 빛에 대한 설교(8:12)와 선한 목자에 대한 설교(10:10, 28) 그리고 나사로를 살리심(11:25) 등에서 나타난다.

　이와 유사하게 우리는 빛에 대한 개념도 광범위하게 발견할 수 있다(3:19-21; 5:35; 8:12; 9:5; 11:9, 10). 또한 보냄받음이라는 주제나 사명이라는 주제 역시 그렇다(3:17; 4:34; 5:23, 24; 6:29, 38, 39; 7:16, 18; 8:16, 18; 9:4; 10:36; 11:42). 증거라는 개념 역시 드물지 않게 발견되는 주제이다(3:11; 4:39; 5:31; 7:7; 8:13; 10:25). 하나님의 아버지되심이라는 주제가 7장과 9장을 제외한 모든 장에서 발견되지만, 믿음의 중요성은 복음서의 모든 장에서 언급된다. 하나님의 아버지되심은 물론 신약성경 전체를 통한 가르침이지만, 특별히 *pater*(파테르)라는 단어가 137번이나 나오며 그 중 122번이 하나님을 언급하는 요한복음에서 탁월하다. 그것은 그 다음으로 자주 쓰이는 책(64번의 마태복음)에 비해 무려 두 배나 되는 숫자이다. "세상"이라는 단어는 3:16-17; 4:42; 6:14, 33; 7:4, 7; 8:23; 9:5, 39; 10:36; 11:9, 27 등에서 반복된다. 영광이라는 주제 역시 머리말에서의 주제이지만 우리는 그것을 2:11; 5:41; 7:18; 8:50; 9:24; 11:4, 40에서 다시 발견할 수 있다.

우리는 요한이 선언한 그의 기록 목적을 신중하게 다뤄야 한다. 그는 그의 독자들이 예수께서 하나님의 아들 그리스도이심을 믿고, 또 그 이름을 힘입어 생명을 얻을 수 있게 하려고 그의 복음서를 기록했다(20:31). 요한은 많은 시각들로부터 그가 주장하는 요점을 열심히 끌어낸, 만들어 내는 거장이다. 말씀이 육체가 되신 예수는 그의 모든 저술에서 강조되고 있다. 그의 큰 주제는 그리스도의 아버지와의 하나되심, 그의 의존성, 세상의 빛과 생명, 진리와 길로서의 그의 기능 등 그리스도께 중심이 맞춰있다. 이러한 주제들과 다른 모든 주제들은 설교들 안에 짜맞추어져 있거나, 또는 한 설교에서 시작하여 다른 설교 안으로 흡수된다. 그것들은 표적에서 상징적으로 말해지고 설교에서 설명된다.

그 표적은 하나님의 그 능력이 예수 안에서 역사하고 있다는 진리를 표현하며, 그 설교는 하나님의 지혜가 그의 입술 위에 있다는 것을 명확하게 보여준다. 요한이 말하는 큰 주제의 대부분은 몇 개의 설교 안에서 발견되며, 몇 개의 표적들에 의해서 설명된다. 각 표적은 어떤 방식으로든 하나의 설교와 연결되며, 그러한 연결은 요한이 그의 계획을 수행하는 방식이다. 요한에게 있어서 말씀과 일은 조화된다.[48] 그러나 근본적으로 그러한 연결은 요한이 그의 전체 복음서를 통하여 하나의 지속적인 목적을 수행하고 있다는 사실에 의하여 지지된다. 그는 예수께서 하나님의 아들 그리스도이심을 보여주므로, 사람들로 하여금 믿고 생명을 얻게 하기 위하여 기록하고 있다. 그가 기록한 모든 것은 무엇

---

48) 참고. K. H. Rengstorf, "만일 logos가 sēmeion으로 해석될 수 있다면, sēmeion은 logos를 확증하는 것이다"(TDNT, VII, p.252). Bultmann은 예수께서 "그 빛을 주실 뿐만 아니라 동시에 그 빛이시다. 그는 그가 그 빛이시기에 그 빛을 주시며, 그가 빛을 주신다는 사실 안에서 그가 그 빛이시다. 계시의 개념에 있어서 이 두 가지 개념의 상호 관계는 결정적이다"라고 주석한다(Johannes, p. 261).

보다도 우선하는 이 목적을 품고 있다. 그 복음서는 하나의 통일성이 있으며, 그렇게 이해되어야 한다.[49]

---

49) 참고. Kysar, "최근의 연구는 그 복음서에서의 각 종교적인 주제들이 많은 것들과 묶여 있으며, 전체가 아니라고 할지라도 다른 주제들과 묶여 있다는 것을 결정적으로 증명한다"(*The Fourth Evangelist and His Gospel*, p. 260). 그는 또한 이 복음서의 한 가지 주제를 다루려고 했던 전공 논문들이 자주 결국에는 거의 다른 모든 주제들을 토론함으로 끝나게 된다는 사실을 지적한다(*Ibid.*, p. 273). *Gospel according to St John*, I, pp. 476-77).

제3장

인간 예수

요한은 우리에게 우리가 이제까지 살펴보았던 그 "표적들"이 "예수"에 의해서 이루어졌다고 말한다. 여기에서 그 사람의 이름 "예수"는 중요하다. 이 복음서에서 우리는 확실히 특별한 사람이기는 하지만, 다른 사람들이 할 수 없었던 종류의 일을 행한 한 '사람'에 관해서 읽는다. 그러나 요한이 진짜 사람, 즉 그 스스로 인간적인 제한성을 모두 경험하셨기 때문에 우리의 인간적인 제한성을 알고 계시는 참 인간에 대해서 기록하고 있다는 것을 보지 못한다면, 우리는 그가 말하고자 하는 바의 중요한 부분을 놓치는 것이다. 요한이 예수께서 행하신 표적을 다루며, 천상의 아버지와의 관계에 모든 중요성을 부여하며, 그의 삶의 방식에서 일상적이지 않은 모습들을 다루는 것은 오늘날 많은 저자들로 하여금 요한이 진짜 인간 예수에 대해 기록한 것은 아니라는 견해를 갖게 한다. 지상을 방문한 천상의 방문객에 대한 일화를 말하는 고대 저자들과 동일한 방식으로, 요한이 천상적 존재에 대해서 다루고 있다고 말하는 것이다. 그들은 요한이 너무 천상적 예수만을 다루고 있기 때문에 지상적인 예수를 다루고 있는 곳을 전혀, 또는 거의 발견할 수 없다고 논쟁한다.

아마 최근의 어떠한 사람도 케제만(Ernst Käsemann)만큼 더 강력하고 힘차게 요한복음에 묘사된 예수의 참된 인간성을 부인하는 사람은 없을 것이다. 나는 그의 견해가 받아들여져야만 하는 견해라고 생각하지는 않지만, 확실히 매우 흥미로운 견해이다. 이 장에서 나는 이에 대해서 집중적으로 연구하려고 하는데, 왜냐하면 만일 우리가 케제만의 주장과 그의 반대들을 살펴본다면, 내가 생각하기에 대부분의 문제들을 다룰 수 있으리라고 생각하기 때문이다. 몇 년 전에 나는 조지 래드(George D. Ladd)에게 헌정된 *Festschrift*에 케제만의 견해를 평가한 적이 있는데, (비록 조금은 새롭게 한다고 할지라도) 나는 그 기고의 대부분을 여기에서 재현하려고 한다.

케제만은 요한복음에 대해서 "역사적인 관점에서 교회가 그 복음서를 정통이라고 선언할 때에 이미 실수를 저지른 것이다"라고 직설적으로 말한다.[1] 물론 그는 신약성경에서 여러 부분의 가르침이 매우 광범위하게 다양하다고 본다. 아마 최근의 어떠한 신학자도 그보다 더 신약성경 안에 있는 가르침의 다양성을 강조한 신학자도 없을 것이다. 그는 초기의 카톨릭주의는 누가복음이나 목회 서신들과 같은 문서들에서 발견될 수 있다고 주장한다. 그리고 그것은 분명 바울의 가르침에 반대되는 노선을 형성했을 것이라는 것이다. 본질적인 기독교로서의 바울의 가르침을 받아들이며 그에 반대되는 것으로 보이는 초기 카톨릭주의를 거부함으로 그는 분명 정경 속의 정경이라는 개념을 받아들일 준비가 되어 있다. 요한에 대한 연구에서 그는 강력하게, 요한이 근본적으로 다른 초기 그리스도인들에 동의한 것으로 생각할 수 없다고 주장하며, 이미 인용했던 문장에서처럼 요한복음이 정통이 아니라는 의견을 제시하는 것이다. 물론, 그러한 견해가 논쟁의 여지가 없는 것은 아니다. 예를 들면 래드(G. E. Ladd)는 신약성경의 다양성을 인정하면서 신약성경의 통일성을 강조한다. "우리의 논제는 신약신학의 통일성이 몇 계층의 사람들이, 세상과 인류 그리고 역사를 구원하시기 위하여 세상을 방문하신 하나님에 대하여 공통된 견해를 가지고 있었다는 사실에서 발견되

---

1) *The Testament of Jesus* (London, 1968), p. 76. 그는 이 복음서가 "교회 정경으로 받아들여진 것은 인간의 실수와 하나님의 섭리로 이루어졌다"고 생각한다(*Ibid.*, p. 75).

제3장 인간 예수 · 67 ·

며, 그 다양성은 이러한 하나의 구속 사건에 대한 몇 가지 해석으로 존재하게 된다는 것이다."[2]

케제만의 입장은 많은 문제들을 열어놓은 것이지만, 우리가 여기에서 다루려고 하는 그의 견해 중의 하나는 요한이 가현설적인 기독론(a docetic Christology)을 가지고 있으며, 그것이 그의 복음서의 중심이라는 그의 견해이다. 케제만은 "요한이 그 갈릴리의 선생을 지상에 강림하신 하나님으로 바꾸어 놓았다"고 말한다.[3] 한번 이상 그는 요한의 "단순한 가현설"(naive docetism)[4]을 언급하며, "나의 핵심 용어는 고려되지 않은 가현설(unreflected docetism)이다"[5]라고 말하기도 했다. 여러 번 되풀이하여, 그는 이 기독론이 중심적인 중요성을 가진다고 진술한다.[6] 분명 이것이 핵심이다. 요한이 말하는 예수가 진짜 사람이라

---

2) *The Pattern of New Testament Truth* (Grand Rapids, 1968), p. 41; 또한 pp. 108-11을 보라. Stephen S. Smalley는 이 복음서와 관련된 유사한 논증을 "Diversity and Development in John", *NTS* 17 (1970-71), pp. 276-92에서 하고 있다.

3) *Testament*, p. 27.

4) *Ibid.*, pp. 26, 45, 70.

5) *Ibid.*, p. 66. "가현설"(docetism)과 같은 그러한 명칭을 사용하는 것에 대해 반대하는 자들이 혹 있다. 예를 들면, George T. Montague는 "요한복음의 어떠한 특별한 경향을 강조하고 고립시킨 결과로서 발전된 후기 범주들에 요한복음을 적용시키는 것은 그 복음서를 요한복음 후의 역사적인 상황에 되돌아가서 읽도록 하는 실수를 저지르는 것으로 보이는데 그것은 마치 마태복음을 에비온파(Ebionitism)로 비난하고, 바울을 마르시안주의(Marcionism)로 비난하는 것과 같을 것이다"(*CBQ* 31, 1969, p. 438)라고 말한다.

6) **Käsemann**, *Testament*, pp. 42, 50, 58 등. 아마 우리는 다른 사람들이 다른 것들을 강조하고 있음을 알아야만 할 것이다. 그래서 F. V. Filson은 이 복음서의 저자가 "생명 주제를 너무 중심적인 것으로 만들었기 때문에 그 복음서를 생명의 복음서라고 부르는 것은 정당하다"("The Gospel of Life, A Study of the Gospel of John", in *Current Issues in New Testament Interpretation: Essays in Honor of Otto Piper*, eds. W. Klassen and G. Snyder, New York, 1962, p. 123)고 주장한다. 우리는 또한 요한의 기독론이 "완전히 구원론적으로 설명되었다"라는 R. Schnackenburg의 입장을 놓쳐서는 안 될 것이다 (*The Gospel according to St. John*, I, New York, 1968, p. 548). 그러나 다른 사람들은 **Käsemann**에 동조한다. 그래서 W. Nicol은 "예수 한 분을 향한

는 것은, 그가 우리가 잘 알고 있는 모든 제한 아래 살았다는 것이다. 그리고 예수가 가현적인 모습이었다는 것은, 그가 참으로 진정한 인간이 아니라 인간적인 제한들의 모양으로 나타났다는 것이다. 그 둘은 전혀 다른 것이다. 그렇다면 그 증거들을 깊이 다루어 볼 가치가 있다.

케제만은 그의 입장을 설득력있게 논증한다. 요한복음의 예수를 가현설적인 인물로서 보는 대표적인 경우로서 우리는 그의 진술을 택하여 살펴볼 것이다. 그가 그에게 깊은 감동을 주어 요한복음이 가현설이라고 결정하도록 이끈 사건들에 대하여 아주 훌륭한 요약을 제공한다. 그가 그렇게 말하는 것에 대해서 우리는 반드시 다음과 같이 질문해 보아야 할 것이다.

> 물 위를 걸으시고, 잠긴 문을 통과하시며, 그의 적들에게 붙잡히시지 않고, 사마리아의 우물 곁에서 피곤하여 마시기를 구하였지만 여전히 그의 제자들이 구하던 양식과는 다른 음식을 가지사 마실 필요가 없으신 그가 어떤 의미에서 육체인가? 사람들은 그를 속일 수 없었다. 왜냐하면 그는 그들이 말하기 전에 그들의 가장 깊숙한 곳을 아셨기 때문이다. 하늘과 땅의 무한한 차이의 우월한 위치에서 그는 그들과 토론하셨다. 그는 모세나 세례 요한의 증거조차 필요하지 않은 분이셨다. 그는 그 자신을 유대인들과 분리시키심으로 마치 그들이 그 자신의 민족이 아닌 것처럼 하셨으며, 그의 어머니를 어머니로서가 아닌 그녀의 주로서 만나셨다. 그는 사람을 다시 살리는 기적이 더욱 인상적일 수 있도록 하기 위하여 나사로를 4일 동안 무덤에 내버려두셨다. 마침내 요한복음의 그리스도는 그 자신의 의지대로 죽으셔서 승리하셨다. 거의 불필요할 정도로 요한복음의 저자는 이 예수가 항상 아버지의 품에 누워 있다고 말하며, 아버지와 함께 계신 그에게 천사들이

이러한 강한 집중은 요한복음의 기본적인 특징이다. 공관복음서들은 예수를 왕국의 구조 위에 두며, 바울은 종말론 위에 두지만, 요한복음서의 기자는 예수만을 홀로 비춰는 모든 빛으로 그 무대를 꾸민다"(*Neotestamentica* 6, 1972, p. 17)라고 기록한다.

내려오고, 그로부터 천사들이 올라간다고 말한다. 보는 눈과 들을 귀를 가진 자는 그의 영광을 볼 수 있고 들을 수 있다. 단지 서문과 도마의 고백에서가 아니라, 전체 복음서에서 그는 "나의 주시요 나의 하나님이시니이다"라는 고백을 알고 계신다. 어떻게 이 모든 것을 실재적인 성육신에 대한 이해와 일치시킬 수 있단 말인가?[7]

케제만의 이 마지막 질문에 대한 대답은 분명히 "전혀 일치시킬 수 없다"일 것이다. 그러나 우리는 그 증거 본문들이 과연 케제만이 말한 것과 같은가를 물어야 한다. 요한복음서의 전체적인 가르침을 살펴볼 때, 그것은 한쪽으로 치우친 견해이다. 분명히 케제만 자신도 이와 다른 양상이 있다는 것을 인정한다.

> 나는 요한복음에서 지상적인 예수의 낮아지심의 모습을 완전히 부인하는 것에는 관심을 가지고 있지 않다. 그러나 그것들을 통하여 후기 성육신 신학의 "참된 인간"이 신뢰할 만하다는 그런 식으로 요한복음의 기독론이 묘사되는가? 아니면 그의 낮아지신 모습은, 비록 여전히 지상적인 조건에 종속되지 않지만, 그들 중에 나타나 사람들 사이에 잠시 거하게 된 사람으로 가장된 의도의 최소한을 묘사하는 것은 아닌가?[8]

이번에 우리는 그의 질문에 반드시 "아니다!"라고 외쳐야 한다. 우리는 "이러한 다른 양상들이 케제만이 말하는 것처럼 별로 중요하지 않은 것들인가?"와 같은 질문이나 "가현설에 대한 그 증거들이 그가 말하는 것처럼 그토록 비중있는 것인가?"와 같은 질문들을 세심히 관찰해야 한다. 그는 마치 그 증거들이 명확하고 솔직한 것임에도 그리스도인들이 그러한 암시에 직면하기를 꺼려하기 때문에 요한복음이 가현설적인 그리스도를 묘사하고 있다는 것을 깨닫지 못하는 것처럼 주장한다. 그의

---

7) *Testament*, p. 9.
8) *Ibid.*, p. 10.

목록의 많은 항목들이 논쟁의 여지가 있으며, 그중 어떤 것들은 확실히 그가 실수한 것으로 보인다. 그의 입장이 복잡하기 때문에 우리는 과도히 단순화하려는 시도를 경계해야 할 것이다. 먼저 케제만이 가현설의 증거로서 인용하는 것들을 살펴보자.

1. 가현설의 증거

그는 예수께서 "물 위를 걸으셨다"고 말함으로 시작한다. 이것은 요한복음에서 예수가 습관적으로 이렇게 하셨다는 인상을 받게 한다. 그러나 요한복음에서 이에 가능한 오직 한 경우가 있다. 그러나 심지어 여기에서도 (케제만이 인정하는 것처럼, 사람으로서의 예수를 묘사하는) 공관복음서 기자들의 평범한 진술과 어울리는 것은 아무것도 없다. 문제는 제자들이 예수께서 *epi tēs thalassēs*(〈에피 테스 탈라스세스〉, 6:19)를 걸어오시는 것을 보았다는 진술에 대한 정확한 이해와 관련된다. 내 의견으로는 케제만이 이것을 물 위를 걸어 오시는 것에 대한 언급으로 보는 것은 옳다. 그러나 그는 이것이 전혀 의심할 여지없는 것은 아니라는 것에 주목해야 했으며, 레이몬드 브라운(Raymond E. Brown)이 요한은 "기적적인 일을 강조하지 않는다"[9]고 말한 바를 주목해야 했다. 그와 동일한 표현이 요한복음 21:1에서 발견되는데, 거기에서 그 의미는 "바다 위"(on the sea)가 아니라 "바다 옆"(by the sea)이다. 어떤 주석들은 현구절에서 역시, 요한은 제자들이 해변을 거니시는 예수를 본 것을 의미하는 것에 불과하다고 말한다.[10] 그들은 이

---

9) *The Gospel according to John*, I (New York, 1966), p. 254.

10) 예를 들면 J. H. Bernard는 만일 우리가 오직 요한의 설명만을 가지고 있다면 "우리는 요한이 여기에서 어떠한 기적을 기록하려고 의도하였다고 가정할 아무런 이유도 없다···. 그는 여기에서 아마 그 배가 서부 해안 가까이의 얕은 물가를 가고 있을 때, 그 제자들이 이상한 불빛 속에 거닐고 계시는 예수를 보고 그들이 진짜 본 것이 아닌 그들의 상상에 의해서 놀랐을 수도 있다"고 생각한다(A *Critical and Exegetical Commentary on the Gospel according to St. John*, Edinburgh, 1928, p. 185). W. Barclay는 거기에서 어떠한 이적도 없다고 보는 또 다른 사람이며, A. M. Hunter는 요한복음 6:16-21이 기적을 의미한다는 것은 전혀 확실한 것이 아니다라고 주장한다. 그 결정적인 구절인

어지는 "배는 곧 저희의 가려던 땅에 이르렀더라"는 구절을 지적한다. 만일 요한복음의 그리스도가 가현설적이라면, 그가 어떠한 의심스러운 것이라도 남겨 놓으려 했겠는가?

예수께서 "잠긴 문을 통과하셨다"는 것은 이상한 주장이다. 이것에 대한 예는 그의 전 지상 생애를 통하여 찾아볼 수 없다. 케제만은 아마 부활하신 후의 현현을 언급하는 것으로 보인다. 그러나 공관복음서들도 요한복음과 동일하게 부활하신 예수의 몸이 부활 이전의 몸의 특성처럼 제한적이지 않았음을 분명히 한다. 우리는 그의 부활하신 몸으로부터 그 이전의 몸을 논증할 수 없다. 예수께서는 지상에서 닫힌 문들을 통과하여 걸으시지 않았다. 성육신의 전체 기간 동안에 그러한 예는 없다.

케제만의 다음 요점은 예수께서 "그의 적들에게 붙잡히시지 않았다"는 점이다. 그렇다면 요한은 왜 예수께서 "갈릴리에서 다니시고 유대에서 다니려 아니하심은 유대인들이 죽이려 함이러라"(7:1;[11] 참고, 11:53-54)고 말하는가? 이러한 용어들을 사용함으로, 요한은 분명히 예수의 대적들이 그를 붙잡을 수 있으며, 그것을 피하여 그가 갈릴리로 가셨다고 말한다. 요한이, 사람들의 무리가 예수를 체포하는 데 실패했다고 말하는 곳이 한 군데 있는 것은 사실이다. 그러나 거기에서 그것이 예수께서 체포할 수 없는 존재이기 때문이라고 말하지 않는다. 요한이 말하는 것처럼, 그 체포하려는 무리는 그들이 체포하지 못한 이유가 그들이 예수의 가르침에 감동을 받았기 때문이라고 말한다(7:45-46). 바리새인들은 그들이 "속았다"(7:47)고 말한다. 요한의 경우에서 어떠한 가현설적인 암시도 없는 것이다. 다른 경우에 그 복음서 기자는 우

---

*peripatounta epi tēs thalassēs*는 자연적으로 '바닷가를 거닐다'라는 의미일 것이기 때문이다(*According to John*, London, 1968, p. 66). 후에 그는 이 이야기에서 요한은 "그 기적에서 기적적인 요소를 감소시키려고 했던 것으로 보인다"고 말한다(*Ibid.*, p. 71). R. Bultmann은 B. Weiss를 여기에서 기적을 발견하지 못하는 또 다른 한 사람이라고 비판한다.

11) C. K. Barrett는 "유대 지도자들은 격렬하였다. 그래서 10절에 나오는 그 발걸음은 위험하기도 하고 단호한 것이었다"라고 주석한다(*The Gospel*

리에게 아무도 예수께 손을 댈 수 없었다고 말하며, 그 이유가 "그의 때가 아직 이르지 아니하였기"(7:30; 8:20) 때문이라고 말한다. 그러나 이러한 구절들은 예수께서 체포할 수 없는 존재라는 것을 의미하지 않는다. 그것들은 단순히 신적 섭리의 효력이 확언될 뿐이다. 예수께서는 그의 때가 이르기 전에 죽으실 수 없다. 존 칼빈(John Calvin)은 여기에서 일반적인 교리에 대한 설명을 발견한다. "비록 우리가 한 날을 살지라도, 모든 사람의 죽음의 때는 하나님에 의해서 정해진 것에 불과하다…우리는 하나님께서 우리를 부르실 때까지는 모든 위험으로부터 안전하다."[12] 진실로 요한이 이 이상의 어떤 것을 말했겠는가?

예수께서 "마시기를 구하였지만, 여전히 마실 필요가 없으셨다." 도대체 이에 대한 증거가 어디에 있는가? 케제만은 아무런 인용도 하지 않는다. 우물가에서 여인에게 마실 것을 구하는 문맥에서 분명하게 예수께서 "행로에 곤하셨다"(kekopiakes〈케코피아코스〉)(4:6)고 말한다. 그것을 육체적인 필요나 육체적인 문제들을 전혀 가지지 않은 한 사람을 언급하는 것으로 읽을 수 없다. 십자가에 달리셨을 때에 예수께서는 "내가 목마르다"(19:28)라고 말씀하셨고, 그의 입술에 약간의 포도주를 갖다 대자 그는 그것을 마셨다(그런데 이것은 공관복음서 기자들이 기록하지 아니하는 경우이다). 어디에서 케제만은 예수께서 "마실 필요가 없다"는 그의 생각을 취했을까? 확실한 증거 구절들이 없다.

다시 케제만은 우리들에게 예수의 음식이 "제자들이 구하던 양식과는 다른 것이다"라고 말한다. 그 언급은 분명히 4:32이다. 거기에서 예수는 사마리아 여인과의 상담을 계속하시고 있는 중이었다. 그러나 그것이 진짜 그렇게 이상스러운가? 에버레트 해리슨(Everett F. Harrison)은 그 단어들의 의미를 "그리스도께서는 궁핍한 영혼을 안식과 용서의 장소로 인도하시는 엄청난 기쁨으로 음식 먹을 겨를까지 잃으셨다"[13]고 본다. 요한의 단어들이 또 다른 의미들을 가지고 있는가?

---

according to St. John², Philadelphia, 1978, p. 310).

12) *The Gospel according to St. John 1-10* (Grand Rapids, 1959), p. 193.

13) *John: The Gospel of Faith* (Chicago, 1962), p. 34.

우리들 중의 많은 자들이 그와 동일한 경험들을 간증할 수 있지 않은가? 우리가 실제적으로 주님의 일에 몰두할 때에 배고픔을 느끼지 못할 정도가 아니었던가? 여기에는 어떠한 가현설도 없다. 더 나아가서 제자들이 예수와 함께 살았으며, 그의 음식이 그들의 음식과 다르다는 것을 보여주는 어떠한 언급도 없다는 사실을 간과해서는 안될 것이다. 이 경우에 그들은 단지 "누가 잡수실 것을 갖다 드렸는가"(33절)라고 생각할 수 있었다. 이것은 오해였다. 그러나 우리는 요한이 보는 것처럼, 예수와 밀접하게 지내던 그들은 예수께서 먹으셨으리라고 생각했던 음식을 그들이 일상적으로 계속해서 먹는 음식이라고 생각하고 있는 것을 놓쳐서는 안될 것이다. 만일 가현설적인 그리스도였다면, 그들은 그에 대해서 전혀 알지 못했을 것이다.

"사람들은 그를 속일 수 없었다. 왜냐하면 그는 그들이 말하기 전에 그들의 가장 깊숙한 곳을 아셨기 때문이다." 나는 요한복음의 그리스도에게 이것이 참인지 거짓인지 잘 모르겠다. 그러나 나는 이것이 그렇지 않다고 생각한다.[14] 케제만이 그 증거 구절들을 언급하지 않는 것이 유감이어서, 그가 정확히 어떤 구절을 염두에 두었는지 정확히 알 수는 없다. 그는 아마 2:24, 25을 언급한 것일 것이다. 그러나 그 구절은 단순히 예수께서 손쉬운 신앙고백만으로 속지 않으신다는 것을 의미할 뿐이다. 그는 사람들을 더 잘 아셨다. 사람들의 생각에 대한 언급은 없다. 물론 이것은 요한이 예수께서 비상한 지식을 소유하고 계심을 지적하는 경우이다. 내가 어느 곳엔가 썼던 것처럼, "요한은 분명 예수께서 인간들보다 더 나은 지식을 소유했다고 간주한다. 그러나 그와 동일하게 그것이 그의 참된 인성을 손상시키는 것으로 간주하지 않는 것 역시 분명하다. 예수의 지식은 아버지와의 밀접한 교제로부터 온 것이다"

---

14) J. H. Bernard는 이와 같은 지식은 하나님의 지식이며, 구약성경도 이것을 명확하게 밝힌다. "그러나 또한 이것은 인간적 천재성이 가진 특권이며, (1:48의 가능한 예외와 함께) 요한이 우리들로 하여금 예수께서 다른 사람들의 동기와 특성에 대한 통찰력을 가지신 것은 인류의 다른 위대한 스승이 나타내 보이는 것과 다르다는 것을 의미한 것인지는 확실하지 않다"(*John*, p. 99).

(8:28, 38; 14:10).[15] 요한은 예수께서 그의 사역을 이루시기 위해서 필요한 모든 지식을 가지셨으며, 그 지식이 하나님으로부터 온 것임을 확실히 한다. 그러나 그것이 전지한 지식은 아니었다. 그것은 아버지께서 그를 보내셨을 때에 아버지의 위임을 완성하는 것이었다.

그리고 예수께서 사람들이 말하기 전에 이미 그들의 생각을 아셨다는 증거가 있는가? 나는 알지 못한다. 그러나 요한이 예수께서 인간적인 제한을 가진다고 보는 증거들은 확실히 있다. 예를 들면, 그는 소경인 것을 고침받았던 자가 회당으로부터 쫓겨났다는 소식을 들은 후에, 그를 찾는다(9:35, 그는 또한 그가 고치셨던 38년된 병자를 찾는다. 5:14, 우리 성경에는 '만나사'로 되어있음 - 역자주). 오천 명을 먹이신 후에, 예수께서는 군중들이 그를 억지로 왕을 삼으려는 것을 아시게 되었다(gnous). 분명히 그것은 직관적인 앎이 아니다. 그것을 피하여 그는 산으로 떠나셨다. 그는 어떤 기적을 행하신 것이 아니다. 그는 나사로의 무덤이 어디에 있는지 알지 못했으며, 그것을 찾는 질문을 하셨다(11:34). 확실히 이 복음서에서 예수께서는 계속적으로 물으신다(1:50; 3:10, 12; 5:6, 47; 6:5, 67; 7:19, 23; 8:43, 46; 11:34; 16:31; 18:4, 7, 21, 23, 34). 이것들 중의 어떤 것은 질문자가 대답을 알고 있어서, 어떠한 정보를 구하는 것이 아니기 때문에 아무것도 입증하지 못한다. 예를 들면 예수께서는 그의 청중들에게 "어찌하여 내 말을 깨닫지 못하느냐?"고 묻고, "이는 내 말을 들을 줄 알지 못함이로다"(8:43)라고 대답하신다. 그 수사적인 의문문은 단순히 그 핵심을 효과적으로 표현한다. 그러나 나사로의 무덤이 어디에 있는지 묻는 것이나, 빌라도에게 물으신 "이는 네가 스스로 하는 말이뇨? 다른 사람들이 나를 대하여 네게 한 말이뇨?"(18:34)라는 질문들은 다르다. 예수께서 탁월한 지식을 가졌던 것과 마찬가지로 어떤 면에서는 그와 똑같이 무지하다는 것은 분명하다.[16]

---

15) *The Gospel according to John* (Grand Rapids, 1971), p. 207, n. 99.

16) 부활하신 그리스도에 의해서 행해진 질문(20:15; 21:5, 15, 16, 17, 22)은 우리들의 주제와 관련된 것이 아니다. 부활하신 그리스도께서 보여주신 어떠한 것

"하늘과 땅의 무한한 차이의 우월한 위치에서" 그들과 토론하셨다는 것은 케제만 자신의 개인적인 의견으로 보인다. 버키트(F. C. Burkitt)는 요한이 예수의 가르침이라고 말하는 바의 진정성을 반대하는 매우 잘 알려진 의견을 제시한다: "공관복음서의 역사적인 예수가 요한복음에서 묘사된 것처럼 그의 적대자들에게 모호한 말을 하며 논쟁할 수 있다는 것은 전혀 상상할 수 없다."[17] 케제만의 견해와 분명히 다르게 예수의 가르침에 대한 견해를 이끌어 온다는 것 때문에 버키트의 입장에 동의할 필요는 없다. 케제만에 의하면 요한은 예수를 다른 사람들보다 더욱 밀접하게 아버지와 교제하시는 분으로 보며, 그가 그것으로 말미암아 그에게 주어진 계몽으로 말씀하시는 것으로 본다. 그러나 어떤 점에서 모든 위대한 성자들이 어느 정도 "하늘과 땅의 무한한 차이의 우월한 위치에서" 말하는 것은 사실이다. 그것이 바로 세속적인 마음의 사람들과 그들을 구별하는 것이다. 요한은 이것이 예수에게서 좀더 유별난 것으로 말하지, 비인간적인 어떠한 것으로서 말하지 않는다.

"그는 모세나 세례 요한의 증거조차 필요하지 않은 분이셨다." 그러나 이것이 의미하는 바는 무엇인가? 확실히 예수께서는 아버지께서 그가 행한 일들을 통해서 그를 증거하신다는 강한 확신을 가지고 계셨다 (5:36, 37). 그렇기 때문에 그는 더 이상의 증인이 필요하지 않았다.[18] 이것은 완전히 인간적인 특성이 아닌가? 우리들 모두는 우리들이 행한 일이 하나님 앞에서 옳다고 확신하므로, 모세나 세례 요한, 루터나 칼빈, 또는 다른 어떠한 사람에 의한 증거도 필요없다고 말하지는 않는가? 그리고 설사 예수께서 모세나 세례 요한에게 의지하지 않았다 할지라도, 그는 그 둘이 그가 행하신 일에 대하여 동의하는 증거를 가지고 있다고 확신한다(5:33, 46).

들은 지상적인 예수와는 매우 다른 어떤 양상을 띠고 있기 때문이다.
  17) *The Gospel History and its Transmission* (Edinburgh, 1907), p. 228.
  18) 참고. C. K. Barrett, "다른 이들의 증거를 알고 있는 예수는 인간적인 증거들과는 독립적이다"(*John*, pp. 264-65).

"그는 그 자신을 유대인들과 분리시킴으로 마치 그들이 그 자신의 민족이 아닌 것처럼 하셨다." 그렇다면 "너희는 알지 못하는 것을 예배하고 우리는 아는 것을 예배하노니 이는 구원이 유대인에게서 남이니라" (4:22)는 말들을 우리는 어떻게 이해해야 하는가? 매우 일찍이 요한은 우리에게 세례 요한의 세례 목적이 예수를 '이스라엘'에게 나타내기 위함이라고 말한다(1:31). 우리는 예수께서 나다나엘을 "보라 이는 참 이스라엘 사람이라"고 환영하는 것이나, 니고데모를 "이스라엘의 선생" (3:10)이라고 부름으로 그의 명예를 더럽히지 않았음을 잊지 말아야 한다. 그는 유대인들의 위대한 율법 수여자인 모세가 그에 대하여 기록하였다고 주장하며(5:46), 유대 민족의 조상인 아브라함이 그의 날을 보고 기뻐하였다고 주장한다(8:56; 참고. 8:39-40). 그는 계속적으로 유대인의 성경에 호소한다. 요한은 두 번이나 "이스라엘의 왕"이라는 칭호를 사용하며(1:49; 12:13), 예수께서 "유대인의 왕"으로서 십자가에 못박히셨다는 사실을 강조한다(19:19-22).

이 복음서에는 "유대인들"을 향한 분노가 있다. 그리고 하나님의 백성이라고 주장함에도 불구하고 하나님의 백성이 아닌 자들을 향한 비난이 있다. 그러나 그것이 예수께서 그 자신을 그 민족으로부터 분리시키셨음을 의미하지는 않는다. 오히려 그 반대이다. 그는 끝까지 신실한 유대인으로서 남아있다. 성전에서 제사드리며, 유대 명절을 지킨다. 케제만은 이 복음서에서 "유대인"이라는 표현이, 날 때부터 소경되었던 자의 부모들이 그들 자신도 분명히 유대인이면서 "유대인들"로부터 그들 자신을 분리시킬 때처럼(9:22), 자주 그 민족의 한 부분만을 지시한다는 것을 보지 못했다. 비록 "이 우리에 들지 아니한" 다른 양들이 있을 것이지만 처음에 예수의 양은 유대인의 무리였다(10:16). 닐스 달 (Nils Dahl)은 "믿지 않았던 유대인들이 '세상에 속한' 사람들이기 때문에 그들은 결코 진정한 아브라함의 자손이 되어본 적이 없었다"라고 지적한다.[19] 참 유대인은 예수께 속한다. 이것은 요한복음에서 중요한 부분이다. 달은 또한 처음 제자들이 예수를 "모세가 율법에 기록하였고

---

19) "The Johannine Church and History", in *Current Issues*, p. 138.

여러 선지자가 기록한 그이"라고 언급하며, "우리가 메시야를 만났다"라고 언급하는 것을 중요하게 본다.[20] 그러한 말들은 이스라엘과의 연속성을 확언하지 분리됨을 말하는 것이 아니다. "유대인"이란 표현이 다르게 이해될 수 있었다는 것이 간과되어서는 안된다. 그래서 어떤 사람은 그 표현이 "갈릴리 사람을 대적하는 유대인"을 의미한다고 이해한다.[21] 쿨만(O. Cullmann)은 "요한복음의 많은 곳에서 집단적인 적으로서 '유대인들'을 언급하는 방식은, 이단적인 공동체가 공식적인 유대교에 대해 적용하던 전문 용어에서 이끌어온 것일 수 있다"고 주장한다.[22] 다른 가능성도 있을 수 있다.

"그는 그의 어머니를 그녀의 주로서 만나셨다"는 것은 "그가 그녀의 주님이신가?"라는 진짜 질문을 생각해 보지 않은 것이다. 만일 그가 그녀의 주님이시라면 그것은 문제가 되지 않는다. 만일 그가 그녀의 주님이 아니시라면, 요한뿐만이 아니라 다른 모든 신약성경의 저자들도 다 같이 미혹된 것이지 요한만 특별한 입장에 있는 것이 아니다.

2. 예수와 죽음

"그는 사람을 다시 살리는 기적이 더욱 인상적일 수 있도록 하기 위하여 나사로를 4일 동안 무덤에 내버려두셨다." 이것은 확실히 잘못된 것이다. 예수나 요한 모두 그의 지체됨이 그 기적을 더욱 인상적이게 만들었다고 말하지 않는다. 그것은 반드시 이야기 속에서 읽어야 한다. 요한이 말하는 것처럼, 예수께서는 나사로를 죽음으로부터 구원할 수 있는 그 시간에 베다니에 도착할 수 없었다. 그 여행은 그가 계셨던 요단 저편의 마을로부터 하룻길이었다. 요한이 언급하는 4일 중의 하루는 그 소식을 전하는 자들이 오는 데 걸리는 시간이고, 이틀은 예수께서 그가 계시던 곳에 더 머무셨던 기간이며, 또 나머지 하루는 그가 베다

---

20) *Ibid.*, p. 136.
21) G. J. Cuming, *ET* 60 (1948-49), p. 292. 그는 요한이 그 용어를 사용하는 방식은 "그 복음서 저자가 갈릴리 사람이라는 것에 대한 강력한 증거이다"(*Ibid.*)라고 생각한다.
22) *The Johannine Circle* (London, 1976), p. 38.

니로 가시는 기간으로 생각되어야 한다. 이 모든 것을 함께 생각해 볼 때, 요한은 그 소식을 전하는 자들이 베다니를 떠난 후에 바로 나사로가 죽었다고 말하는 것이다. 그는 그 소식을 전하는 자들이 예수께 다다르기 전에 죽었음에 틀림없다. 예수께서는 그가 죽은 지 이틀 이내에는 그곳에 도착할 수 없었다. 그러므로 우리는 다만 그가 왜 이틀을 더 머무셨는가를 추측해 볼 수 있다. 그 여행은 의심할 여지없이 위험스러운 것이었고(11:8, 16), 예수께서는 어떻게 해야 할 것인가를 생각할 시간이 필요했다.[23] 그렇다면 그 지체됨은 확실히 인간적인 이유 때문에 기인된 것이다. 이것이 아니라면 예수께서 다른 사람들의 충고에 의해서 움직이시는 것이 아니라 그 자신의 때를 좇아 움직이시는 것으로 묘사하는 요한의 묘사와 그 지체를 연결시킬 수도 있다.[24] 또는 또 다른 이유가 있을 수도 있다. 단순히 기적의 가치를 높이기 위해서 그의 친구들에게 나흘이나 사별의 슬픔을 당하도록 허락하신 것으로 요한이 묘사하고 있다고 단언하기보다는 우리의 무지함을 인정하는 것이 더 좋을 것이다. 그것은 전혀 격에 맞지 않는다.

"마침내 요한복음의 그리스도는 그 자신의 의지대로 승리적인 그의 죽음으로 나아가셨다." 나는 케제만이 앞에서 말한 모든 것보다 이것에 더욱더 동의한다. 요한은 예수를 그의 죽음으로 나아가는 데에 있어서 주권을 가지신 분으로 묘사하지만, 그것은 강조의 방법일 뿐이다. 공관복음서 저자들 역시 예수께서 그 앞에 놓여있는 것이 무엇인지를 아셨지만, 그것을 향하여 나아가셨음을 분명히 한다. 그들은 겟세마네를 말한다. 그것은 그 앞에 다가오는 것이 무엇인지를 아셨고, 피할 수 있는

---

23) 참고. A. Henderson, "이것은 그가 이틀 동안은 베다니에 가지 않으리라고 마음먹었던 것이 아니고, 그 이틀 동안 그는 그가 오리라고 확신하였던 그의 아버지의 뜻으로서의 빛을 기다렸던 것이다"(T. E. Pollard, *SE*, VI, p. 438에서 인용함).

24) Barrett는 예수께서 "좀더 영광스러운 기적이 더욱 효과가 있을 것이기 때문에" 나사로가 죽기를 기다렸다는 그러한 견해를 거부한다. 오히려 예수께서 예루살렘을 향한 그의 죽음의 길로 가시기로 전적인 자기 결정에 의해서 결정하셨다는 사실을 요한이 강조하고 있다는 것이 더욱 개연성이 있을 것이다(*John*, p. 391).

시간을 가지셨음에도 그렇게 하지 않으셨음을 의미한다. 공관복음서에서 역시 그는 그 자신의 의지대로 죽음으로 나아가셨다. 더 나아가서 이것은 정복자의 모습으로 죽음을 향하여 다가가는 한 사람의 모습이지 다른 것이 아니다. 그런 사람 중의 한 사람으로 마음에 떠오르는 초기의 예는 이그나티우스(Ignatius)이다. 그의 죽음은 예수께서 그를 위하여 행하신 일에 기인하기에 더욱 중요하다. 만일 그의 추종자들이 그처럼 죽음을 승리로 보고 죽음을 선택했다면, 왜 그들의 지도자는 그러지 못하겠는가?

케제만은 요한복음에서 그리스도의 죽음이 승리라는 것을 확신하면서도, 죽음이 가현설적인 양상이 아니라는 것을 인식하지 못했다. 머지 않아 가현설주의자(the docetist)들이 그들의 모습을 나타냈을 때, 그들은 예수께서 진짜로 죽은 것이 아니라 다만 죽은 것처럼 보였을 뿐이고, 하나님이신 그리스도께서 죽음 직전에 예수를 떠나셨다고 주장한다. 요한은 그러한 가르침을 가지고 있지 않다. 다른 복음서들과 마찬가지로 요한복음서 역시 수난 사화로 그 절정에 이른다. 요한은 그 구주의 죽음을 의례적인 태도로 말하지 않는다. 그는 분명히 가현설적인 것이 아닌 목록들, 창으로 찌르니 피와 물이 나오더라는 것과 같은 몇 항목을 포함하고 있기 때문이다. 우리가 가현설적인 그리스도에 대한 문제에 직면할 때에 예수의 죽음의 가혹한 실재는 항상 설명되어야 할 문제이다.[25]

3. 아버지와 천사들

"거의 불필요할 정도로 요한복음의 저자는 이 예수가 항상 아버지의 품에 누워 있다고 말하며, 아버지와 함께 계신 그에게 천사들이 내려오

---

25) C. K. Barrett는 "복음서의 의심스러운 가현설"을 말하며, 예수의 인간성에 대한 요한의 언급 중의 어떤 것에는 '부자연스러움'이 있다고 주장한다. 그는 계속해서 "비록 죽음에 대하여는 어떠한 부자연스러움도 없다는 것을 우리가 반드시 인정하여야 할지라도, 요한복음의 예수는 죽음이라는 인간적인 유산을 공유한다"라고 말한다(*Essays on John*, London, 1982, p. 11).

고, 그로부터 천사들이 올라간다고 말한다." 두 문장 뒤에서 케제만은 그 신성이 단지 서문과 도마의 고백에서만 보이는 것이 아니라고 말한다. 그러나 서문 이외의 다른 어느 곳에서 아버지의 품속에 있다는 언급을 하고 있는가? 케제만은 그 자신의 말인 "항상"이란 말을 삽입하여 이 말조차도 과장한다. 그리고 단순히 "안에 있다"(1:18, is in)는 말 대신에 "누워 있다"(lies on)고 말한다. 서문에서 요한은 예수께서 아버지와의 밀접한 교제를 하시기 때문에 그를 모든 사람에게 선언할 수 있다고 말한다. 그러나 이것은 예수가 "항상" 아버지의 품안에 누워있다고 단언하는 것과는 거리가 있는 말이다. 그 말이 예수의 지상 생애를 언급한다는 것을 부인하는 자들도 있다. 그래서 드 크루위프(T. C. De Kruijf)는 "이것은 반드시 부활 후 그리스도께서 영화된 현재적 상황을 의미한다. 그것은 추상적인 어떠한 진술이 아니다"라고 기록한다.[26] 케제만의 견해가 그 말을 해석하는 유일한 것이 아니라는 사실을 알기 위하여 이것에 동의할 필요는 없다.

케제만은 천사들에 대한 언급을 다룸에 있어서도 거의 공정하게 다루고 있지 못하다. 그는 마치 천상의 열차가 지상에 방문한 천상의 방문자를 돕고, 그의 영광을 나타내기 위하여, 그에게 지속적으로 머무르고 있는 것처럼 말한다. 그러나 요한복음의 예수는 "아버지와 함께 계신 그에게 천사들이 내려온다"고 말하지 않는다. 그는 나다나엘에게, "너희가(복수형) 하늘이 열리고 하나님의 천사들이 인자 위에 오르락내리락하는 것을 보리라"(1:51)고 말씀하신다. 이 말은 예수의 본질에 대한 추상적인 진술이 아니다. 그것은 새로운 신자들을 격려하는 말이며, 예수께서 그들에게(그리고 다른 자들에게) 천상의 실재에 관한 더욱 많은 지식들을 제공하리라는 보증이다. "넓게 열린 하늘과 오르락내리락하는 천사들은, 이제 인자 안에서 사람들에게 유용하게 된 하나님의 전체적

---

26) "The Glory of the Only Son", in *Studies in John Presented to Prof. Dr. J. N. Sevenster on the Occasion of his Seventieth Birthday* (Leiden, 1970), p. 121. Bernard는 그 단어들이 "아버지와 아들 사이의 깊은 사랑의 관계"를 표현하는 것으로 본다(*John*, p. 32).

인 능력과 사랑을 상징한다."[27] 최소한 스트라흐한(R. H. Strachan)의 이 말들은 그 말에 대한 가능한 이해이다. 그러므로 그의 것이 유일한 견해라는 케제만의 추측은 반드시 거부되어야만 한다. 나의 판단으로는 스트라흐한(Strachan)의 견해가 틀리지 않을 뿐 아니라, 더 낫다. 분명히 그것이 예수께서 말씀하고 있는 것이다. 우리는 또한 케제만의 "아버지와 함께 계신 그에게"와 상응하는 부분이 본문에 없음을 주목해야 하며, 천사들이 야곱 위에 오르락내리락하는 것에 대하여 언급하고 있는 창세기 28:12의 랍비적 주석에서처럼, 천사들에 대한 언급이 필연적으로 신성을 지시하지는 않는다는 것을 주목해야 한다.[28] 나는 이것이 창세기 구절에 대한 바른 이해라고 믿지 않을 뿐만 아니라, 요한이 예수를 야곱과 같은 자에 불과하다고 말하는 것이라고 생각하지도 않는다. 그러나 그러한 주석이 존재한다는 것은 사실이고, 천사들에 대한 케제만의 주장이 과장된 것임을 보여준다.

4. 영광

요한복음 1:14이 오해되어 왔다는 것이 케제만의 주장 중의 하나이다. 사람들은 요한이 "우리가 그의 영광을 보니"에 강조를 두고 있는 것을 보아야 함에도, "말씀이 육신이 되어"에 더욱 강조를 둔다는 것이다. 그는 복음서의 나머지 부분이 하나님의 영광이 계시되었다는 생각으로 가득 차 있다는 것을 발견한다. 그러나 케제만이 옳은지는 의심스러우며, 그가 그 본문에 도움을 주었는지도 의심스럽다.

그에게 있어서 "영광"이란 어떤 것인지 살펴보자. 나는 즉시 이 복음서 전체를 통하여 영광이 있다는 것에 동의할 수 있다고 말할 수 있다. 그러나 거기에는 케제만이 언급하지 않은 패러독스가 있다. 그 패러독스는 진정한 영광이 엄위 속에서 나타나기보다는 낮아지심 속에서 볼

---

27) R. H. Strachan, *The Fourth Gospel*(London, 1955), p. 11.
28) 관련된 구절들은 H. Odeberg, *The Fourth Gospel* (Amsterdam, 1968), pp. 33-34에서 인용된 것이다. 또한 Bernard와 Barrett의 주석들의 언급들을 보라.

수 있다는 것이다. 오리겐(Origen)이 오래 전에 말했던바 "비천한 영광"(humble glory)이 있는 것이다.[29] 요한복음의 그리스도는 자기 자신을 위해서 영광을 구하지 않고 아버지를 위해서 구한다(7:18; 8:50). 그가 가지고 있는 영광은 스스로 끌어낸 것이 아니라 그에게 주어진 것이다(8:54). 우리는 나사로의 부활을 살펴볼 때 이 복음서에서 영광이라는 개념이 복합적인 것임을 볼 수 있다. 그 사람이 병든 것은 "죽을 병이 아니라 하나님의 영광을 위함이요 하나님의 아들로 이를 인하여 영광을 얻게 하려 함이었다"(11:4). 영광에 대한 어떠한 의심도 보이지 않는다. 아버지와 아들의 영광은 서로에게 포함되어 있으며, 이 두 영광은 긴밀히 연결되어 있다. 한편을 위한 영광은 다른 편을 위한 영광이기도 하다. 영광이 나타난 그 기적의 결과는 이중성을 지녔다. 첫째로 죽은 사람이 다시 살아난 결과로 많은 사람들이 믿게 되었다(11:45). 이것이 우리가 즉시 영광으로서 인식하는 것이다. 예수께서는 놀라우신 분으로 보여졌고, 사람들은 믿었다. 그러나 요한은 이것을 거의 강조하지 않는다. 그는 계속해서 그 기적의 다른 측면의 결과로서 그 사건이 십자가로 가는 길의 한 과정을 이루는 것으로 말한다(11:50). 거기에 역시 영광이 있다. 우리는 요한의 영광에 대한 견해를 이해함으로 두 가지 양상 모두를 간과할 수 없을 것이다.

우리가 이미 살펴본 것처럼, 아버지의 영광은 아들의 영광과 밀접하게 연결되어 있다. 이것은 많은 부분에서 볼 수 있지만, 우리는 즉각적으로 예상되는 십자가 앞에서의 예수의 기도에서 그 적절한 예를 찾아볼 수 있을 것이다. "아버지여 때가 이르렀사오니 아들을 영화롭게 하사 아들로 아버지를 영화롭게 하게 하옵소서"(17:1). 그가 십자가를 염두에 두고 있다는 데에는 아무런 의문이 있을 수 없다. 그것은 이 복음서가 모든 것을 이끌고 가고 있는바 바로 "그때"이다. 그리고 십자가에서 아들의 영광뿐만 아니라, 아버지의 영광 역시 나타나 보일 것이다. 그 둘은 서로 분리될 수 없다.

---

29) M. F. Wiles, *The Spiritual Gospel* (Cambridge, 1960), p. 82에서 인용됨.

제3장 인간 예수 ·83·

    요한복음서 전체를 통해서 예수께서는 낮은 위치를 취하시는데, 이것은 참된 영광이 이러한 비천한 위치에서의 섬김을 통해서 나타나며, 특히 예수의 십자가에서의 죽음을 통해서 나타난다는 요한의 위대한 역설 중의 하나이다(12:23-24; 13:31). 케제만은 영광에 대한 언급들을 발견했지만, 의심스러울 정도로 그 패러독스는 발견하지 못했다.[30] 심지어 예수의 영광이 기적들 속에서 보여질 경우들처럼 그 패러독스가 강조되지 않을 때에도 그 영광은 제한된 무리들에게서라도 인지되었다. 그래서 갈릴리 가나의 혼인 잔치에서 제자들은 예수의 영광을 보고 믿었다(2:11). 그러나 요한은 연회장이나 손님들에게 일어난 어떤 결과에 대해서는 아무런 언급도 하지 않으며, 심지어 연회장이 물을 취했을 때에 일어난 일을 알고 있는 종들에게 일어난 어떤 결과에 대해서도 언급하지 않는다(9절). 이것은 사도행전 14:8-18의 그림과는 전혀 다르다. 거기에서 루스드라의 사람들은 그들 스스로를 신의 방문을 받은 것으로 여겼었다. 그들은 앉은뱅이를 고치는 것에서 영광을 보았으며, 즉시 바나바와 바울을 신으로 환호하며 맞이했다. 그들은 그들에게 제사드리기 위해 소와 화관을 가지고 왔다. 그것은 신들이 땅에 내려왔을 때에 행해질 것으로 예상되는 종류의 행동들이었다. 요한복음에서는 그와 동등한 것이 없다. 그는 전혀 다른 것을 기록하고 있는 것이다.
    영광에 대한 재미있는 언급이 12:39-43에 있다. 여기에서 그 복음서 기자는 왜 많은 사람들이 예수를 믿지 아니하는가에 대한 이유로 저희

---

30) 예를 들면 C. K. Barrett가 한 것처럼, "예수의 이야기는 영광이라는 용어로 이야기될 수 있다. 그는 버렸지만, 창조 전에 아버지와 함께 가졌던 영광을 되찾게 될 것이다. 그는 그 자신의 영광을 구한 것이 아니라 여전히 그의 자발적인 순종과 낮아지심으로 아버지의 영광을 구했으며 탁월하게 십자가에서의 치욕으로 그는 영화롭게 되었고 그의 영광을 나타내 보였다…여기에 요한의 특징적인 패러독스가 있다"("The Theological Vocabulary of the Fourth Gospel and of the Gospel of Truth", *Current Issues*, pp. 211-12). Vincent Taylor는 "이러한 구절들(3:14; 8:28; 12:32)이 십자가를 의미하는지 승귀를 의미하는지에 대한 논쟁만큼 더 무가치한 논쟁도 없다. 그 죽음이 바로 승귀이다"라고 기록할 수 있었다(*The Atonement in New Testament Teaching*, London, 1946, p. 147).

눈은 멀었고, 그들의 마음이 굳었기 때문이라고 설명하는 이사야의 예언을 인용한다. 그리고 요한은 "이사야가 이렇게 말한 것은 주의 영광을 보고 주를 가리켜 말한 것이라"고 첨가하여 말한다. 우리는 "그가 그의 거부당하심을 보았기 때문이라"는 것과 같은 말을 기대했을 것이다. 그러나 요한에게 있어서 예수는 거부당하시고 고난당하시는 중에 영광이 있으며, 그것은 그가 거부당하시는 예언과 연결되어 있는 영광이다.

만일 케제만이 요한의 영광에 대한 패러독스적인 관점에 공정하지 못했다면, "말씀이 육신이 되었다"는 그 복음서 기자의 선언에 대해서 충분히 논의한 것이 아닐 것이다.[31] 심지어 만일 케제만이 영광에 대한 언급을 강조하는 것을 바르게 보았다면(우리는 이것이 논쟁의 여지가 있다고 보았다), 이러한 다른 말들의 진정한 의미를 알게 되었을 것이고, sarx(사르크스)가 성육신하신 예수의 육체적인 실재성을 강조하는 강한 용어라는 것을 알게 되었을 것이다. 요한은 "말씀이 사람이 되었다"거나 심지어 "말씀이 몸을 취하였다"고 말하지 않는다. 그는 강력하고 심지어 잔인하기까지 한 "육신"이라는 단어를 사용한다. 이렇게 말해질 수 있는 사람의 육체적인 실재성에 대해서 부인할 수는 없을 것이다. 그 말은 영적이고 신적인 모든 것들과 대비하여, "전형적으로 인간적인 존재 양식인 육에서 난 것이(3:6), 일시적이고 멸망하는 것임을 표현한다."[32] 쉬나켄버그(Schnackenburg)는 당시에 신적인 존재가 지

---

31) S. Smalley는 "만일 요한의 시각에서 피할 수 없는 부분을 이루고 있는 신성과 인성, 낮아지심과 높아지심 사이의 균형을 이룰 수 있도록 그 곡해가 이루어진다면 이 표현은 Bultmann이나 **Käsemann**의 방식으로 상술될 수 있다"(*SE*, VI, p. 498)고 주장한다.

32) R. Schnackenburg, *John*, I, p. 267. 그는 계속해서 Bultmann이 "신화의 언어"라고 부르는 것이 sarx라는 용어를 피하기 위해서 극도의 고통을 감수하며, 결코 "육체가 되었다"고 말하지 않는 것에 주목한다(ibid., p. 268). A. B. du Toit는 sarx가 "천상적이고 신적인 존재 양식과 대조적으로 그 모든 약점을 가진 전형적인 인간 존재 양식"을 지시한다고 생각한다(*Neotestamentica* 2, 1968, p. 15). R. Bultmann은 요한복음에서 sarx가 신적인 것, 예를 들면 *pneuma*의 영역(3:6; 6:63)에 대조되는 세상적이고 인간적인 영역을 언급하는 것으로 본다. 그러나 *skotos*가 하나님을 대적하는 세상적인 영역을 언급함에 반하여, sarx는 무

상에 나타나는 것에 대한 개념이 널리 퍼져 있었음을 말한다.

그러나 1:14에서의 성육신에 대한 단언 후에, 하나님의 아들이 사람을 만들었다는 기독교의 가르침은, 다른 많은 다양성 중 한 가지로 축소할 수 없게 되었다. 그것은 헬레니즘과 영지주의의 다른 모든 구속 종교들에 대항하는 것으로 이해될 수밖에 없었다. 그것은 육적 실재로 그 자신을 나타내시며, 독특하고 인격적인 인간 존재로서 역사 안에 분명히 들어오신(요일 1:1) 구주를 고백하는 새롭고 심오한 독창적인 방법이다.[33]

동사 *egeneto*(에게네토) 역시 중요하다. 그것은 (우리가 "만들어졌다"라고 번역하든지 "되었다"라고 번역하든지) 변화를 지시한다. 그러므로 그 동사를, 신적인 그리스도께서 모든 그의 영광 가운데 그 자신으로 남아 있다는 견해와 함께 조화되어 사용한다는 것은 불가능한 것으로 보인다. 두 퇴트(Du Toit)는 그 동사가 "신적 로고스와 *sarx*(사르크스) 사이의 막대한 거리를 연결짓는다"고 주장한다. "그것은 성육신이라는 딱딱하고 과격한 사실을 진술하며, 가현설적인 모든 잘못된 해석들에 대한 가능성을 완전히 잘라버린다"는 것이다.

14절에 의하면 성육신이란 신적 로고스가 그의 천상적 존재 방식을, 무디고, 깨지기 쉽고, 지상적이며, 인간적인 존재 방식으로 대체한 것을 의미한다. 말씀의 이러한 인간적인 존재 방식은 단지 "육체 안의" 존재로서 가현설적인 방식으로 이해되어서는 안되고, 여전히 그의 로고스로서의 근본적인 존재를 희생시키지 않으면서 "육체가 됨"으로 이해되어야 한다.[34]

상하고 헛되며 무익함을 강조한다. 그는 "그 계시자는 인간일 뿐이다"라고 주장하며, "그 복음서의 대적자는 *ho logos sarx egeneto*에 의해서 가능한 한 강하게 표현되어 있다"고 주장한다(*The Gospel of John: A Commentary*, Oxford, 1971, pp. 62, 63).

33) *John*, I, p. 268.
34) *Neotestamentica* 15-16, pp. 16-18.

동사 *egeneto*(에게네토)와 명사 *sarx*(사르크스)의 결합은 그것이 의미하는 모든 것과 함께 진실된 성육신을 거부할 수 없게 한다. 그것은 예수께서 사람이 되신 것처럼 연극하지 않았다는 의미를 전달해 주고 있으며, 그가 진실로 사람이 되사 그것에 포함된 모든 제한과 고난과 같은 것들을 수용하셨다는 의미를 전달해 주고 있다.

5. 인간 예수

예수의 인간성의 실재는 그를 사람으로 언급하는 반복적인 구절들로부터 추론할 수 있다. 4:29; 5:12; 7:46, 51; 8:40; 9:11, 16(*bis*〈비스〉); 10:33; 11:47, 50; 18:14, 17, 29; 19:5을 보라. 이것들 중에 우리는 특별히 예수께서 친히 "진리를 너희에게 말한 사람인 나를 죽이려 하는 도다"라고 말씀하시는 8:40과, 유대인들이 "선한 일을 인하여 우리가 너를 돌로 치려는 것이 아니라 참람함을 인함이니 네가 사람이 되어 자칭 하나님이라 함이로다"라고 말하는 10:33을 주목하려 한다. 앞의 것은 요한이 보는바, 예수 자신의 선언을 보여주고 있고, 뒤의 것은 유대인들이 예수께서 사람 이상의 어떤 분이심을 선언하고 있다는 것을 알아보는 것과 동시에, 예수를 사람으로 부르고 있다는 사실을 보여준다. 그 선언은 그들에게 어떠한 확신도 주지 않았다. 왜냐하면 그가 어떤 존재이든지 간에 그가 확실히 사람이었기 때문이다. 그것이 그들이 함축하는 바이다. 요한이 예수를 가리켜 반복하여 '사람'이란 단어를 사용하는 것은 생각하는 데에 자양분을 공급한다. 만일 그가 가현설적인 그리스도를 묘사하려고 했다면, 왜 그가 그의 참된 인성을 강조하겠는가? 이것은 어불성설이다.[35]

케제만은 수난 사화를 과소 평가하는 것으로 보인다. 그는 요한이 가현설적인 예수를 묘사하고 있다고 확신하였기 때문에, 예수의 죽음에 대한 이야기를 전혀 하지 않을 수 있다고 생각한다. 그러나 그것이 너

---

[35] 참고. G. Sevenster의 에세이, "Remarks on the Humanity of Jesus in the Gospel and Letters of John", in *Studies in John*, pp. 185-93. 그는 요 19:5에 특별한 관심을 가진다.

무 강하게 주장되어 있기 때문에 그것을 다만 무시할 수는 없지만 받아들이기 껄끄러운 하나의 전통으로만 언급한다. 그는 그것을 "단지 후에 포함되게 된 후기(postscript)에 불과한 것"[36]으로 간주한다. 우리는 "일종의 후기"에 대해서 조사해 보고 싶다. 이것은 완전하고 집중된 이야기이다. 요한이 그의 이야기에서 이 부분에 인색하였다고 말할 수 없다. 다른 아무 곳에서도 발견되지 아니하는 그의 세부적인 묘사들은 그가 그 주제에 관심을 가지고 있음을 보여준다.

포트나(R. T. Fortna)는 "확실히 그 복음서에 널리 퍼져있는 주제들과 십자가에서 그 절정에 이르는 것은 원래의 이야기 자료에 요한이 삽입한 것들이다. 가장 주목할 만한 것으로는 예수의 '때'와, 그의 영화롭게 됨 그리고 그의 사역의 성취 등이 있다"[37] 라고 말함으로 또 다른 반대 의견을 가지고 있다. 이것들이 "삽입"이라는 것에 나는 동의하지 않는다. 오히려 그것들은 확실히 거기에 있어서, 요한이 말하고 있는 바의 어떤 것을 우리에게 말해 준다고 믿는다. 어쨌든 포트나의 견해는 고려되어야 하는데, 케제만은 그것을 고려하지 않았다. 포트나는 "현재의 복음서에서 더 비중이 있는 것은 부활이 아니라, 모든 사람을 그 자신에게로 이끄는(12:32) 예수의 십자가 위에서의 영화롭게 되심이다"[38]라고 말함으로 또 다른 견해를 제시하는데 내 판단으로는 이것이 더 낫다. 전체적인 복음서는 십자가를 강조한다. "심지어 예수께서 공적 사역에 등장하기 이전에 이미 그의 사역은 비극적인 것으로서 요약된다"(1:10 이하).[39] 예수의 실제적인 죽음에 대한 이야기에서 요한은

---

36) *Testament*, p. 7.
37) "Christology in the Fourth Gospel: Redaction-Critical Perspectives" (*NTS* 21, 1974-75, p. 497). **Käsemann**은 "거의 명백하게 문학 비평의 관점 (서문, 다락방 강화, 기도)의 복음서 후기 입장에 의존한다. 그것은 복음서 저자의 본래적인 추진력보다는 그 자신의 신중한 숙고를 나타낸다. 그리고 그 주석은 해설보다는 창조적인 신학으로 구성되는 현재의 독일 사상의 카테고리 안에서 강하게 작업된 것이다"라고 Barnabas Lindars는 주장한다(*Theology* 72, 1969, p. 157).
38) "Christology", p. 497.
39) *Ibid.*, p. 502.

그 육체적인 양상을 강조하는 그 자신의 방식을 표현한다. 그는 우리에게 예수의 목마름에 대해서 말해준다(19:28). 그만이 예수께서 창에 찔리신 것과 물과 피를 흘리신 것을 말한다(19:34-35). 십자가에 못박힌 예수의 옆구리에서 물과 피가 흐른 사실을 증언할 수 있는 증인이 있다는 것은 가현설을 반대하는 그 무엇이 있다. 여기에 신비가 있지만, 최소한 죽은 육체에 대한 명확한 증거가 있다. 가현설적인 존재에 대해서 이렇게 기록할 수는 없을 것이다.

우리가 이미 살펴본 것처럼, 케제만은 자신이 "요한복음에서 지상적인 예수의 낮아지심에 대한 양상을 완전히 부인하는 것에 흥미를 가지고 있지는 않다"고 말하면서, 그러나 그러한 것들이 예수를 "참된 사람"으로 묘사하지는 않는다고 주장한다. 그는 "그의 낮아지심의 여러 양상은 그 자신의 지상적인 상태를 주제삼으려는 것이라기보다는, 오히려 그들 중의 한 사람으로 나타나 그들 중에 잠시 거하신 자를 묘사하기 위하여 일용한 절대적인 최소치의 복장으로 고안한 것은 아닌가?[40] 라고 묻는다. 이것은 즉시 우리로 하여금 케제만이 예수께서 하나님께 의존하신 것을 정당하게 보았는지에 대한 의문을 제기한다. 요한복음의 예수는 명확히 "아버지는 나보다 크심이니라"(14:28)고 말하며,[41] 그 복음서는 그가 홀로 행하실 수 없다는 생각으로 꽉 차 있다. 예수께서는 "아들이 아버지의 하시는 일을 보지 않고는 아무것도 스스로 할 수

---

40) *Testament*, p. 10.
41) C. K. Barrett는 Schnackenburg의 *Festschrift* 안에 "'The Father is Greater than I' (Jo 14,28): Subordinationist Christology in the New Testament"라고 명명된 많은 생각들을 불러일으키는 논문을 썼다. 그는 요한이 한 가지 중요한 가르침의 입장을 가지고 있다고 생각하며, 그것은 요한이 그리스도를 아버지보다 하위에 있는 것으로 묘사한다는 것이다. 여기에 한 가지 패러독스적인 요소가 있다. "패러독스적인 언어로 묘사하는 것은, 결국 틀린 것이 아니라 자연스러운 것으로, 낮아짐 안에 숨겨져 있는 존엄을 말하는 것이다"(Neues Testament und Kirche, ed. J. Gnilka, Freiburg-Basel-Wien, 1974, p. 158: Barrett은 Hoskyns와 Davey를 언급한다). 여기에는 한 가지 문제가 있다. Barrett은 그것을 풀었다고 주장하지 않는다. 그러나 우리는 패러독스 안의 한 가지 요소를 부인함으로 그것을 제거하지 말아야 할 것이다. **Käsemann**이 하고 있는 것은 바로 그 하지 말아야 할 일인 것으로 보인다.

없나니"(5:19)라고 말씀하신다.

6. 하나님께의 의존성

요한의 가르침의 이러한 양상은 어니스트 데이비(J. Ernest Davey)에 의해서 강조되었다. 그는 (그의 책에서 가장 긴 장으로) 67면에 걸쳐서 "요한복음에 나타난 그리스도의 의존성"을 다룬다.[42] 그는 예수께서 그의 능력("나는 아무것도 스스로 할 수 없노라", 5:30)과, 그의 지식("내 판단이 참되니 이는 내가 혼자 있는 것이 아니요 나를 보내신 이가 나와 함께 계심이라", 8:16)과, 그의 사역 및 설교("나의 양식은 나를 보내신 이의 뜻을 행하며 그의 일을 온전히 이루는 이것이니라", 4:34)와, 그의 존재와 속성과 신성(아버지께서 "아들에게도 생명을 주어 그 속에 있게 하시고", 5:26; "내가 아버지로 인하여 사는 것같이", 6:57; "아버지께서 주신 잔", 18:11)과, 권위와 사역("아버지께서 아들에게 권세를 주심으로", 17:2; 아버지께서 그에게 심판하는 권세와, 5:22, 27; 그의 생명을 버릴 권세를 주셨다, 10:18), 사랑(3:16; 17:24-26)과, 그리고 그의 영광과 명예(하나님께서 "즉시 그를 영화롭게 할 것이다", 13:32; "아버지께서 내게 주신 나의 영광", 17:24; 아버지께서 심판을 다 아들에게 맡기셨으니 "이는 모든 사람으로 아들을 공경하게 하려 하심이라", 5:23)에서 아버지를 의존하는 것으로 말한다. 그리스도는 아버지께 순종하시며(그의 양식은 아버지의 뜻을 행하는 것이다, 4:34), 그의 제자들을 위해서 그에게 의존하는 것으로 묘사된다("아버지께서 내게 주신 자는 다 내게로 올 것이요", 6:37, 그리고 부정적으로, "나를 보내신 아버지께서 이끌지 아니하면 아무라도 내게

---

42) *The Jesus of St. John* (London, 1958), pp. 90-157. 이와 유사하게 Leonard Hodgson은 아버지께서 그에게 주신 일을 이루셨다는 예수의 선언과 같은 구절들에 주의를 집중하며 더 나아가기를 "이러한 선상에서 요한복음을 연구하면 연구할수록 더욱 이상해지는 것은 우리 주님에 대한 묘사가 그의 낮아지심은 경시되고 신성에 대한 그 자신의 개인적 선언이 강조된다는 것이다. 모든 복음서들에서 우리 주님의 사상의 중심적인 요점은 의존, 즉 아버지께의 의존이다(*And Was Made Man*, London, 1933, p. 198).

올 수 없으니", 6:44; "세상에서 내게 주신 사람들에게", 17:6). 그는 증거("내가 만일 나를 위하여 증거하면 내 증거는 참되지 아니하되 나를 위하여 증거하시는 이가 따로 있으니"; "나를 보내신 아버지께서 친히 나를 위하여 증거하셨느니라", 5:31, 37)와, 성령(세례 시에 그에게 강림하시고, 1:33, 아버지께서 그에게 한량없이 주신, 3:34) 그리고 인도하심을 받기 위해서(데이비〈Davey〉는 이것을 "사람이 낮에 다니면 이 세상의 빛〈즉 하나님〉을 보므로 실족하지 아니하고", 11:9과 같은 구절들의 의미로서 본다; "여기에 신비적인 인도하심이 명확히 표현되어 있다") 아버지를 의존한다. 예수의 의존성은 그의 하나님과의 관계와("나를 보내신 이가 나와 함께 하시며, 나를 혼자 두지 아니하셨느니라", 8:29), 인간과의 관계에서 나타나며("내가 아버지 안에, 너희가 내 안에, 내가 너희 안에 있는 것을 너희가 알리라", 14:20), 그의 기도와(제 17장) 그의 명칭에 의해서 설명된다(요한복음과 요한일서에서 22개의 명칭이 나타나는데 그 대부분이 의존성을 내포하고 있다. 예를 들면, "아들"은 "아버지"께 의존하며, "하나님의 어린 양"은 아마 "하나님에 의해서 보내심을 받고 하나님에 의해서 제공된 희생 제물"을 가르킬 것이다).

데이비(Davey)는 요한복음의 표현들 중에 가현설적인 의미로 취해질 수 있는 양상이 있다는 것에 동의한다.[43] 그럼에도 불구하고 그는 이것들이 요한복음의 전형적인 견해를 우리에게 제공한다는 것은 부인한다. 그것은 오히려 의존성이다. "요한복음의 이것에 대하여 주의깊게 연구하지 않은 사람들로서 이러한 의존성의 개념의 범위가 아버지 하나님에 대한 그리스도의 경험 안에서의 중요한 요소로서 강조되고 있다는 것을 알 수 있는 사람은 거의 없다. 확실히 이러한 의존성이 그리스도에 대한 요한의 묘사를 지배하는 요소라고 부를 수 있을 것이다."[44]

---

43) *Ibid.*, pp. 18, 85, 133, 186.
44) *Ibid.*, p. 77. 그는 계속해서 요한이 그리스도를 묘사하고 있는 관점을 언급한다. 그는 하나의 신비로서, 전지 전능하시고 자결정적이시며 독립적이신 분이시다. 그는 신학적으로, 비록 네 복음서 모두에서 그 두 요소가 모두 발견된다 할지라도, 공관복음서는 그리스도의 신성을 강조하고, 요한복음서는 그의 인성을 강

그렇다면 요한복음에서 예수의 의존성에 대한 강하고 중요한 강조가 있다는 것을 알 수 있다. 그러나 그 이상이다. 예수의 전생애는 인간적인 것이었다. 우리는 그 이름 자체로 출발할 수 있을 것이다. 왜냐하면 요한은 그 사람의 이름인 "예수"를 237번이나 사용하고 있기 때문이다 (마태는 이 이름을 150번 사용하며, 마가는 81번, 누가는 89번 사용한다). 그것은 신약성경 전체에서 나오는 숫자(905번)의 1/4이 넘는 숫자이다. (요한이 예수께서 그리스도이심을 보여주기 위한 목적을 선언하는 것과 일치하여, 20:31) "그리스도"라는 명칭이 19번 나오는 것에 반하여, "예수 그리스도"라는 이름은 단지 두 번 발견된다. 이 인간 예수는 정상적인 친지 관계를 즐긴 것으로 보여진다(2:12). 그는 그의 모친과 함께 혼인 잔치에 간다(2:1). 예수께서는 그에게는 그가 행하여야만 할 방식들을 말해주는 그의 형제들이 있었는데, 그것은 누구라도 그가 형제들과 함께 자랐다는 것을 인식할 수 있게 한다(7:3-5). 그는 십자가에 달려서조차 그의 모친을 걱정한다(19:26-27). 그는 그의 친구들인 마르다와 마리아 그리고 나사로를 사랑하였다(11:5).

예수께서는 그의 죽음이 예상될 때에 민망해 하셨으며, 그것으로부터 구해 주시기를 간구해야 할 것인가를 생각하였다(12:27). 그는 피곤하며 목마를 수 있었고(4:6, 7), 그는 몰라서 물을 수 있었다. 그는 눈물을 흘리실 수 있었고(11:35), 심령에 민망히 여기실 수 있었다(11:33). 요한은 평범하지 않은 단어인 동사 *embrimaomai*(《엠브리마오마이》, 11:33, 38)를 예수께 두 번 사용하는데, 그것은 말(horse)들의 콧바람이라는 말에 사용되는 용어로 매우 세속적인 단어이다.[45] 그것은 매우 세속적인 단어이다. 우리가 요한복음 11장의 언급을 분노한 것으로 여길 것인가, 아니면 그것을 깊은 감정을 표현한 것으로 여길 것인가. 그

조한다고 생각한다(*Ibid.*, p. 170). A. M. Hunter는 Davey의 주장을 받아들인다(*According to John*, p. 115).

45) 참고. G. Abbott-Smith, *A Manual Greek Lexicon of the New Testament* (Edinburgh, 1954), s.v.의 "(말〈horse〉이, Aesch.) 콧김을 품다, 그래서 깊은 감정을 가지고 말하거나 행동함"(여기에서 그는 "분노로 행하다"라는 의미를 발견한다)이라는 정의.

것도 아니면 그것이 나타내는 감정은 인간적인 특성을 전혀 가지지 않은 것으로 볼 것인가에 대한 주석자들 사이에 논쟁들이 있다. 예수께서는 그를 따르던 자들 중의 어떤 자들이 그를 떠나가는 것이나(6:66), 그들 중의 하나가 그를 배신하는 것을 막을 수 없었다. 한번 예수께서는 "지금 내 마음이 민망하니"(*hē psychē mou tetaraktai*〈헤 프쉬케 무 테타라크타이〉)(12:27)라고 말씀하시며, 다락방에서 그 배반에 대하여 심사숙고하여 "심령에 민망해"(*etarachthē tōi pneumati*〈에타라크테 토이 프뉴마티〉)(13:21)하셨다고 요한은 우리에게 말해준다. 이 모든 것들은 증거들의 일부분으로 진정한 인간성을 지시한다.[46]

또한 예수께서 단순히 지상의 하나님이시라는 것을 부인하는 것으로 보이는 구절들이 있다. 그래서 서문에서 우리는 "본래 하나님을 본 사람이 없으되" 예수께서 그를 나타내셨다는 것을 읽을 수 있다(1:18). 그것은 예수와 그가 말하는 하나님 사이를 구별하는 것이다. 이것은 예수께서 후에 하나님에 대해서 "너희는 아무 때에도 그의 음성을 듣지 못하였고 그 형용을 보지 못하였으며"(5:37)라고 말씀하시며, 다시 "이는 아버지를 본 자가 있다는 것이 아니라"(6:46)고 말씀하실 때에 더욱 강화된다. 각 경우에서 그 입장은 어느 정도 복합적인 것으로 보인다. 서문에서 예수는 *monogenēs theos*(모노게네스 데오스)로 불리우며, 5장에서 그는 그가 아버지에 대해서 친밀한 지식을 가지고 있다고 주장한다. 6:46에서는 계속하여 그가 친히 아버지를 보았다고 주장하므로 아버지를 본 적이 없는 자들과 자신을 구별한다. 나는 이러한 구절들의 어떤 것도 단순하다고 주장하지 않는다. 오히려 케제만이 그러한 말들이 함축하는 것에 대해서 고려하지 않고 과도하게 단순화했다고 주장한다. 만일 그가 주장하는 것처럼, 예수께서 단순히 "지상적인 겉모양으

---

[46] Franz Mussner는 이 복음서에서 "지적 행위를 통하여 믿는 자들은 물론 '세상이 그러하듯이' 예수를 그 순수한 인성으로 본다." 그리고 이 "순수한 인성" 은 "심지어 그의 신자들이나 지식자들조차 변형되지 아니하고 오히려 과격하리만큼 유지된다"고 주장한다(*The Historical Jesus in the Gospel of St. John*, New York, 1967, p. 28).

로 걸으신 하나님"⁴⁷⁾이시라면, 많은 사람들은 하나님을 보았고 그의 목소리를 들었을 것이다. 그러나 그것은 요한이 말하려고 하는 바가 아니다. 그가 강조하는 그에 반대되는 말들을 간과해서는 안된다.

다시금 우리는 요한복음서가 홀로 서 있지 않다는 것을 염두에 두어야 한다. 그것은 요한의 문서로 불리우는 다섯 저작들 중에 하나이다. 어떠한 한 저자가 이러한 책들 중의 한 권 이상을 기록하였는지에 대해서는 격렬한 논쟁이 있으며(비록 많은 사람들이 그 저작성의 통일성을 주장하지만), 만일 동일한 저자로부터 나오지 않았을지라도, 요한복음과 요한일서가 명확하게 동일한 공동체와, 근본적으로 동일한 상황에서 기록되었다는 것은 확실하다. 요한일서가 생명의 말씀을 듣고 본 것만큼 손으로 만진 것을 강조하고(요일 1:1), 예수 그리스도가 육체로 오신 것을 고백하도록 주장할 뿐만 아니라, 그것에 반대하는 자들이 적그리스도의 영임을 나타내는 것이라고 주장하며(요일 4:2-3; 참고. 2:22), 예수를 하나님의 아들(요일 4:15)과, 그리스도로 보는 것을 강조하고(요일 5:1), 예수께서 임하심의 중요성을 강조하되, "물로만 아니요 물과 피로서 오신 것"(요일 5:6)을 강조함으로 가현설적인 가르침에 저항하고 있음은 의심할 여지가 없다. 그 서신이 그토록 강력하게 저항하는 가르침에 대항하는 진술을 그 복음서가 어떻게 그리고 왜 하는지를 발견하는 것은 쉽지 않다.⁴⁸⁾

7. 과도히 단순화함

이 모든 것으로부터 케제만이 과도하게 단순화하였다는 것은 명확하

---

47) *Testament*, p. 66.
48) C. F. D. Moule은 **Käsemann**이 "그 복음서를 불공정한 방식으로 그 첫번째 서신과 분리한다"고 비판한다(*Studies in John*, p. 158). 다른 곳에서 그는 "복음서와 요한 서신들의 전체를 꿰뚫는 주제는 가현설적인 이론들에 대한 대항으로 성육신의 실재에 대하여 확언하고 있다"고 언급한다(*Worship in the New Testament*, London, 1961, p. 34, n. 2). Hoskyns는 요한복음이 가현설을 반대하고 있다는 그의 견해를 말하기 위해서 요한일서에 많은 관심을 기울인다(E. Hoskyns, *The Fourth Gospel*, London, 1950, pp. 48-57).

다. 그것은 그의 전체적인 책에 대한 나의 주장이다. 나는 여러 해 동안을 요한복음을 연구하는 일에 시간을 보냈다. 그리고 그것이 복잡하고 어려운 책이라는 고도로 독특한 결론에 다다른다. 나는 케제만이 그 모든 것을 왜 그토록 간단하게 말하였는지를 이해하기 곤란하였다. 그는 예수를 "그 자신의 존재는 없지만 지상적인 조건들에 종속되어 사람들 중에 잠시 거하사 그들 중의 한 사람으로 나타나신 사람"[49]으로 묘사한다. 이것이 케제만의 입장에 대한 가장 나은 이해일 것이다. 나에게 있어서 이것은 케제만이 요한복음의 문제들을 직면하기 거부하는 것과 같이 보인다. (말하자면, 요한복음을 연구하는 학자들의 일반성에 대항하여, 케제만은 자신의 마음에 맞는 비난을 한 것에 불과하다는 것이다). 증빙 구절들을 선택적으로 읽은 결과로 의도된 그림에 들어맞지 않는 모든 설득력은 무시되거나 축소되었다. 왜냐하면 요한복음의 예수는 동시에 한편으로는 지존하시지만 또 다른 한편으로는 비천하시기 때문이다. 그는 확실히 완전한 하나님이시다. 케제만은 이것을 수정과 같은 명확성으로 보았다. 그러나 그는 또한 완전한 사람이시다. 그것이 간과되어서는 안될 것이다.

다른 이들은 그 문제의 복잡성을 인식하였다. 예를 들면, 래드(G. E. Ladd)는 "우리는 요한이 명상함이나 숙고함없이 예수를 이중의 빛 안에서 묘사하고 있다고 결론을 내릴 수 있을 것이다. 그는 하나님과 같은 분이시다. 그는 확실히 육체 안에 거하신 하나님이시다. 그러나 여전히 그는 완전한 인간이시다"[50]라고 기록한다. 그것은 그 증빙 구절들이 우리에게 지시하는 결론이다. 레이몬드 브라운(Raymond E. Brown) 역시 그 문제를 관찰하였다. 그는 이 복음서가 어떠한 종류의 가현설을 논박하기 위해서 기록되었다는 견해에 동감하지 않는다. 그는 반가현설적인 요소들을 발견하기는 하지만, 그것들이 그 책을 구성하기 위한 중요한 동기로 우리에게 제시되기에 충분하지는 않다고 말한다. 그는 "정직한 판단으로 반가현설적인 주제가 가능하며, 아마 이 복음서

---

49) *Testament*, p. 10.
50) *A Theology of the New Testament* (Grand Rapids, 1974), p. 252.

안에 있을 것이다. 그러나 그것이 그렇게 명백하지는 않다"51)고 요약한다. 브라운(Brown)은 케제만(Käsemann)의 책이 나오기 전에 저술하였기 때문에 직접적으로 그의 주장을 다루지는 않지만, 그의 판단은 모두 동일하게 관련된다. 증거들에 대한 개요는 그로 하여금 가현설적인 것이 아니라 반가현설적인 것이 개연성이 있다는 것을 납득하도록 하였다.

닐스 달(Nils Dahl)은 요한이 가현설에 반대한다는 것을 발견한 또 다른 한 사람이다. 그는 가현설적인 기독론은 "구약성경에 대한 알레고리적인 해석에 의해서 지지받을 것이다. 그러한 경향에 대항해서 요한은 예수의 참된 인간성을 증거하며, 그의 죽음의 실재성에 대해서 증거한다"(6:41-42, 61; 19:35)고 생각한다.52)

헤르만 리델보스(Herman Ridderbos)는 서문에 대해 주의를 기울이며, 그 구성과 중요성에 대한 많은 견해들을 요약한다.53) 그의 연구로부터 결론내리기를,

> 그러므로 그 복음서는 믿음에 대한 증언이 첫번째의 위치에 있는 것이 아니라, 보여지고 들려지고 손들로 만져진 바 된 것이 첫번째 위치에 있다. 그러므로 그 복음서 기자의 믿음의 배경에 대해서 단언하는 자는 누구든지 복음서 기자가 서술하는 사건들과는 별개이며, 바로

---

51) *John*, I, pp. lxxvi-lxxvii.
52) "The Johannine Church," *Current Issues*, p. 142. 동일한 책에서 Markus Barth는 히브리서에 대해서 기록하기를 "(요한복음서를 제외하고) 신약성경의 다른 어떤 책도 예수 그리스도의 참된 신성과 참된 인성을 차례차례로 이처럼 명확하게 말하지 않는다"("The Old Testament in Hebrews, An Essay in Biblical Hermeneutics", p. 58). O. Cullmann은 한번 이상 이 복음서에는 최소한 가현설에 대한 암시적인 반대가 있다고 말한다(*The Johannine Circle*, pp. 17, 58, 61). 또한 R. H. Strachan, *John*, pp. 44-45; T. W. Manson, *On Paul and John*(London, 1963), pp. 156-57, etc.; R. Kysar, *The Fourth Evangelist and His Gospel*(Minneapolis, 1975), pp. 157-59를 보라.
53) "The Structure and Scope of the Prologue to the Gospel of John" (*NovT 8*, 1966, pp. 180-201).

그 중심에서 서술뿐만 아니라 복음서 기자의 케리그마까지도 공격하는 것이다.[54]

리델보스(Ridderbos)가 보는 것처럼 이 복음서에서 예수의 참된 인성과 그의 육체되심은 문제의 핵심이다.

그렇다면, 증거 구절들로부터 케제만(Käsemann)이 너무 과도하게 단순화했다는 것을 볼 수 있다. 요한복음을 연구하는 어느 누구도 예수가 거기에서 하나님으로 묘사되고 있다는 것을 부인하기를 원하지 않을 것이다. 그는 바로 하나님의 아들로서, 세상에 보내졌으며 우리의 구원을 가져오셨다. 그러나 그가 또한 참 인간이 아니라는 것을 말하기 위해서는 증거들의 많은 분량들을 간과해야만 한다. 요한복음에서 신성과 인성 사이의 균형을 발견하는 학자들이 옳다는 것에는 의심의 여지가 없다. 케제만의 연구가 아무리 훌륭하다 할지라도 그것이 이러한 결론을 방해하는 것은 아무것도 없다.

---

54) *Ibid.*, p. 200.

제4장

하나님의 그리스도

　우리들에게 있어서 그리스도는 고유 명사가 되었다. 우리는 자주 우리의 구주를 단순히 "그리스도"라고 부르며, 심지어 그 완전한 이름인 "예수 그리스도"를 사용할 때에도 그 용어를 이름 이상의 의미로 사용하지 아니하여 "그리스도로서의 예수"라는 의미를 보지 못한다. 그 용어를 사용하는 이러한 방식은 물론 초기 그리스도인들로부터 이끌어 낼 수 있으며, 그러한 방식으로 사용하는 것을 신약성경 내에서 발견하기는 어렵지 않다. 그러나 그것이 유일한 방식이 아니며, 원래적인 방식도 아니다. 우리는 아마 이렇게 말할 수 있을 것이다. 예수께서 그리스도라고 불리우는 것은 그가 그 명칭이 의미하고 있는 것을 다 이루셨기 때문이며, 그것은 차례차례로 그 의미에 대한 특별한 강조없이 이름처럼 사용하게 되어 그렇게 자주 그 이름에 붙여지게 되었다. 그러나 요한이 그 기록하는 목적을 "예수께서 그리스도이심을 너희로 믿게 하기 위함이라"고 우리에게 말할 때, 그는 그 명칭을 그 명칭이 의미하고 있는 모든 것을 담아서 사용하고 있는 것이다. 만일 우리가 요한이 그의 복음서 전체를 통해서 말하고자 하는 바를 이해하고자 한다면, 우리는 반드시 1세기의 그리스도인들에게 "그리스도"가 의미하는 바가 무엇인지를 정확히 알아야 할 것이다.

　물론 그 용어는 원래 히브리어이다. 우리는 히브리 단어 마시아흐

(māšîaḥ)로 시작할 수 있는데, 그 동사의 분사형의 의미는 '기름붓다'이다. 만일 우리가 이것을 영어로 음역한다면 메시야(messiah)가 될 것이고 우리가 그것을 헬라어로 번역한다면 크리스토스(Christos)가 되어 크라이스트(Christ)로 음역되는 것이다. 그래서 등식으로 표현하자면 그리스도 = 메시야 = 기름부음받은 자가 된다. 따라서 기본적인 질문은 기름부음받는 것과 관련된다.

이에 대한 대답은 한 가지 이상으로 말할 수 있다. 히브리 동사는 뿌리는 것이나 붓는 것 둘 다를 의미한다. 전자에 대해서는 나무판에 기름을 뿌리거나(사 21:5), 집을 칠할 때(렘 22:14)의 의미이다. 대부분의 사람들은 이것이 사람들에게 사용될 때 제사장이나(출 28:41), 왕(삼상 16:13) 또는 선지자에게(왕상 19:16) 기름부어질 때처럼 그들에게 붓는 것을 의미한다는 것에 동의한다. 기름부음은 일상 생활의 한 부분으로, 한 가지 단어 이상이 그에 대해서 사용되었다. 룻은 보아스의 타작 마당에 가기 전에 기름붓도록 지시받았으며(룻 3:3), 아모스는 "가장 깨끗한 기름으로 자기 자신들에게 기름붓는" 자들에 대해서 불평한다(암 6:6). 이는 현대 생활에서 향수를 뿌리는 것과 같은 것들이다. 기름부음은 축제의 기간과 기쁨의 표현으로서 사용되었으므로(시 45:7), 비탄의 기간에는 사용되지 않으며(삼하 14:2; 단 10:2-3), 금식 기간에 사용되지 않는 것(삼하 12:20; 마 6:17)은 당연하다. 손님들은 그 주인이 기름붓기를 기대하였고, 예수께서는 그 무례한 자가 그것을 행하지 않은 것을 지적하셨다(눅 7:46). 확실히 기름부음은 성경 시대에 널리 시행되었고, 그때의 사람들은 우리들보다 그러한 실행에 대해서 훨씬 더 익숙해 있었다. 그러나 날마다의 삶에서 행해지는 이러한 기름부음은 우리들의 목적에서 중요한 것이 아니다. 우리들의 관심은 특별히 종교적인 의식에 있어서의 기름부음이다.

흥미롭게도 하나님의 선택받은 자라는 의미의 "메시야", "기름부음받은 자"는 구약성경에서 희귀하다. 이것이 나오기는 하지만(단 9:25, 26),[1] 자주는 아니다. 구약성경에서 정확한 의미는 아니지만 기름부음

---

1) 어떠한 논문이 없기 때문에 대부분의 번역들이 RSV에 동의하여 "기름부음

이라는 의미는 중요하다. 구약성경에서 그것이 실행된 첫번째의 예는 아론과 그의 자손들을 거룩하게 할 때이다. 하나님은 모세로 하여금 "그들에게 기름을 부어 위임하고 거룩하게 하라"고 말씀하시는데(출 28:41), 그것은 분명 그 기름부음이 매우 중요하고 엄숙한 종교의식이었음을 보여준다. 그것은 제사장이 그의 직무에로 구별되는 한 과정이었다. 그가 그의 사역에로 위임되면 그는 하나님을 섬기는 일에 봉헌된 것으로 그 기름부음이 그것을 상징하였다. 그러한 경우에 사용되는 기름의 성질에 대해서 정확한 명령이 주어졌으며(출 30:22-25), 이렇게 "거룩한 기름부음에 사용되는 기름"은 다른 때에는 사용될 수 없도록 명백하게 규정되었다. 이 기름을 모독적으로 사용하여 그것을 위반한 자는 그 백성 중에서 끊어졌다(출 30:32, 33). 기름부음받는 행위가 그토록 의미있는 일이었기에 제사장들은 "기름부음받은 제사장"(레 4:3)이라고 불리울 수 있었다. 기름부음은 제단에도 확장되었고(출 29:36), 예배를 위해서 사용되는 다양한 대상들에게도 확장되었다(출 30:26-28).

　구약성경의 용법에서 제사장들의 기름부음이 분명 매우 중요하지만, 지도자들, 특히 왕들에게 기름부음이 가장 자주 언급된다. 그래서 사울은 "내 백성 이스라엘의 지도자로서" 기름부음을 받아야 했으며(삼상 9:16), 다윗도 그러했다(삼상 16:12-13). 이스라엘의 왕은 자주 "주의 기름부음을 받은 자"로 일컬어진다(예를 들면 삼상 26:16; 삼하 1:14, 16; 참고., 시 2:2 등).[2] 확실히 야웨는 비록 그 중보자가 있을지라도 기름을 붓는 자로 말해진다(왕하 9:3, 6; 참고. 삼하 12:7). 기름부음은 어떠한 사람을 왕이 되게 하는 데 있어서 결정적인 행동이다. 왜냐하면 우리는 "그들은 그에게 기름붓고 그의 부친을 대신하여 왕이 되게 했다"(왕상 5:1), "내가 네게 기름을 부어 이스라엘 왕을 삼노라"(왕하

을 받은 자"라고 한다. Eric Heaton은 우리에게 "구약성경에서 메시야라는 명칭은 한 번도 나오지 않는다"고 말하며, 이 구절을 대제사장에 대한 언급으로 본다 (*The Book of Daniel*, London, 1964, p. 214).

　2) F. Hesse는 이러한 용법을 29회나 30회 발견한다. 그는 대제사장에게 그 명칭은 여섯 번 적용된다고 말한다(*TDNT*, IX, p. 502).

9:3) 등을 읽을 수 있기 때문이다.[3]

이처럼 기름부음과 연결되어 말해지는 두 인물은 왕과 제사장이다. 가끔 선지자에게 기름붓는 것도 있지만(왕상 19:16), 물론 이것은 기록되지 않는 경우들이다. 그러나 우리들의 기록들이 말하는 대로는 그것이 자주 있는 일은 아니다.[4] 그 개념은 상징적으로 사용되었을 것이며, 다른 하나님의 종들 역시 가끔 기름부음받는 것으로 묘사된다. 그래서 이방인의 왕 고레스가 이러한 방식으로 말해지며(사 45:1), 선지자는 "가난한 자에게 아름다운 소식을 전해줄" 기름부음받은 자에 대해서 말한다(사 61:1). 에스겔은 신비로운 인물이지만 특별히 하나님에 의해서 선택되어 중요한 봉사의 일을 하는 "기름부음받은 그룹"을 말한다(겔 28:14).[5] 스가랴는 "온 세상의 주 앞에 모셔 섰는 자인 기름 발리운 자들"을 말한다(슥 4:14).

왕에게 주의 기름부음이 행해지므로, 그에게 이스라엘 민족의 여러 가지 일들에 대해서 특별한 지위가 주어졌다. 이것은 다른 여러 가지 일들 중에서 야웨가 절대적인 분이시며, 하나님의 백성들을 향한 지상적 주권이 하나님의 이름으로 통치되며, 하나님에게 의무가 있게 되었

---

3) 구약성경은 왜 왕을 위임하는 데 기름부음이 사용되는지에 대해서 결코 말하지 않지만, S. Szikszai가 "이것은 결정적으로 중요한 것으로 그것이 왕의 권위를 실행하기 위한 능력을 담고 있기 때문이다"라고 말하는 말은 옳을 것이다(*IDB*, I, p. 139).

4) 시편 105:15은 하나님께서 "나의 기름부은 자를 만지지 말며 나의 선지자를 상하지 말라"고 말하는 것으로 기록되어 있는데, 그에 대해서 A. F. Kirkpatrick은 "조상들은 실제적으로 기름부음을 받지 않았지만, 그 용어는 그들이 거룩하게 구별되고 신성해진 덕택으로 하나님께 봉헌된 것을 표시하는 것에 적용되었다. 아브라함은 창세기 20:7에서 중재자로서의 선지자로 불리는데, 그 용어는 일반적으로 하나님의 계시의 수납자로서의 조상들에게 적용되었다"(*The Book of Psalms*, Cambridge, 1910, p. 618)라고 주석한다.

5) RSV가 정확하다고 가정하며 John W. Wevers는 "'기름부음받다' 라는 단어는 그 단어에 대한 후의 주석으로 틀린 것이다"(*Ezekiel*, Grand Rapids, 1982, p. 157)라고 주장한다. Herbert G. May는 "기름부음 받은 그룹"이 "번역으로서 이해하기 어려운 것"이라고 말하지만, 그는 그 독창성에 대해서는 아무런 의문을 제기하지 않는다(*IB*, VI, p. 221).

제4장 하나님의 그리스도 · 101 ·

다는 의미이다. 그들이 미래에 대해서 기대하는 것처럼, 이스라엘의 선지자들은 야웨가 모든 세상을 통치하실 때를 바라본다. 문제가 되는 것은 야웨의 통치이지만, 때때로 마지막 때에 통치할 "다윗의 자손"에게 특별한 지위가 주어질 것으로 주장되었다. 이 인물은 메시야로 이해될 수 있었고, 많은 사람들이 그의 도래의 때로 기대하던 많은 때가 있었다. 그는 그 자체로는 중요하지 않을 것이다. 그러나 야웨가 그 안에서 그의 뜻을 이루실 것이기에 그에게 중요성이 주어진다.[6] 비록 다른 사람들이 그의 지위를 강조할지라도 유대주의의 어떤 분파들은 메시야의 지위를 거의 또는 전혀 발견하지 않는다(예를 들면 외경, 미쉬나, 필로). 쿰란 공동체의 사람들은 하나는 왕적이고 다른 하나는 제사장적인 두 메시야가 있을 것으로 생각했으며, 제사장적인 메시야가 높은 지위에 있을 것이라고 주장했다.

때때로 메시야됨은 다윗 왕이라는 견지에서 이해되지만, 다니엘 7장의 인자 또한 모델로서 제시되었다. 단일한 기대로 접근할 수 있는 어떤 것이 있다고 말하기는 어렵지만, 충분한 메시야적 사색과 그 방식에 대한 풍부한 다양성이 있기 때문에, 신약성경의 저자들에게 있어서 중요한 범주로서 이러한 것들이 있었다는 것을 이해해야 한다. 특별히 요한에게 있어서 이것은 매우 중요하며 그는 메시야와 그의 천상적 아버지와의 관계에 대해서 많은 말을 한다.

마리아가 예수께 기름부은 이야기(12:1-8)에서 요한이 그의 메시야됨에 대한 어떤 암시를 하고 있는가에 대한 물음은 우리를 괴롭히는 문제이다. 아무도 메시야됨에 대한 말을 하지 않았다. 그러나 요한이 일종의 기름부음을 묘사하고 있는 것은 의심의 여지가 없다. 또한 예수께서 그 기름부음을 그의 메시야적 행위의 중심인 그의 죽으심으로 해석하는 것(12:7) 또한 사실이다. 아마도 우리는 그 사건을 비범한 흥미로운 사회적 사건에 지나지 않는 것으로 받아들일 것이다. 그러나 최소한 우리는 그 메시야가 평범하지 않은 기름부음을 받았다고 말할 수 있다.

---

6) 참고. E. Jenni, "미래에 대한 구약적 기대에서 메시야는 단지 종속적인 역할만을 감당한다는 것을 우리는 명확하게 이해해야만 한다." 메시야는 독립적인 인물이 아니라 야웨의 대리인이며 도구이다(*IDB*, III, p. 362).

1. 메시야적 명칭들

첫 장에서 요한은 예수를 다양한 명칭들으로 언급한다. 그중 어떤 것은 메시야적 호칭으로 인식되는데 그것은 마치 "그리스도"로 설명되는 (1:41) "메시야" 그 자체와 같은 것이다. 요한은 또한 "하나님의 아들" (1:34, 49)이나 "이스라엘의 임금"(1:49),[7] 그리고 "인자"(1:51)를 기록한다. 이외에도 우리는 엄밀히 메시야적이지 않지만 이 복음서의 첫 부분에서 그토록 자유롭게 나타나는 다른 명칭들을 첨가하여야 한다. 그것들은 요한이 말하고자 하는 바를 보강하며 확실히 메시야이신 분을 지칭하지만 전통적인 기대에서의 메시야보다는 더 나아가는 메시야를 지칭한다. 요한이 기록하는 메시야는 "말씀"(1:1), "하나님"(1:1), "사람들의 빛"(1:4), "참 빛"(1:9), "아버지의 독생자"(1:14), 세례 요한보다 더 큰 자(1:15, 26-27, 30), "독생하신 하나님"(1:18), "주"(1:23), "하나님의 어린양"(1:29, 36), "성령으로 세례받은 자"(1:33)로 불리며, 아마 "하나님의 선택받은 자"(1:34), "랍비"(1:38, 49), "모세와 선지자들이 기록한 자"(1:45) 등으로 불린다.[8]

복음서가 전개되면서, "하나님의 거룩한 자"(6:69)[9]와 "주의 이름으

---

7) R. Schnackenburg는 나다나엘이 ("이스라엘의 임금"이란 말의 앞에 나오는) "하나님의 아들"이 내포하는 모든 것을 인식하지 못했으며, 만일 그렇지 않다면, 예수께서 완전한 계시(1:50-51)를 약속하시지 않았을 것이라고 지적한다. 그는 계속해서 "나다나엘에 의하여 사용된 명칭은 메시야적인 의미를 가지고 있지만, 독자들로 하여금 더욱 깊이 이해하게 한다"(*The Gospel according to St John*, I, New York, 1968, p. 319)고 말한다.

8) R. H. Lightfoot는 서론에서 그 명칭에 대해, "요한복음에서 비록 이러한 명칭들이 중요하게 작용하고, 심지어 본질적이며, 그것들을 통하여 처음으로 주를 알게 되는 자들을 계몽하는 역할을 한다 할지라도, 곧 주님의 인격을 묘사하기에는 부적합하다는 것을 알게 될 것이다. 이러한 머리말 구절에서 요한은 이러한 명칭들을 잊어버리지 않도록 처음부터 열거하지만, 그것들을 초월하여 그 독자들에게 주님의 사역을 묘사하는 장에서 주님과 주님의 사역들에 대해서 좀더 깊고 완전한 이해를 가지도록 한다"(*St. John's Gospel*, London, 1956, pp. 99-100)고 주석한다.

9) Vincent Taylor는 "하나님의 거룩한 자"에 대해서 말하기를 "하나님을 섬기기 위하여 성별되고 분리된 사람으로 묘사한다"고 말한다. "초기의 어떤 기독교 공

로 오신 자"(12:13; 아마 우리는 여기에서 이 명칭을 단순히 "오실 자"로 취해야 할 것이다)[10]와 같은 다른 명칭들도 그 모습을 나타낸다. 그 많은 명칭들로 요한은 예수의 유일성에 집중하고 있는 것이다. 이러한 모든 명칭들이 의미하는 바를 이루는 사람은 일반인 사람이 아니다. 그는, 내가 그러한 방식으로 말할 수 있다면, 평범한 메시야는 아니다. 요한은 1세기 팔레스타인의 평범한 사람이 기대하는 유형의 메시야를 말하고 있지 않으며, 심지어 경건하고 헌신적인 하나님의 종이 기대하는 그러한 유형의 메시야를 말하고 있는 것도 아니다. 그는 확실히 메시야이시다. 그러나 그리스도인들은 그 용어에 새로운 내용을 첨가하였다. 우리는 유대인들의 기대를 찾아볼 수 없으며, "그것이 요한이 의도하는바 예수의 모습이다"라고 말할 수 없다. 예수께서는 유대인들의 기대 이상을 성취하셨다. 때때로 요한은 유대인들이 메시야에 대해서 잘못 이해하고 있는 점들을 교정한다. 많은 유대인들은 메시야가 어떤 사람이며, 어떤 일을 하게 될 것인가에 대하여 깊이 오해하고 있었다. 그러한 오해를 교정하여 그의 독자들로 하여금 메시야됨이 의미하는 바가 무엇이며, 예수 안에서 그것이 어떻게 나타났는가를 이해하도록 하려는 것이 요한의 기록 목적 중의 하나이다.

어떤 주석가들은 안드레가 베드로에게 말하는(1:41) 그렇게 이른 시기에 예수께서 사실상의 그리스도로서 인식되었다는 사실을 거부한다. 그들은 예수의 제자들이 예수의 인격을 적당하게 이해하는 그 어떤 때에 이르기까지 상당한 기간이 필요했음을 공관복음서가 명확히 하고 있음을 지적한다. 그러나 그것은 아마 가치있는 관찰이 아닐 것이다. 문제는 "메시야" 용어의 사용에 대한 것이 아니라, 그 안에 포함되는 내용일 것이다. 예수께서 메시야라고 말하는 것과, 예수께서 그 용어가

동체에서 그것이 비록 메시야에 의해서 메시야적인 명칭으로 수납되지 않았을지라도 메시야적인 명칭으로서 잠시 사용되었던 것으로 보인다"(*The Name of Jesus*, London, 1953, p. 80).

10) Taylor는 "어떤 공동체 안에서 단지 짧고 제한적인 흐름을 가지고 있었다. 그것은 종말론적인 억양을 가진 것으로 보이며, 그 기원은 아마 세례 요한의 선언에서 찾아볼 수 있을 것이다"(*Ibid.*, p. 79)라고 말한다.

의미하는 바를 어떻게 이해했는가 하는 것은 전혀 별개의 문제이다. 안드레는 이것을 그토록 일찍 이해하지는 못했을 것이다. 그러나 그것이 그가 그 단어를 사용하지 않았다는 것을 의미하는 것은 아니다. 안드레와 같은 사람이 예수와 협력하기 위해서는 어떠한 이유가 있어야 할 것이다. 비록 그 용어가 달리 이해된다 할지라도 그가 메시야이시라는 확신 때문이라고 설명할 수 있다.

나다나엘의 예수께 대한 "이스라엘의 왕"(1:49)이라는 인사는 주목할 만하다. 신약성경에서 그 용어는 이 복음서 외에 단지 두 번 사용된다. 조롱꾼들이 예수에게 십자가에서 내려오라고 말하는 조롱에서와(마 27:42), 다시 그에 병행하는 마가복음에서 "그리스도, 이스라엘의 왕"이라고 불리는 곳(막 15:32)에서이다. 그 용어를 사용하는 자들이 진지하지 않았을지라도, 그들이 하나님의 백성들을 다스리는 통치자에 대한 정확한 용어를 사용하고 있다는 사실은 주목할 가치가 있다. 반면에 동방박사들과(마 2:2), 빌라도나 로마 병정들에 의해서 사용된(막 15:2, 18 등) "유대인의 왕"이란 명칭이, 이방인들이 사용하기에 자연스럽고 충분했을지라도, 그 용어를 사용하리라고 기대되는 유대인들에게서는 전혀 찾아볼 수 없다. 그 용어는 하나님의 백성이라는 개념을 말하지 않는데, 그것이 나다나엘에게 있어서도(그리고 요한에게 있어서) 중요하다. 윌리암 템플(William Temple)은 그의 주석에서 "하나님의 아들로부터 이스라엘의 왕으로 인도되는 절정의 순서에서 강한 히브리적인 정신을 주목하라"[11]고 하여 또 다른 입장을 말한다. 그래서 이러한 우연한 만남을 그의 복음서의 앞 부분에 기록함으로 요한은 처음부터 예수께서 "그리스도"라는 용어가 함축하는 모든 것을 확실히 성취하셨음을 분명히 한다.

그 점은 세례 요한의 말에서 다른 방식으로 나타난다. 요한의 가르침을 조사하려고 예루살렘으로부터 파견된 대표단이 왔을 때, 그들은 그에게 "네가 누구냐?"고 묻는다. 그에 대해서 세례 요한은 "나는 그리스도가 아니라"고 대답한다(1:19-20). 아무도 그가 누구인지 말하지 않았

---

11) Readings in St. John's Gospel (London, 1947), p. 31.

으며, 심지어 그리스도 문제도 전혀 제기하지 않았었다. 그러나 그의 "나는"은 강조된 것으로 세례 요한은 마치 "그리스도는 내가 아니다"라고 대답하는 것과 같다. 중요한 것으로 보이는 이것은 요한의 추종자들과 유대인들 사이에서 벌어진 결례에 대한 후의 논쟁에서 명확해진다(3:25). 어떤 이유로 인하여, 예수께서 요한보다 더 크신 계승자라는 사실이 토론 중에 말해진다. 요한은 그것에 만족한다는 것을 표현하며, 다른 것들과 함께 그는 그의 제자들을 그가 "나는 그리스도가 아니라"고 말한 것에 대해 증거하도록 하기 위하여 불렀음을 말한다(3:28). 다시 강조형의 대명사가 나오는데, 그것이 함축하는 바는 세례 요한은 아니지만, 그리스도가 계신다는 것이다.[12]

2. 사마리아인들과 그리스도

예수께서 그리스도이시라는 사실은 야곱의 우물가에서 예수께서 말씀하신 사마리아 여인의 이야기에서 말해진다. 그 여인은 여러 가지 방법으로 예수께서 그녀로 하여금 마주치게 하는 도전들을 피하려고 하였지만, 그녀의 마지막 진술은 "메시야 곧 그리스도라 하는 이가 오실 줄을 내가 아노니 그가 오시면 모든 것을 우리에게 고하시리이다"(4:25)였다. 이것은 예수로 하여금 "네게 말하는 내가 그로라"(4:26)고 말씀하실 수 있도록 이끌었다. 잠시 후에 그녀는 더욱 시험적으로 그녀의 마을 사람들에게 "이는 그리스도가 아니냐?"(4:29)라고 말할 때에 그것을 표현한다.

불행하게도 신약성경 시대의 사마리아 사람들의 사상에 대한 정보는 거의 없다. 사마리아 사람들은 거룩한 성경으로 모세오경만을 받아들였기에 메시야가 머지 않아 오시리라는 것을 인정하였지만, 구약성경의 나머지 부분에 대하여 그들이 거부했기에 그에 대한 정보를 거의 가지지 못했다. 그들이 메시야보다는 *Taheb*(타헵)이란 용어를 사용하였으

---

12) Marcus Dods는 요한의 말들이 의미하는 바는 "내가 그 그리스도가 아니라 다른 분이 그리스도이시다"(*The Expositor's Greek Testament*, I, Grand Rapids, 1979 reprint, p. 693)라고 말한다.

며, 우선적으로 그를 선생으로 보았다는 것에는 일반적인 동의가 있다.[13] 그는 그들의 예배를 회복할 것이며, 제사장일 것이다. 이것은 그들의 메시야됨의 개념이 유대인들에게 그토록 문제가 되었던 정치적인 양상을 보다 적게 가지고 있었다는 의미가 된다. 이것은 예수께서 왜 사마리아 여인과 대화하면서 아무런 감응 없이 그 용어를 수용하였는가에 대한 한 이유가 될 것이다. 그가 일반적으로 유대인들 사이에서는 그 용어를 사용하지 않았다는 것은 네 복음서 모두에서 명확하다. 유대적인 기대는 군사들과 제국 또는 전투나 정복이란 개념과 너무 자주 동일시되었기 때문에, 예수께서 그 자신을 메시야로 유대인 군중들에게 공공연히 말하는 것은 잘못된 방향으로 인도될 수 있었다. 그러나 이러한 사마리아 시골 사람들에게 그것은 전혀 다른 문제였다.

요한에게 있어서, 이것은 그의 중심되는 교리를 말할 수 있는 또 다른 기회였다. 그는 사마리아 사람들이 어떠한 방식으로 메시야됨에 동의하며, 유대인들의 관점과 어떻게 다른가에 대해서 말하려고 관심을 가지지 않는다. 그는 메시야됨이 의미하는 모든 것이 예수 안에서 그 성취를 발견할 수 있다는 사실에 관심을 둔다. 독자들로 하여금, 예수께서 메시야가 했음직한 일에 그가 바로 그 메시야라고 선언했다는 것을 알 수 있도록 이끄는 것이다.

이것을 해나감에 있어서 그는 예수께서 신성을 나타내는 문체인 강조적인 "나이다"(I AM)를 사용하셨다고 보고한다. 물론 헬라어에서는 동사의 형태가 그 주어가 무엇인지를 보여주기 때문에, 동사의 주어로서의 인칭 대명사를 사용할 필요는 없다. (예를 들면, "am"은 그 주어로서 오직 "I"를 가질 수 있다. 그래서 헬라어에서는 "I"를 말할 필요가 없다. 동사로서 충분한 것이다). 그러나 만일 그 주어가 강조될 경우에는 대명사가 사용된다. 그럼에도 불구하고 구약성경이 헬라어로 번역될 때, 번역자들은 분명히 신성에 사용될 특별히 강조적인 문체를 추론하게 되었고, 그들은 습관적으로 대명사를 집어 넣었던 것이다. 우리가

---

13) 참고. T. H. Gaster, "*Taheb*는 기름부음받은 왕이라는 유대인의 의미에서 메시야가 아니다. 오히려 그는 신명기 18:18에서 예언된 그 선지자이다"(*IDB*, IV. p. 194).

여기에서 다루고 있는 말은 바로 이러한 종류의 말이다. 이것은 예수께서 이러한 방식으로 말씀하심으로 하나님이신 것을 선언하셨다는 것은 너무 많이 다 말할 수 없지만, 그가 예사롭지 않고 엄숙한 언어를 사용하였다는 것은 분명하다.[14] 에델버트 스타우퍼(Ethelbert Stauffer)는 이 형식에 많은 강조를 둔다. 그는 그 여인이 예수께서 말씀하시는 바에 대하여 완전히 이해하지는 않았을 것이지만, "예수께서는 의도적으로 사마리아 사람들의 메시야적 용어들을 사용하지 아니하시고 이사야 52:6의 숨겨진 자기 계시의 공식을 선택하셨다. 자기 계시에 대한 그의 말씀은 신비이다…"[15] 라고 생각한다. 그러나 그는 계속해서 요한이 그 표현을 사용한 것은 "예수께서 유다나 갈릴리에서뿐만 아니라 사마리아의 그 경우에서도 그의 인격의 비밀에 관련된 말들이, 여전히 반 가려진 것이지만, 가장 중요하다는 선언을 함축하기 위한 것"[16] 이었다고 단언한다. 확실히 요한은 예수께서 말씀하신 것이 그가 누구이며 어떤 자인가를 이해하기 위해 가장 중요하다고 간주한다. 또한 그와 동일하게 확실히, 그는 예수의 본질적인 존재를 창조된 존재들보다는 오히려 하나님과 연결시킨다.

그 여인은 와서 예수의 말씀을 들을 수 있도록 그녀의 동리 사람들을 모았다. 결국 그들은 그들이 예수를 믿는 것은 그녀가 말한 어떤 것들 때문이 아니라, 그들이 친히 듣고 그가 "참으로 세상의 구주"신 줄 알게 되었다고 말하기에 이르렀다(4:42). 이 평범하지 않은 표현은 신약성경 안에서 오직 요한일서 4:14에서 다시 발견된다. "구주"라는 말은 사람들이 스스로를 구원할 수 없다는 진리를 지적한다. 우리 모두는 죄인이며, 도움을 필요로 한다. 요한은 그의 독자들에게 그 도움이 효력 있는 것임을 말하고 있는 것이다.[17] 예수는 구주로 오셨다. 그는 교사

---

14) Sir Edmund Hoskyns는 "예수는 유대인과 사마리아 사람들이 말하던 '그리스도' 이상이셨다. 그는 세상의 죄에 대한 하나님의 응답이다"(*The Fourth Gospel*, London, 1947, p. 238)라고 주석한다.

15) *Jesus and His Story* (London, 1960), p. 152.

16) *Ibid.*, p. 153. Stauffer는 이러한 말들을 이탤릭체로 강조한다.

17) 참고. Alan Richardson, "인간은 지혜나 옳은 지식에 의하여 구원받는 것

이시며 또한 지도자이시기도 하지만, 요한은 그가 몇 번이나 알리는 것처럼(3:17; 5:34; 10:9; 12:47), 그를 구원하시는 분으로서 본다. "구주"는 일반적인 용어이어서, 우리들에게 우리가 무엇으로부터 구원을 얻으며, 무엇에 의해서 구원을 얻는가에 대해서 저절로 말해지지 않는다. 그것 때문에 우리는 복음서의 나머지 부분을 살펴보아야만 한다. 그러나 예수께서 우리의 구주시라는 것이 여기에서 강조되고 있는 바로 그것이다.

그가 가지고 오신 구원은 편협적인 어떠한 것이 아니다. 그는 "세상의" 구주시다(또한 3:17; 12:47에서처럼).[18] 여기까지는 요한이 우리들에게 유대인들 사이에서의 예수의 사역에 대해서 약간 말하였지만, 그가 사마리아 사람들 사이에서 발생한 일들에 대한 이 이야기를 첨가하므로 유대주의를 초월하여 그 지평선을 확장하였다. 그 사마리아 사람들은 그들의 "세상"에 대한 언급에서 이러한 어떠한 것을 인식한 것으로 보이며, 확실히 요한은 그의 독자들이 이러한 시작이 예수께서 가지고 오실 구원의 보편성을 지적한다는 것을 이해하기를 기대한다.

3. 유대인의 오해

때때로 요한은 유대인들이나 그들 중의 어떤 이들이 메시야됨에 대해서 잘못 알고 있는 것들에 집중함으로 그의 목적을 설명한다. 예를 들면 우리는 이것을 베데스다 연못가에서 38년된 병자를 고치신 이야기의 마지막 부분에서 볼 수 있다. 그 치유는 예수께서 그의 청중들의 믿음 없음에 대해서 꾸짖으신 설교 뒤에 나온다. 계속해서 그는 그들에게 그

도 아니고(영지주의), 미덕이나 옳은 행위에 의해서 구원받는 것도 아니며(유대교), 신성에 대한 신비적인 명상에 의해서 구원받는 것도 아니라(헬라적 신비주의), 예수 그리스도의 탄생과 삶, 죽음과 부활 그리고 승천 안의 하나님의 행동에 의해서 구원받는다"(*IDB*, IV, p. 179).

18) H. Sasse는 이것이 "세상"에 대한 새로운 의미를 주었다는 것을 지적한다. "이제 *kosmos*는 구원 역사의 무대로서 이해되며, 그리스도 안에 있는 계시의 *locus*로 이해된다. 그러므로 이것이 전체적인 새로운 빛 안에서 나타나게 된 것이다. *kosmos*에 대한 이해는 항상 *sōtēr tou kosmou*에 대한 이해가 무엇이냐에 의존한다"(*TDNT*, III, p. 892).

가 그들을 아버지께 고소할 것으로 생각하지 말라고 말씀하신다. 오히려 그들이 신뢰하고 있는 모세가 그들을 비난하는 자가 될 것이다. "모세를 믿었더면 나를 믿었으리니 이는 그가 내게 대해서 기록하였음이라"(5:46). "그리스도"라는 말이 여기에서 사용되지는 않지만, 그것은 정확히 그리스도를 의미하는데, 왜냐하면 문제가 된 것이 메시야의 도래에 대한 것이기 때문이다. 유대인들은 그들이 그 어떤 것보다 모세를 존경하기 때문에, 그리고 예수께서 말씀하시는 것과 모세가 기록한 것을 조화시킬 수 없었기 때문에 예수를 거부하였다. 그들은 모세의 말을, 다른 모든 법들보다 위에 있는 율법으로서 받아들였다. 예수께서는 그들이 그 위대한 입법자의 가르침을 명목상으로만 고수하기 때문에 타락했다고 말하는 것이다. 그들은 예수를 거부했던 것처럼 모세를 오해하였다. 모세를 따르는 것은 진실로 예수를 따르는 것을 의미한다. 그 사이에는 아무런 모순도 없는 것이다.[19]

곧바로 또 다른 오해가 이어진다. 요한은 오천 명을 먹이신 이야기를 하는데, 그 기적은 군중들 몇몇에게 큰 감동을 주었다. 그들은 그를 "참으로 세상에 오실 그 선지자"(6:14)라고 말했다. "그" 선지자란 아마 모세에 의해서 예언된 그 자신과 같은 사람일 것인데(신 18:15),[20] 그들이 메시야보다 이 선지자를 언급하는 것은 의아하다. 예루살렘의 권위자들로부터 세례 요한에게 왔던 대표단은 분명히 메시야와 선지자를 구별하였었다(1:19-21). 그러나 처음부터 그리스도인들은 그 사마리아 사람들이 했던 것처럼 동일하게, 그리스도께서 이 선지자이시면서 동시에 메시야이심을 주장하였다(행 3:22을 보라). 현재의 구절에 대한 가능한 설명은 그 기적을 목격한 갈릴리 사람들은 메시야와 그 선지자를 동일하게 보았다는 것이다. 그들은 예루살렘의 유대인들과 같은 의

---

19) 참고. F. L. Godet. "모세의 참된 제자들은 그리스도인이 되어가는 과정에 있다. 악한 유대인 모두는 복음을 거절하는 중에 있다"(*Commentary on the Gospel of John*, I, Grand Rapids reprint of 1892 edn., n.d., p. 490).

20) 이 선지자는 요한의 관심 대상이었다. 왜냐하면 요한은 그를 여기에서뿐만 아니라 1:21, 25; 7:40 등에서 언급하기 때문이다. 그것은 우리가 기대하는바, 일반적인 메시야 토론에 나타나지 않으리라고 기대하는 것보다 많다.

견을 가지고 있지 않았다.

　이것은 또한 그들 중의 어떤 사람들이 예수를 왕으로 만들기를 원했던 사실에 대해서도 설명할 수 있다(6:15). 이것은 메시야가 로마를 패퇴시키고 그 나라를 그들로부터 구출하리라는 널리 퍼진 기대와 일치한다. 그러나 예수는 군사적인 메시야가 아니었다. 그는 사람들을 죽이려는 생각은 전혀 없었다. 그와 반대로 그는 그 자신을 그들을 위해서 죽음에 내어줄 것이다. 요한은 우리에게 예수께서 확실히 왕이시지만, 갈릴리 사람들이 원하는바 그러한 종류의 왕이 아님을 말하고 있다.[21] 이 상황에 아니러니가 있다. 이러한 열심당원들은 예수께서 전사들을 이끌어 로마를 정복하고 그들에게 승리를 안겨다 주므로, 그들이 원하는 종류의 왕이 되도록 하려고 시도하였지만, 그렇게 하는 중에 그들은 예수께서 이미 확실히 왕이시며, 그가 그들에게 주었던 왕국에서의 지위를 그들이 잃어버렸다는 실재를 스스로 보지 못하였다.

　"세상에 오시는 자"(참고. 11:27; 12:13)는 메시야를 언급하는 또 다른 방식이다. 그의 기원은 이 세상이 아니다(참고. 3:31). 하나님에 의해서 보냄을 받아 하나님의 목적을 이루시는 분이신 것이다. 이 명칭은 확실히 널리 사용되는 것은 아니었지만, 메시야가 하나님의 뜻을 행하기 위해서 이 땅에 오시리라는 사실을 지적한다. 이것이 갈릴리 사람들에게 얼마나 인정받았는지를 알기는 어려울지라도 뚜렷한 종말론적인 강조를 가지고 있었을 것이다. 분명한 것은 그들이 예수를 오래 전에 예언되었던 자며, 특별한 방법으로 하나님의 뜻을 행하기 위해서 이 세상에 오실 자로서 환호하며 맞이하였다는 것이다.

　갈릴리 사람들이 예수께 적용하였던 세 용어들의 어떠한 한 가지라도

---

　21) 참고. C. J. Wright, "그들은 예수를 그 자신보다 다른 어떤 것으로 만들기를 원했다. 무리들의 열광은 예루살렘의 지도자들이 눈먼 것과 마찬가지로 눈먼 것이었다…유일한 아들로서의 신뢰와 순종에 의하여 아버지를 알게 된 자의 주장을 그 지도자들이 잘못 이해했다. 무리들은 그의 사역의 특성을 오해했다. 그의 영적인 자아 의식은 첫째로 전통적인 정통을 배격했고, 그의 영적인 사명은 둘째로 물질적인 목적에 감추어져 있었다"(*Jesus the Revelation of God*, London, 1950, p. 170).

그 의미를 정확히 알았다고 주장하기는 불가능하다. 그러나 요한은 갈릴리 사람들이 말하였던 바를 기록하였는데, 그것은 그들의 말이 그들이 알고 있는 것보다 더욱 완전한 의미를 가지고 있기 때문이었다. 요한은 그의 독자들이 그러한 명칭이 예수께 대하여 말해주는 완전한 의미를 알게 되는 것을 중요한 것으로 보았다. 그의 메시야됨은 많은 모습들을 가지는데, 여기에서 요한은 예수께서 하나님의 선지자이시며, 하나님의 왕이시며, 하나님께서 오래 전부터 보내시려고 계획했던 자라는 점을 확실히 말하고 있다.

때때로 이러한 모든 오해들을 통해서 진리들을 엿볼 수 있다. 요한은 예수를 믿는 예루살렘의 어떤 자들이 "그리스도께서 오실지라도 그 행하실 표적이 이 사람의 행한 것보다 더 많으랴"(7:31)고 말했다고 말한다. 이러한 사람들이 심오한 신학자들이었다고 말할 수는 없지만, 최소한 그들은 그 기적들이 능력있는 일들 이상의 그 어떤 것임을 인식하였다. 그들은 그 기적들이 그리스도를 지시하는 "표적들"임을 보았다. 그리고 그들은 그들이 보고 있는 그 사람에 대해 그들이 알고 있는 최상으로써 반응하였던 것이다.[22]

4. 메시야는 어디에서 오는가?

요한은 예수께서 초막절에 예루살렘에 방문하셨다고 기록하며, 예루살렘의 어떤 사람들이 그의 가르침에 깊은 감명을 받았다고 말한다. 이 사람들은 예수를 죽이려는 음모를 알고 있었으므로 예수께서 공개적으로 숨기지 아니하고 가르치시는 것에 깜짝 놀랄 수밖에 없었다. 그들은

---

22) Floyd V. Filson이 그들에 대해서 그들이 "제한되고 불평하는 믿음을 가졌다. 그들은 예수의 기적이 하나님께서 그에 대해서 증명해 주는 표적이라는 것을 인식하고 있었으나 그들은 예수를 그들의 그리스도로 고백하지 않았다. 사실 그들은 그리스도께서 오시는 것은 여전히 미래적인 일이라고 말했던 것이다. 그들은 여전히 이 복음서가 진행시키고 있는 완전한 믿음을 소유하지 못했다"(*Saint John*, London, 1963, p. 72)라고 말할 때에 약간 완고했던 것 같다. 설령 그들의 믿음이 여전히 우리가 기대하는 것보다 완전한 것이 아니라고 하더라도, 최소한 요한은 그러한 믿음을 가졌다고 그들을 비판하지는 않는다.

"당국자들은 이 사람을 참으로 그리스도인 줄 알았는가?"(7:26)라고 묻는다. 그들의 질문의 형태는 그들이 "아니다"라는 대답을 기대하고 있음을 보여주지만, 그들이 그렇게 질문하면서 답답하게 느꼈음은 흥미로운 일이다. 만일 예수를 죽이려는 음모가 있었고, 예수께서 그렇게 공개적으로 가르치셨다면, 당국자들은 당연히 그를 체포했으리라고 기대되는 것이다. 그러나 그들은 아무런 행동도 취하지 않았다. 왜 그렇게 하지 않았는가? 예루살렘 사람들은 당혹하기 시작했고, 그들의 임시변통적인 설명은 당국자들이 예수께서 메시야이신 실재(*alēthōs*〈알레소스〉)를 알았다는 것이었다. 이것은 물론 예수를 잡으려던 그들의 행동이 실패한 것에 대해서는 설명할 수 있지만, 그를 죽이려던 음모에 대해서는 설명하지 못한다. 이 모든 것은 다 매우 혼란스러운 것이었다.

예수께서 진실로 메시야이실 수 있는가? 그들은 그 문제에 대해서 한 가지 반대를 제출했다. 그들은 "이 사람을 우리가 안다"고 말하며, 계속해서 메시야는 "그가 오실 때에 어디서 오시는지 아는 자가 없을"(7:27)[23] 것이지만, 예수는 어디서 왔는지를 안다고 말한다. 우리가 이미 살펴본 것처럼, 메시야에 대한 많은 개념들이 떠돌고 있었고, 그의 기원에 대한 불일치가 있었다. 어떤 사람들은 어떤 큰 신비를 발견하지 못했다. 예를 들면, 헤롯 왕이 그리스도께서 어디에서 나실 것인지에 대해서 서기관들에게 물었을 때, 그들은 미가의 예언으로 베들레헴이 그 장소라고 말할 수 있었다(마 2:4-6). 후에 요한은 이 장에서 성경을 인용하며, 메시야가 다윗 계통의 베들레헴에서 탄생하실 것이라고 보는 자들에 대해서 말한다(7:41-42). 그러나 유대인들 중의 어떤 이들은 메시야의 기원에 대해서 전혀 모른다고 주장하고 있다는 사실은 의심할 여지가 없다.

---

23) Lesslie Newbigin은 그들의 태도에 대해서 다음과 같이 말한다. "그가 진짜 메시야인가? 아니다. 그것은 불가능하다. 메시야의 도래가 신비적일 것이라는 것은 보편적으로 받아들여졌다. 그의 근원은 알려지지 않을 것이다. '너희의 구하는바 주가 홀연히 그 성전에 임하리니'(말 3:1). 그러나 이 사람에 대해서는 아무런 신비도 없다. 그는 갈릴리 나사렛에서 온 목수 예수이다"(*The Light Has Come*, Grand Rapids, 1982, p. 97).

제4장 하나님의 그리스도 · 113 ·

 이를 표현하는 한 방식은 그가 갑자기 "바다 한가운데에서 나타날 것이라"(제4에스드라서 13:3)는 것이다. 또 다른 방식은 그의 존재를 암시하는 것으로, 그가 "계시될" 것이지만, 계시되기 전까지는 메시야로서 사람들에게 알려지지 않을 것이라는 것이다(제4에스드라서 7:28; 13:32; 제2바나바서 29:3). 이러한 개념들은, 우리가 랍비 제라(Zera)가 말한 "몰래 오는 것 세 가지가 있으니 곧 메시야와 고소장과 전갈이라"(Sanh. 97a)는 말을 읽을 때처럼 랍비들 사이에서 발견된다. 그리고 그 개념은 2세기의 저스틴이 트리포(Trypho)의 말들 중에서 그것을 표현한 것처럼 "그러나 만일 메시야가 확실히 탄생했고, 어딘가에 존재한다면, 그는 알려지지 않을 것이다. 심지어 그 자신조차 엘리야가 와서 그에게 기름붓고 모든 사람에게 알리기 전까지는 모를 것이며, 아무런 능력도 가지지 않을 것이다"[24]라고 주장한다. 인용된 유대인들의 구절들은 메시야의 기원이 알려지지 않을 것이라는 것에 대해 명확하게 말하고 있지는 않지만, 그것들은 그가 이 세상에 사람으로서 존재할 것이며, 하나님께서 그의 일을 시작하시는 시간이 올 때까지는 전혀 메시야로서 알려지지 않을 것이라고 가정한다. 이러한 개념들은 구약성경 중의 어느 구절들에서 끌어온 것일 것이다. 그래서 우리는 "보라, 내가 나의 사자를 보내리니 그가 내 앞에서 길을 예비할 것이요 또 너희의 구하는바 주가 홀연히 그 (성)전에 임하리니 곧 너희의 사모하는바 언약의 사자가 임할 것이라 그의 임하는 날을 누가 능히 당하며 그의 나타나시는 때에 누가 능히 서리요"(말 3:1-2; 참고. 단 9:25)라는 말씀을 읽을 수 있다.
 메시야의 기원이 전혀 알려지지 않으리라는 생각은 정확히 무리들 중의 이 사람들이 가지고 있었던 개념이다. 그들은 그들이 예수께서 어디로서 왔는지를 안다고 말하며(7:27), 따라서 그가 메시야일 리가 없다고 말한다. 만일 그들이 진실로 예수께서 어디서 왔는지를 안다면 그들이 그가 확실한 메시야이시라는 것을 알게 됐을 것이라는 것이 요한의

---

 24) *Dialogus contra Tryphonem* 8; ANF, I, p. 199. 나는 엘리야가 메시야에게 기름붓는 자라는 구절이 있다는 것을 모른다.

아니러니이다. 그러나 예수의 지상적 친족들에 대해 알고 있던 그들은 천상의 아버지와 그의 관계에 대해서 눈멀었다.

예수께서는 예루살렘 사람들의 이러한 진술을 사용하여 그의 기원에 관한 가르침을 베푸신다. 그는 그들의 주장으로 시작한다. "너희가 나를 알고 내가 어디서 온 것도 알거니와"(7:28). 그는 어떤 의미에서 진실인 그들의 주장을 반박하지 않았다. 그들은 그가 나사렛에서부터 온 것을 알았던 것이다. 그러나 더욱 중요한 사실은 그들이 그가 하나님께로서 왔다는 그가 스스로 선택한 일을 하시는 분이 아니라 천상의 아버지로부터 보냄받았다는 것을 몰랐다는 사실이다. 이 복음서 전체를 통하여 중요한 점은 예수께서 보냄받은 자이시되,[25] 예수께서 이제 말씀하신 대로, 진리시며 "너희가 알지 못하는 자"(7:28)에게 보냄받은 자라는 것이다. 메시야 됨이 의미하는 바는 (다른 것들 중에서) 하나님에 의해서 보냄받은 자라는 것이다.

잠시 후에 그의 기원에 대한 이 질문은 다시 제기된다. 어떤 사람들이 예수의 가르침에 감명을 받고, "이가 참으로 그 선지자라"(예를 들면 신 18:15)고 생각하여, 다른 사람들로 하여금 그가 그리스도라고 말하도록 이끌었던 것이다(7:40-41). 이것은 즉시 그리스도께서는 "다윗의 씨로 다윗의 살던 촌 베들레헴에서 나올 것"(7:42)임에 비해 예수께서는 갈릴리로부터 오셨다는 사실에 근거하여 거부된다. 그들은 일반적으로 성경의 특별한 구절을 나타낼 때에 사용되는 "성경에 이르기를"이라는 말을 하지만, 그들이 실제적으로 사용한 말들에 대한 기록은 아무 것도 없다. 그들은 성경적 가르침의 일반적 경향을 제공하려고 시도했던 것으로 보인다. 그래서 성경이 메시야를 베들레헴에 위치시키기 때

---

25) 요한은 *apostellō*를 28회, *pempō*를 32회 사용하여 신약성경의 어느 책보다 여러 번 사용하고 있다. 그는 그 두 동사를 보냄의 다양성을 말하기 위해서 사용한다. 그래서 그는 그것들 중의 하나는 사명을 위한 보냄을 표현하며, 다른 보냄은 일반적으로 어떠한 기초도 없는 것으로 보인다. 더욱 중요한 것은 그 두 동사의 대부분이 아버지에 의해서 보냄을 받은 것을 염두에 두고 있다는 사실이다 (*apostellō*는 17회, *pempō*는 24회). 하나님께서 예수를 보내신 것은 이 복음서의 중심 사상 중의 하나이다. 자세한 것은 아래 pp. 140-142를 보라.

문에, 갈릴리 사람 그리스도에 대한 어떠한 가능성도 없다고 주장하는 것이다.

우리는 다시 한번 요한의 아이러니의 예를 본다. 그들이 그것을 알기만 했더라면, 그들의 반대는 예수의 메시야됨의 한 가지 확증이 될 수 있었을 것이다. 왜냐하면 그는 사실상 베들레헴에서 태어나셨기 때문이다. 아이러니는 사실상 더욱 심오하다. 왜냐하면, 하나님의 메시야가 여기 이 땅에서 탄생하신 장소는, 그의 기원이 하늘이라는 사실이나, 그의 사역을 위해서 그를 보내신 분이 바로 하늘 아버지라는 사실만큼 중요하지는 않기 때문이다.[26]

5. 반대

우리가 방금 살펴보았던 예루살렘 무리들의 토론에서, 메시야에 대한 다양한 의견이 있다는 것이 명확해진다. 어떤 사람은 예수께서 확실히 메시야이시라는 것을 느꼈고, 어떤 사람들은 그러한 의견을 주장하는데 어려운 문제들이 있음을 주장한다. 지도자격인 사람들 사이에서 그 의견은 그들이 예수께서 가르치시는 바를 신뢰하길 거절하였기 때문에 완악해져가고 있었던 것으로 보인다. 그것은 예수께서 고치사 보게 하신, 날 때부터 소경된 자의 이야기에서 명확하게 나타난다. 그 기적은 격렬한 논쟁을 불러일으켰고, 예수를 비난하기 원하는 바리새인들에 직면한 그 고침받은 사람은 놀랍게도 강한 논쟁거리를 제공한다. 토론의 한 정점에서 바리새인들(확실하게는 유대적 권위자들)은 어떻게 그가 다시 보게 되었는지를 묻기 위해 그의 부모를 소환한다. 그들은 그 고침받은 자가 자신들의 아들이며, 그가 소경으로 태어났다는 것에 대해서는 증언하지만, 어떻게 그가 다시 보게 되었는지에 대해서는 아무 말도 하려고 하지 않는다. 요한은 유대인들이 이미 "누구든지 예수를 그리스도라 시인하는 자는 출교하기로 결의하였으므로"(9:22), 그들이 저

---

26) 참고. Barrett, "천상적인 인물 메시야의 탄생 장소에 대한 논쟁은 그 요점에서 멀리 벗어난 것이다"(*The Gospel according to St. John*², Philadelphia, 1978, p. 331).

희를 무서워하였다고 설명한다.

"출교하다"라고 번역한 그 용어(*aposynagōgos*〈아포시나고고스〉)는 설명되지 않았지만, 일반적으로 그것이 파문과 비슷한 어떤 것을 의미한다는 데에 동의된다. 문제는 어떠한 형태의 출교가 확실히 고대의 것일지라도(참고. 스 10:8), 신약 시대에 그것이 어떻게 수행되었으며, 무엇이 포함되었는지에 대한 정보가 거의 없다는 점이다. 미쉬나는 시므온 쉬타(Simeon b. Shetah)가 공동체의 창시자인 오니아스(Onias)에 대하여 파문령을 내렸다고 말하는데(Taan. 3:8), 그 랍비의 연대가 약 B.C. 80이므로 그것의 실행은 신약 시대로 예상된다. 후에 출교에는 두 가지의 형태가 있었는데, 30일 동안 지속되는 *nidduy*(니더이)와, 일생 동안 금지되는 *hērem*(헤렘)이 그것이다. 둘 모두는 그들이 비록 명백하게 예배에는 참석할 수 있을지라도 유대 공동체의 모든 정상적인 교제로부터 분리되었다(Midd. 2:2). 장로들이 그렇게 하는 것이 적당하다고 생각한다면 파문은 해제될 수 있었다.

이 모든 것은 그렇게 많은 학자들이 가정하는바, 요한이 여기에서 시대착오적인 진술을 하고 있으며, 그 자신의 시대의 실행을 예수의 시대로 되돌려 갔다고 가정하는 것을 어렵게 만든다.[27] 사실 우리는 예수 당시에 출교가 행해지던 방식보다 이 복음서가 기록될 당시에 출교가 행해지던 방식에 대하여 더 많은 지식을 가지고 있다고 말할 수 없다(그리고 그 문제로 인하여 그 복음서의 연대에 대하여서도 참된 지식이 없다). 이단자들에 대한 일반적인 저주가 1세기 말의 기도문들 중에 포함되어 있고, 그 안에 그리스도인들이 포함되었을 가능성이 크지만, 이 복음서의 가능한 어떤 연대에도, 그리스도인들의 공식적인 출교에 대한 특별한 정보가 없다. 분명히 신약 시대에 회당에서 그리스도인들이 자동적으로 제외되었다고 할 수는 없다. 왜냐하면 사도행전에서 우리는 회당에서 계속 예배하고 있는 그들을 볼 수 있기 때문이다. 예를 들면

---

27) 참고. Barnabas Lindars, "주석가들은 일반적으로 여기에서 전형적인 공격에 의한 형벌을 언급하는 것으로 보지 않고, 1세기 80년대 후반에 Minim에 대한 추방 후에 취해진 실제적인 상황을 언급하는 것으로 본다"(*The Gospel of John*, London, 1972, p., 347).

제4장 하나님의 그리스도 · 117 ·

바울도 그가 새로운 중심지에 왔을 때에 먼저 회당에 가서 설교했음을 볼 수 있다. 그러나 출교는 존재했고, 예수에 대한 반대도 있었다. 우리는 요한이 말하는 바를 거부하는 진실된 이유가 무엇인지 알지 못한다.[28] 우리들의 가장 바른 이해는 예루살렘의 권위자들이 예수께 대한 그들의 적대감으로 파문과 같은 어떠한 형태를 부과하였지만, 그것이 아직은 공식적이거나 지속적인 정책은 아니었다.

그렇다면, 요한이 우리에게 말하고 있는 것은 어떤 사람들이 예수를 그리스도라고 말하고 있었다는 것이며 예루살렘의 권위자들이 그렇게 하는 자들에 대해서 어떠한 형태의 벌을 부과하였다는 것이다. 여기에서 다시 그는 예수의 메시야됨의 중요성을 강조하고 있다. 비록 그것이 고난을 의미한다고 할지라도 그렇게 주장하는 것이 중요하다고 제안하는 것이다.

6. 그리스도에 대한 혼란

우리가 이제까지 살펴본바 예수의 메시야됨에 대한 언급에서 명확한 것은, 예수께서 그 용어를 동시대의 대부분의 사람들이 주장하는 의미와는 매우 다른 의미로 사용하였다는 것이다. 그는 자주 그 용어를 사용하지 않았다. 그것은 그의 청중들에게 잘못된 감정을 일으킬 수 있었기 때문이었을 가능성이 크다. 그들은 그 메시야를 군사들이나 전쟁 또는 로마와 같은 적들의 정복과 같은 용어들과 함께 생각할 수 있었다. 그러나 예수는 하나님으로부터 분리되어 인간되는 것에 대해서 관심을 가졌으며, 죄악된 이기적인 삶으로부터 백성들을 구원시키는 일에 관심을 가졌고, 자신의 목적들을 위한 이기적인 추구보다는 낮아짐의 섬김과 사랑의 중요성에 관심을 가졌다.

이것은 그로 하여금 그의 청중들과 충돌하도록 이끌었다. 요한은 우리에게 예수께서 수전절에 솔로몬의 행각을 거닐고 계셨을 때에 있었던

---

28) "이것이 역사적이지 않다고 선언하는 본래 어떠한 이유가 있는지는 의심스럽다"(C. F. D. Moule, *The Birth of the New Testament*, London, 1962, p. 107).

사건에 대해서 이야기해 준다. 그를 둘러싸고 있었던 무리 중의 어떤 유대인이 그 의미가 정확하지 않은 질문을 한다. 대부분의 번역자들은 RSV의 번역에 동의한다. "당신이 언제까지나 우리 마음을 의혹케 하려나이까"(10:24).[29] 만일 이 말들을 이러한 의미로 취한다면, 그 유대인은 예수의 불분명에 대해서 비난하는 것이다. 그는 그의 주장을 명확히 하지 않았기 때문에, 그들은 예수께서 메시야라고 말씀하시는지, 아니면 아니라고 하시는지를 알지 못했던 것이다. 그토록 많은 번역들이 이러한 번역을 취하는 것은 다소 놀랍다. 왜냐하면 헬라어에서 이러한 종류의 의미는 다른 경우에 이외에 거의 나타나지 않기 때문이다.

한 가지 가능한 것은 "왜 당신은 우리의 생명을 취하지 않으시나이까?"와 같은 의미로 이해하는 것이다. 이것은 "이(즉, 나의 생명)를 내게서 빼앗는 자가 있는 것이 아니라"의 의미로 사용되는 동사의 예가 18절 이외에는 없다는 사실에 의해 지지받을 수 있다. 이렇게 그 말의 의미를 이해할 수 있다면, 유대인은 예수의 가르침에 대한 일반적인 공격이 그들이 알고 있는 바대로(참고. 11:48의 대제사장과 바리새인들), 유대교의 종말을 의미한다고 인식한 것이다. 주님께서는 그들에게 믿지 아니하면 죄 안에서 죽을 것이라고 말하였고(8:21, 24), 이 우리에 들지 않은 다른 양들은(10:16) 유대교의 밖의 추종자들을 가지게 될 것이라고 한 것으로 보인다. 이방인에 대한 경멸과 그 모든 배타성에 익숙해 있었던 유대교란 종류와 그러한 프로그램은 조화될 수 없었다.

그들은 이 모든 것의 중심이 예수의 메시야됨의 문제인 것을 인식하였다. 만일 그가 진실로 메시야이라면 그것은 별개의 문제이며, 또 그가 만일 거짓된 주장을 하는 자라면 또한 전혀 다른 문제이다. 앞에서 우리가 연구한 대로 예수의 가르침에는 그가 분명히 메시야라는 것을

---

29) 헬라어로는 *heōs pote tēn psychēn hēmōn aireis*이다. BAGD는 한 구절을 인용하는데, 거기에서 그 표현은 RSV와 같은 의미이다. 그러나 대부분의 LXX에서는 *tēn psychēn airō*가 영혼이 하나님께 들림받는 것과 같은 것들을 언급한다(시 25:1; 86:4, 등).

명확히 하는 것이 있었지만, 그의 메시야에 대한 개념이 일반적인 유대인들의 것과는 매우 달랐다. 옛 방식에 의한 전체적인 정복 외에 다른 메시야를 생각할 수 없는 자들에 의해서는 결코 메시야로 인식되지 않을 것이다. 그는 오직 진실로 그의 양들에 의해서만 인식될 수 있다(10:26).

그래서 그들이 예수께 "그리스도여든 밝히 말하시오"(10:24)라고 말할 때, 그들은 불가능한 어떠한 것을 요구하고 있는 것이었다. 그들이 메시야가 어떤 자이어야 하는지를 이해하지 못했는데, 어떻게 그들의 요구에 명확한 대답을 할 수 있단 말인가? "내가 메시야로라"고 대답하는 것이나, "나는 메시야가 아니로라"고 대답하는 것이나 오해의 소지가 있다. 따라서 예수께서 대답하신 것은 "내가 너희에게 말하였으되 믿지 아니하는도다 내가 내 아버지의 이름으로 행하는 일들이 나를 증거하는 것이어늘"(10:25)이었다. 이것은 예수께서 "내가 메시야로라"는 대답을 하신 것을 의미하지 않는다. 왜냐하면 그가 (4:26에서의 사마리아 여인에게와, 9:35-38에서 날 때부터 소경된 자에게 외에는) 그렇게 하신 적이 없기 때문이다. 예수께서는 "그 일들"이 중요하다고 말씀하신다. 만일 그들이 그의 질문을, 그들이 질문하였던 메시야인지 아닌지에 대해서 확실하게 대답하시기를 기대하기보다 그가 실제적으로 행하신 일에 관심을 가지고 보았다면, 그들은 그의 질문에 대한 답을 가졌을 것이다. 주님의 행동은 하나님의 일을 하기 위해서 하나님으로부터 왔다는 것을 명백히 보여주기에 충분했다. 그 생애 전체는 그가 누구신지를 보여준다.

예수께서는 강한 반의어를 사용하셔서 "그러나 너희가(강조형) 내 양이 아니므로 믿지 아니하는도다"(10:26)라고 말씀하신다. 이러한 말들을 기록하면서 요한은 예수의 메시야됨은 불신자들에게는 보이지 아니하는 그러한 것임을 명확히 한다. 하나님이 준비하신 증거에 대해 그들의 얼굴을 돌린 자들은 결코 예수를 메시야로 보지 못할 것이다. 그것은 그가 메시야가 아니라는 의미가 아니다. 주님께서는 메시야이시다. 그러나 그 메시야되심은 하나님께서 그에게 주사 하도록 하신 일들을 하시는 것을 의미한다. 예수께서는 그 일을 하셨다.

7. 메시야의 들림

예수의 공생애에 대한 그의 이야기를 종결짓는 장에서 요한은 우리에게 주께서 사람들에게 "내가 땅에서 들리면 모든 사람을 내게로 이끌겠노라"고 말씀하셨다고 기록하며, 그에 대해서 "이렇게 말씀하심은 자기가 어떠한 죽음으로 죽을 것임을 보이심이러라"(12:32-33)는 설명을 덧붙인다.

이것은 놀라운 반응을 끌어냈다. 그 무리들은 강조형의 대명사를 사용하여 예수께 대하여 반대를 표현한다. "우리는 … 을 들었거늘 너는 어찌하여 … 라고 말하느냐"(12:34). 그들은 예수께서 말씀하신 것에 찬성하지 않고, 반대되는 견해를 기억하였던 것이다. 그들은 그들이 율법으로부터 "그리스도가 영원히 계신다" 함을 들었다고 말한다. 그것은 우리로 하여금 그들이 어떻게 그러한 생각을 하게 되었는지에 대해서 의심하게 만든다. 그러한 정서가 이의가 없음에도, 율법에서 그러한 가르침을 보기 어렵고, 그들도 그것을 인용하지 않는다. 그들은 계속해서 "너는 어찌하여 인자가 들려야 하리라 하느냐? 이 인자는 누구냐?"고 묻는다. 그들은 확실히 "들린다"는 말이 죽음을 의미하는 줄을 알았고, 그것을 그들의 성경에 대한 이해와 일치시킬 수 없었다.

요한이 염두에 두고 있는 것은 확실히 이것이다. 유대인들에게 있어서 예수께서 십자가에서 들림받는 것은 하나님의 저주에 대한 표시로서(신 21:22-23), 그가 메시야일 리가 없다는 것을 보여주지만, 요한에게 있어서 십자가에서의 들림받음은 메시야됨의 핵심이었다. 다시 한 번 이 복음서 저자는 예수께서 메시야이시지만, 그의 메시야됨의 특성이 그의 많은 청중들에 의해서 오해받기 쉬운 것이었다는 점을 명확히 한다. 요한이 그의 독자들에게 그 사상을 말하고 있는 것처럼, 메시야됨은 훌륭한 지상적인 위엄의 통치가 뒤따르는 군사적 승리 운동이 아니다. 그것은 십자가 위에서의 죽음이었다.

메시야됨의 진리는 인식될 수 있었다. 요한은 마르다의 경우에서 그러한 예를 제공한다. 그녀의 오라비가 죽고, 예수께서 그 자매들에게 왔을 때, 예수께서는 "무릇 살아서 나를 믿는 자는 결코 죽지 않으리라"고 말씀하시고, 마르다에게 "이것을 네가 믿느냐?"고 묻는다. 그녀는 "주여 그러하외다 주는 그리스도시요 세상에 오시는 하나님의 아들이신 줄 내가 믿나이다"(11:26-27)고 대답한다. 그 말들은 요한이 그의 복음서의 기록 목적을 말할 때(20:30-31) 사용하는 말들과 일치한다. 그것들은 그의 메시야됨의 어떠한 것을 이해할 수 있는 자들이 있으며, 그를 믿으므로 생명으로 들어가는 자들이 있음을 보여준다.[30]

진정한 메시야됨이 당시 유대인들이 이해하고 있었던 것과는 매우 다른 어떠한 것을 의미한다는 것은 17장에 기록된 위대한 기도에 있는 몇몇 말들에 의해서 명확해진다. 우리는 거기에서 "영생은 곧 유일하신 참 하나님과 그의 보내신 자 예수 그리스도를 아는 것이니이다"(17:3)라는 말을 읽을 수 있다. 여기에서 메시야됨은 영생과 연결되어 있으며, 그 생명은 하나님과 메시야 예수에 대한 지식으로 이해된다. 우리들은 군대들과 전쟁들 그리고 정치들과 유대인의 메시야관을 이루고 있는 모든 부속품들을 거쳐 왔다. 이것은 또한 요한이 그가 그의 책을 저술하는 목적이 "너희로 예수께서 하나님의 아들 그리스도이심을 믿게 하려 함이요 또 너희로 믿고 그 이름을 힙입어 생명을 얻게 하려 함이니라"(20:31)고 말하는 경우이기도 하다. 이 책의 독자들이 메시야가 의미하는 바를 이해하는 것이 중요하다. 왜냐하면 메시야가 진정으로 의미하는 바를 보고 또한 예수께서 그 메시야이시라는 것을 봐야만 그들이 주님을 믿고 영생에 이를 수 있기 때문이다. 요한복음 전체를 통해서 메시야가 의미하는 바를 이해하는 것의 중요성에 대해 요한은 면밀하게 집중하고 있다. 요한은 때때로 그것을 예수께서 행하시고 말씀하신 것을 통해 드러낸다. 또한 때때로 그것을 그 당시 유대인들의 잘못된 개념들을 인용하여 메시야의 참된 의미를 말하고, 독자들로 하여금 그러한 개념들의 잘못을 인식하도록 한다. 그러나 그가 말하는 모든

---

30) 참고. J. C. Ryle, "예루살렘에서부터 2마일 이내의 모든 사람들 중에서 그녀가 고백했던 것처럼 고백하는 것은 파문과 박해를 의미할 때에, 그녀의 견해가 어둡고 비관적인 것임에도 불구하고 유대 여인 한 사람만이 그토록 큰 진리를 파악하는 것은 참으로 놀라운 일이었다"(*Expository Thoughts on the Gospels, St. John*, II, London, 1957, p. 300).

것을 통하여 예수께서 확실히 유대인들이 기대하던 메시야이셨으며, 그 안에서 모든 메시야적인 소망과 약속이 그 성취를 발견한다는 것은 분명하다.

제 5 장

하나님의 아들

성경 어느 부분에서나 "아들"이란 용어의 표준적인 사용은 어린 남자 아이를 나타낸다. 구약성경에 수백 번의 예들이 있는데, 그 구절들을 인용하는 것은 불필요한 일일 것이다. 우리들의 지금 논점에서 다소간에 흥미있는 것은 그 용어를 비유적으로 사용할 수 있다는 사실이다. 그래서 엘리는 사무엘을 "내 아들, 사무엘"(삼상 3:16)이라고 부르며, 사울 왕은 한 번 이상 "내 아들 다윗"(삼상 26:17, 21, 25)이라고 언급한다. 이와 관련된 용법은 우리가 그토록 자주 잠언에서 볼 수 있는 것처럼, 선생이 그의 학생을 "내 아들아 내 말을 지키며 내 명령을 네게 간직하라"(잠 7:1)고 부르는 방식이다. 일반적인 진술에는 "아들은 그 아비를 좋은 그 주인을 공경하나니"(말 1:6)가 있다. 아마 이러한 종류의 추론에서 우리는, 한 사람이 자신을 자신과 관련이 없는 어느 누구의 아들로서 묘사할 때, 복종과 애정에 대한 표현으로 이해할 수 있을 것이다. 이것은 아하스 왕이 디글랏 빌레셀에게 도움을 구하는 사자를 보내면서 "나는 왕의 신복이요 왕의 아들이라"(왕하 16:7)고 말하는 부분에서 찾아볼 수 있다. 또는 바로에게 "나는 지혜로운 자들의 자손(아들)이라 나는 옛 왕들의 후예(아들)라"(사 19:11)고 말할 때처럼 우월성을 주장하는 모습일 수도 있다.

히브리어가 다른 언어들처럼 형용사가 발달되지 않았기 때문에 자주

"…의 아들"이라는 말로 대체되어 표현된다.[1] 그래서 "용감한 사람들"은 "용기의 아들들"(신 3:18)이라고 불리우며, "악한 자"는 "사악함의 아들"(시 89:22), 문젯거리에 싸여 있는 사람들은 "고뇌의 아들들"(잠 31:5)이다. 노아가 "오백 세의 아들"(창 5:32; 오백 세 된 후에)이라거나, "팔 일의 아들"(창 17:12; 팔 일 만에)은 할례가 행해져야 한다는 규정 등에서 볼 수 있는 것처럼 "아들"은 때를 지시하는 지시어를 도울 수 있다. 마땅히 죽어야 할 자에 대해서는 "죽음의 아들들"(삼상 26:16)이라고 불렀다. 이러한 영역에서 우리는 "아침의 아들 계명성"(사 14:12)을 이해해야 될 것이다.[2] 이것은 이른 아침에 우리가 볼 수 있는 별을 가리킨다.

이 모든 것은 구약성경에서 "아들"이란 용어가 하나님과 관계되어서 사용될 때 어떠한 은유적인 요소들을 준비한다. 흔히 그 용어는 천사들에 대하여 말할 때에 사용되는데(욥 1:6; 38:7), 아마 그들이 하나님과 가까이 있기 때문이며, 그들이 하나님의 일을 행하는 방식 때문일 것이다. 그 개념을 사용하는 두 번째 방식은, 예를 들면 하나님께서 "이스라엘은 내 장자라"(출 4:22, 이 말에 뒤이어 "내 아들로 가게 하라"고 말씀하신다)고 말씀하실 때처럼, 나라가 하나의 단위로서 간주될 때이다. 이것은 하나님의 사랑과 그의 백성에 대한 돌봄을 표현하는 방식이다. 장자는 전형적인 가정에서 특별한 사랑을 받는데, 그것이 야웨께서 이스라엘을 보시는 방법이었던 것이다. 이러한 맥락에서 예레미야 또한 주께서 "에브라임은 나의 사랑하는 아들, 기뻐하는 자식이 아니냐?"(렘 31:20)라고 물으셨음을 말한다.[3] 그러한 구절들은 하나님께서 그의 백

---

1) 이러한 구조를 위해서는 E. Kautzsch, *Gesenius' Hebrew Grammar* (Oxford, 1910)의 A. E. Cowley의 개정판 p. 418을 보라.
2) John Mauchline은 "그것은 '밝게 빛난다'는 의미를 지닌 어원을 가지고 있는데 새벽별을 의미한다. 그것은 특히 근동에 걸쳐서 빛나며 해가 떠오르기 전에 희미해진다"(*Isaiah 1-39*, London, 1962, p. 140)고 주석한다.
3) J. A. Thompson은 "회개의 부르짖음에 대한 야웨의 응답은 에브라임이 반드시 그에게 돌아오라는 그의 깊은 바람을 에브라임으로 하여금 확신시키는 것이었다. 이 절의 사상은 호세아 11:1-4, 8-9를 회상하게 한다. '나의 사랑하는 아들, 나의 기뻐하는 자식 또는 나의 귀여운 아들'과 같이 애정의 용어는 다르지만

성들에 대해서 깊은 사랑을 가지고 계시며, 그것은 가족 관계에서의 용어들로 표현될 수 있다는 진리를 말해준다. 이것은 또한 이러한 방식으로 사랑을 받는 자는 사랑과 순종으로 반응하여야 함을 암시한다. 그래서 "내 아들로 가게 하라"는 말씀은 "그로 나를 섬길 수 있도록"(출 4:23)이라는 말씀이 뒤따르며, "에브라임은 나의 사랑하는 아들이 아니냐?"는 말씀에 뒤이어서 "처녀 이스라엘아 너를 위하여 길표를 세우며 너를 위하여 표목을 만들고…돌아오라"(렘 31:21-22)는 말씀을 발견할 수 있다.

세 번째 사용법은 하나님의 사랑이 개인에게 베풀어질 때이다. 그래서 주의 말씀이 다윗에게 이르렀을 때에 솔로몬에 대한 경의의 표현으로 "저는 내 아들이 되고 나는 저의 아비가 되어"(대상 22:10)라고 말해진다.[4] 이러한 말들이 솔로몬에 대한 사랑의 깊이와 그 젊은 사람이 하나님을 위한 중요한 성전 건축의 일을 하도록 임명되었음을 의미하는 것임에는 의심할 여지가 없다. 사랑과 봉사 둘 다가 포함된다. 이스라엘 사람들은 그들의 왕을 고대의 많은 나라들의 경우처럼 신과 같은 존재로 생각하지는 않았지만, 이 구절은 특별히 솔로몬의 경우에서 어쨌든 야웨와의 밀접한 관계가 있었음을 보여준다. 후기 왕들에게 이와 동일한 종류의 생각들과 그들이 하나님의 아들들이라는 생각이 그들 자신의 상황 아래에서 적용되었음을 의심할 만한 아무런 이유가 없다.

하나님의 아들로서의 왕에 대한 또 다른 언급은 시편 2편에서 나타난다. "내가 영을 전하노라 여호와께서 내게 이르시되 너는 내 아들이라 오늘날 내가 너를 낳았도다"(시 2:7). 이 시는 분명히 이스라엘의 왕위

그 사랑은 동일하다"(*The Book of Jeremiah*, Grand Rapids, 1980, p. 575)라고 주석한다.

4) James D. Newsome, Jr.는 "우리는 역대기 저자의 역사관이 하나님께서 과거 이스라엘 역사에 매우 밀접하게 관계하셨을 뿐만 아니라, 미래에도 그러하실 것이라는 선언을 포함하고 있다는 결론을 피할 수는 없을 것이다"(*JBL*, 94, 1975, p. 210)라고 말한다. 그러나 H. G. M. Williamson은 "비록 이 구절이 메시야 공식에 공헌했을지 모르나 그것 자체로서는 그렇게 해석되어서는 안될 것이다"(*1 and 2 Chronicles*, London and Grand Rapids, 1982, p. 155)라고 주장한다.

계승을 언급하는 것이며, "오늘날"이라는 말은 즉위식을 염두에 두고 있음이 분명하다. 신약성경의 저자들은 이 시편에 깊은 관심을 가졌으며, 그것이 그리스도를 지시하는 것으로 생각하고, 확실히 그 완전한 성취를 오직 그 안에서만 발견하였다(참고. 행 4:25, 26; 13:33; 히 1:5; 5:5).[5] 우리가 알고 있는 이스라엘의 어떤 왕에게 이것을 적용하기는 쉽지 않지만, 그 성취가 예수 그리스도에게까지 이르는 것은 분명하다.

각 경우의 성격상 완전히 병행되는 것이 있다고 말할 수는 없을지 모르지만, 구약성경은 "하나님의 아들"이라는 신약성경의 표현을 준비하였다. 그러나 이러한 구약성경의 구절들은 우리들에게 "아들"이란 용어가 백성들을 향한 하나님의 사랑과 존경의 표현이었다는 사실을 지적해 준다. 거기에는 또한 그 사랑은 반드시 보답해야 하며, 사랑받는 자는 순종과 섬김으로 응답해야 한다는 사상이 내재되어 있다. 또 다른 견해에서 시편 2편은 특별히, 교회가 항상 그 충만함을 오직 그리스도에게 적용하는 언어들을 사용한다.

1. 독생자

우리가 요한복음에 되돌아가 살펴볼 때, 우리는 우선 요한의 용법에 있어서 약간 특색있는 것에 주목해야 한다. 그는 일반인 가정의 아들에 대하여 통상적인 방식으로 *huios*(휘오스)를 사용하는데(예를 들자면 4:46), 천상의 아들로서의 그리스도에게 또한 그 용어를 사용한다. 그러나 그가 "아버지"라는 단어를 우리 모두의 아버지에게 사용함에도 불구하고(참고. "네 아버지", 20:17, 그리고 8:41의 유대인의 아버지라는 주장), 그는 결코 "아들"이란 단어를 천상의 가정의 다른 구성원들에게는 사용하지 않는다. 신약성경의 다른 부분에서 이것은 그렇지 않다. 예를 들면 바울은 *huios*(휘오스)를 하늘 아버지의 인간 "아들들"에게도

---

5) 참고. Derek Kidner, "그러나 다윗이나 솔로몬보다 더 위대하신 분이 이러한 경고들에 대한 격노와 이러한 약속들의 영광을 정당화하기 위해서 필요했다" (*Psalms 1-71*, London, 1973. p. 50).

매우 자유롭게 사용한다. 그러나 요한이 하늘 아버지에 대한 경외심으로 "아들"을 사용할 때는 언제나 그리스도를 의미한다. 가정의 인간 구성원들에 대해서 그는 tekna(테크나), "자녀들"을 사용한다(예를 들면 1:12). 이렇게 삼가는 태도로 그는 그리스도와 신자들 사이를 구별한다. 우리는 하늘 가정의 구성원이라고 확실히 주장할 수 있고 요한도 그것을 주장한다. 그러나 우리는 우리들의 자녀됨은 그리스도의 아들됨과 다르다는 것을 염두에 두어야 한다. 아버지에 대한 그의 관계는 특별하다.

예를 들면 "하나님이 세상을 이처럼 사랑하사 독생자(monogenē⟨모노게네⟩)를 주셨으니"(3:16)라고 말할 때처럼, 요한은 그리스도를 하나님의 독생자라고 표현함으로 그의 독특한 관계를 나타낸다. 형용사 monogenēs(모노게네스)는 때때로 "독생한"이라는 의미로 이해되었지만, 우리는 반드시 그것이 gennaō(겐나오)가 아니라 ginomai(⟨기노마이⟩, 두 개가 아니라 하나의 n인)의 어근인 gen(겐)으로부터 왔다는 것을 염두에 두어야 한다. 그래서 그 의미는 "독생한"이라기보다는 "유일한"이 된다. 그러나 이것은 확실히 유일성을 지적한다. 그것은 외아들에 대해서 사용될 수 있지만(눅 7:12; 8:42; 9:38), 아브라함의 독생자로서의 이삭을 언급할 때처럼 더욱 큰 구별이 있음을 보아야 한다. 이삭은 아브라함의 외아들이 아니었다. 왜냐하면 그에게 많은 아들들이 있었기 때문이다(이스마엘, 창 16:11; 그의 첩 그두라의 아들들, 창 25:1-6). 그러나 이삭은 독특하다. 그는 하나님의 약속의 결과로 아브라함과 사라에게 주어진 아들이었다. 하나님의 백성들은 아브라함의 다른 아들들로부터 나온 것이 아니라 이삭으로부터 나왔다는 것이다.

예수 그리스도께서 하나님의 monogenēs(모노게네스)이시라는 것은, 그가 독특한 방식으로 하나님의 아들된다는 뜻이다. 다른 이들도 "하나님의 자녀들"이라고 불릴 수 있을지 모르지만, 그들은 그와 동일한 의미로서의 "아들들"이 아니다. 그들은 솔로몬이 그랬던 것과 같은 의미로 아들들일 수 있지만, 그 용어를 예수께 대하여 사용할 때 요한은 역대상의 기자가 솔로몬에게 사용하였을 때의 그러한 의미로 말한 것이 아니다. 그는 아무도 예수 그리스도와 하나님 아버지의 관계에 설 수 없다고 말하고 있는 것이다. 그리스도는 하나님의 아들이신데, 그가 하나님의 사랑의 대상이라는 의미뿐만 아니라, 그의 존재가 아버지로부터 나왔다는 것으로서의 의미이다.

이것은 또한 요한이 우리들에게 아들의 선물은 단순히 예수의 사랑을 보여주는 것이 아니라 하나님의 사랑을 보여주는 것이라고 말한다는 사실에서 역시 볼 수 있다. 만일 아들과 아버지가 완전히 분리된 두 존재라면, 예수의 죽음은 마땅히 우리에게 아들의 사랑을 보여주는 것이지, 아버지의 사랑을 보여주는 것은 아닐 것이다. 아버지의 사랑을 우리에게 보여주신다는 의미는 어떤 뜻에서 아버지와 아들이 하나이며, 그중 한 분의 행동이 다른 한 분의 행동이라는 의미이다.

우리는 이러한 사실을 불신자들의 운명에 대한 다른 진술로부터 추론해낼 수 있다. 그리스도를 믿지 아니하는 사람들은 "하나님의 독생자의 이름을 믿지 아니하므로 벌써 심판을 받은 것이니라"(3:18)고 요한은 우리에게 말한다. 영생과 반대되는 그 심판은 모든 심판들보다 더욱 심각한 것으로 보이는데, 그것이 아들에 대한 잘못된 태도에서 기인된다는 것은 명확하게 아들이 지극한 위엄을 가지고 계시다는 것을 보여준다. 그의 지위는 하나님으로서의 지위이다.

"이름을" 믿는다는 의미는 물론 그 이름이 가지고 있는 모든 것을 믿는다는 의미이다. 성경 시대에서 "그 이름"은 전인격이나 전인격을 요약하는 그 무엇을 의미하였다. 그래서 예수의 "이름"을 믿는다는 것은 그가 하나님으로부터 오신 자이며, 하나님의 일들을 가르치시는 자이며, 하나님을 섬김으로 죽으신 자이며, 하나님의 능력으로 다시 살아나신 자라는 것을 믿는다는 것이다. 서문에서 우리는 하늘 가정의 구성원이 된 자들은 "그의 이름을 믿는 자"임을 보았으며(1:12), 요한이 예루살렘의 예수를 처음으로 언급할 때 많은 사람들이 그 행하시는 표적을 보고 그의 이름을 믿었다고 말한다(2:23). 그리고 결국 이 복음서 전체가 쓰여진 것은 사람들로 하여금 믿게 하려 함이요, "그의 이름을 힘입어 생명을 얻게 하려 함"(20:31)이었다.

예수의 이름에 대한 가장 빈번한 사용은 기도와 관련된 구절들에서 나온다. 예수께서는 그의 제자들에게 "너희가 무엇을 구하든지" 내 이름으로 시행하시겠다고 말씀하시는데(14:13), 여기에서 기도를 응답하시는 분이 아버지가 아니라 예수이시며, 더 나아가서 그 응답이 "아버지로 하여금 아들로 인하여 영광을 얻으시게 하려 함이라"(14:13)는 것은 중요하다. 예수께서는 그 약속을 즉시 반복하시는데(14:14), 그것은 분명 중요하다. 그러나 기도는 또한 아들의 이름으로 아버지께 하는 것이며(15:16), 예수께서 그의 제자들에게 이러한 종류의 효과적인 기도를 하기 위해서 열매맺는 삶을 살도록 격려하신다는 사실은 흥미있다. 우리는 일반적으로 우리의 열매맺는 삶을 위해서 기도의 중요성을 생각한다. 이렇게 말하는 것은 기도 그 자체가 중요하다는 것을 명확하게 한다. 아들의 이름으로 아버지께 구하는 것은 우리가 구하는 것을 받을 수 있는 결과를 확실히 만든다(16:23). 아들의 지상 생애 기간 동안에 제자들은 이러한 방식으로 기도하지 않았지만, 이제는 그들의 기쁨이 충만해지도록 이러한 방식으로 기도해야만 한다(16:24). 예수께서는 그들이 이러한 방식으로 기도하게 될 날을 바라보고 계신다(16:26).

때때로 "그 이름"은 예수의 제자들이 하게 될 섬김과 관련되어 사용된다. 사람들은 "그의 이름을 인하여" 그들을 핍박할 것이다(15:21). 또 다른 관점으로 예수께서는 목자의 음성을 듣는 양들을 말씀하시는데(10:3), 그것은 확실히 동물을 기르시는 것 이상을 언급하신 것이다. 세상은 알지 못하지만, 그 자신의 제자들은 그의 목소리를 안다. 오래지 않아서 아버지께서 성령을 예수의 "이름으로" 보내실 그 성령은 그들의 섬김에 있어서 중요하다(14:26).

이미 요한은 그의 서문에서 이 형용사를 사용하여 말씀에 대한 인상적인 진술을 한다. 그는 "말씀이 육신이 되어 우리 가운데 거하시매 우리가 그 영광을 보니 아버지의 독생자의 영광이요 은혜와 진리가 충만하더라"(1:14)고 기록한다. 아버지와의 유일한 관계에 계신 분에게 적당한 영광은 확실히 최상의 영광이어야만 한다. 우리는 이미 요한이 자주 영광이란 개념을 "겸손한 영광"이란 의미로 사용하는 경우들을 보았다. 그 영광은 지극히 높으신 지위에 계신 분이 섬기기 위하여 낮아지심으로 그 지위를 떠나신 자의 영광이다. 우리는 이것이 여기에서의 의미라는 것을 의심할 필요는 없지만, 문제가 되고 있는 그 영광이 아버지와의 유일한 관계에 계신 분의 것으로서 묘사된다는 것을 주목해야 한다는 것이다.

은혜와 진리가 충만하다는 것은 이것을 강조한다. 요한이 "은혜"라는 용어를 오직 네 번(모두 서문에서) 사용한다는 것은 이상한 일이다. 왜냐하면 은혜라는 개념이 그의 전체 복음서에 흐르고 있기 때문이다. 은혜가 충만한 자는 그래서 가장 중요한 자이다. 우리는 "은혜"에 "진리"가 첨가될 때에도 그와 동일한 것을 더해야 할 것이다. 왜냐하면 진리 역시 이 복음서에서 또 다른 중요한 개념이기 때문이다.

요한은 다른 부분에서 또 *monogenēs*(모노게네스)를 사용하는데, 즉 그가 아무도 하나님을 본 적이 없다고 말하며, "오직 하나님"이나, 또는 "독생자"가 그를 나타내신다고 말한다(1:18).[6] 본문의 문제는 흥미롭지만, 대부분의 최근 학자들은 "하나님"이 원문에 있었을 가능성이 큰 것으로 말한다.[7] 우리가 어떻게 읽을지라도, 요한이 말씀의 독특한 지위를 묘사하고 있는 것이 분명하다. 사람들로 하여금 참된 하나님을 알 수 있도록 하시는 이가 오직 독생자이시다. 말씀은 여기에서 "아버지의 품속에 있다"고 말해지는데, 그것은 아버지와 가능한 한 가장 밀접한 관계를 지시해 주는 것으로 이해할 수 있을 것이다.

이 모든 것으로부터 요한이 그리스도의 *monogenēs*(모노게네스)를 말할 때, 그는 그의 아버지와의 유일한 관계, 즉 그 누구와도 공유할 수 없는 관계를 묘사하고 있는 것이다. 우리가 고려해 본 구절들에서, 요한은 "아들"이란 용어를 관계를 지시하기 위하여 사용하며, 이것은 학자들이 그리스도의 유일성을 표현하기 위해서 일반적으로 사용하는 용어이다. 다른 사람들은 "하나님의 자녀들"일 것이지만, 완전한 의미로는 오직 하나의 "하나님의 아들"이 있을 뿐이다. 그가 바로 요한이 기록하고 있는 유일한 아들이시며, 그의 손 아래에 우리 모두의 최후 운명을 가지고 계신 분이 있다.

---

6) BAGD는 그 의미를 "한 독생자이신 하나님(그의 참 존재에 따른), 또는 유일하신 자에게서 나신 한 하나님"이라고 한다.

7) Bruce M. Metzger, *A Textual Commentary on Greek New Testament* (London and New York, 1971), p. 198의 각주를 보라.

2. 하나님의 아들

요한은 "하나님의 아들"이란 표현을 그렇게 자주 사용하지는 않는다.[8] 우리는 이것을 많은 사본들에서 복음서 앞 부분의 세례 요한의 "내가 보고 그가 하나님의 아들이심을 증거하였노라"(1:34)는 말에서 발견할 수 있다. 그럼에도 불구하고 중요한 몇몇 사본들은 "하나님의 선택된 자"라고 되어있고(NEB, JB처럼), 서기관들의 반복되는 처리보다는 "하나님의 아들"이라고 고쳐 읽었을 가능성이 크기 때문에, 이것이 본래의 본문이라고 보기는 어렵다. 우리가 이 말들을 어떻게 읽든지 간에, 세례 요한이 예수를 자기 자신보다 훨씬 더 위대한 분이시라는 것을 설명하는 방법으로, 예수께서 자신의 뒤에 오실 자이시지만 자신보다 앞서 계시는 분이시라고 설명하는 문단의 절정에서 나온다는 것은 사실이다. 그는 비록 자신이 그를 알지 못하지만, 그 자신이 물로 세례를 베풀기 위해서 온 것은 이 위대하신 분을 이스라엘에게 나타내려 함이었다고 말한다. 세례 요한은 계속해서 성령이 비둘기같이 내려와서 그 위에 머무른 것을 보았다고 말한다. 그는 다시 자신이 그를 알지 못하나 자신을 보내어 물로 세례를 주라 하신 이가 성령이 내려서 누구 위에든지 머무는 것을 보거든 그가 성령으로 세례를 주는 이인 줄 알라고 자신에게 말하였다고 한다. 이러한 설명 후에 세례 요한은 결론 내리기를 "내가 보고 그가 하나님의 아들이심을 증거하였노라"(1:30-34)고 말하는 것이다.[9] 길게 강화된 그 말은 정확히 그 명칭이 적용된 사

---

[8] 그러나 S. E. Johnson은 "'하나님의 아들'은 요한복음에서 가장 특징적인 예수께 대한 칭호이다"(*IDB*, IV, p. 412)라고 말할 수 있었다. 그는 아마 "아들"(the Son)이라고 말하는 구절까지도 포함했을 것이다.

[9] Dom John Howton은 세례 요한이나 나다나엘 둘 다 "하나님의 아들"이라는 표현을 사용했다고 주장하며, 이것을 이렇게 보고한다. "성 요한은 사건들의 순서를 어지럽히지 않았으며 그는 사실을 보고한 것이지, 이미 그 명칭에 대한 어떠한 의미를 가지고 있는 세례 요한의 말을 재생하여 그 사실들에 대한 그 자신의 해석을 보고한 것이 아니다. 그래서 복음서의 나머지 부분은 초기 고백 안의 본래의 함축하고 있는 바를 나타내고 강조하는 것을 도와준다. 반면에 성 요한은 이러한 초기 제자들에 의해서 사용된 것으로서의 그 명칭의 포괄성을 보여주기를 원했을 뿐만 아니라, 그와 동시에 다른 한편으로는, 요한이나 나다나엘이 이해하고 있는

람의 중요성을 강조하는 방법이다. 그 세례자는 예수께서 매우 특별한 분이라는 것을 분명히 한다. 그는 그가 그 안에 담을 수 있는 모든 의미들을 그 명칭에 주고 있는 것이다.[10]

이 처음 장에 또 다른 하나의 "하나님의 아들" 구절이 있다. 즉 그 속에 간사한 것이 없는 나다나엘이 예수께서 그의 무화과 나무 아래에서의 경험(이것이 무엇을 의미하든지)을 알고 계신 것을 발견하고 즉시 "랍비여 당신은 하나님의 아들이시요 당신은 이스라엘의 임금이로소이다"(1:49)라고 대답하는 때이다. 세례 요한과 같이 나다나엘도 "하나님의 아들"이 의미하는 바를 설명하진 않지만, 그 상황은 그 표현에 대한 충분한 의미를 보여준다. 예수께서는 처음에는 회의적인(1:46) 나다나엘을 그의 성격("보라 이는 참 이스라엘 사람이라 그 속에 간사한 것이 없도다", 1:47)과 그 사람이 가지고 있었던 어떤 중요한 경험(1:48)에 대한 지식을 과시함으로 놀라게 하였다. 그러므로 나다나엘이 예수를 "하나님의 아들"이라고 외쳤을 때에는 무언가 중요한 것을 말하고 있는 것이다. 우리는 이러한 사실을 "이스라엘의 임금"이란 명칭과 연결시켰다는 사실에서도 찾아 볼 수 있다. 만일 우리가 이것을 "하나님의 아들"이라는 칭호보다 조금 낮게 취급하고 싶어한다면, 우리는 반드시 그것이 나다나엘에게 있어서는 아마 최고의 말이었음을 염두에 두어야 한다.[11] 그에게 있어서 "유대인의 왕"이라는 명칭보다 더 높은 명칭은 있

의미의 부적합함을 강조하여 그들이 상상할 수 있는 것보다 훨씬 더 완전한 의미를 보여준다"(*NTS* 10, 1963-64, p. 227).

10) Raymond E. Brown은 그 의미가 "하나님의 선택된 자"라는 견해를 받아들이며, 그 표현으로 이사야 42:1의 메아리를 발견한다. 1:19-34에 대해서 그는 "우리가 게재된 구절들 안에 포함된 그 자료의 풍부함과 심오함을 돌이켜 볼 때 우리는 하나의 짧은 광경 안에 전체 기독론을 혼합시킨 요한의 천재성을 음미할 수 있다"(*The Gospel according to John*(i-xii), New York, 1966, pp. 66-67)라고 말한다.

11) 참고. Raymond E. Brown, "그의 나라는 이 세상에 속하지 않았다(18:36). 그리고 그의 백성은 유대인이 아니라 신자들이었다. 그를 찬양한 사람은 참 이스라엘인인 나다나엘이었다. 그러므로 '이스라엘의 임금'은 나다나엘처럼 모든 믿는 자들의 왕으로서 이해되어야만 한다. 이러한 의미로 이 명칭은 우리가 이미 보아온 일련의 명칭들의 정점이다"(*The Gospel according to John* (i-xii), p. 87).

을 수 없었다.
　그러나 이 복음서가 기록될 당시에 그것을 읽는 신자들은 의심할 바 없이 "하나님의 아들"을 더욱 중요한 것으로 간주했을 것이며, 나다나엘의 경험을 완전한 빛 아래에서 볼 수 있었을 것이다. 예수께서 이 사람을 만났을 때 하신 일은 그가 단지 이스라엘이나 다른 어떤 왕국의 왕과 같은 지상적인 사람이 할 수 있는 그러한 일을 뛰어 넘는 일이었다. 여기에서 그는 어떠한 피조물도 공유할 수 없는 하나님과의 관계에 서있음을 보여주며, 그래서 "하나님의 아들"이 의미하는 심오한 의미를 나타내 보여준다. 예수께서 그의 제자들이 될 자들을 만난 요한의 이야기가 공관복음서에서의 그의 세례 이야기와 동일하게 언급됨으로 맺어진다—그는 하나님의 아들로서 선언된다(마 3:17; 막 1:11; 눅 3:22)—는 것은 주목할 가치가 있다. 네 복음서 모두 처음 부분에서 이 점을 확실하게 제시한다.
　우리는 이미 요한이 우리에게 믿는 자들은 영생을 가질 것이요, 믿지 아니하는 자는 "하나님의 독생자의 이름을 믿지 아니하므로 벌써 심판을 받은 것이니라"(3:18)고 말할 때에 그 명칭에 대한 또 다른 용법을 주목하여 보았다. 이와 함께 우리는 예수께서 "죽은 자들이 하나님의 아들의 음성을 들을 때가 오나니 곧 이때라 듣는 자는 살아나리라"(5:25)고 말씀하시는 부분을 취할 수 있을 것이다. "때가 오나니"에 "곧 이때라"는 말을 더하므로 예수께서 현재를 언급하시며, 지금 여기에서 영적으로 죽은 자들에게 주시는 생명을 말씀하시고 계신다는 것을 알 수 있다. 그러나 그는 계속해서 무덤 속에 있는 자가 다 그의 음성을 들을 때가 오는데 그때 그들이 생명의 부활과 심판의 부활로 나오리라고 말씀하신다(5:28-29). 그가 지금 생명을 주시고, 끝날에 그가 사람들을 무덤에서 불러내어 그들의 최종적인 상태로 이끌리라는 것은 그의 신성이 신중하게 받아들여져야 할 것을 보여준다.
　그 용어는 다시 예수께서 유대인들과 논쟁하시는 곳에서 나오는데 거기에서 유대인들은 돌을 들어 치려 하며(10:31), 그것은 그가 그 자신을 하나님으로 말하기 때문이라고 말한다(10:33; 후에 그들은 빌라도 앞에서 그러한 비난을 되풀이한다, 19:7). 예수께서는 시편 82:6을 인용하사 "신"이란 용어가 때때로 인간에게 적용될 수 있음을 지적하시며, "하물며 아버지께서 거룩하게 하사 세상에 보내신 자가 나는 하나님의 아들이라 하는 것으로 너희가 어찌 참람하다 하느냐"(10:36)고 말씀하신다.[12] 우리는 이 구절에서 예수께서 단순히 그 자신을 다른 사람들과 동일하게 분류하는 것을 의미한다고 보아서는 안된다. 그는 특별히 말씀하시기를 아버지께서 그를 거룩하게 하셨으며 그를 세상에 보내셨다고 하신다. 그리고 만일 예수께서 특별히 "나는 하나님의 아들이라"고 말씀하시는 것이 기록되지 않았다고 할지라도, 여전히 예수 일반적인 선언과, 아버지와의 관계를 진술하는 방식으로 이러한 사실은 명확해진다. 그는 그가 말한 바에 의해서 돌로 침을 받아야 된다고 생각하시지 않으며, 오히려 그는 아버지와의 독특한 관계에 서있음을 선언하시는 것이다.

조금 후에 우리는 예수께서 나사로의 질병이 죽을 병이 아니라 "하나님의 영광을 위함이요 하나님의 아들로 이를 인하여 영광을 얻게 하려 함이라"(11:4)고 말씀하시는 것을 발견할 수 있다. 죽은 사람이 다시 살아나는 것으로 진행되는 그 이야기에서 요한은 마르다의 "주여 그러하외다 주는 그리스도시요 세상에 오시는 하나님의 아들이신 줄 내가 믿나이다"(11:27)라는 뛰어난 고백을 기록하는데, 이 고백은 요한복음의 기록 목적(20:31)과 잘 어울린다. 이 고백 역시 그 말들이 죽음으로부터 나사로를 불러내는 상황에서 기록되었다는 사실에 비춰볼 때 요한이 그리스도의 완전한 신성을 표현하고 있음을 다시 한 번 보아야 할 것이다.

---

12) Oscar Cullmann은 "메시야적 주장에서가 아니라 (비록 감추어졌을지라도) 예수의 아들됨에 대한 주장에서 '신성모독'을 발견할 때, 요한복음의 저자는 확실히 여기에서 옛 전통들에 호소한다. 그의 메시야적 주장은 오직 로마인들에게 향하여 공격적이었다. 반면에 예수의 자의식에 의하여 표현된 특별한 형식 안에서 아들됨의 주장은 유대인들에게 있어서 더욱 공격적이었다. 왜냐하면 그들은 예수의 아들됨에 대한 주장을 정확하게 하나님과 동일시하는 것으로 해석했기 때문이다. '네가 사람이 되어 자칭 하나님이라 함이로다'(요 10:33)"(*The Christology of the New Testament*, London, 1959, p. 302)라고 말한다.

3. 아들

앞에서 논했던 것처럼, 요한은 "하나님의 아들"이라는 표현을 자주 사용한다. 그러나 그는 단순히 "아들"이라고 말하는 것을 더 좋아하며, 이 표현을 사용하는 방식은 완전한 형태의 "하나님의 아들"을 사용할 때보다 더 많은 의미를 가지고 있음을 보여준다. "아들"이라는 말은 "하나님의 아들"과 마찬가지로 그리스도와 하나님과의 관계의 밀접성을 보여준다.

요한은 그 둘의 밀접성을 강조하는 말들을 기록한다.[13] 그래서 우리는 "아버지께서 아들을 사랑하사 만물을 다 그 손에 주셨으니"(3:35)라는 말씀을 읽는데, 여기에서의 "사랑"과 "만물을 주심" 둘 다가 중요하다. 아버지의 사랑은 5:20에서 다시 언급되는데, 이번에는 지식과 연결된다. 왜냐하면 아버지께서 그 자신이 하시는 모든 일을 그에게 보이셨다고 말씀하시기 때문이다. 이것은 피조물에 대한 아버지의 사랑도 말할 수 있지만(우리는 3:16에서 "세상"을 향한 그의 사랑을 발견할 수 있다), 만물을 주시고 아버지께서 하시는 모든 일에 대한 지식을 주심은 이 구절을 우리들과 같은 사람들에게 적용하지 못하게 한다. 그것들은 우리에게 아들이 좀더 높은 수준에 있음을 알게 한다.

아들의 생명이 아버지의 생명과 밀접하게 묶여 있다는 것은 이것으로부터 나온다. 확실히 예수께서는 "나와 아버지는 하나이니라"(10:30)고 말씀하신다. 우리는 "하나"라는 것을 너무 깊이 생각해서 그 말이 남성이 아니고 중성이기 때문에 "한 사람"이 아니라 "한 개"를 의미한다고 읽어서는 안된다. 바울도 그와 동일한 양식으로 말할 수 있었다는 것을 염두에 두는 것은 가치있는 일일 것이다. "심는 이와 물주는 이가 일반이다(하나이다)"(고전 3:8). 그 문제에 대해서 요한은 예수께서 그의 제자들을 위해서 "우리와 같이 저희도 하나가 되게 하옵소서"(17:11)라는 기도를 기록하고 있다. 이러한 두 구절들에서 우리는 10장 30절에서

---

13) Martin Hengel은 주석하기를 "이신론(ditheism)의 위험 역시 막았는데, 왜냐하면 그 아들은 아버지 안에 사랑과 행동의 완벽한 일치도 포함되어 있기 때문이다"(*The Son of God*, London, 1976, pp. 91-92)라고 한다.

와 마찬가지로 중성의 "하나"를 읽을 수 있다. 그러나 우리가 그 표현을 너무 멀리 끌고 가지 말아야 한다면, 우리는 그 의미를 경시하지 않아야 할 것이다. 그것은 확실히 밀접한 통일성을 말하며, 예수께서 "나와 아버지는"으로 시작하는 것은 중요하다. 누가 그 자신을 하나님과 이러한 방식으로 연결시킬 수 있겠는가? 더욱이 우리는 유대인들이 이 진술을 예수께서 아버지의 뜻을 따른다고 진술하는 것으로 간주하지 아니하고, 그 바로 뒤의 말들이 보여주듯이(31, 33절) 그들이 이 말들을 신성 모독으로[14] 간주했음을 염두에 두어야 한다. 그는 다른 사람이 주장할 수 있는 그 어떤 밀접성보다도 더 밀접하게 아버지와의 통일성을 주장하는 것이다.

예수께서 그 스스로는 일하실 수 없고 오직 아버지께서 하시는 일을 보고서야 일하신다고 말씀하시고, 이어서 아버지께서 하시는 그 일을 아들도 그와 같이 행하신다고 말씀하시는 때에(5:19) 그 통일성은 명확하다. 이것은 아버지께서 죽은 자들을 일으키시고 그들에게 생명을 주시듯이 아들도 그가 원하는 자들에게 생명을 주신다는 생각으로 우리를 이끈다(5:21). 이것은 아들이 자유를 준다는 뒤의 진술과 다르지 않다 (8:36). 사람들은 본질적으로 죄의 종이 되었다. 그것은 그들의 생애에 있어서 장애물이며 그들이 죽을 때에 정죄의 원인이 된다. 그러나 아들은 사람들을 이러한 곤경으로부터 해방시키기 위해 오셨다. 그는 이제 자유를 주시며, 다가올 세상에서 생명을 주신다. 우리는 "아들을 믿는 자는 영생이 있고, 아들을 순종치 아니하는[15] 자는 영생을 보지 못하고

---

14) 참고. E. C. Hoskyns, "유대인들은 아마 하나님의 뜻에 따라 그의 말과 행동을 규정할 수 있다는 개념을 신성모독으로서 간주했을 것이다"(*The Fourth Gospel*, London, 1947, p. 389).

15) *apeithōn*의 의미에 대한 토론이 있다. 문장의 구조는 우리가 "믿지 아니하는 자"(참고. JB, "믿기를 거부하는 자")를 기대하게 한다. BAGD는 그 위치를 이렇게 요약한다. "초기 그리스도인들의 견해에서 최고의 불순종은 그들의 복음을 믿는 것을 거절하는 것에 있기 때문에, *á*는 어떤 구절들에서 "믿지 아니하다"나 "불신자가 되다"라는 의미로 제한되었을 수 있다. 이 의미가 비록 격렬한 논쟁거리가 될지라도(이것이 우리들의 문헌 밖에서는 보이지 않는다), 3:36에서 가장 개연성이 있는 것으로 보인다…"라고 요약한다. 아마 그 완전한 의미에 대한 우리의 토

도리어 하나님의 진노가 그 위에 머물러 있느니라"(3:36)는 말씀을 읽을 때에 그와 동일한 개념을 또 다른 관점에서 얻을 수 있다. 이것은 우리들의 아들에 대한 궁극적이고도 단호한 태도이다. 우리가 그를 믿으면 생명을 얻을 것이지만, 우리가 믿지 아니하면 오직 하나님의 진노 아래 있게 될 것이다.

이 진리는 다른 방식으로 표현될 수 있을 것이다. 우리는 아버지께서 "모든 심판을 아들에게 맡기셨으며"(5:22), 그가 "그의 인자됨을 인하여 심판하는 권세를 주셨음"(5:27)을 읽는다.[16] 유대 문헌을 보면 최종적인 심판의 기능을 메시야에게 돌리지 않는다. 이것은 신약성경에서 처음으로 발견되는 가르침이다.[17] 그래서 요한은 평범한 선언을 하고 있는 것이 아니라 새롭고도 독특한 가르침을 주고 있는 것이다. 더구나 이것은 아들이 높은 존엄을 가지셨다는 것을 명확하게 하는 가르침이다. 모든 인류의 영원한 운명을 결정하시는 분이라는 것은 확실히 매우 높은 지위이다.

이 높은 위엄은 아들에게 주어진 명예에서 또한 볼 수 있다. 확실히 예수께서는 "모든 사람으로 아버지를 공경하는 것같이 아들을 공경하게 하려고" 심판이 그의 손에 맡겨졌다고 말씀하신다. 여기에 "아들을 공

론은 현학적일 텐데, 복음을 거부하는 것은 확실히 불신과 불순종 둘 다를 포함하기 때문이다.

16) 어떤 학자는 우리가 이것을 "한 사람의 아들"이라는 의미로 이해해야 한다고 주장한다. 그리고 그것은 예수께서 심판을 실행하실 수 있는 것은 그의 인성이 참이기 때문이라는 의미를 가진다고 주장한다. 그는 인간의 삶을 아시며 그래서 우리의 재판관이 되실 만한 자격을 가지신다. 그러나 이것은 그토록 중요한 기능을 위해서는 부족한 자격으로 보인다. 요컨대 이것은 모든 인류의 일원들이 공유할 수 있는 것이라고 말할 수 있다. 여기에서 우리는 이것을 Cowell의 법칙에 대한 예로 보는 것이 더 그럴듯하다(*JBL* 52, 1933, pp. 12-21). 즉 술부가 (여기에서 처럼) 동사 앞에 있을 때에 그 문맥이 정확하게 그것을 제외시키지 않는 한 제한적인 것으로서 취해져야 한다. 그것은 그러므로 "그 인자"이지 "한 사람의 아들"을 가리키지 않는다.

17) 참고. SBk, "랍비적인 견해에 의하면 세상을 심판하실 분은 오직 하나님 한 분뿐이시다. 랍비 문헌에는 세상에 대한 심판이 메시야의 손 아래에 있다는 명백한 구절이 없다"(II, p. 465).

경치 아니하는 자는 그를 보내신 아버지를 공경치 아니하는 것이라"(5:23)는 말씀이 첨가된다.[18] 이것이 전형적인 요한의 교리이다. 아버지와 아들은 함께 고려되어야 한다. 한 분에게 돌려지는 경배는 다른 분에게도 반드시 돌려져야 한다. 그리고 한 분에 대한 의무를 어기는 자는 다른 분에게 대한 그의 의무 역시 어기는 것이다. 유대인들은 아버지를 경배할 준비가 되어있었지만 아버지께서 그의 아들 안에서 하시는 일을 인식하는 데 실패함으로 아버지를 경배하고자 하는 그들의 표현 역시 실패한 것이다. 그들은 하나님을 그의 아들의 인격 안에서 비천함 가운데 사시기 위해서 세상에 오시며, 모든 믿는 자에게 구원을 주실 분으로 보지 못했던 것이다. 하나님께서 그리스도 안에 계신다는 사실은 아들의 본질뿐만 아니라 아버지의 본질을 알기 위해서 매우 중요하다.[19] 만일 하나님께서 그리스도 안에서 사실상 성육신하시지 않았다면, 결국 사람들이 죄 가운데 타락했을 때에 하나님께서 실제적으로 "내가 그들을 구원하기 위해서 어떤 사람을 보낼 것이다"라고 말씀하시는 것과 같다. 만일 하나님께서 그리스도 안에서 성육신하셨다면 그는 사실상 "내 자신이 갈 것이다"라고 말씀하시는 것이다. 자신이 직접 죄인들을 구원하시는 하나님과 다른 사람에게 그 일을 하도록 요구하시는 하나님과는 완전히 다르다. 그것은 확실히 우리가 "하나님은 사랑이시라"(요일 4:8, 16)는 말씀을 읽을 때에 마음속에 있는 생각이다. 결국 하나님께서 구원의 과업을 다른 어떤 사람에게 맡겨 두셨다면 하나님의 사랑이라는 그 완전한 의미를 우리는 알 수 없을 것이다. 우리는 반드시 요한복음 5장의 말씀들 배후에서 이것을 보아야만 한다. 사람들이 아들을 경외하기를 거부할 때에 그들은 아버지를 거부하는 것이며, 그

---

18) Ernst Haenchen은 심판과의 연결을 강조한다. "만일 그 아들이 세상을 심판하실 전능자시라면, 그리스도인들은 이 능력있는 인물에게 존경을 표시하는 것을 지체하지 않을 것이다"(*John*, I, Philadelphia, 1984, p. 251).

19) 참고. D. Moody Smith, 그리스도 안에서 말씀은 "세상을 창조하신 하나님이시며, 이제 그것을 그 악하고 어리석음에서 구원한다… 그의 말씀으로 말미암아 창조하신 하나님은 또한 그 자신을 계시하시며, 그 동일한 말씀으로 구원하신다"(*John*, Philadelphia, 1976, p. 25).

들이 아들에게 드려야 할 경배에 이르지 못한 것일 뿐만 아니라, 그들이 아버지에게 표해야 할 경배에도 이르지 못한 것이다.

우리는 이미 요한복음의 영광이라는 개념이 복잡하며, 그와 관련되어 거기에 기대되지 않는 비천함에 대한 강조가 있다는 것을 주목해 보았다. 그러나 우리는 우리의 현재 목적에 비추어 보았을 때, 아버지와 아들이 도의상으로 그 영광 안에 연합되어 있다는 사실을 주목해 보아야 한다. 그래서 예수께서는 제자들에게 "너희가 내 이름으로 무엇을 구하든지 아버지로 하여금 아들을 인하여 영광을 얻으시게 하려고 내가 시행할 것"(14:13)이기 때문에 확신을 가지고 기도하라고 말씀하신다. 그 자신이 그들의 기도에 대해서 응답하시리라고 말씀하시는 것은 놀라우며, 이것의 목적이 아들을 영화롭게 하기 위해서가 아니라 아버지를 영화롭게 하시기 위함이라는 것을 기억하는 것은 중요하다. 그는 아들 안에서 영화롭게 되는 것은 사실이지만, 그러나 아들이 하신 일들을 통해서 영화롭게 되시는 분은 아버지이시다. 두 분의 영광이 분리불가한 것이다.

이것은 예수께서 "아버지여 때가 이르렀사오니 아들을 영화롭게 하사 아들로 아버지를 영화롭게 하소서"(17:1)라고 기도하시는 수난 전의 기도에서 다시 나타난다. 직접적으로 십자가를 바라보는 이때, 여기에서 겸손한 영광이라는 개념이 있다. 그 개념은 진실된 영광은 낮은 위치를 취할 때에 나타난다는 것이다.[20] 그러나 우리의 현재 목적에서 중요한 것은 아버지와 아들의 연결이며, 그것이 영광이라는 용어 안에서 되었다는 것이다. 예수께서는 그가 아버지를 영화롭게 할 수 있도록, 그를 영화롭게 하시기를 아버지께 구한다. 어떤 의미로 그 두 영광은 하나이다. 그들은 서로에게 묶여 있는 것이다.

---

20) Walter **Lüthi**는 이것을 강조한다. "그는 그의 아버지의 영광의 빛을 소경과 불구자와 중풍병자들과 부자들과 가난한 자들과 심지어 죽은 자들 안에서 나타내 보이셨다. 세상은 부패하여 어두움과 무지 가운데서 헤매며 무관심으로 숨이 막히게 하며 하나님과 그의 목적에 대하여 증오하며, 하나님의 이름은 날마다 망령되이 일컬어진다…그는 그가 이 더러운 세상을 지나실 때에도 하늘에 계신 그의 아버지의 명령을 실행하시므로 하나님을 영화롭게 하며, 심지어 십자가 위에 죽으시기까지 하나님의 뜻을 존중하시므로 하나님을 영화롭게 한다"(*St John's Gospel*, Edinburgh and London, 1960, p. 236).

4. 아들을 보내심

"하나님이 그 아들을 세상에 보내신 것은 세상을 심판하려 하심이 아니요 저로 말미암아 세상이 구원을 받게 하려 하심이라"(3:17). 아들이 세상에 보냄받았다는 개념은 요한에게 있어서 매우 중요한 것이다. 그는 보냄과 아들이란 명칭을 매우 자주 연결시키지는 않지만, 예수께서 보냄받았다는 개념은 매우 자주 나타나며, "나를 보내신 아버지"라는 표현은 반복된다(5:37; 6:44; 8:16 등). 우리는 또한 자주 "나를 보내신 이"를 읽을 수 있다(6:38; 7:16; 12:44 등). 요한은 그러한 표현들 안에 *pempō*(펨포)와 *apostellō*(아포스텔로) 둘 다를 사용하는데, 그들 사이의 차이는 거의 없는 것으로 보인다. 어떤 학자는 이러한 동사들 중의 하나는 "특별한 사명으로 보냄"을 의미하지만, 다른 하나는 보냄에 대한 일반적인 개념을 언급한다고 주장한다. 그러나 불행히도 어떤 것이 어떤 것을 의미하는지에 대한 동의가 이루어지지 않고 있다.[21] 우리는 이것을 의미상 별다른 큰 차이는 없이 요한이 동의어를 사용하는 관습에 대한 한 가지 예로 보아야 할 것이다. 중요한 것은 보냄을 의미하는 다양한 단어들 사이의 정확한 차이가 무엇이냐가 아니라 하나님께서 아들을 보내셨다는 개념이다.

우리가 이 장의 처음에서 주목하였던 것처럼 아들을 보내신 것은 구원을 위해서이다. 요한은, 믿지 않는 자들이 있고 그들의 궁극적인 운명은 버려졌다는 것이 분명하지만, 하나님께서 아들을 보내신 것은 세상을 심판하려 하심이 아니라는 것을 명확하게 한다. 그는 아들을 보내사 사람들이 구원받도록 하셨다. 요한은 아들뿐만 아니라 세례 요한이나(1:6, 33), 제자들과 같은(4:38; 13:20) 다른 자들에게도 "보냄"이라

---

21) 그래서 B. F. Westcott는 *apostellō*가 "특별한 사명"의 개념을 가지고 있으며, *pempō*는 "보내는 자와 보냄받는 자 사이의 직접적인 관계"를 표시하는 것에 불과하다고 본다(*The Gospel according to St. John*, Grand Rapids reprint, II, 1954, p. 358; K. H. Rengstorf *TDNT*, I, pp. 398 이하.). 그러나 E. A. Abbott는 "*apostellō*가 '전체 세상에 보냄'을 의미하지만, *pempō*는 '특별한 목적으로 보냄'을 의미하는 것"(*Johannine Vocabulary*, London, 1905, 1723g)이라고 생각한다. 자세한 것을 위해서는 제4장 n. 24를 보라.

는 개념을 적용하지만, 압도적으로 대부분의 경우에 "보냄"은 아버지께서 아들을 보내심을 의미한다. 그리고 요한은 어떤 다른 저자들보다 사명에 대한 개념에 더 관심을 기울이며, 그는 그 두 동사를 신약성경의 다른 어느 책보다 더 자주 사용한다.[22]

지금 우리들의 목적을 위해서 예수에 대하여 "세상 안으로"(3:17; 10:36; 17:18) 보내진 자라고 언급하는 것을 주목하는 것이 중요하다. 각 경우에서 분명히 함축된 것은 그가 하늘로부터 보냄받았다는 것이며,[23] 그래서 그의 적당한 거처가 하늘이라는 것이다. 요한은 명확히 "하늘로부터 보냄받았다"고 말하지 아니하고, "보냄받았다"고 말하며, 예수께서 하늘로부터 왔다고 말한다(3:13, 31; 6:33 등). 그의 복음서 전체를 통하여 요한은 우리에게 예수께서는 세상 사람으로 단순히 이해될 수 없는 분이라고 말한다. 그는 아버지와 특별한 관계를 가지셨고, 그는 하늘로부터 이 땅에 오셨다. 이것은 그가 매우 특별한 지위를 가지고 계심을 인식하게 하는데, 그 지위는 하나님의 아들로 오직 그에게만 적당한 지위이다.

만일 그가 하늘로부터 보냄을 받은 것이 사실이라면 그곳으로 되돌아갈 것도 사실일 것이다. 그래서 예수께서는 유대인들에게 "내가 너희와 함께 조금 더 있다가 나를 보내신 이에게로 돌아가겠노라"(7:33)고 말씀하신다. 논쟁 중에서 다른 경우 그는 그 자신을 유대인들과 대조한다. "나는 내가 어디서 오며 어디로 가는 것을 앎이어니와 너희는(강조형) 내가 어디서 오며 어디로 가는 것을 알지 못하느니라"(8:14). 비록 그들이 그를 찾을지라도 그들은 단순히 그가 가신 곳으로 갈 수 없기

---

22) 요한은 *apostellō*를 28회 사용하지만(그 다음은 누가로 25번이다) *pempō*는 32회 사용한다(누가는 이것을 10회 사용한다). 그는 아버지께서 아들을 보내심에 대해서 앞의 동사를 28회 중에서 17회 사용하며, 뒤의 동사를 32회 중에서 24회 사용한다. 명확하게 그에게 있어서 중심적으로 중요성을 지닌 것은 아버지께서 아들을 보내신 사명이다.

23) James D. G. Dunn은 "공관복음서에서 그 언어는 하나님의 명령을 적절히 지시하였고… 여기에서 그 개념은 명시적으로 '(하늘로부터) 세상으로 보냄받은' 자로서의 아들이다"(*Christology in the Making*, London, 1980, p. 56)라고 말하는 데에까지 나아간다.

때문에 그를 찾을 수 없을 것이다(8:21-22). 다락방 이야기를 소개하면서 요한은 그의 독자들에게 예수께서 "하나님께로부터 오셨다가 하나님께로 돌아가실 것"(13:3)이라고 말하셨다고 하는데, 그 설교에서 그의 되돌아가심에 대한 사상이 매우 강조되어 이어진다.[24] 요한은 계속해서 예수께서 그의 예기된 죽음에 대하여 "지금 내가 나를 보내신 이에게로 간다"(16:5)고 말씀하시며, 그것은 "내가 아버지께로 가니"(16:10)라고 더 설명된다. 이것은 우리로 하여금 예수께서 그의 죽음과 그 결과를 어떤 사람이 죽었을 때에 발생하는 것과 별다를 게 없다고 설교하는 것이라고 해석하는 것을 불가능하게 한다. 전체 구절은 명확히 예수께서 인류의 나머지 사람들이 직면한 것과는 다른 운명을 가지고 계신 것으로 말한다. 예수께서는 아버지와 같이 그들에게는 존재하지 않는 방식으로 계신 분이시다.[25]

5. 아들과 생명

요한복음 5장의 아들에 대한 설교에는 예수께서 말씀하신 "아버지께서 자기 속에 생명이 있음같이 아들에게도 생명을 주어 그 속에 있게 하셨다"(5:26)는 어려운 말이 있다. 아버지께서 모든 생명의 원천이시

---

24) 요한복음 13:31-14:31을 토론하면서 C. H. Dodd는 "확실히 그 전체적인 대화는 오고 감의 개념에 의해서 지배된다. 이러한 개념들을 표현하는 동사들(*hypagein, poreuesthai, erchesthai*)은 그리스도를 주어로 하여 최소한 14회 나타나며, 오고 감에 대한 직접적인 언급이 없는 가장 긴 구절들은 5절 이상 되지 않는다. 사실상 그 대화는 그리스도의 죽음과 부활을 해석하는 데에 사용된다"(*The Interpretation of the Fourth Gospel*, Cambridge, 1953, p. 403)고 말한다.

25) C. F. D. Moule은 "요한 학파"가 일반적으로 다른 어떤 신약성경의 저자들과 함께 예수께서 "신자들이 종말에 속하기를 원하는 그러한 범주의 어떠한 것에 속하는 것에 불과하다"고 말한다. 예수께서는 하나님의 오른편에 높여져서 그는 유일하게 아버지와 함께 계신 분이시며 그에 가까이 계신 분이시며 신자들이 —그에게 의존하여 파생적으로— 그렇게 되기를 원할 모든 것들의 실제적이고 근원적인 창조자이시다. 이렇게 창조적이고 주도적이신 하나님과 인간적 반응과 의존성과 피조물성 사이의 차이는 분명한 것으로 보인다"(*The Origin of Christology*, Cambridge, 1977, p. 103)고 말한다.

라는 것은 성경에서 끊임없이 지속되는 가르침이다. "대저 생명의 원천이 주께 있사오니"(시 36:9). 모든 다른 생명은 우발적이다. 우리는 우리들의 존재를 가지고 있지만, 그것은 우리들 각 개인에게 있어서도 마찬가지로 중요하고 모든 것이 우리 없이도 계속되는 것이 사실이다. 우주는 우리들이 있기 전에도 운영되었고, 우리들이 죽은 후에도 계속적으로 존재할 것이다. 그러나 하나님의 생명에 대해서는 그렇게 말할 수 없다. 그의 생명은 우발적이지 않으며, 필연적이다. 굳스피드(Goodspeed)가 5:26을 번역하였듯이 "아버지는 스스로 존재하신다"(JB는 "생명의 원천이시다"를 선호한다). 어거스틴(Augustine)은 다음과 같은 방식으로 표현한다. 말하자면 하나님은 "생명을 빌려 주시지도 않고, 그 자신이 아닌 어떠한 생명의 분담자가 되지도 않으신다. 그러나 그는 '그 자신 안에 생명을 가지시며', 그래서 그 생명은 바로 그 자신의 생명으로, 바로 그 자신이다." 그는 계속해서 빛으로부터 한가지 예를 들어 설명한다. 우리는 우리들 안에 물질적인 빛을 소유하지 않으나 외부적인 빛의 원천을 요구한다. "촛불이 꺼졌을 때에 당신은 어두움에 남겨져 있기 때문에 당신 자신 안에 빛을 가진 것이 아니다."[26] 생명도 이와 같다. 우리는 우리들 자신 안에 생명을 가지고 있지 않다. 그러나 하나님은 가지고 계신다. 하나님과 생명과의 관계는 우리들과 생명과의 관계처럼 동일한 것이 아니다.

요한이 우리에게 말하고 있는 것은 아들도 아버지께서 소유하고 계신 것과 동일한 "자존적" 생명을 가지신다는 것이다. 그것은 아버지의 선물이기 때문에 아버지의 것과 분리되지 않는다. 그러나 이것은 아들을 모든 피조물들과는 달리 아버지와 동등한 분으로 구분하는 것이다.[27] 요한에게 있어서 이 점이 중요하며, 그는 이것을 그의 서두에서 "그 안

---

26) *On the Gospel of St. John*, NPNF, I, vii, p. 126.
27) F. Büchsel은 요한일서 4:14, "아버지가 아들을 세상의 구주로 보내신 것"에 주의를 기울이며, "그의 보내심으로 이미 아들인 그가 구주가 되셨으므로, 선재하신 주님이 이미 아들이시라는 것에 대해서는 의심할 여지가 없다"라고 추론한다(*TDNT*, IV, p. 741, n. 16). 이 세상에 보내심받기 전에 아들은 이미 아버지와 동일한 본질을 소유하고 계셨다.

에 생명이 있었으니 이 생명은 사람들의 빛이라"(1:4)고 말할 때에 이미 말하고 있다. 후에 예수께서는 그 자신을 "생명의 떡"이라고 말씀하실 때에 그가 "세상에게 생명을 주신다"(6:33)고 말씀하신다. 그것은 그가 모든 인류의 생명의 원천이심을 주장하시는 것이다. 이것은 그가 세상의 빛이라고 말씀하시며 그를 따르는 누구든지 "생명의 빛을 얻으리라"(8:12)고 말씀하실 때와 매우 동일하다. 어느 편이든지 그는 계속해서 그 자신이 생명이라고 말씀하실 때(11:25; 14:6)에 그것을 초월하신다. 아들과 생명과의 관계는 모든 피조된 존재들과 생명과의 관계와 동일한 것이 아니다. 이것은 우리에게 아들의 존재에 대한 중요한 어떤 것을 말해 준다. 예수는 하나님과 관계가 있다.

우리는 여기에서 유대인들이 죄를 범하는 것은 그들이 죄의 종이 되었기 때문이라고 말씀하시는 예수님의 말들을 반드시 첨가해야만 할 것이다. 그는 계속해서 "종은 영원히 집에 거하지 못하되 아들은 영원히 거하나니"(8:35)라고 말씀하신다. 문맥상 예수께서는 아들을 종과 비교하시는 것이다. 종은 권리도 없다. 사실 그는 아마 그의 생애 동안 동일한 가정을 이루고 있었을 수도 있지만, 어떤 보증도 없었다. 언제든지 그는 팔릴 수 있었고, 다른 곳으로 양도될 수 있었다. 그러나 가정의 아들은 그가 무엇을 하든 아들로 남는다. 요한은 아마 그가 그렇게 자주 하듯이 또 다른 의미로 옮겨가고 있을 것이다. 그가 "아들은 영원히 거하나니"(the Son remains for ever)라고 말할 때에 확실히 그 아들(the Son)과 어떤 아들(a son)을 같이 생각했을 것이다. 그 완전한 의미에서 어떠한 지상적인 아들보다 하나님의 아들은 영원히 거하시며, 시간의 황폐함보다 더 위대하시다. 다른 각도에서 요한은 지나가는 시간과 아들과의 관계가 남은 우리들과 생명과의 관계와 같지 않다는 진리를 말하고 있는 것이다. 우리는 시간의 피조물들이며, 우리들의 몸은 썩을 운명에 처해있다. 그러나 그는 시간을 초월하신 주님이시고, "영원히 거하신다."

예수의 아들됨에 대한 요한의 가르침은 그래서 매우 중요하다. 하늘 아버지와 주님과의 관계는 주의를 끄는데 그 관계는 다른 사람들과 공유할 수 없는 것이다. 성 요한이 어느 누구도 주장할 수 없는 방식으로 하나님의 아들되신다고 선언한 예수와 그 주장은 신약성경의 기독교를 이해하는 데 있어서 중심적이다. 요한은 예수께서 영감받은 사람 이상이라는 것을 분명히 알았으며, 이것은 매우 중요한 것이다. 예수께서는 하나님의 그 본질을 공유하신다.[28]

---

28) Oscar Cullmann은 이 주제를 다음과 같은 말로 끝맺는다. "결론적으로 우리는 전체적인 요한복음이 마태나 누가보다 더욱 깊이, 우리가 공관복음서로부터 추론할 수 있고 추론하여야 한다고 믿는바, 예수의 아들됨에 대한 자기 이해를 간파했다고 말할 수 있다. 비록 요한이 역사적인 예수께서 오직 감추어진 암시들로 언급하신 바를 선언하지만, 그는 매우 인상적으로 예수의 아들됨에 대한 의식의 두 방면―순종과 아버지와의 하나됨―이 결속되어 있음을 나타낸다"(*The Christology of the New Testament*, p. 303).

제6장

"나는 … 이다"는 말씀들

요한복음의 중요한 특징 중의 하나는, 예수께서 그의 인격에 대한 중요한 가르침을 말하기 위해서 강조형을 사용하여 "나는 … 이다"(I AM)라고 하셨다는 것이다. 물론 헬라어에서 주어인 인칭 대명사는 일반적으로는 표현되지 않는다. 즉 동사의 형태가 그 주어가 무엇인지를 명확히 나타내고 있는 것이다. 그러나 만일 주어를 강조하고 싶으면 적당한 대명사를 사용할 수 있다. 요한복음에서의 이것을 그토록 중요하게 만드는 것은 구약성경의 헬라어 번역에서 이와 유사한 용법을 발견할 수 있다는 사실에 있다.[1] 우리는 번역자들이 이러한 강조형을 사용하는 것을 발견한다. 하나님께서 하시는 말씀을 표현할 때 이런 종류는

---

1) A. Deissmann은 비슷한 용법이 비성경적인 종교에서도 발견된다고 주장하며 "그럼에도 불구하고 무엇보다도 가장 놀랄 만한 것은 요한복음에서 예배 의식에 적당한 엄숙함으로 말해진 첫 인격으로서의 그리스도의 말과, 우리가 발견할 수 있는바 비기독교적이거나 기독교 이전의 종교적 목적을 위하여 광범위하게 사용된 동일한 문체의 고대 예증들과의 유사성이다"(*Light from the Ancient East*, London, 1927. p. 136)라고 말할 수 있었다. 이것은 그 용법이 1세기에 널리 인식되었으리라는 것을 의미하지만, 우리는 그것을 요한 용법의 출처라고 간주해서는 안될 것이다. 오히려 그것은 구약성경의 용법을 사용한 것이다. 비록 비성경적인 출처의 다양함으로 병행 구절들이 제시되지만, 아무도 요한과 같은 절대적인 용법인 "나는…이다"와 진짜로 병행되는 구절들을 발견하지 못했다.

경건한 사람들 사이에서 널리 수용되어 왔었다. 예를 들자면 십계명에서는 "너는 …하지 말라"는 형태로 일상적으로 인용되었다. 이러한 표현은 우리의 일상적인 대화나 글에서 그렇게 많이 사용되지 않는 형태이며, 다만 하나님의 말씀들에만 적당한 것으로 보인다. 이러한 점들이 예수께서 "나는 …이다"라는 구조를 사용하실 때에 신적인 문체로 말씀하시고 계신 것을 지적해 준다. 이것이 얼마나 그의 청중들에게 인지되었는지는 어려운 문제인데, 왜냐하면 그러한 구조가 때때로 일반적인 대화 중에도 사용되기 때문이다. 그러나 요한복음이 학자들간에는 이러한 종류의 언어가 요한이 우리에게 말하고자 하는 예수의 인격을 지시해 주는 중요한 점이라는 데에 대한 일반적인 동의가 있다.

그 구조는 다른 복음서에서도 자주 사용되는데, 다만 "나는 생명의 떡이다"(6:35)와 같은 서술어를 가지지 않을 뿐이다. 그래서 마태는 예수께서 하나님의 말씀을 인용하여 "나는 아브라함의 하나님이다…"(마 22:32, 출 3:6의 인용)라고 했다고 한다. 이 구약성경의 용법은 우리들에게 어떻게 그 표현이 하나님의 말씀에서 사용되었는지를 보여준다. 마태는 또한 엄숙하고 신적인 말인 "나는 그리스도라"(마 24:5)고 주장하는 자들의 표현을 보여주며, 두 번이나 제자들이 "내니이까?"(마 26:22, 25)라고 묻는 것을 보여준다. 마가는 "나는 …이다"(막 13:6)라고 말하므로 그리스도라고 주장하는 자들의 표현을 보여주지만, 두 번이나 예수의 입을 빌어 그러한 말을 한다. 한번은 그가 물 위를 걸어서 제자들에게로 나아올 때이고(막 6:50), 다른 하나는 산헤드린 앞에서 그가 그의 메시야됨을 확언할 때이다(막 14:62). 세 경우 모두에서 우리는 왜 하나님과 관련된 언어가 사용되었는지를 볼 수 있다. 누가는 스가랴와 가브리엘의 입에서(눅 1:18, 19), 그리스도라고 주장하는 자들(눅 21:8)에게서 그 표현을 발견할 수 있다. 그는 산헤드린에게 하신 예수의 말씀을 "너희 말과 같이 내가 그니라"(눅 22:70)고 인용하며, 부활 현현에서 그의 신분을 확증하는 말씀을 인용한다(눅 24:39).[2] 다

---

2) Raymond E. Brown은 이 공관복음의 용법을 관찰하고, 요한은 그의 "나는 …이다"의 구절에서 "아무것도 창작하지 않았다"고 결론내린다. 오히려 "요한신학은 초기 전승들로부터 확실한 근거들을 가진 주제들을 이용하였을 것이다"(The

시 왜 이러한 방식의 말들이 예수에 의해서 사용되었는지를 이해하는 것은 어렵지 않다.

복음서 이외에서 그 말은 다만 사도행전과 요한계시록에서 나타난다. 사도행전에서 우리는 바울의 회심시 그의 환상에서 부활하신 그리스도께서 말씀하시는 "나는 예수라"는 말씀을 세 번 읽는다(행 9:5; 22:8; 26:15). 한 번은 베드로가 그의 신분을 확인하기 위해서 사용되며(행 10:21), 한 번은 세례 요한이 그가 "나는 …이다"가 아님을 보여주기 위해서 사용하며, 또 다른 한 번은 그의 청중들이 "나와 같이 되기를" (행 26:29) 바라는 바울의 엄숙한 선언에서 사용된다. 계시록에서 그 표현은 네 번 나타나는데 모든 경우에 그 말은 아버지와 부활하신 그리스도의 말이다(계 1:8, 17; 2:23; 22:16).

이러한 간단한 개관은 이 표현이 신약성경에서 이따금씩 사용된다는 것을 보여준다. 이것이 일상적인 인생들의 삶에서 사용될 수도 있지만 흔한 것은 아님을 알 수 있다. "나는 …이다"는 하늘 아버지나 아들의 말에서 나타난다. 구약성경의 용법에서 우리가 발견하는 신성에 대한 연상은 신약으로 나아갈 때에 역시 놓칠 수 없는 것이다.

우리가 요한복음으로 되돌아가면 두 부류의 말씀들이 고려되어야 한다. 한 부류는 "나는 선한 목자라"와 같이 예수께서 그의 "나는 …이다"에 서술어를 첨가시킨 경우이고, 다른 한 부류는 "나는 …이다"가 그 자체로 나타나는 경우이다. 우리는 그것들은 서술어를 가지고 있는 것에서부터 시작하여 순서대로 살펴볼 것이다. 버나드(J. H. Bernard)는 이러한 구절들을 열거하면서, 계속하여 "이것은 분명히 하나님의 문체이다…그 의의는 즉시 구약성경의 70인역(LXX)에 익숙한 자에 의해서 평가될 수 있을 것이다"[3] 라고 말한다. 두 구조는 모두 약간 흔하지 않은 것으로 요한복음의 독특성을 형성하였다. 그것들은 우리가 살펴본 것처럼 다른 신약성경의 가르침과 만나게 되지만, 우리들에게 근본적으로 새로운 무엇을 가져다 준다. 레온하르트 고펠트

Gospel according to John(i-xii), I, New York, 1966, p. 538)고 말한다.

3) *A Critical and Exegetical Commentary on the Gospel according to St. John*, I (Edinburgh, 1928), pp. cxviii-cxix.

(Leonhard Goppelt)는 예수께서 마가복음 14:62에서 "나는 …이다"를 사용하신 것을 주목하면서 계속해서 "그럼에도 불구하고 요한복음의 공식의 의미는 이 용법과 대조된다. 그것들에서 '나는 …이다'는 예수를 이미 알려진 그 어떤 존재와도 일치시키지 않는다. 이것은 사람들에게 알려지지도 않고 가까이할 수도 없는 그 어떤 것을 나타내 보여준다"[4]고 말한다.

1. 나는 생명의 떡이라

오병이어의 기적에 따르는 설교에서, 예수께서는 사람들에게 "나는 생명의 떡이라"(6:35)고 말씀하신다.[5] 그 말씀은 사람들이 "우리로 보고 당신을 믿게 행하시는 표적이 무엇이니이까?"라고 물으며 "기록된 바 '하늘에서 저희에게 떡을 주어 먹게 하였다' 함과 같이 우리 조상들은 광야에서 만나를 먹었나이다"(6:30, 31)라는 문맥에 놓여 있다. 예수께서는 두 가지 오류를 지적하신다. 하늘로부터 떡을 준 자는 모세가 아니라 하나님이시며, 더 나아가서 아니라 하늘로부터의 참 떡을 "주신다"는 것이다. 그는 계속해서 "하나님의 떡은 하늘에서 내려 세상에게 생명을 주는 것이니라"(6:33)고 말씀하신다. 사람들은 이 떡에 대해 요구하였고, 예수께서는 그들에게 자신이 생명의 떡이라고 말씀하신다. "나는 …이다"는 말에 그는 "내게 오는 자는 결코 주리지 아니할 터이요 나를 믿는 자는 영원히 목마르지 아니하리라"(6:35)는 말씀을 첨가하신다.

---

4) *Theology of the New Testament*, II (Grand Rapids, 1982), pp. 294-95. 그는 또한 "이러한 공식들에서 예수께서는 그 자신을 생명으로서 그것을 앎이 없이도 추구할 수 있는 유일한 자로 제시하셨다"(p. 295)라고 말한다.

5) *ho artos tēs zōēs*라는 표현은 "살아있는 떡" 또는 "생명을 주는 떡"(Goodspeed가 번역한 것처럼)을 의미할 수 있다. 생명에 있는 정관사("하나의 생명"이 아니라 "그 생명")는 일반적인 생명보다는 영원한 생명을 지적하는 것일 것이다(참고. William Hendriksen, "소유격의 성질을 가진 tēs zōēs는 어떠한 종류의 생명을 언급하는 것이 아니라 영적이고 영원한 생명을 언급하는 것이다"(*New Testament Commentary: Exposition of the Gospel according to John*, I, Grand Rapids, 1953, p. 233).

오병이어의 기적에서 요한은 예수께서 사람들의 육체적인 필요들을 기적적인 방법으로 충족시키실 수 있음을 명확히 할 뿐만 아니라, 그 뒤에 따라오는 설교에서 그는 예수께서 그보다 더 하실 수 있는 분임을 보여준다. 사람들은 심한 영적 굶주림에 빠져 있다. 요한은 예수께서 그 굶주림을 충족시키시며, 더 나아가서 오직 주님만이 그 굶주림을 충족시킬 수 있음을 명확히 하고 있는 것이다. 그래서 그는 옛날에 주어졌던 만나에 관한 사람들의 관심으로부터 그들의 주의를 돌려, 그의 백성들의 필요를 공급하시기를 계속하셨던 하나님께서 지금도 여전히 일하심을 지적한다. 예수 자신이 생명의 떡이라는 것은 그가 영적으로 죽은 자들에게 생명을 전달해 주시는 분이시라는 것이다. "떡"에 있는 정관사는("일종의 떡"⟨a bread⟩이나 단순히 "떡"이 아니라 "그 떡"⟨the bread⟩) 매우 예외적인 것이다. 왜냐하면 술부의 명사는 대개 정관사를 가지지 않기 때문이다.[6] 로버트슨(A. T. Robertson)은 "정관사가 주어(그 주어가 인칭 대명사이거나 고유 명사이거나 간에)나 술어와 함께 나타나면 둘 다 한정되어서 동일한 것으로 취급될 수 있으며 교환될 수 있다"고 말한다.[7] 그러한 동일시가 중요하다. 만일 거기에 정관사가 없다면 우리는 "생명의 떡"이라고 선언할 수 있는 또 다른 사람이 있을 수 있는 것으로 이해할 수 있을 것이며, 따라서 예수는 다른 것들 중 "하나의 생명의 떡"이 될 것이다. 그 정관사는 오직 예수만이 생명의 떡이심을 의미한다. 유사한 논평이 각각의 다른 "나는 …이다" 말들에서의 동일한 정관사에게도 적용될 수 있다는 것이다.

우리는 또한 고대 세계에서의 떡이 일상적인 식생활에서의 중요한 요소였음을 염두에 두어야 한다.[8] 사람들은 우리가 인정하는 다양한 음식

---

6) BDF # 273.

7) *A Grammar of the Greek New Testament in the Light of Historical Research* (London, n.d., p. 768).

8) A. van Selms는 "팔레스타인이나 다른 곳의 농부들 사이에서 떡(빵)은 기본적인 것으로, 다른 음식들에 대한 확실한 목록들은 단지 부수적인 것일 뿐이다…그러므로 '떡(빵)'은 자주 그 단어의 원래적인 의미가 그렇기 때문이 아니라, 떡(빵)이 뛰어난 음식이기 때문에, 일반적인 확실한 음식으로 인정된다"(*ISBE*, I, p. 540)라고 말한다.

들을 먹을 수 있지만, 떡은 부를 대표하며(신 8:9; 잠 12:11 등), 그것의 결핍은 재난이라고 부른다(애 1:11). 아주 가끔 "그 의뢰하는 양식"이라고 언급되는데(레 26:26; 시 105:16; 겔 4:16, 등) 그것은 생애 전체를 후원해 준다는 의미이다. 그래서 그것은 영적 생명에 있어서 핵심에 해당하는 것에 대한 자연적인 직유이다. 예수께서 생명의 "떡"을 언급하실 때 단편적인 어떤 것을 말씀하시는 것이 아니라 영원한 생명에 있어서 필수불가결한 것을 언급하시고 계신다.

그 말씀은 다양한 방식으로 반복된다. "나는 하늘로서 내려온 떡이라"(6:41), "나는 하늘로서 내려온 산 떡이니"(6:51), 그리고 인상적으로 간단하게 "내가 곧 생명의 떡이로라"(6:48). 첫번째 경우 예수께서 그러한 말들을 하신 것에 대해 불평하는 수군거리는 말에서 그 인용이 정확하지는 않으나 그 의미를 전달하기에는 충분하다. 요한복음의 방식에서 이러한 모든 사소한 차이점이 있는 말들이 모두 동일한 의미를 가진다는 사실을 이해해야 한다. 그 반복은 그 말들의 중요성과 영향력을 보여준다. 예수께서는 그의 천상적 기원을 명확히 하며, 그 홀로 그의 청중들의 영적인 필요들을 채우실 수 있음을 명확히 한다.[9] 둘 다 요한이 가지고 있는 예수에 대한 생각을 이해하는 데 중요하다.

2. 나는 세상의 빛이라

빛은 이 복음서의 중요한 개념 중의 하나이다.[10] 요한은 우리에게 예수께서 "나는 세상의 빛이라"(8:12)고 말씀하셨다고 말한다. 다른 경우

---

9) C. K. Barrett는 "우리는 여기에서 Brown과 다른 학자들이 생명의 떡에 대하여 현학적인 해석을 내리는 것을 볼 수 있다. 하나님은 말씀으로 사람들을 먹이신다. 예수께서 그 말씀이다. 그러한 배경에서 이방인이나 유대인들이 기독교 전통에 의해서, 특히 오천 명을 먹이신 이적의 형태와 최후의 만찬을 기념하는 형태에 의해서 합해지고 연합되었다"(*The Gospel according to St. John*², Phildelphia, 1978. p. 293)라고 결론내리는 부분에서 비슷한 말들과 이 배경에 대해 중요한 언급을 하고 있다.

10) O. A. Piper는 요한이 "매우 복잡한 빛의 신학을 가지고 있으며" "그는 쿰란의 '찬양송'(Hymns of Praise)에 밀접하게 서 있다"(*IDB*, III, p. 132)고 말한다.

에 그는 앞의 경우와는 단지 강조형이 아니라는 것을 제외하고는 동일한 표현인 "나는 세상의 빛이라"(9:5)고 말한다. 이것은 처음의 예처럼 강조형은 아닐지라도 동일한 의미를 전해준다고 할 수 있다. 또 다른 경우에서 예수께서는 "나는 빛으로 세상에 왔나니"(12:46, 이 구절은 비록 *eimi*(에이미)가 없을지라도 강조형의 *ego*(에고)를 가지고 있어서, 독특하고 중요한 진술이다)라고 말씀하신다. 빛은 이 복음서의 중요한 주제 중의 하나이다. 왜냐하면 요한은 그 용어 *phōs*(포스)를 23회 사용하여, 신약성경의 다른 어떤 책에서 나타나는 것보다 두 배 이상 많이 사용하기 때문이다(그 다음은 사도행전으로 10회이다). 빛은 선하고 바른 것을 말하는 자연적인 방식이며, 자주 자연스럽게 악을 말하는 방식인 어둠과 대조되어 발견된다. 요한은 때때로 이것들을 대조시킨다(예., 3:19). 그가 그러한 강력한 어투를 사용한다는 것이 중요하다. 그것은 요한에게 있어서 예수와 그의 사역에 대한 중요한 진리를 말하는 한 방법이라는 것을 의미할 수도 있기 때문이다.

요한은 우리에게 정확히 언제 예수께서 이 말들을 하셨는지를 말하고 있지는 않지만, "성전에서 가르치실 때에 연보궤 앞에서"(8:20) 말씀하셨음을 알 수 있다. 7장의 사건에서 장막절에 예수께서 예루살렘에 계셨기 때문에, 초막절이 "세상의 빛" 말씀의 배경이라는 것은 타당성이 있는 추론이다. 특히 제등 행사가 그 절기의 중요한 양상이었음에 그렇다. 만일 예수께서 그 절기 직후에 말씀하셔서 조명이 없었을 때였다면 "세상의 빛"과 예루살렘 성의 어둠 사이의 대조는 매우 인상적이었을 것이다. 다른 견해에 의하면 그 말씀은 출애굽 기간의 불기둥에 의해서 비춰졌던 빛에 대한 언급을 포함하고 있다는 것이다. 이러한 가능성들 중 하나라도 염두에 두었다면, 그 말씀은 매우 재미있는 배경을 가지고 있는 것이다. 그러나 그 어떠한 배경을 살펴보는 것 역시 거의 필요하지 않다. 결국 "세상의 빛"은 언제 그 말씀이 행해졌든지 간에 매우 풍성한 의미를 가지고 있는 인상적인 표현이기 때문이다.[11]

---

11) Donald Guthrie는 "'나는 세상의 빛이라'는 것과 같은 진술은 세상의 창조에 참여하셨던 이의 입이 아닌 제3자에게서였다면 아무런 감동도 주지 않을 것이다"(*New Testament Theology*, London, 1981, p. 331)라고 말한다. 예루살

보편성에 대한 언급은 이미 서문에서 나타난다. 거기에서 우리는 생명이 말씀 안에 있었으며, "이 생명이 사람들의 빛이라"(1:4)는 말씀을 발견할 수 있다. 이것은 "세상의 빛"이라는 용어를 사용하지 않지만, 그와 동일한 풍성한 의미를 가진다. 사람들이 가진 모든 빛은 말씀 안에 있는 생명으로부터 온 것이다. 그리스도만이 홀로 모든 인류에게 소망이 되는 중요한 분이라는 기타 다른 언어에서의 요한의 가르침과 빛이란 용어의 사용이 일치한다. 그는 사람들이 반드시 빛을 환영해야 함에도, 항상 그렇지는 않다는 것을 인식하고 있다. "자기의 행위가 악하므로 빛보다 어두움을 더 사랑하는"(3:19) 사람들이 있으며, 빛을 미워하여 빛으로 오지 아니하는 악인들이 있는 것이다(3:20). 이와 대조적으로 "진리를 좇는 자는 빛으로 온다. 이는 그 행위가 하나님 안에서 행한 것임을 나타내려 함이라"(3:21).

사람들이 빛에 대해서 반응하는 방식이 중요하다는 개념은 여러 곳에서 발견된다. 나사로의 부활 이야기에 흥미있는 구절이 있다. 예수께서는 "낮"에 다니는 것의 중요성을 말씀하시며, 계속해서 "밤에 다니면 빛이 그 사람 안에 없는 고로 실족하느니라"(11:9, 10)고 말씀하신다. 우리는 "그가 빛 안에서 걷지 않기 때문이다"는 말을 기대할 것이지만, 그 빛이 그 안에 있지 않다는 언급은 우리가 물리적인 조명에서 영적 진리로 움직이고 있음을 보여준다. 예수께서는 그의 청중들에게 그를 거부하여 그를 그들 자신의 삶 안으로 모시지 않는 사람들은 중대한 위험에 처해있다고 말씀하시는 것이다. 후에 그가 "그 무리들"에게 그 빛이 아직 잠시 동안 그들 중에 있을 것이라고 말씀하시는 부분 — 이것은 확실히 그의 임박한 죽음에 대한 언급이다 — 에서도(12:35)[12] 동일한 의미를 가지고 있을 것이다. 그는 또한 그들에게 "빛의 자녀가 되기 위하여 빛을 믿으라"(12:36)고 초청한다. 믿음에 대한 그 요구는 그것이

렘의 큰 촛대들이나 광야의 불기둥들과 같은 것을 세상 창조시의 빛과 비교하는 것은 그 존재 의미가 희미해진다.

12) "예수의 생애와 사역 안에서 형성된 계시의 특별한 방식이 곧 거두어질 것이다. 지금 영접하지 않는다면 구원의 기회는 상실될 것이다"(Barnabas Lindars, *The Gospel of John*, London, 1972, p. 435).

물리적인 조명에 대한 질문이 아니라는 것을 보여준다. 예수께서는 그 자신에 대한 믿음으로 이끄시고, 그의 "빛"이란 용어의 사용은 그가 제공하는 생명의 조명을 지시한다. 빛이 급히 사라짐은 예수의 구속적 죽음이 멀지 않았다는 진리를 지적해준다.

"세상의 빛"이라는 명백한 문구가 이 구절에서 나타나지 않지만, 반드시 거기에 암시되어 있다. 그 각각에서 예수께서 유일한 빛이시며, 사람들은 반드시 그를 믿고 환영함으로 그 빛의 도래에 대해 반응하여야 함을 말해준다. 그렇지 않으면 그들은 영원히 상실된 자가 될 것이다. 예수께서 이 전체 세상의 빛이시며, 사람들의 영원한 운명이 그에 대한 그들의 반응에 의거한다는 생각은 예수께 대한 매우 중요한 것을 우리에게 말해준다.

3. 나는 문이라

양과 목자에 대한 생생한 그림 언어로 표현되는 장에서 예수께서는 두 번씩이나 그 자신을 "문"으로 말씀하시는데(10:7, 9), 첫번째는 "양의 문"으로 언급하시고 두 번째에는 단순히 "문"으로 언급하신다. 그 장은 양우리에 대한 언급으로 시작된다. 거기에서 양은 안전을 누리며, 문을 통해서 출입한다(누구든지 담을 타며, 문을 사용하지 않는 자는 선한 자가 아니다. 10:1). 목자는 문을 통해서 들어가는데(10:2), 그것은 그 장 후반부에서 약간의 어려움을 내포한다. 왜냐하면 예수께서는 두 번씩이나 문으로서뿐만 아니라 목자로서 그 자신을 말하기 때문이다. 그러나 이것은 큰 문제는 아니다. 우리는 그를 담을 넘는 도둑이나 강도들과 대조적으로 문으로 들어갈 수 있는 권리를 가지신 목자로서 보므로 하나의 중요한 진리를 이해할 수 있으며, 또한 사람들이 구원으로 들어가는 문으로서 보므로 전혀 다른 또 하나의 진리를 볼 수 있기 때문이다.

예수께서 나는 문이라고 말씀하실 때, 그는 그 자신이 "양들"이 생명으로 들어가기 위한 수단이 되심을 말하고 있는 것이다. 그는 "그" 문이지 "하나의" 문이 아니시다. 거기에는 문에 대한 독특한 어떤 것이 있다. 그 당시에 일반적으로 양우리는 오직 하나의 문이 있었고, 예수께서는 생명으로 가는 길이 그를 통해서, 오직 그만 통해서라고 말씀하고 계신 것이다.[13] 그는 그 문이시다. 그가 그 사상을 다시 반복하실 때에 그는 "누구든지 나로 말미암아 들어가면 구원을 얻고 또는 들어가며 나오며 꼴을 얻으리라"(10:9)는 말씀을 덧붙이신다. 그는 "구원"에 대해서 설명하시지 않지만(그것은 여기에서 1회 사용되는 것보다 공관복음서에서 더욱 자주 사용되는 개념이다), 우리는 반드시 그것을 영원한 생명으로 들어가는 것으로 이해해야 할 것이다(참고. 10절). "구원받음"이란 개념과 "영생"을 소유함이란 개념은 3:16, 17에서 연결되어 있는데, 여기에서도 역시 유사한 연결로 이해해야 할 것이다. 이것은 더욱 (안전을 위해서) 들어가며 (꼴을 위해서) 나오는 것에 대한 언급으로 말해지며, 목장을 찾음으로 더욱 설명된다.

그래서 우리는 다시 한번 배타적인 구원이라는 개념을 만난다. 배타적이라는 것은 오직 한 문, 예수 그리스도를 통해서만 들어갈 수 있다는 의미이다. 모든 인류를 위한 오직 한 문만이 있다면 예수에 대한 매우 중요한 어떤 것을 다시 한번 기억할 수 있다. 다른 "나는 …이다" 말씀들처럼 이것도 우리를 신성에 대한 개념으로 이끄는 것이다.

4. 나는 선한 목자라

문에 대한 대화에 이어서 예수께서는 "나는 선한 목자라"(10:11)고 말씀하신다. "선한"(*kalos*)이란 단어가 선함과 마찬가지로 아름다움이라는 개념을 가지고 있기 때문에,[14] 어떤 학자는 우리가 그것을 "아름다운"으로 번역해야 한다고 제안한다(참고. 리유⟨E. V. Rieu⟩, "나는 목자요 아름다운 목자라"). 윌리암 템플(William Temple)은 이러한

---

13) W. G. Kümmel은 "구원의 영역을 들어가는 입구로서의 문을 나타내는 보기 드문 상징은 예수 홀로 구원과 아버지께의 접근을 준비한다고 말한다"(*The Theology of the New Testament*, London, 1974, p. 286)고 말한다.

14) G. Abbot-Smith's Lexicon은 "본래, 외모의"라고 말하며, Cremer가 "*agathos*를 본질의 현현으로서 관련시켰음"을 인용한다. 그는 그 말의 의미에다 "좋은, 아름다운"이란 의미를 부여한 최초의 사람이다.

의미로 보며, "물론 이러한 번역이 과장된 것이다. 그러나 여기에서의 '선한'이라는 단어는 선함의 도덕적 정직이나 그 엄격함을 나타내는 것이 아니라 그 매력적인 것을 나타낸다는 것은 중요하다. 우리는 우리들의 사명이 소위 사람들이 도달하여야 할 선을 행하는 것이며, 그것이 실제적으로 청렴이 될 수 있다는 것을 잊지 말아야 할 것이다"[15]라고 말한다. 템플(Temple)의 경고는 우리가 주의를 기울여야 할 한 가지를 제시하지만, 지금 현재의 구절에서의 강조점은 우리가 도덕적으로 올바를 수 있는 방법이 아니라 선한 목자의 매력에 있다. 그의 제자들이 어느 경우든지 간에 예수께서는 도덕적으로 선한 목자이실 뿐만 아니라 아름다운 목자이시다.

예수께서는 선한 목자가 "양들을 위해서 목숨을 버린다"[16]고 말씀하신다. 이것이 가장 주목할 만한 것이다. 목자는 그의 양들을 위해서 살지, 그들을 위해서 죽는 것이 요구되지 않는다. 양들을 푸른 초장과 물가로 인도하며 야수들을 방어하는 것이 그들의 임무이다. 비록 양들이 많은 세대를 통하여 인류의 필요들을 공급하였을지라도, 특히나 약한 짐승이며, 마초를 먹어대는 데 있어서 그리 좋은 짐승은 아니다(염소는 그나마 낫다). 목자 시편(shepherd psalm)은 "주께서 나를 푸른 초장에 누이시며 잔잔한 물가으로 인도하시는도다"(시 23:2)라고 말하지 않던가? 양들은 푸른 초장이나 잔잔한 물가를 발견하기 위해서 그들의 목자를 의뢰하며 의존하였다. 그리고 양들은 어떠한 중요한 방위 체제도 가지지 않았다. 그들은 쉽게 육식 동물들의 먹이가 되었다. 초기 팔레스타인에는 지금은 죽어 없어져 버린 맹수들이 있었다. 그래서 다윗은 그의 양무리를 공격하는 사자와 곰을 말한다(삼상 17:34-37). 목자의

---

15) *Readings in St. John's Gospel* (First and second Series) (London, 1947), p. 166.

16) *tēn psychēn tithenai*라는 표현은 의외이다. 요한은 이것을 몇 번 사용하지만(예를 들면, 15, 17, 18; 13:37, 38; 15:13; 요일 3:16), 그의 저작 밖에서는 찾아 볼 수 없다. 매우 유사한 어떤 것이 LXX에서 발견되지만(삿 12:3 등), 거기에서의 의미는 여기에서처럼 생명을 주는 것이 아니라 생명의 위험을 의미한다. 그 의미가 마가복음 10:45처럼 *dounai*를 사용하므로 더욱 자주 사용되는 의미이다.

임무가 쉬운 일이 아니며, 그 양무리를 돌보는 자를 심각한 위험에 처하게 할 수 있다는 것은 분명하다.

그러나 목자는 그가 그 위험에 대처할 수 있는 길을 생각할 것이다. 만일 그가 그것은 할 수 없다고 생각되면, 그는 목자가 되려고 하지 않을 것이다. 그는 단순히 약간의 양무리를 보호하기 위해서 죽으려고 의도하지는 않을 것이다. 그는 위험 속으로 들어갈지 모르지만 그는 항상 그 절정에서 빠져나오리라는 것을 생각할 것이다. 양을 위해서 죽는 것은 매우 드문 일이며, 매우 비극적인 일로 보일 것이다.

그러나 인간 목자들 사이에서 드물고 비극적인 것이 선한 목자의 특징이다. "선한 목자는 양들을 위해서 목숨을 버린다"(10:11). 이것은 요한이 예수의 죽음을 비극적인 죽음으로가 아니라 구원이 그를 믿는 모든 자들에게 이루어지도록 하기 위해 신적으로 작정된 것이라는 진리를 말하고 있는 또 하나의 방법이다. 양은 무력한 동물이다. 그리고 죄인들도 그들의 구원을 가져오기에 무력한 존재들이다. 그러나 선한 목자가 그의 생명을 버리므로 양들은 구원받게 되었다.

두 번째로 요한이 예수께서 "나는 선한 목자라"고 말씀하신 것을 보고할 때에 이번에는 "내가 내 양을 알고 양도 나를 아는 것이 아버지께서 나를 아시고 내가 아버지를 아는 것 같으니"라는 말씀을 첨가한다. 이어서 다시 한번 그는 "나는 양을 위하여 목숨을 버리노라"(10:14, 15)고 말씀하신다. 1세기 팔레스타인 목자들의 삶의 양식은 그들이 양들을 알았고 양들 역시 그들을 알았다. 양무리들이 수천에 이르는 이 시대에 한 마리의 양은 인식되지 않았을 수 있지만, 그 당시의 사람들은 단지 몇 마리를 가졌었다. 예수께서는 일백 마리의 양을 가진 사람을 말씀하시지만(눅 15:4), 나단 선지자는 더 이상 줄일 수 없는 최소한의 양무리인 "작은 암 양 한마리"를 언급한다(삼하 12:3). 그래서 목자들은 개개의 양들을 알았고, 물론 그 양들은 자기를 위해서 준비하는 목자들을 알았다. 이미 그 장에서 예수께서는 그 목자의 음성을 아는 양들이 그를 따를 것이지만, 타인의 목소리는 알지 못하기 때문에 그를 따르지 않을 것임을 말씀하셨다(10:3-5). 요한에게 있어서 예수께서 그 자신의 백성들을 알고 계시며, 그 자신의 백성들이 또한 그를 알고 있다는 사실은 중요하다.

우리는 두 번째에서도 예수께서 선한 목자가 그의 양을 위해서 그의 목숨을 버리는 것을 언급하신다는 것을 놓쳐서는 안될 것이다. 이것은 부수적인 것이 아니며, 별로 중요하지 않은 사실이 아니라, 매우 중심적인 진리이다.[17] 이 복음서의 심장부에서 하나님께서는 그의 양들의 구원을 위하여 준비하신다는 사실에 관심을 가지며, 그것에는 목자의 죽음이 포함된다.

5. 나는 부활이요, 생명이니

여기까지의 모든 "나는 …이다"라는 예수의 말씀들은 특별히 그의 제자들에게 말해진 것이라기보다는 유대인들에게 말해진 것들이었다. 그러나 그 이외의 나머지 말씀들은 예수께 그들 자신을 복종시키는 자들에게 말씀하셨다. 예수께서 마르다에게 그녀의 오라비 나사로가 죽은 후에 나사로가 다시 살아날 것이라고 말씀하실 때에, 마르다는 거기에 대하여 "마지막 날의 부활"을 언급하므로 반응한다. 그때 예수께서는 그녀에게 "나는 부활이요 생명이니 나를 믿는 자는 죽어도 살겠고 무릇 살아서 나를 믿는 자는 영원히 죽지 아니하리니"라고 말씀하신다 (11:23-26). 예수께서는 단지 부활과 생명을 주시리라고 말씀하시는 것이 아니라, 그가 부활이시며 생명이시라고 말씀하신다. 이것이 쉬운 표현은 아니지만, 우리는 반드시 예수께서 죽은 자들을 일으키시고 그들에게 생명을 주시는 것이 그 자신은 관계없는 소위 사무적인 행동이 아니라는 것을 보여준다고 이해해야 한다. 그는 완전히 그가 말씀하신 대로 생명을 주시는 일에 속하며, 그 자신을 생명과 동일시하신다. 예수께서 부활이라는 것은 우리들에게 그토록 결정적인 죽음이 그에게는 장애물이 되지 않음을 의미하며, 그가 생명이시라는 것은 그가 지금 여기

---

[17] R. H. Lightfoot는 선한 목자가 자기 목숨을 버린다는 것은 "그의 권리이지 그에게 강제된 어떤 것이 아니다"(St. John's Gospel, Oxford, 1956, p. 207)라고 말한다. 이러한 독특한 해석은 선한 목자가 그의 양들을 위해서 행하는 일의 자원적인 특성을 강조한다.

에서 우리에게 나누어 주시는 생명의 특성이 결코 멈추어지지 않는 것임을 의미한다.[18]

예수께서는 이러한 말씀들을 다시 살아날 나사로의 죽음의 문맥에서 말씀하신다. 요한은 분명히 우리로 하여금 죽음을 정복하는 예수의 권세의 빛 아래에서 그것들을 보도록 의도한다. 그는 가장 위대하시고, 죽음보다 놀랄 만큼 탁월하신 분에 대해서 기록하고 있는 것이다. 인류의 종국은 우리 모두가 죽음에 직면한다는 것이며, 그리고 우리가 그것에 대해서 할 수 있는 일은 아무것도 없다는 것이 상식이다. 우리가 잠시 동안 죽음을 피할 수 있을지 모르지만, 죽음이 이르면 마지막이다. 요한은 죽음이 마지막이 아닌 주님에 대해서 기록한다. 그는 심지어 죽음조차도 그에게 길을 비키는 그렇게 위대하신 분이신 것이다.

6. 나는 길이요 진리요 생명이니

십자가에 못박히시기 전날 밤 다락방에서 예수께서는 그의 임박한 작별을 말씀하시며 "내가 가는 곳에 그 길을 너희가 알리라"(14:4)는 말씀으로 끝맺는다. 도마는 "주여, 어디로 가시는지 우리가 알지 못하거늘 그 길을 어찌 알겠삽나이까?"라고 대꾸하였고, 여기에 대하여 예수께서는 "나는 길이요 진리요 생명이니"라고 응답하시며, "나로 말미암지 않고는 아버지께로 올 자가 없느니라"는 말씀을 더하신다(14:5-6). 신성을 나타내는 문체로서 "나는 …이다"라는 말씀의 이것은 또 다른 매우 진지한 진술로 주목되지만, 그 말들의 정확한 의미를 이해하기는 쉽지 않다. 어떤 학자는 세 개의 명사 모두가 그것들의 완전한 힘을 가진 것으로 생각하지만, 다른 사람들은 그들 중의 두 개는 실제적인 형용사라고 간주한다. 그래서 모팻(Moffatt)은 "나는 진리되고 생명있는 길이다"로 번역하며, 모울(Moule)은 "나는 (그) 길이요 진리요 생명이

---

[18] 참고. G. R. Beasley-Murray, "그래서 마르다가 받은 계시는 현재에도 역시 하나님 나라의 생명과 부활이신 그로 말미암은 그 성취 안에서, 생명이신 그를 통한 하나님 나라에서의 부활에 대한 확신이다. 생명의 두 가지 양상은 장래와 현재의 신적 통치의 중재자로서의 예수께 대한 이해에서 그 뿌리를 내리고 있다" (*John*, Waco, 1987, p. 191).

니"가 더 나은 번역인지에 대해서 의심한다.[19] 어떤 이는 하나나 그 이상의 정관사를 생략하여, 예를 들면 굳스피드(Goodspeed)는 "나는 길이요 진리요 생명이니"라고 번역한다. 나는 그러한 묘책의 이유를 발견할 수 없으며, 원래 기록된 대로 모두에게 관사가 있는 것으로 생각하는 것이 훨씬 나을 것 같다. 예수께서 그 자신에 대해 세 가지로 확언하는 것으로 보인다.

우선 예수께서 "나는 (그) 길이다"라고 말하신다. 우리가 이미 살펴본 그가 문이시라는 주장처럼, 그에 대한 배타성이 있다. 그는 여러 길들 중의 하나라고 말씀하시지 않고, 그가 바로 그 길이라고 말씀하신다. 이어서 그로 말미암지 않고는 아버지께로 올 자가 없다고 말씀하시기 때문에, 그가 "그 길"로서 "하나님께로 가는 길"을 의미하신 것임에 틀림없다. 요한은 예수께서 아버지께 이르는 유일한 길이라고 주장한다. 그는 유대 제사장 지도자들이 율법과 할례의 의미 역시 하나님께 이르는 또 다른 길이 될 수 있다는 주장을 한 순간도 허용하지 않는다. 그 지도자들이 무엇이라고 하든 요한은 예수의 인격 외의 요한 자신이나 다른 누구도 우리를 하늘의 처소로 인도할 수 없는 그러한 분이심을 단언하는 것이다. 그는 예수께서 그 길을 보여주셨다고 말하는 것이 아니다. 그가 바로 그 길이라고 말하는 것이다. 이것은 우리에게 그의 구속적 죽음의 중요성을 지적해 준다. 죄인들을 위해서 죽으심으로 그는 그들을 하나님께로 인도하신다.

"나는 진리이다"는 가르침은 매우 중요하다. 이것은 우리에게 예수의 완전한 신빙성을 생각하게 한다. 요한은 예수께서 가르치신 많은 가르침을 기록했는데, 이 선언은 그 모든 것이 진리이며 신뢰할 수 있는 것임을 의미한다. 이 복음서에서 진리는 말과 동일하게 행위의 특성도 있다(3:21). 그래서 전체적인 예수의 삶의 방식도 무엇이 진리인가를 표현해 준다고 결론지어야 한다. 그는 진리를 말씀하시며, 그의 행위는 진리와 일치된다. "진리는 예수에 의해서 전달된 하나님에 대한 가르침

---

19) C. F. D. Moule, *An Idiom Book of New Testament Greek* (Cambridge, 1953), p. 112.

이 아니라 예수 안에서―발생하여―그 자체를 계시하시는 하나님의 바로 그 실체이다."[20] 요한도 예수께서 진리를 선언하신다는 것 이상을 말하고 있다. 물론 그는 그것을 하셨지만, 그가 진리이시라는 것은 큄멜(Kümmel)이 말한 것처럼 "그가 하나님께 속한다"는 의미이다. 그러나 무엇보다도, 하나님께서는 예수 안에서 인격적으로 나타난 이 진리와의 만남을 통하여 개인적으로 확실히 청취할 수 있는 자가 되시므로 구원이 사람들에게 전달될 수 있었다고 말한다(큄멜〈Kümmel〉은 8:32을 인용하는 데에까지 나아간다).[21]

"나는 생명이다"는 우리를 "나는 부활이요 생명이니"라는 말씀과 동일한 영역으로 이끈다. 다시 한 번 예수께서 그 자신을 생명과 매우 밀접하게 연결시킨다. 그의 생명이 아버지의 생명처럼 자존하시므로 독특하신 분은 오직 그분뿐이시다(5:26). 그는 생명이시며, 다른 사람들의 생명의 원천이시다(3:16).

이 포괄적인 말씀이 예수의 독단적인 지위를 선언한다. 그는 하나님께 이르는 오직 한 길이다. 그는 전폭적으로 신뢰할 만한 분이시다. 그는 아무도 그렇게 할 수 없는 방식으로 진리와 관련되어 있다. 물론 그와 동일한 방식으로 그는 생명과도 관련된다.

7. 나는 참 포도나무라

다락방 설교에서 두 번씩이나 예수께서는 그가 포도나무이시라고 하신다. 첫번째의 경우에서 그는 "나는 참 포도나무요"라고 말씀하시며, "내 아버지는 그 농부라"(15:1)는 말씀을 덧붙이신다. 두 번째의 경우에서 예수께서는 "나는 포도나무요 너희는 가지니"라고 말씀하시므로 신자들과의 연결성을 강조하시며, 이어서 구세주와 구원받은 자들 사이

---

20) Rudolf Bultmann, *Theology of the New Testament*, II (London, 1955), p. 19. Bultmann은 또한 "요한복음에서 '진리'의 근본적인 의미는 하나님의 실재성인데, 그것은 하나님께서 창조주로서 유일한 참 실재이시기 때문이다"(p. 18)라고 말한다.

21) *The Theology of the New Testament*, p. 286.

의 상호 내재에 대해서도 언급한다(15:5). 우리는 구약성경에서 이스라엘에 대해 포도나무라는 그림 언어로 말하는 구절들이 있음을 상기하여야 할 것이다(예를 들면, 시 80:8-16; 렘 2:21; 겔 15장). 그럼에도 불구하고 각 경우에 하나님께서는 이스라엘의 죄를 지적하는 것으로 보인다. 그래서 우리는 그리스도께서 "참" 포도나무이시라는 개념을 불신앙의 이스라엘과 대조되는 것으로 이해해야 할 것이다.

구약성경에서 포도나무는 자주 이스라엘에 대한 상징이며, 가끔 이스라엘의 타락에 대한 상징이다. 예를 들면 예레미야에서 우리는 "내가 너를 순전한 참 종자 곧 귀한 포도나무로 심었거늘 내게 대하여 이방 포도나무의 악한 가지가 됨은 어찜이뇨?"(렘 2:21)라는 말씀을 읽는다. 우리는 예수께서 "참" 포도나무이시라는 것을 이러한 배경에서 이해해야 할 것이다. 기대되었던 열매를 맺는 데 실패한 백성들은, 그들을 위해서 그토록 많은 일을 해주셨던 그들의 하나님에 대해 실패한 것이다. 시편 기자는 그래서 "주께서 한 포도나무를 애굽에서 가져다가 열방을 쫓아내시고 이를 심으셨나이다"(시 80:8)라고 말할 수 있었다. 그러나 하나님께서 그토록 많은 일을 해주셨을지라도 그들은 그 사명대로 사는 데 실패했고, 그들의 열매를 생산해 내야 하는 그 그림 언어를 지키는 데 실패했다. 그러나 이스라엘이 실패하고, 실패한 포도나무가 되는 그 부분에서, 우리는 이제 그 안에서 하나님의 의도가 실행되는 참 포도나무를 본다.[22]

두 절 모두는 그리스도와 그의 백성 사이의 연관성을 강조하고 있으며, 또한 우리들에게 열매 맺음의 중요성을 보여준다. 그리스도 안에서의 구원은 심각한 게으름으로 우리를 인도하는 과정이 아니다. 그리스

---

22) 참고. John Painter, "유대인들과 유대 기독교인들의 충돌에서 모든 것은 기독론에서 결정된다. 유대 종교가 진리라면 예수는 신성모독자이다. 요한이 그에 대해서 묘사한 것처럼 예수께서 중요한 분이시라면, 유대교는 성경의 기초에서부터 잘못되었을 뿐만 아니라, 더 이상 하나님께 대한 지식의 표현이 될 수 없다. 요한복음에서 그 강조점은 기독론이다. 즉 그것은 유대교에 반하는 예수이다. 이것에 대하여 요한복음 15장만큼보다 더 명확한 부분은 없다"(NTS 25, 1978-79, p. 111).

도 안에서의 구원은 그들로 하여금 열매없는 삶에 대한 두려움을 가지고 그리스도인으로서의 고백에 일치된 특성들을 생산해 내는 결과를 의미한다. 그가 참 포도나무이시며 아버지는 농부라는 말씀을 하신 후에, [23] 예수께서는 열매없는 가지는[24] 버려질 것이라고 말씀하신다. 포도나무를 기르는 이유는 포도를 생산하기 위해서이지 잎을 보기 위한 것이 아니다. 그래서 예수께서는 열매를 맺지 아니하는 가지는 잘려질 것이라고 말씀하신다. 그런 방식으로 다루시는 이유는 더 많은 열매를 맺게 하기 위해서라고 말씀하신다. 이것은 자주(다른 것들과 함께 GNB처럼) "제거하다"는 의미로 이해된다. 그러나 그 단어는 "제거하다"는 의미가 아니라, "깨끗이 하다"는 의미이며,[25] 이것이 문맥에서 중요한 점이다. 예수께서는 계속해서 "너희는 내가 일러준 말로 이미 깨끗하였으니"(3절)라고 말씀하신다. 그들은 그의 설교에 응답하였으며, 믿는 자들이다. 우리는 아마 "깨끗하다"는 단어가 다락방에서 유다를 제외한 그들에게 사용되었음을 인식해야 할 것이다. 왜냐하면 예수께서는 "너희가 깨끗하나 다는 아니니라"고 말씀하시며, 요한은 그것에 대해서 "이는 자기를 팔 자가 누구인지 아심이라 그러므로 '다는 깨끗지 아니하다' 하시니라"고 설명하고 있기 때문이다(13:10, 11). 이것은 잘려지는 가지는 유다와 같은 사람으로, 제자됨을 고백하였지만 참된 제자로서의 위임을 행하지 않은 자들을 의미하는 것으로 보인다. 그래서 그 처음 "포도나무" 말씀은 깨끗하지 않은 자들이 참 포도나무의 한 부

---

23) 그 단어는 *geōrgos*로서, 토지의 경작자, 농부에 대한 일반적인 단어이다. 그것을 포도나무와 연결시킬 필요가 없다. 단순히 땅의 일꾼을 의미하기 때문이다. 그러나 이 구절에서 이것은 확실히 그의 일이 포도나무와 관련된 사람을 언급한다. 그러므로 우리는 이것을 반드시 "포도 가지를 손질하는 사람"이라는 의미로 이해해야 할 것이다.

24) 작은 문제이지만 대부분의 번역들이 문자적으로 *klados*에 의해서 표현되는 "가지들"이라고 번역한다는 것이다. *klēma*는 포도나무 가지를 특징짓는 휘어지기 쉬운 가지를 의미한다.

25) 그 단어는 *kathairei*로 "전지하다"라는 의미로 사용된 경우를 인용할 수 있는 예는 없다. 그것은 확실히 포도 재배에서 사용되는 용어가 아니며, 문맥에서 다음 줄의 *katharoi*와 연결되어 있다는 사실이 중요하다.

분이 될 수 없음을 강조한다.

두 번째 말씀은 그리스도와의 생생한 연결의 중요성을 강조한다. 예수께서는 "저가 내 안에, 내가 저 안에 있으면 이 사람은 과실을 많이 맺나니 나를 떠나서는 너희가 아무것도 할 수 없음이라"(15:5)고 말씀하신다. 육체적인 힘으로 하나님을 기쁘시게 할 수 있는 어떤 일을 할 수 있다고 가정하는 것은 잘못된 것이다. 왜냐하면 우리는 하나님만이 공급하실 수 있는 힘이 필요한 자들이기 때문이다. 그리스도인의 섬김에서 열매 맺을 수 있는 조건은 그리스도와 생생하게 연결되는 것이다.[26] 우리들 자신의 것으로는 아무것도 할 수 없다. 주님과의 살아있는 교제 안에서 비로소 모든 일이 가능하다(참고. 빌 4:13). 그 "열매"라는 것이 무엇인지는 확실히 설명되지 않았다. 그러나 통상적으로 신약성경에서 그 말은 그리스도인의 성격의 특성을 의미하며(마 3:8; 7:20; 롬 6:22; 갈 5:22 등). 우리는 아마 이것을 그 근본적인 의미로 염두에 두어야 할 것이다. 우리가 그리스도와의 생생한 연결을 유지하며, 그 생생한 연결이 우리들의 성품과 행동들에서 나타나질 때에 우리는 열매 맺는 그리스도인이 될 수 있다.

8. 술어 없는 "나는 … 이다" 말씀들

요한은 예수께서 "나는 … 이다"라는 구조를 이제까지 언급한 예처럼 술어로서 그것을 제한하는 것 없이 몇 번 사용하셨음을 보고한다. 예를 들면 이것은 예수께서 우물가의 여인과 대화하시는 곳에서 나타난다.

---

26) Kümmel은 "포도나무의 상징은 아버지에 대한 예수의 관계를 묘사하고 있다기보다는—15:1 하반절이 이것을 암시하듯이—아버지의 뜻과 교제하시는 제자들에게의 계시자로서의 예수를 묘사하는 것이다"(*The Theology of the New Testament*, p. 287)라고 말한다. 이것은 전혀 그렇지 않다. 계시보다 더한 것이 포함되어 있기 때문이다. 포도나무의 상징은 계시에 대해서라기보다는 생명과 능력과의 교제에 대해서이다. 요한은 그의 독자들에게 열매맺는 삶이 생명의 원천과의 생동감있는 관계부터라고 말하고 있는 것이다. 예수께서 계시자라는 것이 사실이다. 그러나 이것이 포도나무의 상징이 싣고 있는 의미라는 것은 사실이 아니다.

그녀가 그들이 대화하는 주제를 메시야 도래의 때에 대한 이야기로 발전시켜 말했을 때에, 예수께서는 "네게 말하는 내가 그로라"(4:26)고 응답하신다. 에델버트 스타우퍼(Ethelbert Stauffer)는 이것이 간접적인 메시야 선언이라는 것을 부인하고 "요한은 예수의 대답이 신현의 공식인 ANI HU(아니 후)로 이해되기를 원했다"고 주장한다.[27] 에드윈 프리드(Edwin D. Freed)는 그와 대조적으로 세례 요한이 그 "나는 … 이다"를 그가 그리스도가 아니라는 것을 말하기 위해서 사용하였음을 지적한다(1:20; 그리고 3:28에서 반복됨). 프리드(Freed)는 4:26에서 그 공식이 다시 나타남을 지적하며 "확실히 유일한 바른 방식은 아닐지라도 이 문맥에서 헬라어 *egō eimi*(에고 에이미)가 지니고 있는 의미는 *ho lalōn soi*(호 랄론 소이)와 동격인 서술어로서의 그 앞의 문장의 메시야/크리스토스로 이해하는 것도 한 방법이다. 세례 요한의 부정적인 진술과는 대조적으로 예수께서는 *egō eimi*(에고 에이미)를 사용하여 그의 메시야 됨을 확언하는 것으로 진술하는 것이다"[28]라고 말한다. 프리드(Freed)의 문맥에 호소하는 방식은 확실히 인상적이다. 그러나 스타우퍼(Stauffer)는 확실히 그 말들이 신성을 나타내는 엄숙한 말들이라는 사실에 주의를 기울이게 한다.[29]

---

27) *Jesus and His Story* (London, 1960), p. 152. ANI HU는 "나는 …이다"에 대한 히브리적 이해이다. Stauffer는 이 견해를 주장하는 여섯 가지 이유를 제시하는 데까지 나아가며, 결론내리기를 "예수께서는 의도적으로 사마리아 사람들의 메시야적 용어를 취하지 아니하고 이사야 52:6로부터 자기 계시의 숨겨진 공식을 선택한다. 그의 자기 계시의 말씀은 하나의 신비이며 하나의 표적이며, 하나의 *mashal*이다"라고 말한다. Stauffer는 이 "나는 …이다"가 "예수의 가장 명확하고 대담하고 깊은 자기 확신이다"라고 생각한다(p. 158). 그것은 "내가 있는 곳이 곧 하나님이 계신 곳이며, 거기에서 하나님이 사시고, 말씀하시고, 부르시고, 물으시고, 행동하시고, 결정하시고, 사랑하시고, 선택하시고, 용서하시고, 거절하시고, 강퍅케 하시고, 고통당하시고, 죽으신다는 의미이다. 이렇게 말하거나 상상하는 것 이상으로 힘찬 것은 없다"(p. 159, Stauffer의 이탤릭체〈여기에서는 고딕체로 표현했음〉).

28) *CBQ* 41 (1979), p. 290.

29) Stauffer는 자주 과격한 입장을 취해서 많은 사람들이 전적으로 그에게 동의할 수 없다. 그러나 Philip B. Harner는 구약성경에서 사용된 '*ani hu*는 요한

그리고 이것은 확실히 폭풍우 속에서 흔들리는 제자들에게로 물 위를 걸어서 오시는 예수의 말들을 이해하는 방식이어야 한다. 그들은 예수께서 그들에게로 다가오는 것을 보고 공포에 질렸다(공관복음서에서는 우리들에게 그들이 유령을 보는 것으로 생각했다고 말한다). 예수께서는 그들을 "내니 두려워 말라"(6:20)는 말로 진정시킨다. 이것은 (바레트〈C. K. Barrett〉가 생각하는 대로)[30] 자기 자신을 소개하는 것 이상은 아니지만, 주님의 말투는 신성을 나타내는 말투이며, 예수께서 물 위를 걸어오시는 것과 일치한다. 이와 약간 비슷한 구절은 예수께서 "내가 나를 위하여 증거하는 자가 되고 나를 보내신 아버지도 나를 위하여 증거하시느니라"(8:18)고 말씀하시는 경우이다. 이것은 예수께서 "나는 증거하는 자이다"라는 것 이상의 의미는 아니고 그렇게 보이지도 않는다. 그는 확실히 일반적인 사람들보다 그가 아버지께 더욱 밀접한 위치에 있는바 그의 신성을 표현하는 말투로 확언하는 것이다.

예수께서는 더 나아가서 어느 유대인들에게 "만일 내가 그인 줄 믿지 아니하면 너희 죄 가운데서 죽으리라"(8:24)고 말씀하신다. "죄 가운데서 죽음"이라는 의미가 무엇인지 정확히 해석되지는 않지만, 명확히 그것은 무서운 운명임에는 틀림이 없다. 그리고 사람들은 이것으로부터 구원을 받아야 하며, 예수께서는 그것은 그들이 그가 그인 줄 알 때에야 비로소 가능하다고 말씀하신다. 후에 그는 제자들에게 "지금부터 일이 이루기 전에 미리 너희에게 이름은 일이 이룰 때에 내가 그인 줄 너희로 믿게 하려 함이로라"(13:19)고 말씀하신다. 두 구절 모두에서 우리는 믿는 것에 대한 요한의 강조를 발견하는데, 그것은 예수 자신의

복음에서 그 표현을 사용하는 배경을 이루고 있음을 지적하며, 그것에 대해 "'ani hu라는 구절은 세상의 다양한 민족들의 소위 신들이라는 존재들과 대조적으로 오직 야웨 한 분만이 하나님이시라는 것을 의미한다"고 말한다. 그는 그것을 "배타적인 일신론적 주장"이라고 말한다(*The "I Am" of the Fourth Gospel*. Philadelphia, 1970. p. 8).

30) *The Gospel according to St. John*. p. 281. 그는 계속해서 "만일 현재 구절에서 신적 현현에 대한 어떤 암시가 있다면 그것은 *egō eimi*라는 말이 사용되어서가 아니라 복음서 전체에서 예수가 신적인 인물로 나타나기 때문이다"라고 말한다.

인격과 관련되어 있다. 예수께서는 자신을 그인 줄로 신뢰하게 되는 것의 중요성을 말씀하시고 계신다. 그것은 그가 신적 본성을 공유하신다는 것을 선언하는 것과 매우 유사하다. 사람들은 예수를 아버지와 같은 분으로서 보아야 하며, 그를 그와 같이 신뢰해야 한다. 아마 이것은 예수가 아버지께서 자기에게 그 자신의 이름을 주셨다고 말씀하시는 다락방의 기도에서 더욱 알 수 있을 것이다. 그것은 하나님의 이름이 뜻하고 있는 모든 것을 공유하신다는 단언으로 보인다.[31]

예수께서 "그때에 너희는 내가 그인 줄 알리라"(8:28)[32]고 말씀하시며, 특히 "진실로 진실로 너희에게 이르노니 아브라함이 나기 전부터 내가 그니라(우리 성경에서는 '있느니라'로 되어있음 - 역자주)" (8:58)[33]고 말씀하시는 경우에서 그와 동일한 결론을 피하기가 쉽지 않

---

31) Brown은 구약성경(사 43:25에서처럼)과, 랍비적인 문헌에서 하나님의 이름으로서 사용된 "나는 …이다"의 예를 발견하고 이어서 "후기 유대교에서 하나님의 이름으로서의 '나는 …이다'의 사용은 예수께서 가지신 하나님의 이름에 대한 요한의 많은 언급들을 설명할 수 있을 것이다"(*The Gospel according to John* (i-xii), p. 537: 그는 5:43; 10:25; 17:11, 12 등과 같은 구절들을 인용한다)라고 말한다.

32) 8:28에 대해서 C. H. Dodd는 "*egō eimi*는 하나님과 그리스도의 결속을 나타낸다"(*The Interpretation of the Fourth Gospel*, Cambridge, 1953, p. 96)고 주장한다. 그렇지만 Barrett는 그 표현이 단지 "예수께서 아버지께 복종하시는 분이시며 이러한 이유 때문에 그를 완전히 계시하실 수 있다. *egō eimi*는 예수를 하나님과 동일시하지 않고 오히려 가장 강력한 용어로서 그에게 집중시키는 것"을 의미할 뿐이라고 말한다(*The Gospel according to St. John*, p. 342).

33) 이 구절에 대해서 Dodd는 "그 부정 과거형의 동사 genesthai, '…이 되다'와, 현재 진행형의 동사 *einai*, '…이다'가 대조됨"을 지적한다. 거기에 함축된 의미는 예수께서 위대한 사람들의 현세적인 계열에 속하신 것이 아니라, 그들과 대조되도록 아브라함과 함께 시작하셨으며, 선지자들의 계승을 통해서 지속되셨음을 의미한다. 그의 주장은 그가 선지자들보다 더욱 뛰어난 선지자라는 것을 의미하는 것이 아니며, 심지어 아브라함 자신보다 더욱 위대한 자라는 것을 의미하는 것도 아니다. 그는 본질적으로 다른 질서에 속하신 분이시다(*The Interpretation of the Fourth Gospel*, p. 261). F. Büchsel은 8:58에 대해 "이것은 *einai*와 *genesthai*를 대조하는 신약성경에서 나타나는 유일한 구절이다. 그 구절은 예수께서 영원이나 세대를 초월하는 것을 인식하신 것으로 그리고 있다"(*TDNT*, II, p. 399)고 말한다.

다. 아브라함이 나기 전에 그가 있었다는 그 주장은 거짓이든가 아니면 말하는 이가 세대를 초월하여 주권자이심을 진술하는 것이다. 두 구절 모두에서 요한은 우리에게 예수의 본성에 대한 어떠한 것을 말하고 있다. 그는 단순히 다른 어떤 사람으로 생각될 수 없다. 그는 하나의 인간이지만, 그 이상으로, 이와 같은 구절들이 그 이상을 말하고 있다. 유대인들이 예수께서 "아브라함이 나기 전부터 내가 그니라"고 말씀하시는 것을 듣고 돌로 치려 하였다는 것이 중요하다(8:59). 그들은 그 주장을 신성모독으로 간주하였던 것이다. 하너(Harner)는 이것을 10:31의 예수께 돌로 치려는 것과 연결시킨다. "그들은 예수께서 8:58에서 *egō eimi*(에고 에이미)고 말씀하실 때에 그를 돌로 치려 하였고 또한 10:30에서 '나와 아버지는 하나이니라'고 말씀하실 때에도 그러하였다. 이러한 방식으로 요한은 그 진술이 의미상으로 동일하다는 것을 지적한다. 13:19처럼 8:58의 절대적인 *egō eimi*(에고 에이미)는 아버지와 아들의 통일성을 표현한다."[34] 돌로 치려는 것은 심각한 일이므로 하너(Harner)가 제시하는 것처럼 만일 유대인들이 예수를 신성모독으로 생각하지 않았다면 왜 그들이 이러한 두 경우에서 그렇게 했는지를 이해하기가 쉽지 않다. 그의 주장은 너무 멀리까지 미친다.

우리는 또한 체포 당시 일련의 "나는 …이다"는 말씀을 주목해야 한다. 예수께서는 두 번씩이나 그 병사들로부터 그들이 "나사렛 예수"를 찾는다는 대답을 유도하시고(18:5, 7), 두 번 다 '내로라'로 대답하신다. 그 둘 사이에 요한은 그의 독자들에게 "예수께서 저희에게 내로라 하실 때에 저희가 물러가서 땅에 엎드러지는지라"(18:6)고 말하므로 또 다른 "나는 …이다"를 가진다. 요한은 동산에서 체포단의 횃불로 희미하게 밝혀졌던 어두움 가운데에서 일어난 일을 묘사한다. 그러나 동산 그늘진 구석에 숨어 있을 것으로 기대되는 공포에 질린 도망자들 대신에, 신성을 나타내는 언어로서 그들에게 말하며 그들을 만나기 위해서 나아오는 위엄있는 인물에 직면한 그들 자신을 병사들은 발견하였다. 다시 한번 요한은 그의 독자들에게 예수의 천상 아버지와의 유사성에

---

34) *The "I Am" of the Fourth Gospel*, p. 39.

대한 어떤 것을 말한다. 이것은 인간에 불과한 다른 어떤 사람에 의하여 행해지고 말해질 수 있는 그러한 것이 아니었다. 땅에 엎드러짐은 그 말들에 특별한 중요성이 있다는 것을 말하는 요한의 방식으로 보인다. 그 병사들은 하나님 앞에 선 사람들처럼 반응하였던 것이다.

요한은 예수께서 "나 있는 곳에 나를 섬기는 자도 거기 있으리니" (12:26)라고 말씀하실 때와 예수께서 보게 하신 소경이 자기 자신의 신분을 단언할 때(9:9)에 또 다른 "나는 …이다"를 가지고 있다. 그러나 그 둘 모두는 우리가 지금 조사하고 있는 것에서 별로 중요한 것 같지는 않다. 그것들은 묘사된 상황에서 단지 인간적인 대답일 뿐이며, 더이상 살펴볼 필요가 없다. 그러나 다른 구절들에서 요한이 사용하는 그 표현의 용법은 독특한 것으로 보인다. 우리는 (공관복음서에서의 몇 구절을 제외하고) 신약성경의 다른 어떤 부분에서도 이와 비슷한 어떤 것을 발견할 수 없다. 그래서 우리는 요한이 그 신성한 표현을 사용하여 주님이 천상의 아버지와 특별한 관계를 가지셨는데, 그 관계는 신적 본성을 공유하는 것으로 생각되어야 하며,[35] 그 관계가 하나님이 오직 한 분뿐이시라는 진리를 더럽히는 것이 아니라는[36] 진리를 나타내고 있다는 것을 알아야 할 것이다.

---

35) G. E. Ladd는 "대부분의 학자들은 Stauffer가 과격한 입장을 취한다고 생각하지만 절대적인 *egō eimi*를 사용함으로써 예수께서 구약성경의 하나님과 자기 자신을 동일시하셨음이 의심할 여지가 없다"(*A Theology of the New Testament*, Grand Rapids, 1974, p. 251)고 말할 수 있었다.

36) Cf. Harner는 *egō eimi* 구절에서 요한이 "기독교 신앙은 아들을 아버지와 한 분이시라고 주장하므로, 일신론의 완전성을 깨뜨리는 것이 아니라는 그의 믿음을 표현했다"(*The "I Am" of the Fourth Gospel*, p. 57)고 주장한다.

제 7 장

하나님 아버지

　요한은 하나님에 대해서 많이 말하고 있다. 그는 "하나님"이란 단어를 83회 사용하는데, 물론 그것은 다른 신약성경 저작들보다 다소 적은 숫자이다. 누가는 복음서에서 122회 사용하며, 사도행전에서는 166회를 사용한다. 더구나 그보다 더욱 적은 분량인 바울의 로마서에서 그 단어는 153회나 나온다. 그러나 우리가 요한이 "하나님"과 동일한 존재를 지칭하며 120여 회 이상 사용하는 "아버지"를 포함시키면 그가 신성에 대한 강한 관심을 가지고 있음을 알 수 있다. "하나님"을 말할 때에 요한은 변함없이 아버지를 말하지만, 우리는 그가 부활하신 예수께 고백하는 도마의 말 "나의 주 나의 하나님"(20:28)을 포함시키고 있음을 주목해야 한다.

　요한에게 있어서 하나님은 위대하신 분으로서 "유일하신 참 하나님"(17:3)이시다. 그것은 그 당시 많은 다신교로부터 그 복음서 저자를 분리시킨다. 그는 하나님은 "영이시니"(4:24)라고 말하는데, 그것은 하나님을 우상숭배자들이 이해하는 것과 같이 그렇게 이해될 수 없으신 분이시며, 우리들과 같은 어떠한 존재나 그보다 뛰어난 어떤 존재로 이해될 수 없는 존재이시라는 것을 분명하게 한다. 그는 다른 질서의 존재이시며, 그것은 우리가 그에게 접근할 때에는 반드시 경외심으로 다가가야 함을 염두에 두게 한다. 엄밀히 말하자면 하나님께서는 영이시기에 그를 예배하는 모든 자들은 반드시 "신령과 진정으로"(성령과 진리 안에서)(4:23, 24) 경배해야 하며, 하나님께 다가가는 것은 그들이 어느 시간에든 그들 자신의 방식으로 다가갈 수 있다고 가정하는 것처럼 어느 곳에서나 항상 열려 있는 것이 아니다.[1] 예배가 "성령 안에서"와 마찬가지로 "진리 안에서" 이루어져야 함은 예배의 신실성과 진실성을 지시한다. 우리는 위대한 하나님께서 천박하고 유물론적인 접근 방식으로 경배받는다고 생각할 수 없다.

이것은 아무도 하나님을 본 사람이 없다는 것과 일치한다(1:18).[2] 성육한 말씀 안에서 그 자신을 계시하시기를 택하셨지만, 그것은 그 자신의 선택이다. 피조된 존재들은 육체적인 눈으로 그를 판단할 수 없다. (monogenēs theos〈모노게네스 데오스〉, 독생하신 하나님으로 말해지는) 그 말씀은 그분이 어떤 존재인지를 선언한다(1:18). 그러나 그의 위대함과 그의 탁월함이 요한에게 있어서 명백한 것이다. 이에 대한 설명이 인자 위에 오르락 내리락하는 "하나님의 천사들"에 대한 언급이다 (1:51). 우리는 여기에서 하나님의 위대하심을 보며(이 천사들이 하나님의 천사들이다), 동시에 그가 그의 피조물들을 돌보는 자발성을 본다

---

1) C. H. Hendry는 그 구절이 "일반적으로 영이시며 무소부재하시기에 어느 곳에서든 예배할 수 있는 하나님을 의미하는 것으로 받아들여졌다. 중요한 점은 어디에서 인간이 예배하느냐가 아니라, 그들이 어떻게 예배하느냐를 의미한다는 것이었다"라고 지적한다. 그러나 그는 이것을 부인한다. 그는 주장하기를 그 의미는 오히려 "하나님께서는 그 자신의 왕국에 존재하시며 그 인간들은 거기에 접근할 수 없다. 영으로 하나님을 예배하는 것은 항상 그리고 어디에서든지 사람들에게 열려 있는 것이 아니다. 그 의미는 그 장소가 제한되어 왔다는 것이며, 이제 하나님은 그가 존재하시는 곳에서 예배될 수 있는바, 그곳은 즉 진리로 성육신하신 그 자신 안에서라는 것이다"고 주장한다(*The Holy Spirit in Christian Theology*, London, 1957, pp. 31-32).

2) F. L. Godet는 "누구도 하나님에 대해서 모든 것을 알 수 없다. 완료형 *heōrake, has seen*은 하나의 행위보다는 오히려 또 하나의 결과를 나타내어 그것은 부정 과거형의 의미를 가지게 될 것이다. 즉 '아무도 하나님의 시선을 가질 수 없으며 따라서 아무도 하나님을 *de visu*하게 말할 수 없다.' 완전한 진리는 예수 그리스도 밖이나 그가 오시기 전에는 이 땅에서 가질 수 없다. 그것은 확실히 그를 통해서 온다"라고 말한다(*Commentary on the Gospel of John*, I, Grand Rapids, n.d., p. 280).

(그 천사들이 이 땅에 내려온다).

1. 하나님이 그리스도 안에 계셨다

 요한이 강조하는 한 가지 요점은 이 위대하신 하나님이 그 자신을 그리스도 안에서 계시하셨다는 것이다. 그는 많은 방식으로 그 둘의 통일성을 표현한다. 그래서 그는 그가 "말씀"이라고 일컫는 존재에 대한 진술로 요한복음을 시작한다. 그는 그 용어를 결코 설명하지는 않으나, 그의 복음서가 그것을 표명하는 것처럼 이것이 예수 그리스도에 대한 명칭이라는 사실은 분명해진다. 그것은 그를 하나님으로(1:1) 그리고 아버지의 계시자로 지시한다(1:18). "이 말씀이 하나님과 함께 계셨으니"(1:1)라고 말하므로 요한은 그가 그 말씀을 아버지와 동일시하지 않음을 명확히 한다. 그들은 가장 밀접한 관계에 있지만 동일시되지는 않는다. 우리가 그를 "하나님으로부터 오신 선생"이라는 말을 읽고, 하나님께서 "그와 함께" 계셨다고 말해질 때에(3:2), 이것들이 우리들에게 그리스도에 대하여뿐만 아니라 하나님에 대한 것도 말해주고 있는 것이다.[3] 요한이 기록하고 있는 하나님은 그 자신을 계시하기를 기뻐하시는 하나님으로, 그 자신이 창조하신 피조물들을 방치해 두는 하나님이 아니시다. 거기에는 하나님으로부터 온 가르침이 있다(7:17; 8:40). 예수께서는 "저희가 다 하나님의 가르침을 받으리라"는 예언을 인용하시며(6:45; 참고. 사 54:13) 계속해서 하나님으로부터 듣거나 가르침을 받는 모든 사람들이 그에게로 나아올 것이라고 말씀하신다. 항상 기꺼이 그의 가르침을 그의 백성들에게 베푸시는 하나님께서 그리스도의 도래로 그 완성을 가져오셨다. 그래서 우리는 자주 그가 "하나님으로부터" 오셨다는 말이나, 그와 유사한 말들을 듣는다(6:46; 8:42; 9:33; 13:3 등).

 요한의 시대(그리고 우리들 자신의 시대)에 그토록 많은 비극은 그들

---

 3) Floyd V. Filson은 "니고데모는 오직 하나님의 실제적인 능력에 의해서만 예수께서 그러한 표적들을 행하실 수 있으리라는 것을 이해하고 있었다"고 말한다 (*Saint John*, London, 1963, p. 45).

이 그들 자신의 판단으로 너무 교활하여 하나님의 방식들을 거부하기까지 한다는 것이며, 그들 자신의 방식으로 삶의 방식들을 세운다는 것이다. 예수께서는 그의 청중들의 일부가 진실로 "유일하신 하나님께로부터 오는 영광"(5:44)을 구하지 않는다는 것을 지적하는데, 그들은 "그들 자신들 안에 하나님께 대한 사랑"(5:42)을 가지지 않았던 것이다.[4] 하나님께로의 길에 대한 그들 자신의 개념들은 그들에게 너무 분명하며, 하나님이 그들의 아버지가 되신다고 확신함을 강력하게 주장함에도 불구하고(8:41), 그들의 행위는 그것을 부인하고 있었다(8:42). 확실히 그들의 행위가 마귀가 그들의 진정한 아비임을 보여준다(8:44). 그들은 하나님의 말씀을 가지고 그들에게 오신 분을 영접하지 않으며, 하나님의 백성이 아니므로 그의 말씀을 청종하지 않는다(8:47). 최종적으로 그들은 하나님 승인보다는 사람의 승인을 더 귀하게 여긴다(12:43).

그러나 요한이 기록하는 하나님은 계시를 초월한다. 계시와 가르침 그 자체로 끝이라면, 사람들로 하여금 하나님이 요구하시는 표준에 맞게 살 수 없다는 것을 인식시키므로 절망으로 인도할 것이다. 그러나 요한은 절망을 주시는 하나님이 아니라 구원을 주시는 하나님을 기록하고 있다. 요한은 하나님께서 세상을 사랑하사 그의 아들을 세상에 주시기까지 하셨으며 그를 믿는 자는 누구든지 구원을 얻게 되리라고 주장한다(3:16). 예수께서는 영광이라는 용어로 그의 죽음을 말씀하시는데(12:23), 이것은 하나님께서 그의 이름을 영화롭게 하시리라는 언급을 염두에 두고 있는 것으로 보인다(12:28). 예수의 죽음은, 결코 구원을 획득할 수 없는 사람들에게 그들 자신의 의향대로 버려두지 않고 구원을 주시는 하나님의 영화로운 행동이다. 하나님께서 아들을 보내신 것

---

4) 나는 tēn agapēn tou theou를 "하나님께서 그들을 사랑"이라는 의미보다는 오히려 "그들의 하나님께 대한 사랑"이라는 의미로 취했었다. 물론 헬라어로 둘 다 해석이 가능하지만 앞의 해석이 받아들여진다면 문제가 되는 사람들은 "그들 안에 그것을 가지지 않았다"고 비난되고 있어서, 그 의미는 그들이 반응하기를 거절하였다는 의미이어야 한다는 것이다. 하나님께서 그들을 사랑하셨다는 것이 명확하지만 그들은 그 사랑에 대응하는 사랑으로 반응하지 못했다. 그래서 우리가 어떻게 번역하든지 그들이 하나님에 대한 참된 사랑을 가지고 있지 않기 때문에 비난받는다.

은 사람들로 하여금 정죄받게 하시기 위해서가 아니라 그들이 구원받을 수 있게 하시기 위해서이다(3:17). 이것이 사람들이 그들 자신의 노력으로 하나님의 가족의 일원이 될 수 없다는 진리나(1:12-13), 물과 성령으로 거듭나는 것만이 하나님의 나라에 들어갈 수 있는 유일한 길이라는 진리를(3:3-8) 말하는 진술의 요점이다. 이러한 맥락에서 예수께서는 "하나님의 자유로운 선물"을 말씀하신다(4:10).

어떤 사람들이 한번은 예수께 그들이 "어떻게 하여야 하나님의 일을 할 수 있는가"를 물었다(6:28). 그 질문은 분명히 그들이 구원을, 하나님께서 받으실 만한 일을 행하는 행위에 의존한다고 생각하고 있음을 보여준다. 그러나 예수께서는 그들에게 "하나님의 일"(여기의 단수는 중요하다)은 그들이 "하나님의 보내신 자를 믿는 것"(6:29)이라고 말씀하신다. 하나님의 구원에 이르는 길은 어떤 종류의 인간적인 선행이나 인간적인 성취가 아니라 하나님께서 보내신 자를 믿는 것이다. 이것이 그리스도나 하나님 또는 그 둘 다를 믿는 것을 말하는 구절들의 요점이다(예. 3:18; 9:35; 11:27; 14:1). 하나님께서는 그리스도 안에서 구원을 주시기 위해 활동하신다. 그리고 이것은 어떤 어려운 인간적인 성취에 의해서가 아니라 간단히 믿음으로 받아들여진다. 죄가 심각한 것이라는 사실은 요한복음에서 드러나며, "하나님의 진노"가 불순종하는 죄인들에게 머무른다는 것이 명확하다(3:36). 그러나 하나님에 대한 요한의 위대한 가르침은 그가 구원을 주시는 일을 시작하시는 분이시라는 것이다. 죄인이 구원받을 수 있는 길을 만드신 분은 바로 하나님이시다. 죄인들의 구원을 위해서 드려지기 위한 "하나님의 어린 양"(1:29, 36)을 보내신 이가 바로 하나님이시다. 이 복음서 전체는 사람들로 하여금 믿고 영생에 들어가도록 하기 위해서 기록되었다(20:31).

2. 아버지

하나님께서 그의 백성의 아버지라는 사실은 구약성경의 일반적인 가르침이 아니다. 우리는 이것을 "저가 내게 부르기를 '주는 나의 아버지시요…'"(시 89:26)라고 할 때를 하나님께서 기다리신다고 시편 기자가 말할 때나 혹은 선지자가 "그러나 여호와여 주는 우리 아버지시니이다"(사 64:8; 참고. 사 63:16; 렘 3:19; 31:9 등)라고 말할 때 등에서 발견할 수 있다. 그러나 "아버지"라는 칭호는 개인적인 이스라엘 사람에게보다는 전체로서의 국가에 적용되는 경향이 있다. 신약성경에서 그 용어가 사용되는 방식과 연결되는 구약성경의 책은 없다. 특히 요한이 지속적으로 하나님을 아버지라고 부르는데, 그것은 구약성경에서 그 동등한 것을 발견할 수 없는 것이다.[5]

요한이 하나님에 대한 그의 가르침에서 신약성경의 다른 어떤 사람들보다 더욱 발전시키기로 것은 그분이 우리 주 예수 그리스도의 아버지며, 신자들의 아버지라는 진리를 강조하는 데 있다. "아버지"는 하나님에 대한 그리스도인들의 전형적인 용어가 되었으며, 우리가 하나님을 우리 아버지로서 생각하기에 이른 것은 대단한 수확이다. 제임스 모팻(James Moffatt)은 "하나의 종교는 하나님을 많은 이름으로 부를 수 있을 것이다. 그러나 하나님에 대한 많은 칭호들이 있을지라도 그 자체가 될 수는 없을 것이지만 기독교에서 최상의 칭호는 '아버지'이다"라고 지적한다.[6] 그는 계속해서 이것이 기독교가 유대교로부터 취택한 것이 아닌 것은 거기에서는 그것을 발견할 수 없기 때문이다. 이것은 예수님 덕분에 우리가 하나님을 볼 수 있게 된 시각이다. 그리고 신약성경의 저작들 중에 그것을 강조하는 사람이 요한이다.

---

5) 현대 저술들 안에서 역시 그와 동등한 것을 발견하기 어렵다. 그래서 *Concept of Diety*(London, 1971)라는 책에서 H. P. Owen은 "창조주 하나님"이나 "하나님의 통일성"이라는 것과 같은 가르침으로 고전적인 유일신론을 표현한다. 그는 그러한 것을 나타내는 12가지 요점이 있지만, "하나님 아버지"와 같은 어떤 제목도 가지고 있지 않다. 정확하게 말해서 이것은 그가 성경 계시를 상세하게 말하려고 시도하지 않았다고 해야 할 것이지만, 기독교적인 시각에서 기록된 하나님에 대한 책으로 아버지로서의 하나님에 대해 아무런 언급도 없다는 것이 흥미롭다.

6) *The Theology of the Gospel*(London, 1928), p. 99. Cf. Joseph Bonsirven, "신적 아버지됨의 개념은 예수께서 우리에게 주신 계시에 있어서 중심적인 요소이다…예수께서는 예상 밖의 진기함으로 이에 기여하셨는데, 그는 하나님의 독생자이셨다. 그는 성육신하시므로 우리에게 그의 아들됨을 나눠주셨다…"(*Theology of the New Testament*, London, 1963, pp. 107-108).

우리는 요한이 "하나님"이란 단어를 83회나 사용하고 있음을 보았다. 우리는 또한 그가 "아버지"란 단어를 137회 사용하고 있음을 주목해야 한다. 그중 122회 이상이 하나님을 언급한다. 전체 신약성경에서 아무도 하나님의 아버지되심에 대하여 이처럼 습관적으로 언급하지 않는다. 바울은 하나님의 지위에 대해 강한 강조를 하고 있고, 바울 저작들에서 그 단어가 548회 이상 사용된다. 이것은 어마어마한 숫자로 우리로 하여금 바울이 하나님 중심의 사람이라고 생각하게 만든다. 그러나 비록 그가 아버지에 대해 중요하고 인상적인 구절들이 있음에도 불구하고, 그가 이 단어를 사용하는 전체 횟수는 63회로 그중의 많은 것이 인간 아버지를 언급한다. 그래서 로마서에서 그는 아버지로서의 하나님을 겨우 네 번 언급하며, 고린도전서에서 세 번, 고린도후서에서 다섯 번 그리고 갈라디아서에서 네 번 언급된다. 바울의 저작 중에서 가장 높은 숫자는 에베소서로서 여덟 번이다. 이러한 관점의 요한과 연결될 만한 신약성경의 저자는 마태로서, 그는 그 단어를 64회 사용하는데 그 중 45회를 하늘의 아버지를 언급한다. 요한에게 있어서 우리 하나님이 하늘의 아버지라는 사실이 중심적으로 중요한 사실이라는 것이 명확하다. 우리 하나님에 대한 우리의 습관적인 말이 "아버지"라는 말로 습관화된 것은 다 요한 덕택이라는 사실은 그 이상으로 평가되어야만 할 것이다.

그가 그 용어를 사용하는 방식에 대한 토론에서, 우리는 반드시 요한의 하나님에 대한 가르침을 생각할 때 우리가 다루고 있는 배경의 어떤 것들을 되돌아보아야 할 것이지만 아마 각 경우에 "아버지"라는 주제에서 더욱 많은 것을 설명할 수 있을 것이며, 다른 각도로부터 더욱 완전하게 그것을 다룰 수 있을 것이라고 말하는 것이 사실일 것이다. 첫째, 그 아버지는 위대한 인격이라는 것을 주목한다. 예수께서는 이 복음서 전체를 통해 가장 중요한 인물이지만, 그는 "아버지는 나보다 크심이니라"(14:28)고 말씀하신다. 아들의 지위에 대한 이 말씀을 이해하기 위해서는 약간 주의가 필요하지만,[7] 그 구절은 확실히 아버지의 최고의

---

7) 그 말들은 예수 비하가 함축하는 모든 의미로 성육신의 성취라는 문맥에서 말해져야 한다. 그가 이 땅에 오신 것은 확실히 비하를 포함하지만, 교회는 결코 이 구절을 그 아들이 아버지보다 본질상 하위라는 의미로 보지 않았다.

지위를 묘사하는 것이다.

좀 난해한 구절은 RSV와 다른 번역들이 "내 아버지는 만유보다 크시매"(10:29)라고 번역하는 예수의 말씀이다. 좋은 몇몇 사본들이 "내 아버지께서 내게 주신 것은 만유보다 크다"(GNB)라고 말하는 데에 문제가 있다. 전자의 경우에 우리는 아버지께서, 존재하는 모든 자와 모든 것보다 우월하다는 것을 확언할 수 있을 것이다. 후자의 경우에는 그 "주신 것"이라는 것이 교회를 언급한다는 데에 일반적인 동의가 있다. 왜냐하면 그것이 "아버지께서 예수께 주신 것"이며, 아버지의 눈에 그것이 세상의 그 어떤 것보다 크기 때문이다. 우리는 아마 이 두 번째 독법을 취해야 할 것이다. 그러나 그럴 경우라도 우리는 그것이 아버지의 위대성에 대한 중요한 암시가 있다는 사실을 간과해서는 안될 것이다.[8] 예수께서는 아버지께서 그토록 능력이 있으시기에 아무것도, 또한 아무도 그의 손으로부터 그의 백성을 빼낼 수 없다는 것을 말씀하고 계시는 것이다.

우리는 이러한 구절들과 함께 아버지에 대한 공경심을 말하는 구절들을 다루어야 할 것이다. 아버지께서 모든 심판을 아들에게 맡기신 것은 "모든 사람으로 아버지를 공경하는 것같이 아들을 공경하게 하려 하심이라"고 예수께서 말씀하실 때에(5:23), 그 함축하는 의미가 아버지께서 확실히 모든 사람들로부터 공경받으시기에 합당하시다는 것이다. 그리고 예수께서 아버지를 공경하신다고 말씀하실 때에(8:49), 그 개념은 요한이 기록하는 예수와 같은 위대하신 이가 아버지를 공경하신다면 그 아버지는 가장 중요한 분이라는 것이다.

아버지는 보통 사람은 접근하기 어려운 분이다. 왜냐하면 그리스도 외에(6:46; 참고. 1:18) 아무도 그를 본 자가 없기 때문이다. 그 아버지는 "자기 속에 생명이 있으시며"(5:26), "살아계신 아버지"(6:57)라

---

8) E. C. Hoskyns는 우리가 받아들일 수 있는 가능한 모든 해석들의 궁극적인 의미가 별차이가 없다고 본다. 그는 그 구절이 "아버지께서 예수를 믿는 모든 자들의 궁극적인 보장의 유일한 원천이시라는 의미이다. 그들은 아버지에 의해서 그에게 주어졌기 때문에 예수께 속한다"는 것을 의미한다고 말한다(The Fourth Gospel, London, 1947, p. 389).

고 불릴 수 있다. 하늘은 "내 아버지의 집"으로 말해질 수 있는데 그 곳에는 거할 곳이 많다(14:2). 그처럼 다양한 표현들을 사용하는 것은 우리들에게 요한이 "아버지"라는 용어를 사용하는 용이함을 볼 수 있게 하고, 그가 언급하는 하나님의 위대성을 볼 수 있게 한다. 우리는 단지 우리들과 같은 사람들에게 전유되는 용어로서 아버지를 이해하지 않아야 한다. 확실히 요한은 그를 매우 위대한 존재로 이해하고 있다.

3. 아버지와 아들

아버지의 보어는 "아들"이다. 요한이 그의 백성의 아버지로서 하나님을 말할 때에도, 그 용어를 사용하는 기본적인 원리는 아버지를 그리스도와 연관시키는 것이다. 유대인들은 예수께서 "하나님을 자기의 친아버지라 하여 자기를 하나님과 동등으로 삼으시는 것"(5:18)에 대해서 분개하였다. 그들은 예수께서 이사야나 예레미야의 방식으로 하나님을 아버지라고 말하는 것에 대해서 당황하는 것이 아니라, 그가 그를 그 자신의 아버지로 말하며, 그가 그 자신을 하나님과 관계시키되 다른 사람이 가질 수 없는 방식으로 관련시키고 있기 때문이었다.[9] 그리고 그 동사의 시제는 계속적인 상태를 나타낸다. 그는 이것을 습관적으로 말한다. 그들은 일상적으로 사라져가는 하나의 고립된 말 때문에 불평하고 있는 것이 아니었다. 그들은 그들이 하나의 정형화된 태도를 볼 수 있는 것에 대해서 불평하고 있는 것이다. 이것은 예수께서 "내가 아버지로 인하여 사는 것같이"(6:57)라고 말씀하실 수 있으며, 다시 "나와 아버지는 하나이니라"(10:30)와 "아버지께서 나와 함께 계시니라"(16:32)고 말씀하실 수 있는 것과 일치한다. 반복적으로 그는 아버지 안에 계시며, 아버지께서 그 안에 계신다고 말씀하신다(10:38; 14:10,

---

9) Barnabas Lindars는 "그 자신의 아버지"를 "하나님께서 모든 인류의 아버지이시라는 의미와 대조하는 것"으로 간주한다. 하나님과 동등하다는 예수의 제안은 "그의 주장을 받아들이지 않는 유대인들에게 다른 어떤 것도 그 이상 화나게 할 수 없었다. 하나님과 동등한 수준으로 자신을 높이는 것은 궁극적으로 어리석을 뿐만 아니라 절대적인 신성모독이었던 것이다"라고 한다(*The Gospel of John*, London, 1972, p. 219).

11; 17:21). 그를 보는 것은 아버지를 보는 것이며(14:9), 그를 아는 것은 아버지를 아는 것이다(8:19; 14:7). 사람들은 아버지뿐만 아니라 아들을 모른다고 비난받는다(16:3). 아버지는 그를 아시며, 그는 아버지를 아신다(10:15). 아버지께서 하시는 일을 아들도 역시 한다(5:19). 이러한 구절들은 아버지와의 밀접한 관계를 가리키는 것으로, 확실히 그러한 밀접한 관련성은 아무도 공유하지 못했던 것이었다.

이것은 또한 아버지께서 아들에게 경의를 표하는 일의 다양함 속에서 나타난다. 그래서 예수는 "아버지께서 거룩하게 하사 세상에 보내신 자"이시다(10:36; 참고, "내가 아버지께로 나와서", 16:28). 아버지께서 아들에게 인치셨으며(6:27), 또는 승락하시는 표시의 인을 그에게 주셨다. 그는 모든 것을 그의 손에 맡기셨는데(13:3) 이것은 굉장한 선언이다. 아버지께서는 그가 행할 일들을 주셨고(5:36), 그에게 오는 자들은 아버지께서 그에게 주신 자들이다(6:37; 17:24). 아버지께서는 그에게 말씀하셨으며, 그가 말씀하시는 것은 곧 아버지께서 말씀하신 것이다(12:50). 아버지께서 그를 가르치셨으며 이 일들을 말씀하신다(8:28). 그의 "말씀"은 아버지의 "말씀"이다(14:24). 이것은 아버지에게서 본 것을 그가 말씀하신다는 말과 별다를 바 없는 말씀이며(8:38), 그가 아버지로부터 들은 것을 알게 하신다(15:15). 반복적으로 요한은 우리에게 아버지께서 그 아들을 보내셨다고 말한다(5:36, 37; 6:44, 등).[10] 한스 콘젤만(Hans Conzelmann)은 "'보낸다', '보냄을 받은 자'(사자)라는 중심어는 하나님 스스로가 구원에 대한 책임을 지신다는 의미이다"라고 말함으로써 이 말의 중요성을 주장한다.[11] 예수의 행위는 아버지로부터의 선행들로서(10:32), 확실히 그것들은 아버지의 일들이었는데(10:37), 그것은 그 안에 살아계신 아버지께서 그의 일을 하시

---

10) 요한은 아버지께서 아들을 보내신 것을 표현하기 위해서 *apostellō*를 17회 사용하며, *pempō*를 24회 사용하여 모두 41회를 사용하는데, 그것은 21장밖에 되지 않는 책으로서는 굉장한 숫자이다. 좀더 깊은 연구를 위해서는 pp. 102 이하를 보라.

11) *An Outline of the Theology of the New Testament*(London, 1969), p. 341.

기 때문이다(14:10). 예수께서는 그가 그의 목숨을 버릴 권세와 다시 찾을 권세를 가지셨다고 말씀하시며 "이 계명을 내 아버지에게서 받았노라"고 설명하신다(10:18). 이 생명으로부터 그가 분리되는 것을 그는 아버지께로 되돌아가는 것으로 몇 번 말한다(13:1; 14:12, 28; 16:10, 17, 28). 하늘로부터 이 땅으로 내려오며 다시 되돌아가는 그 큰 움직임은 한 절 안에 표현된다. "내가 아버지께로 나와서 세상에 왔고 다시 세상을 떠나 아버지께로 가노라"(16:28). 이 절은 "보내다"라는 동사를 사용하지 않았지만, 이것에 뒤이어 아버지께서 제자들을 사랑하심이 그들이 그리스도를 사랑하며 그가 하나님께로부터 나오심을 믿기 때문이라는 진술이 나온다(27절). 어떤 동사가 사용되었든지 예수께서 그를 세상에 보내신 하나님의 사랑을 말씀하시고 계시며, 그의 사명이 완성되었을 때 그가 그의 아버지께 되돌아갈 것이라는 사실을 말씀하시고 계시는 것에는 일말의 의심도 있을 수 없다.

 요한이 아들을 향한 아버지의 사랑(3:35; 5:20; 10:17; 15:9)과, 아버지에 대한 아들의 사랑(14:31)을 말하고 있다는 것은 놀랄 만한 일이 아니다. 아마 아들이 아버지를 사랑하고 있다는 것을 명백히 말하는 구절이 신약성경에서 이 한 구절뿐이라는 사실이 놀라울 것이다. 물론 신약성경 전체를 통하여 아들의 아버지에 대한 사랑은 모든 곳에 함축되어 있다. 그러나 표현된 한 구절이 요한복음에 안에 있다는 것이 중요하다.

4. 아버지와 자녀들

 하나님께서 아버지라는 것은 요한에게 있어서 그 첫번째 예로 그가 우리 주 예수 그리스도의 아버지라는 의미이다. 우리가 보는 신적 아버지되심이 의미하는 바는 바로 이 관계 속에서이다. 그러나 또한 요한에게 있어서 신자들이 천상의 가족의 회원에 가입하며, 그들이 하나님을 아버지라고 부를 수 있다는 것 역시 중요하다. 우리가 이미 어느 곳에선가 언급했던 것처럼 요한은 그들을 "하나님의 아들들"(sons of God)이라고 부르지 않는다. 천상의 가족에 관련하였을 때에 요한은 "아들"

(son)을 그리스도를 위하여 남겨두며, 그가 신자들을 말할 때에는 그는 그들을 "아들들"(sons)이라고 부르기보다는 "자녀들"(children)이라고 부른다. 이것이 요한의 용법이다. 예를 들면 바울은 천상의 인간 가족들을 "아들들"이라고 부르는 것에 주저하지 않는다. 그러나 요한의 용법은 그리스도의 아들됨과 다른 사람들의 아들됨을 구별한다. 예수는 하나님의 아들이지만, 신자들은 하나님의 자녀가 되는 것이다. 그가 하나님의 가족에 속하는 것은 그가 바로 그러한 분이시기에 그렇지만, 우리는 우리들이 어떠한 존재이든 간에 그 가족으로 입양된 것이다. 패커(J. I. Packer)가 그것을 묘사하는 것처럼 "하나님의 아들됨의 선물이 우리들의 것이 된 것은 우리가 태어남으로써가 아니라 우리가 중생함으로이다."[12] 요한은 우리가 천상의 가족 안에 회원으로 가입된 것이 당연한 것이 아니라 순전한 기적이라는 것을 매우 분명히 한다.

우리는 이것을 심각하게 받아들여야 한다. 신약성경의 어느 부분에서도 마치 세상에 태어나는 것이 하늘에 등록되는 것을 의미하는 것처럼 전체 인류가 천상의 가족에 속하게 된다고 가르치지 않는다. 알란 리차드슨(Alan Richardson)이 말하는 것처럼 "그러므로 예수께서 하나님을 각 제자들 개개인의 아버지로서 가르치시는 것은 독특하고 독창적인 것이다. 물론 예수께서는 자유주의 신학자들이 주장하는 것처럼, 하나님께서 모든 인류의 아버지이시며, 그러므로 인류로서의 모든 사람은 형제라고 가르치시지 않는다(하르낙〈Harnack〉의 "기독교의 정수" 〈essence of Christianity〉). 하나님은 오직 믿음과 회개로써 그의 나라에 들어오는 자들과 아들들의 순종을 받아들이는 자들의 아버지이신 것이다."[13]

래드(G. E. Ladd)는 이 점을 강조하며, 하나님의 아버지되심의 범위와 관련하여 급격한 변화가 신약성경 비평학을 변화시켜 왔다고 주장

---

12) *Knowing God*(London, 1973), p. 181. 그는 후에 "양자됨에 대한 우리의 가장 중요한 점은 그것이 요한복음이 주고 있는 가장 높은 영예라는 것이다"라고 말한다(p. 186).

13) *An Introduction to the Theology of the New Testament*(London, 1958), p. 149.

한다. 확실히 초기에는 전체 인류에 대하여 하나님이 아버지가 되신다고 말하는 것이 일반적이었으나, 이제 신약성경에서 이것을 발견하기 어렵다는 것이 널리 인식되고 있다. 래드(Ladd)는 "(1) 예수께서는 결코 그 자신을 하나님의 아들들로서의 제자들과 같은 무리에 포함시키지 않았는데, 그의 메시야적 아들됨이 그의 제자들의 아들됨과 다르기 때문이다. (2) 예수께서는 결코 제자들 외에 다른 누구에게도 아들됨의 범주를 적용시키지 않으셨다. 사람들은 그의 메시야적 아들됨을 인식함으로 하나님의 자녀가 되는 것이다"[14]는 두 가지 주석학적인 사실에 주의를 기울인다. 어쨌든 이 복음서의 한 경우에서 예수께서는 그 자신의 아들됨과 제자들의 아들됨을 구분하는 방식으로 말씀하시며(20:17), 요한은 어떻게 사람들이 하나님의 자녀가 되는가를 묘사하는 고전적인 방식에 해당하는 것을 가지고 있다(1:12, 13).

5. 아버지께서 일하심

"내 아버지께서 이제까지 일하시니 나도 일한다"고 예수께서 말씀하셨다(5:17). 유대인들이 그가 안식일을 범한다고 비난하는 상황에서 예수께서는 이 말씀을 하셨으며, 그렇게 하심으로 아버지께서 안식일에도 일하신다는 사실에 주의를 이끄시는 것이다. 만일 그렇지 않다면 전체 우주는 그 기능을 그치게 될 것이다. 안식일에 어떤 종류의 일이 정식으로 허용되는지 안 되는지가 문제가 아니라, 어떠한 종류의 일이 마지못해 허용되는지가 문제이다. 그러나 우리가 지금 알고자 하는 당면 과제는 아버지께서 활동하신다는 것이다. 요한은 우주 자체가 움직이도록 허용하시면서 부재중이신 하나님에 대해 말하고 있지 않다. 아버지는

---

14) *ISBE*, II, p. 511. C. F. D. Moule은 "압바"의 사용에 대해서 관심을 집중하여(막 14:36; 롬 8:15; 갈 4:6), "이것이 예수의 진짜 말이라는 것을 의심할 필요가 없으며 인간 아버지에 대해 말하는 표현이라는 것을 의심할 필요가 없다. 이것은 예수께서 하나님께 대하여 전례없는 단순함과 정로로 접근하심을 반영한다"라고 추론한다(*IDB*, II, p. 433). 그 말 자체가 요한복음에 기록되지 않았음에도 불구하고 이 복음서는 확실히 이러한 "하나님에 대하여 전례없는 단순함과 정로로 접근하심"에 대한 증거들을 제시한다.

이 모든 것들을 유지하기 위해서 일하시며 그의 목적대로 행하신다.[15]

어느 곳에선가 예수께서는 아버지의 구원 사역에 대한 주의를 이끈다. 아버지는 하늘로서 참 떡을 계속해서 주시며(6:32), 그 떡은 영적 생명을 유지하는 떡이다. 그리고 한 가지 중요한 말씀에서 예수께서는 그의 청중들에게 "만일 아버지께서 이끌지 아니하시면" 아무라도 그에게 올 수 없다고 말씀하신다(6:44). 구원에 있어서의 주도권은 죄인에게 있는 것이 아니라 하나님께 있는 것이다. 요한은, 죄인들이 그에게로 되돌아 온다면, 그때에 죄인들을 기꺼이 받아들이실 그러한 하나님으로 묘사하지 않는다. 그는 사람들, 심지어 죄인들인 사람들까지도 사랑하시는 하나님으로 묘사하며, 그래서 그들을 찾는 것만큼 그들을 그 자신에게로 이끄시는 것이다. 그들은 그 이끄심없이는 결코 구원받을 수 없다. 동일한 문맥에서 우리는 모든 사람들이 다 하나님의 가르침을 받을 것이며, 아버지께 배운 사람만이 그리스도에게로 온다는 말씀을 발견할 수 있다(6:45). 그와 동일한 진리가 예수의 다음 말씀에서도 표현되었을 것이다. "내 아버지께서 오게 하여 주지 아니하시면 누구든지 내게 올 수 없다"(6:65). 이 진리는 예수께서 다락방에서 "나로 말미암지 않고는 아버지께로 올 자가 없느니라"(14:6)고 말씀하실 때에 되풀이 된다.[16] 그는 또한 그를 사랑하는 자는 아버지께 사랑을 받을 것이

---

15) 참고. Ronald A. Ward, "하나님은 우주의 유지자(Sustainer)이시다. 캐나다의 일상적인 용어를 사용하자면 그는 기사(Operator)이시다. 예수께서는 자연적인 우주에 사시는 것이 아니다. 태양은 확실히 규칙적으로 떠오르지만 그 한결같음은 스스로 움직이는 것이 아니다. 하나님께서 법에 따라 일하시지만 그분은 실질적인 법이 아닌 것이다. 그가 그의 태양으로 하여금 떠오르게 하며…그가 비로 하여금 오게 하는 것이다"(*Royal Theology*, London, 1964, p. 26).

16) W. F. Howard는 이러한 단어들 속에서 "이 복음서의 테마"를 발견한다. 그는 계속해서 "이것은 서신서들의 모든 가르침을 강조한다. 우리는 이 말들을 인류의 어느 종족이나 세대에서 하나님을 구하는 자들이 가졌던 급증하는 상상력에 대한 비방으로 이해할 수는 없다. 또한 여전히 이스라엘의 선지자적인 선견자들이 그들의 단편적인 증거들에 의해서 말하는 것들을 부인한다고 이해해서도 안된다. 많은 사람들이 하나님을 찾았지만 오직 그 자신에 의해서만 발견되었다. 그리스도 안에 있는 계시의 독특성은 그 안에서 우리가 아버지께 이르는 길을 가진 것이다"라고 말한다(*Christianity according to St. John*, London, 1943, pp. 181-

라고 말씀하시며, 그 자신 역시 그를 사랑하실 것이라고 말씀하신다(14:21; 참고. 14:23). 이러한 구절들은 아버지와 아들 사이를 강하게 연결시키는데, 특히 구원 사역에 있어서 그렇다. 우리는 또한 아버지께서 아들을 증거하신다는 구절을 발견할 수 있는데(8:18), 이 구절을 우리는 아마 그와 동일한 방식으로 이해해야 할 것이다. 구원을 가지고 오시는 이는 예수시며, 우리가 지금까지 말해온 것처럼, 그 구원은 하나님께서 정하신 것이었다. 그래서 아버지께서 예수에 대한 그의 증거를 가지고 계시며 그가 하시는 일에 대한 증거를 가지고 계시는 것이다. 또 다른 각도에서 우리는 구원을 가지고 오시는 하나님의 주도권에 대한 중요성을 보게 된다.

이와 같이 우리는 "내 아버지 집에 거할 곳이 많도다(그렇지 않으면 너희에게 일렀으리라) 내가 너희를 위하여 처소를 예비하러 가노니"(14:2)라는 예수의 말씀을 취해야 한다.[17] 거기에는 이 말씀들에 대한 확신이 있다. 예수께서는 그가 가진 확실한 지식을 말씀하고 계시는 것이다. 그리고 이것은 그의 제자들에게 궁극적인 승리의 확실성을 보여주는 것이다. 그때 그들은 세상이 반대하는 것에 대해 고민하고 있었으며, 또한 곧 십자가의 죽음이라는 비극이 발생하는 것을 보므로 어두움 속에 빠지게 될 것이다. 그러나 예수께서는 그 모든 것을 초월하여 이 한 가지 사건 뒤에 그가 가지고 오는 구원이 착실하게 그 생명 안으로 옮겨지리라는 사실을 보고 계신다.

거기에는 또한 더욱 엄격한 종류의 아버지의 행동이 있다. 우리가 이미 앞 장에서 보았듯이 예수께서 그 자신을 참 포도나무로 말씀하실 때에 그는 또한 아버지를 농부로서 말하시며, 다음의 말로써 그 의미를 설명하신다. "무릇 내게 있어 과실을 맺지 아니하는 가지는 아버지께서

---

82).

17) 그 구절을 RSV가 취하는 방식으로 취할 수 있다. "내 아버지의 집에는 거할 곳이 많도다. 그렇지 않으면 내가 너희를 위하여 처소를 예비하러 간다고 말하지 않겠느냐?" 그러나 요한이 예수께서 준비하시는 장소에 대해서 전혀 이야기하지 않기 때문에 "그렇지 않으면 너희에게 일렀으리라"고 삽입어나 평서문으로 취하는 편이 나을 것 같다.

이를 제해 버리시고 무릇 과실을 맺는 가지는 더 과실을 맺게 하려 하여 이를 깨끗게 하시느니라"(15:2). 우리는 아마 과실을 맺지 아니하는 가지를 불완전한 신자로서 이해해서는 안될 것이다. 예수께서는 계속해서 그의 제자들을 "깨끗한" 존재로서 말씀하시며(그 동사에 상응하는 형용사는 바로 아버지의 행동에 대해서 사용된다), 그보다 조금 앞서서는 다락방에 있는 모든 자들을 향하여 "너희가 깨끗하나 다는 아니라"고 말씀하시는데, 그 진술에 대해서 요한은 "이는 자기를 팔 자가 누구인지 아심이라 그러므로 '다는 깨끗지 아니하다' 하시니라"는 주석을 달아 놓았다(13:10, 11). 아버지께서 "깨끗하지 않은" 가지들의 포도나무를 깨끗하게 하실 때, 그는 유다와 같은 사람들, 즉 실제로는 예수의 모든 뜻들을 배반하면서도 구성원으로서는 고백하는 자들을 제거하시는 것이다.[18] 그러한 자는 교회 안에서 자리가 없다.

또한 참으로 포도나무에 거하는 자들 안에서의 한 행동이 있다. 열매를 맺는 자들은 더 많은 열매를 맺게 하기 위하여 깨끗게 하실 것이다. 포도나무는 그 자체대로 내버려두면 약간의 포도만을 생산하며 잎 전체가 쓸모없는 것이 되어 버린다. 그 결과로 호기심용과 장식용은 될 수 있을지 몰라도 열매를 맺지는 못한다. 예수께서는 우리들에게 아버지께서는 그리스도 안에서 구원받은 자들이 열매 맺는 삶을 살기를 기대하시지 열매 없는 무가치한 장식용의 화려한 삶을 기대하시지 않는다고 말씀하시는 것이다. 무가치한 것에 대한 하나님의 가지치기는(그것이 우리가 발견하는 바처럼, 심미적으로 만족을 얻기 위한 것일지라도) 고통스러운 것일 것이다. 그러나 이것은 우리가 구원의 충만한 삶을 살기 위해서 필수불가결한 요소이다. 우리가 구원받는 것은 우리들 자신의 영적인 취미에 만족을 얻기 위해서가 아니라 열매를 맺기 위해서이다.

---

18) C. K. Barrett는 두 종류의 적용을 한다. "하나님의 포도나무에서의 원가지는 유대인이었다. 열매를 맺지 아니하는(믿지 아니하는) 이것들을 하나님께서는 옮기셨다…그러나 enemoi는 그의 본래적인 생각이 변절한 그리스도인임을 보여준다"(The Gospel according to St. John², Philadelphia, 1978, p. 473).

6. 예배

요한복음 앞 부분에서 요한은 예수께서 성전 매매하는 자들을 쫓아내신 이야기를 하고 있다. 그러면서 그는 예수의 말씀을 인용한다. "이것을 여기서 가져가라 내 아버지의 집으로 장사하는 집을 만들지 말라" (2:16). 요한은 시작부터 그의 독자들에게 하나님과 하나님의 집을 향한 위엄있는 사모함이 있게 하는 것이다. 우리는 하나님의 이름과 연결되어 있는 장소를 경홀히 취급할 수 없다.

우리는 우리가 예배하는 방식을 가볍게 취해서는 안될 것이다. 우물가의 여인이 하나님께 예배드려야 할 장소에 대하여 강조하자, 예수께서는 그녀에게 그녀가 논쟁하는 장소에서가 아닌 곳에서 하나님께 예배드려질 때에 대해서 말씀하신다. 그는 계속해서 "너희는 알지 못하는 것을 예배하고 우리는 아는 것을 예배하노니 이는 구원이 유대인에게서 남이니라"(4:22)고 말씀하신다.[19] 그것은 의심할 바 없이 많은 사마리아 사람들이 하는 것처럼 헌신하는 마음으로 충분하지 않다. 하나님께 나아오는 자는 아버지께서 요구하시는 바가 무엇인지를 알아 차려야 한다. 예수께서는 계속해서 아버지께서 적극적으로 "신령과 진정으로" (4:23) 예배하는 자를 찾으시는 점을 지적하신다. 확실히 예배하는 자는 "반드시" 이러한 방식으로 예배해야 한다(4:24). 우리는 아버지께서 이러한 종류의 예배자를 "찾으신다"는 사실을 너무 쉽게 지나쳐서는 않된다. 이 점은 새로운 요점이다. 유대주의는 참회하는 죄인이 되돌아 올 때 그를 환영하는 하나님을 알고 있었다. 그러나 하나님께서 실제적으로 올바른 방식으로 예배하는 자들을 찾으신다는 사상은 거기에서 발견되지 않는다. 유대교에서는 예배에 대한 이 구절이나 공관복음서에

---

19) R. C. H. Lenski는 "비록 헬라어에서 추상 명사가 주제로서 정관사를 가질 수 있지만, 여기에서의 '그 구원'은 하나님의 약속 안에서 예기되고, 그의 성육신하신 아들에 의해서 실현된 독특하며 유일한 구원을 나타낸다. 이 구원은 사마리아 사람들에게는 약속된 바가 없었고, 그래서 그것은 오직 유대인의 한가운데에서만 나올 것이었다. 메시야는 사마리아인일 수 없었고, 반드시 유대인이어야 했던 것이다"라고 주석한다(*The Interpretation of St. John's Gospel*, Columbus, 1956, pp. 320-21).

나오는 일백 마리의 양과 함께 있는 사람에 대한 비유와 같은 사상이 없다.

한 번 이상 요한은 예수께서 기도하셨다고 기록한다. 그는 나사로의 무덤에서의 감사를 기록한다(11:41-42). 그리고 재미있는 사실은 예수께서 한 가지 가능한 기도를 하시면서 다른 기도를 하신 것이다. 그는 "내가 무슨 말을 하리요?"라고 물으시며, "아버지여 나를 구원하여 이 때를 면케 하소서"라고 제안한다. 그러나 그는 그가 "그것을 위하여 이 때에 왔기" 때문에 이것을 거절한다. 그래서 그는 "아버지여 아버지의 이름을 영광스럽게 하옵소서"(12:27, 28)라고 기도한다.[20] 그가 반드시 해야만 하는 일에 따르는 어려움을 예수께서 이해하고 있었다는 점과, 그 어려움들을 벗어날 길을 기도하는 호소에서, 기도하시는 분다운 점을 보여준다.[21]

십자가에 못박히시기 전날 밤 다락방에서 그의 제자들과 나눈 대화에서 기도에 대한 재미있는 언급을 발견할 수 있다. 그는 그들에게 "내가 아버지께 구하겠으니 그가 또 다른 보혜사를 너희에게 주사 영원토록 너희와 함께 있게 하시리니"(14:16)라고 말씀하신다. 성령을 보내심에 있어서 아버지와 아들의 역할을 정리하기는 어렵다. 왜냐하면 그 뒤에

---

20) 예수께서 실제적으로 "아버지여 나를 구원하여 이때를 면하게 하여 주옵소서"라고 기도하시고, 더 나아가서 "그러나 내가 이를 위하여 이때에 왔나이다"라고 첨가하셨으며, 그때 그의 기도를 "아버지여 아버지의 이름을 영광스럽게 하옵소서"라고 바꾸었다고 주장하는 학자들이 있다. William Hendriksen, *New Testament Commentary, Exposition of the Gospel according to John,* II(Grand Rapids, 1954), pp. 198-201을 보라. 그러나 내가 이미 약술한 대로 그 연속성 안에서 목적의 일관성을 보는 것이 더 나을 것이다.

21) William Barclay는 이 기도에서 예수께서 기도하실 때의 용기를 주장한다. "아무도 죽기를 원하지는 않는다. 아무도 나이 서른셋에 죽기를 원하지 않는다. 그리고 아무도 십자가에서 죽기를 원하지는 않는다. 하나님께 대한 예수의 순종이 만일 대가없이 쉽게 오는 것이라면 그 어떤 가치도 없을 것이다. 참된 용기란 두려워하지 않는 것을 의미하지 않는다. 하기 쉬운 일을 하는 것에는 아무런 가치도 있을 수 없다. 참된 용기란 가공할 정도의 두려움을 의미하며, 반드시 해야만 하는 그 일을 하는 것을 의미한다"(*The Gospel of John,* II, Edinburgh, 1956, p. 146).

는 예수께서 아버지로부터 보혜사를 보내시리라고 말씀하시기 때문이다 (15:26).[22] 우리는 확실히 성령을 보내심에 두 분 다 관련된다고 말할 수 있으며 이 연결에 있어서 아들의 기도가 중요하다. 그리고 그와 같은 것은 그의 아들에 의해서 구원받은 사람들을 위한 아버지의 배려이다. 그는 그들에게 필요한 도움을 주지 않은 채 그들을 떠나지 않을 것이며 확실히 아들의 기도에 응답하실 것이다. 우리는 그 다음에 이어지는 "내가 너희를 위하여 아버지께 구하겠다 하는 말이 아니니"(16:26)라는 예수의 기도를 그와 동일한 방식으로 이해해야 할 것인데, 그가 "아버지께서 친히 너희를 사랑하심이니라"(27절)는 말을 첨가하기 때문이다. 예수께서는 그 제자들이 강한 신뢰의 기도로 아버지께 접근하라고 강한 용어로 확언하신다. 그들은 아마 예수께서 그들을 위해 기도해 주시리라고 기대할 것이며, 그가 그렇게 하시리라는 것을 한 순간도 의심하지 못하게 만든다. 그러나 그는 그들에게 아버지의 사랑이 그것들을 불필요하게 만들리라고 확신시키는 것이다. 아버지와 아들은 한 분이시다.

제자들의 기도는 동일한 대화의 어느 부분에서든 언급되고 있다. 예수께서는 "내 이름으로 아버지께 무엇을 구하든지 다 받게 하려 함이니라"(15:16 거의 동일한 말들이 16:23에서 사용된다)고 말씀하신다. 재미있게도 이것은 예수께서 그들을 택하시고 그들을 세우심으로 그들이 열매를 맺는다는 말에 이어서 나온다는 사실이다. 우리는 보통 우리가 열매 맺기 위하여 기도해야 한다고 생각하지만, 여기에서는 우리가 기도할 수 있기를 위하여 열매를 맺어야 한다는 사상을 가진다. 우리는 기도의 중요성을 낮게 평가하기 쉽다. 우리는 기도에 대하여 옳은 말들을 한다. 그러나 얼마나 자주 그것을 하나님의 더 나은 종들이 되기 위

---

22) Gary M. Burge는 두 견해에 서있는 요한을 말한다. 즉, 아버지께서 성령을 보내실 것이며, 아들도 그를 "직접적인 압력으로" 보내실 것이다. 그러나 "Brown이 말하는 것처럼 여기에는 어떤 신학적인 긴장도 없다. 예수와 그 아버지는 하나이시며(10:30), 요한이 말하고자 하는 요점은 하나님의 대리자로서의 Paraclete인 것이다"(*The Anointed Community*, Grand Rapids, 1987, p. 203).

한 최종적인 수단으로서 이야기하는가? 예수의 이러한 말씀들은 우리에게, 우리가 열매 맺지 않으면 잘 기도할 수 없다는 사실뿐만 아니라, 열매 맺음의 결과로서 나오는 기도가 중요하다는 것을 기억하게 한다.

또한 물론 우리는 그 다락방에서의 대화가 요한이 17장에 기록하고 있는 위대한 기도로서 끝맺는다는 것을 염두에 두어야 한다.[23] 이 기도는 넓은 영역을 포함하고 있다. 지상에서의 아들의 사역으로 아들의 영광과 아버지의 영광이 그 성취를 가져왔다는 것과 같은 개념들을 받아들이는 것이다. 아버지와 아들의 친분 관계는 반복되어 사용되고 있는 "아버지"라는 단어에서 반영된다. 그 기도의 주목할 만한 양상은 주심을 강조하고 있다는 것이다. "주다"라는 동사 *didōmi*(디도미)는 이 기도에서 17회 사용되며, 그것들 중의 13회가 아버지께서 아들에게 주신 선물을 언급한다. 다른 관점에서 우리는 아버지가 구원을 위해 아들이 이 땅에 온 그 사역에 함께 동참하고 있음을 볼 수 있다. 그 기도는 예수와 함께 거기에 있는 제자들을 위한 간구가 포함되어 있는데, 그것은 그들이 가공할 시험에 직면해 있기 때문이다. 십자가를 앞에 둔 예수로서 그의 제자들에게 파급될 그 영향에 대해서 생각하신다는 것은 흥미 있는 일이다. 그는 또한 그들의 선포에 의해서 믿게 될 자들을 위해서 기도하시는데, 왜냐하면 교회는 모든 세대에 계속될 것이기 때문이다.

7. 세상

독특하고 잘 알려진 구절에서 요한은 우리들에게 하나님께서 이 세상을 사랑하사 그의 아들을 주셨다고 말한다(3:16). 그러나 이 복음서 전체는 세상이 아버지께서 행하신 바를 이해하지 못한 것으로 묘사한다.

---

23) G. A. Turner와 J. R. Mantey는 "우리는 이제 이 '영적인 복음서'의 '지성소'인 '가시방'(throne room)에 다다랐다"고 논평하며 계속해서 "이 장은 요한복음서에 있어서 고딕 양식의 대성당에서의 중심적인 절정에 해당한다. 즉 이것은 전체를 단일화하며 지배하는 것이다. 다른 그 무엇보다도 여기에서 독자들은 진실로 '거룩한 땅'에 서 있는 것이다"라고 주장한다(*The Gospel according to John*, Grand Rapids, n.d., p. 332). 이것은 아마 조금 과장된 표현이지만 이 장이 매우 중요하다는 사실에 주의를 기울이게 한다.

세상은 그 종교적인 형식으로 하나님이 그 아버지이시라고 선언하지만 (8:41), 예수께서는 그러한 "종교적인" 백성들에게 하나님이 진짜 그들의 아버지이시라면 그들이 아버지를 사랑하였을 것이라고 지적하신다 (8:42). 이것은 이 복음서 전체를 일관하여 볼 수 있는 사상으로 아버지께서 그리스도 안에서 세상의 구원을 위하여 활동하신다는 것이다. 그렇다면 사람들이 아들을 거부하고 미워할 때, 그들은 세상에 속한 것이 확실하며 진정한 하나님의 자녀가 아니다. 그래서 바리새인들이 예수께 "네 아버지가 어디 있느냐?"고 물을 때에, 예수께서는 "너희는 나를 알지 못하고 내 아버지도 알지 못하는도다 나를 알았더면 내 아버지도 알았으리라"(8:19)고 대답하신다. 예수께서 아버지로부터의 사명을 위해 이 세상에 계시기 때문에 그리고 그가 계속적으로 아버지의 뜻을 행하시기에 그를 계속해서 거부하면서 진실로 하나님을 아는 것이 불가능하다. 예수께 대한 바리새인들의 태도는 그들이 진정으로 하나님을 알고 있다고 생각하는 것을 불가능하게 만든다.

최근의 어떤 학자들은 성 요한이 묘사하는 예수께서 작은 기독교 집단 밖의 다른 사람들에 대해 무관심하다고 확신한다. 그러한 저자들은 자주 이 복음서 안의 예수가 세상을 위해서 기도하시기를 거부한다고 주장하며 17:9을 그러한 논쟁의 증빙 구절로 인용한다. 그래서 몬트파이어(H. W. Montefiore)는 "요한복음에서 그리스도는 세상을 위해 기도하지 않으며 단지 그의 제자들과 그들을 통해서 믿게 될 자들을 위해서 기도할 뿐이다. 요한복음에서 그리스도는 세상을 위해 죽으신 것이 아니다. 그는 그의 친구들을 위하여 그의 생명을 버리는 것이다"라고 말한다.[24] 그러나 이것은 두 가지 고려할 점을 간과한 것이다. 하나는 예수께서 어떻게 "세상"으로서 "세상"을 위해서 기도하실 수 있는가

---

24) *Awkward Questions on Christian Love*(Philadelphia, 1964), p. 106. 그래서 또한 **Käsemann**은 "요한이 형제로서의 사랑을 요구하였지 원수에 대한 사랑을 요구한 것이 아니며 따라서 예수께서도 그 자신의 사람들을 사랑하셨지 세상을 사랑하신 것이 아니라는 것조차 보편적으로 인식되지 않고 있다"고 불평한다 (*The Testament of Jesus, London*, 1968, p. 59). 이것은 확실히 이 복음서의 가르침을 곡해한 것이다(참고. 3:16).

를 보기 어렵다는 것이다. 예수께서 세상이 세속성에 머물도록 기도할 수 있단 말인가? 하나님을 대항하는 데 더욱 완악해지며, 하나님의 백성들을 박해하는 데 더욱 완악해지도록 기도할 수 있단 말인가? 확실히 그가 "세상"을 위해서 기도할 수 있는 것은 "세상"으로 하여금 더 이상 "세상"이기를 그치도록 기도하는 것이 아니겠는가? 두 번째로 고려해야 할 사항은 그가 기도한 그 기도가 두 번 반복되었다는 사실이다. 그는 "세상으로 아버지께서 나를 보내신 것을 믿게 하옵소서"(17:21)라고 기도하며 "세상으로 알게 하려 함이로소이다"(17:23)라고 기도하는 것이다. 두 번 다 그는 세상이 그가 행하는 일을 통해서 아버지의 손을 인식할 수 있게 되기를 기도하고 있으며 그것은 물론 세상이 세상됨을 그치고 하나님께서 보내신 그의 동료로서 계수될 수 있게 되기를 원하는 것을 의미한다.

8. 이름

앞 장에서 우리는 예수의 "이름"이 매우 중요하다는 것을 살펴보았다. 이제 우리는 아버지의 "이름"이 또한 매우 중요한 개념이라는 사실을 주목해 보겠다. 예수의 경우에서처럼 "그 이름"은 전체 인격을 대표하여, 우리가 이제 살펴볼 구절들에서 그것은 아버지의 본질적인 존재를 의미하며 아버지의 전존재와 그가 행하신 모든 일들을 의미한다.

때때로 우리는 이것이 아들의 임무과 관련되어 있음을 발견한다(이 복음서에서 아버지의 사역으로부터 아들의 사역을 분리시키는 것은 불가능하다).[25] 유대인의 비극은 예수께서 그의 아버지의 "이름으로" 왔을지라도 그들이 그를 영접하지 않았다는 데 있다(5:43). 예루살렘 성 안으로 승리적인 입성을 할 때에 예수께서는 "주의 이름으로 오시는 이"로서 칭송된다(12:13). 이와 동일선상에서 그가 행하신 사역들은

---

25) 참고. R. Abba, "그의 아버지의 이름으로 오셨다는 그리스도의 주장은 아버지의 대리인으로서의 의미를 가진다(요 5:43). 그 이름으로 행해진 그의 사역은 그가 공유한(10:25) 아버지의 권위를 증거한다. 그 안에서 신적 속성의 완전한 계시가 사람들에게 주어졌으며, 그는 아버지의 이름을 나타내셨으며 선언하셨다 (12:28; 17:6, 26)"(*IDB*, III, p. 506).

"나의 아버지의 이름으로 행한 것들"이어서(10:25), 결국 그는 "내게 주신 사람들에게 내가 아버지의 이름을 나타내었나이다"(17:6)라고 말할 수 있었다. 이와 함께 우리는 "내가 저희와 함께 있을 때에 내게 주신 아버지의 이름으로 내가 저희를 보존하여 지키었나이다"(17:12)라는 말씀과 아버지께서 그 자신의 이름으로 그들을 보전하여 주십사는 기도를 취해야 한다. 이것은 예수께서 또한 "내가 아버지의 이름을 저희에게 알게 하였고 또 알게 하리니 이는 나를 사랑하신 사랑이 저희 안에 있고 나도 저희 안에 있게 하려 함이니라"(17:26)고 말씀하실 수 있는 이 복음서 전체를 통하여 나타나는 계시의 개념과 일치한다. 이것은 아주 복잡한 구절이지만 최소한 우리는 예수께서 알게 하신 그 이름은 제자들 안에 내적 실재가 되도록 아버지의 사랑으로 인도된다고 말할 수 있다.

우리는 아버지의 관심에 대해서 말하는 한 쌍의 구절을 첨가해야 한다. 하나는 그가 아버지께서 그(아들)의 이름으로 성령을 보내시리라고 말씀하실 때에 발생하며(14:26) 또 다른 하나는 그들이 그(역시, 그 아들)의 이름으로 무엇이든지 아버지께 구하면 아버지께서 그들에게 주시리라고 확신시키시는 경우이다(15:16). 두 구절 모두 다 아버지께서 그의 백성을 위하여 가지시는 관심을 보여주며, 그들의 지상 생애를 계속해 나가도록 그들을 위해서 준비해 놓으신 것을 나타내 보여준다.

9. 종말론

이 복음서는 마지막 때에 대해 강조하는 주목할 만한 부분이 없다. 요한은 그 마지막 때가 예수의 생애와 죽음, 부활을 통해서 현재에 이루어졌다는 사실에 더욱 관심을 가지고 있다. 그러나 그는 아버지께서 태초의 주님이신 것과 마찬가지로 마지막 때의 주님이시라는 사실을 간과하지 않는다. 아버지께서 죽은 자들을 일으키시며 그들에게 생명을 주실 것이다(5:21). 그것은 아마 영적으로 죽은 자들을 언급하는 것이며 지금 여기에서의 행동을 표현하는 것일 터이지만, 또한 마지막 때에도 적용될 수 있을 것이다. 다시 예수께서는 "사람이 나를 섬기면 아버지께서 저를 귀히 여기시리라"(12:26)고 말씀하신다. 이것은 지금 여기에서의 사실이다. 그러나 그 절정은 마지막에 이르러서야 이루어질 것이다. 우리는 예수께서 다락방에서 "내가 다시 와서 너희를 내게로 영접하여"(14:3)라고 하시는 말씀이 함축하는 것을 간과해서는 안될 것이다. 이 구절에 대해서 도날드 거쓰리(Donald Guthrie)는 "이것은 확실히 떠나는 것에 대한 진술을 보충하는 보어로서 장래 사건에 대한 이야기이다"[26]라고 논평한다. 그 단어들은 아버지보다 아들의 행동을 강조하지만, 문맥상 그 둘이 조화되고 있어서 우리는 여기에서 그것을 보아야만 한다.

우리는 지금이나 그 당시나 이 복음서가 마지막 때의 심판에 대해 언급하고 있다는 사실을 간과해서는 안된다. 이것은 아마 생명의 떡에 대한 설교에서(6:39, 40, 44, 54) 반복하여 "마지막날에 다시 살리리라"고 말하는 것처럼 아들의 행동으로 언급될 수 있을 것이다. 여기에서도 우리는 모든 아버지의 행동이 제외되었다고 말할 수 없다. 확실히 그는 어디에서든지 포함되어 있다. 그래서 예수께서는 아버지께서 아무도 심판하지 아니하시고 심판을 다 아들에게 맡기셨다고 말씀하시는데 (5:22), 그것은 확실히 아버지께서 심판날에 결정하시는 것을 기대하게 한다. 이것은 또한 예수께서 어떤 유대인들에게 "내가 너희를 아버지께 고소할까 생각하지 말라"(5:45)고 말씀하시던 때를 생각나게 한다. 물론 거기에는 예수께서 현재의 삶에서 불신자들에 대한 증인으로서 서 계신다는 의미가 있지만, 이 구절은 최후의 심판에 대해서 말씀하시고 계신 것으로 보인다. 우리는 또한 예수의 "말"이 마지막날에 그를 멸시한 자들을 심판하실 것이라는 단호한 예언(12:48) 속에서, 아마 아버지의 행동의 어떤 것을 알아차려야만 한다. 이것은 또한 하나님의 진노가 불순종하는 죄인들에게 "머무르리라"는 진술(3:36)이 의미하는 한 뜻으로 보인다. 그 말씀은 확실히 지금 여기에서 발생하는 일들에 대해 지시하고 있지만, 그것이 꼭 이생에 제한된다는 어떤 암시도 없다.

---

26) *New Testament Theology* (Leicester, 1981), pp. 800-801.

제8장

성령

　루돌프 쉬나켄버그(Rudolf Schnackenburg)는 신약성경 전반과 특별히 요한복음에서 성령에 대해 연구하여 "성령의 임재에 대한 인식은 심지어 신앙 공동체 안에서조차 상당히 많은 범위에서 사라졌으므로 선결 조건으로 새롭게 부각되어야 한다"고 말하려는 20세기 사람들에게 경고하며 문제를 제기한다. 그는 이어서 "성령에 대한 말씀을 이해할 수 있는 사람은 오직 이미 성령의 임재를 경험한 자이다"라고 말한다.[1] 우리는 그리스도인이라고 말하는 사람이 성령의 사역이 무엇인지를 확실히 이해하고 있다고 단정할 수 없다. 따라서 이 주제에 대한 요한의 가르침이 반드시 분명해야 될 필요도 없다. 우리가 이 주제를 연구함에 있어서 요한이 이 복음서를 기독교의 유명무실한 신자들을 위하여 기록한 것이 아니요, 신자들을 위해 기록하고 있다는 사실을 염두에 두어야 한다.
　요한은 성령에 대해 많은 부분에서 다루고 있으며, 그 자신의 방식으로 그 일을 수행하고 있다. 그는 성령을 진리의 영으로 표현하며 (14:17; 15:26; 16:13), 파라클레토스(*paraklētos*)라는 특별한 명칭을 사용하기도 한다(14:16, 26; 15:26; 16:7). 그는 성령을 예수의 사역

---

1) *The Gospel according to St John*, III (New York, 1982), p. 153.

이나 신자들의 영적인 삶의 시작과 관련시킨다. 그는 성령의 은사를 죄의 용서와 보류에 대한 선언과 연결시킨다(20:22, 23). 이 정도를 열거함으로도 우리는 요한이 우리들의 성령에 대한 이해에 그 나름의 공헌을 하였음을 볼 수 있다.

"영"(spirit)에 대한 그의 언급 중 어떤 것은 우리들의 의도에 비추어 볼 때 별로 중요하지 않다. 그래서 그는 예수께서 심령에 통분히 여기셨다고 말하며(11:33), 심령에 민망히 여기셨다고 기록한다(13:21). 이러한 구절들은 예수의 인간적인 영을 언급하는 것이지 성령에 대해 말하는 것은 아니다. 아마 이러한 의미는 "예수의 영혼이 돌아가시니라"(19:30)는 구절에서 나타나는 의미일 것이다. 몇몇 학자들은 여기에서 죽어가는 예수께서 십자가에서 제자들에게 성령을 주셨다는 사상을 발견하지만[2] 이것은 죽음을 언급하는 특별한 방식으로 예수께서 "그의 영혼을 아버지께 맡기었다"고 그의 자원적인 죽음의 방식을 말하는 것인지도 모른다. 우리는 여기에서 예배하는 자가 "신령과 진정으로"(4:23) 예배해야 하며, "하나님은 영"(4:24)이시라는 말씀을 너무 심각하게 생각할 필요가 없다. "신령과 진정으로 예배를 드린다"는 것은 예배에 인간이 영적으로 동참한다는 것을 말해주며(아마 첨가적으로 여기에서 진정한 예배에서 성령께서 하시는 일에 대한 암시를 발견할 수 있을 테지만 우선적으로 그것은 예배자에 대한 언급이다), "하나님은 영이시다"라는 것은 하나님 아버지의 본질에 대한 진술이다.[3] 이 진술은 모두 성

---

2) E. C. Hoskyns는 "그는 그 영을 양도하였다"라고 번역하며, 그 말은 "그 아래에 서 있는 신실한 신자들에게로 향한다"고 설명한다. 그는 "여기에 성령의 부어주심이 기록되어 있다"고 말하며, 요한일서 5:8은 "이 해석이 가능할 뿐 아니라 필요한 해석임을 보여준다"고 말한다(The Fourth Gospel, London, 1947, p. 532). 그래서 또한 R. H. Lightfoot는 "주께서 아버지와의 그의 연합 안에서 평강 가운데서 쉬시며 그의 완성된 사역 가운데서 쉬시기 위하여 그의 머리를 숙이셨을 때 그는 그들에게 성령의 새로운 통치를 양도하셨다."(St. John's Gospel, Oxford, 1956, p. 320). 그러나 이것은 있을 법하지 않은 주석이다.

3) J. D. G. Dunn은 이 구절이 "하나님의 존재"에 대해서라기보다는 하나님의 "인간에 대한 관계"를 언급한다고 주장한다. 즉 "영은 하나님께서 인간과 교제하시는 양식이다. 결과적으로 그는 인간들이 그와 동일한 방법—성령과 진리로 예

령에 대해 직접적으로 말하는 진술이 아니다.

그러나 성령에 대한 중요한 가르침들을 제공하고 있는 몇몇 다른 구절들이 있다. 이 복음서의 서두에서 우리는 세례 요한에 대한 정보를 얻을 수 있다. 다른 진술들과 함께 우리는 "요한이 또 증거하여 가로되 '내가 보매 성령이 비둘기같이 하늘로서 내려와서 그의 위에 머물렀더라 나도 그를 알지 못하였으나 나를 보내어 물로 세례를 주라 하신 그이가 나에게 말씀하시되 성령이 내려서 누구 위에 머무는 것을 보거든 그가 곧 성령으로 세례를 주는 이인 줄 알라 하셨기에 내가 보고 그가 하나님의 아들인 것을 증거하였노라' 하니라"(1:32-34)는 말씀을 읽을 수 있다. 예수께서 처음 세례 요한에게 나아오실 때에 그는 "보라 세상 죄를 지고 가는 하나님의 어린 양이로라"(1:29)며 그를 맞이했었다. 그리고 그는 그의 청중들에게 그가 전에 그의 뒤에 오시는 이가 그보다 앞선 분이시라는 것을 말했던 것을 기억하게 했다(1:30, 31). 그 다음에 성령에 대한 말씀이 오므로, 우리는 그 말씀이 세례 요한이 예수를 알게 된 매우 이른 시기에 있었음을 알 수 있다. 세례 요한에 의해서 예수와 성령이 연결된다는 것이 명확해지는 것은 중요하다.

세례 요한은 성령이 내려와 그의 위에 머무는 것을 보았다고 말하는데, 그것이 환상을 본 것을 의미한다고 생각할 만한 적당한 이유가 없다. 요한복음에서 그 동사는 신체적인 시각으로 보는 것을 의미하는데, 이 구절에서의 의미도 그와 동일한 것으로 보인다. 요한은 성령께서 예수께 내려올 때 비둘기같이[4] 외형적으로 보이게 임했다고 말하고 있다.

배하기 —으로 반응하기를 기대하신다"(*Jesus and the Spirit*, London, 1975, p. 353). 우리는 하나님께서 성령에 의해서 우리와 교제하신다는 것에는 동의할지 모르지만, 요한복음 4:24이 언급하는 바가 곧 하나님의 속성에 대한 어떤 것을 우리에게 말해주고 있다는 것을 의미하는 것은 아니다. 참고. J. H. Bernard, "이것은 문제가 되고 있는 하나님의 인격성에 대한 이야기라기보다는 본질적인 존재에 대한 이야기이다"(*A Critical and Exegetical on the Gospel according to St. John*, I, Edinburgh, 1928, p. 150).

4) 성령께서 비둘기 형태로 오셨다는 것은 복잡하다. 비둘기가 성령에 대한 상징이라는 것이 자주 말해지지만 이에 대한 어떠한 증거도 없다(C. K. Barrett, *The Holy Spirit and the Gospel Tradition*, London, 1947, pp. 35-39을 보

타복음서들에서도 이것이 예수의 세례 때였음을 알 수 있다. 그러나 우리는 요한복음으로부터는 이 세례를 찾아 볼 수 없다(요한복음에서 세례 요한은 오직 한 가지 일만을 행한다— 그는 예수를 증거한다). 그때에 예수께서는 하늘로서의 소리를 듣는다 "너는 내 사랑하는 아들이라 내가 너를 기뻐하노라"(막 1:11). 거기에서 그는 시험을 받으러 가시며 그의 공적 사역이 시작된다.

이것은 성령이 예수께 임하심으로 그의 공생애가 시작되었음을 의미한다. 즉 인간 예수가 죄인들과 하나님을 위하여 일을 시작하실 때에 하나님의 영이 필요했다고 추론하는 것은 정당하다. 앞 장에서 우리는 요한복음이 예수의 인성을 강조함을 살펴보았다. 성령이 오심은 이 예수의 인성을 강조하는 것이다. 모든 인간은 성령의 도우심과 인도하심을 필요로 한다. 우리가 예수의 세례 사건을 읽을 때에 예수께서 경험했던 그 사실을 통해서 예수도 우리와 같은 인간임을 알 수 있다.

여기에서 우리는 아마 예수에 대한 언급을 포함하는 성령에 대한 까다로운 말씀들을 고찰해 보아야 한다. "하나님의 보내신 이는 하나님의 말씀을 하나니, 이는 그가 성령을 한량없이 주심이니라"(3:34). 이 표현을 정확하게 이해하는 데는 표면상으로 나타난 의미보다 더 큰 어려움이 있다. 우선, 성령을 주시는 이가 누구인지가 정확하지 않다. 하나님이 보내신 사람 즉 예수가 그 가능한 한 사람이지만, 대부분의 학자들은 아버지 하나님이시라는 데에 의견을 일치한다. 사본들(MSS)은 확실히 "하나님"이나 "아버지"를 삽입함으로 이 문제를 명확하게 한다 (JB는 "하나님께서 그에게 성령을 한량없이 주신다"고 번역한다). 그러나 이러한 삽입 없이도 그 구절의 의미는 그렇게 이해되어야 할 것이다. 만약 우리가 예수를 믿는 자들에게 성령을 주시는 이라고 생각한다면 "성령을 한량없이 주심"에 대한 문제가 생긴다. 성령이 믿는 자들에게 오실 때에 항상 충만히 공급된다는 생각은 사실이다. 그러나 예수에

라). 랍비들 사이에서는 비둘기가 이스라엘을 상징한다(SBk, I, pp. 123-25; Abrahams, *Studies in Pharisaism and the Gospels*, I, New York, 1967, p. 48을 보라). 여기에서 이것을 유의한다면 예수께서는 성령을 받으신 참 이스라엘로 묘사되고 있는 것이다. 그러나 이것은 억측에 불과하다.

게 임했던 것과 같은 정도로 믿는 자들에게 성령이 충만하게 임한다고 생각할 수 없다.[5] 어거스틴(Augustine)이나 칼빈(Calvin)은 각 사람에게 "그리스도의 선물의 분량대로"(엡 4:7) 은혜를 주신다는 사실에 주의를 기울였다. 이것은 성령에 대한 명확한 진술이 아니라 신자들과 함께하는 성령의 임재를 나타내고 있다.

우리는 그리스도와 신자들에게 성령을 주시는 아버지에 대해 생각할 수 있다. 그러나 아버지 하나님이 신자들에게 성령을 주신다는 것에는 의심의 여지가 없을지라도,[6] 한량없이 부어주심은 하나님께서 그리스도에게 성령의 선물을 주신 것을 통하여 충분히 적용될 수 있을 것으로 보인다. 리유(Rieu)는 "하나님께서 그에게 성령을 아낌없이 주셨다"고 번역하는데 그것은 그 의미를 잘 보여 주는 것 같다. 우리는 바로 다음 구절이 "아버지께서 아들을 사랑하사 만물을 다 그의 손에 주셨으니"(3:35)라고 말하고 있는 것을 염두에 두어야 한다. 그 문맥은 아버지가 아들을 사랑하사 주신 선물을 지칭함을 명확히 해준다.

우리는 헬라어로 "하나님의 보내신 이는 하나님의 말씀을 하나니 이는 성령께서 한량없이 주심이니라"는 의미를 취할 수 있을 것이다. 이것이 중요한 진리를 지시한다 할지라도 문맥에 거의 맞지 않으며, 대부분의 사람들도 그러한 의미에 동의하지 않는다.

그렇다면 이 말씀은 아버지 하나님께서 그 아들에게 성령을 한량없이 주신다는 것을 지시하는 것으로 보인다. 성령은 그리스도의 사역 안에서 그의 모든 충만함으로 나타난다. 다소 낮은 수준으로 주께서 그리스도의 제자들에게 위임하신 사역들에서도 이것이 또한 진리라는 사실을 의심할 필요는 없을지라도, 그 우선적인 적용은 그리스도에게이다. 이

---

5) 참고. Edwin H. Palmer, "하나님께서는 우리들에게 성령을 부분적으로 주시지 결코 충만하게 주시지는 않지만, 그리스도에게는 분량에 의해서 주시는 것이 아니라 한량없이, 제한없이, 완전하고 충만하게 주신다"(*The Holy Spirit*, Grand Rapids, 1958, p. 67).

6) H. B. Swete는 이러한 견해에 대해서 다음과 같이 논평한다. "하나님께서는 인간에게 성령을 아끼지 않고 주신다. 그의 관대함에는 제한이 없지만 그를 받는 수령인의 무능으로부터 오는 것이 있다"(*The Holy Spirit in the New Testament*, London, 1910, p. 136).

구절은 그리스도의 사역을 위하여 오신 자로서의 성령을 말하는 그 앞 구절들을 강화해준다.

1. 성령 세례

세례 요한은 계속해서 그에게 속하였던 "물 세례"와 예수께서 행하실 "성령 세례"를 대조시킨다(1:33). 이 표현의 정확한 의미를 알기는 쉽지 않지만,[7] 그 중요한 의도는 분명하다. 예수께서는 사람들에게 새로운 생명을 주실 텐데, 그 생명은 성령의 임재로 특징지어진다. 그것은 세례 요한과 같은 사람의 사역으로는 가져올 수 없는 풍부함에 대한 개념이다. 요한의 세례는 단지 회개에 이르는 세례여서, 근본적으로 소극적인 어떤 것이 있다. 이것은 중요한 소극성이며, 그리고 그리스도인의 길로 완전히 이양시켜 주는 것이다. 세례 요한의 제자들뿐만 아니라 그리스도인들에게도 회개는 필요하여 악은 반드시 버려야 한다. 그러나 예수께서는 세례 요한이 결코 할 수 없는 일을 하신다. 그는 새 생명이라는 용어가 의미하는 모든 것과 성령을 선물로 주시는 것이다.

이 진리는 중생의 필요성에 대하여 예수께서 니고데모와 대화하시는 부분에서 더욱 발전된다. 예수는 먼저 바리새인에게 "사람이 거듭나지 아니하면 하나님 나라를 볼 수 없느니라"(3:3)고 말씀하신다.[8] 우리는

---

7) 요한은 예수께서 *en pneumati hagiōi*로 세례받으셨다고 말한다. 생각컨대 이것은 아마 성령 "안에서"를 의미하는 것이거나("그리스도 안에서"에서와 같은 그러한 의미로 사용된 "안에서"일 것이다), 또는 "성령 안에서" 오신 자에 대한 선견자를 의미할 것이다(계 1:10; 4:2 등). 또 그리스도인은 성령 안에서 기도하며(엡 6:18), 성령 안의 사랑을 가지고 있고(골 1:8), 성령 안에서 거룩하게 되었다(롬 15:16). 그러나 이것은 일반적으로 이 구절에서 "물로"(안에서; in)의 세례와의 병행은 우리가 문제가 되고 있는 세례에서 "성령"을 수단이나 작인으로 취해야 한다는 것을 보여주는 것으로 받아들여진다. 참고. J. H. Bernard, "자신의 세례 사역에 대한 세례 요한의 언급에서 '물'과 '성령'의 대조는 그것이 가까운 장래에 있는 더 큰 사역에 대한 예비적이며 상징적인 것임을 의미하기 위하여 의도되었다" (*A Critical and Exegetical Commentary on the Gospel according to St. John*, I, p. 52).

8) gennēthēi anōthen의 의미는 명확하지가 않다. 그 동사는 엄격하게 여성의

이미 서문에서 하나님의 자녀는 "혈통으로나 육정으로나 사람의 뜻으로 나지 아니하고 오직 하나님께로서 난 자"(1:13)임을 배웠는데 여기에 그와 동일한 진리가 있다. 하나님 나라로 가는 방법은 인간의 최선의 노력도 소용이 없는 것이다. 중생은 완전히 다른 삶을 요구하는데 그것은 거듭난다고 말할 수 있다. 그것은 새로운 출발이며, 과거의 모든 불행으로부터 해방되는 것이다.

니고데모는 그 질문에 이렇게 반응했다. "사람이 늙으면 어떻게 날 수 있삽나이까" 그리고 이어서 "두 번째 모태에 들어갔다가 날 수 있삽나이까"(3:4)라고 했다. 아마도 그는 그런 방식으로 대화가 계속되는 것을 원치 않았기 때문에 고의적으로 둔감함을 택했는지도 모른다. 왜냐하면 유대교로 개종하는 사람을 때때로 한 아기가 다시 태어나는 것으로 사용했기 때문에, 니고데모는 예수께서 자신과 같은 지도자에게 그 용어를 사용하는 것이 부적당하다고 생각했을지도 모른다. 또는 그가 뭔가 바라는 것이 있었는지도 모른다. 그의 이론이 다음과 같은 것이었는지도 모른다. "나는 지금 나의 습관과 그것으로 말미암아 발생한 모든 결과 아래 있다. 그러한 나쁜 습관들과 공포, 편견과 그와 같은 것들의 무거운 짐으로부터 벗어나 완전히 새로운 출발을 하는 것은 신나는 일일 것이다. 그러나 그보다도 더 적은 기적인 육체의 거듭남도 불가능한데, 한 사람의 인생을 새롭게 출발시키는 것은 얼마나 더 어렵겠는가? 중생한다는 것은 놀라운 일일 것이다. 그러나 그것은 전혀 불가능한 일이다."

예수께서는 "진실로 진실로 네게 이르노니 사람이 물과 성령으로 나

"낳다"에 대해서보다는 남성의 "(아이를) 보다(생기게 하다)"의 행위를 언급하는 것이지만(우리는 동일한 단어를 요일 3:9에서 볼 수 있다), 우리는 아마 이것을 주장해서는 안될 것이다. 그 의미는 "낳다"이다. 그 형용사는 "위로부터"나 또는 "다시"의 의미이다. 요한복음의 다른 부분에서 그 의미는 "위로부터"를 의미하지만(참고. 31절), 이 문맥에서 니고데모는 확실히 그 의미를 "다시"라는 의미로 이해했었다. 그러나 이것은 확실히 잘못된 것이다. 만일 우리가 "위로부터"에 반대한다면, 우리는 그 의미를 "새로이"라는 의미로 이해해야 할 것인데, 그것은 예수께서 확실히 사람의 육체적인 출생에 대해 반복하여 말씀하시고 계시지 않기 때문이다. 그는 완전히 새로운 어떤 것을 말씀하고 계신다.

지 아니하면 하나님 나라에 들어갈 수 없느니라"(3:5)고 대답하신다. "진실로 진실로"라는 말로 시작하는 것은 그것이 매우 중요하고 심각한 문제임을 보여준다. "물로" 다시 태어나야 한다는 설명이 다소 당황스러울 수도 있다. 몇몇 사람들은 그것을 요한의 세례가 회개를 강조하는 것이기에 정화라는 뜻으로 이해해야 한다고 생각하고 있다. 하나님 나라에 이르는 방법은 죄로부터의 정화라는 이 소극성을 포함하며, 그 안에서 역사하는 성령의 사역이라는 적극성을 포함한다.

다른 사람들은 우리에게 유대인들간에는 완곡어법으로 남성의 정자를 "물", "이슬", "물방울" 또는 "비"와 같은 물기 있는 것들로 표현한다는 것을 기억하게 한다. 여기에서 이러한 의미로 이것을 이해한다면, 그 말씀은 "사람이 만일 육체적인 씨나 영적인 씨로 나지 아니하면" 즉 "자연적으로나 영적으로 나지 아니하면"으로 해석할 수 있다. 우리는 또한 "물"과 "영"이 이 말씀 속에서 밀접한 관련이 있다는 것을 주목해야 한다.[9] 그래서 이 두 단어는 모두 "영적인 씨"의 의미로 이해하는 것이 좋을 것이다. 그런 경우 그 의미는 "성령으로 난 사람"(3:8)과 같은 의미가 되는 것이다. 이것은 매우 만족스러운 의미를 제시할 것이다.

현대에는 자주 이 언급이 기독교의 세례를 지시하는 것으로 이해된다. 한 사람이 하나님 나라에 들어가기 위해서는 세례받음으로 거듭나야 한다. 그 의미가 강하게 수용되는 것은 요한복음이 초기 기독 교회에 배포될 때에, 그러한 의미가 아주 호의적이었기 때문일 것이다(실제로 우리가 그것이 호의적이었는지 아닌지 알 수 있는 방법은 없다).[10]

---

9) 헬라어로 *ex hydatos kai ek pneumatos*가 아니라 *ex hydatos kai pneumatos*이다. 오직 한 번의 *ek*를 사용한 것과 정관사가 없는 것은 두 용어가 함께한다는 것을 의미한다. 그 표현은 "물과 성령으로"라는 의미보다는 오히려 "물 성령으로"를 의미하는 것으로 보인다.

10) 참고. J. D. G. Dunn, "언제 요한복음이 기록되었는지를 우리가 안다고 추정하는 것과 독자들에게 성례전적인 이해가 표현되었다고 추정하는 것 외에도 요한이 어떠한 과격한 방법으로 그것을 바꾸거나 도전하지 않았으며, 그러한 이해의 문맥에서 그의 저술을 고정시키려고 하지도 않았다는 것을 추정할 수 있다"(*Baptism in the Holy Spirit*, London, 1970, p. 190).

그러나 그에 반하여 니고데모가 그러한 의미로 이해하기는 불가능할 것이다. 그리스도인의 세례는 아직 시작되지 않았으며 앞으로 몇 년 동안도 있지 않을 것이다. 예수께서 왜 아직 존재하지 않는 그리스도인의 성례를 인용함으로 바리새인을 당황하게 했는지 그 이유를 아는 것은 쉽지 않다. 이 입장을 주장할 수 있는 유일한 방법은 이 대화가 역사적이라는 데 대한 견해를 제시하므로 가능할 것이다. 요한은 이 대화를 통해 세례에 대한 그의 견해를 우리에게 보여주는데, 이 대화를 꾸며냄으로 그렇게 한다는 것이다.

세 가지의 견해 중 "영적인 씨로 거듭남"이 가장 적합한 것 같다. 예수께서는 하나님 나라에 가는 것이 어떤 인간적인 방법으로가 아니라는 것을 확고하게 단언하고 있다. 그것은 바로 하나님의 성령으로 거듭나야 하는 것이다. 우리는 "네가 거듭나야 하겠다"(3:7)에서 "너"라는 표현을 잘 살펴보아야만 한다. 예수는 니고데모 개인에게 말하는 것이 아니라 모든 사람에게 적용하고 있는 것이다. 우리는 개인적인 능력이나 방법으로 하나님 나라에 갈 수 없다. 성령이 우리를 새롭게 할 때에만 갈 수 있는 것이다.[11]

예수께서 가버나움의 회당에서 가르치실 때에 따르는 제자들에게 이 말씀을 더욱 발전시켜서 말씀하셨다. 설교를 마치시기 전에 그는 이렇게 말씀하셨다. "살리는 것은 영이니 육은 무익하니라 내가 너희에게 이른 말이 영이요 생명이라"(6:63). 우리는 여기에서 "영"과 "육"을 대조함으로 인간의 영에 대해 생각할지도 모른다. 그러나 인간의 영은 생명을 줄 수 없다. 생명을 주는 것은 오직 성령뿐이다. 예수께서는 니고데모에게 참 생명은 다른 방법이 아닌 성령의 역사하심으로 온다고 말씀하셨던 것을 여기에서는 다른 사람들에게 말씀하시고 있는 것이다. 이 생명이 하나님의 선물임을 깨닫는 것이 중요하다.[12] 예수께서 그 자

---

11) 아마 우리는 Eduard Schweizer의 "유일한 기적은 성령의 은사 즉 하나님께서 보내신 아들로서 예수를 믿는 믿음이다"라는 주장을 주목해야만 할 것이다 (*The Holy Spirit*, London, 1981, p. 107). 죄인들로 하여금 예수를 믿도록 하시는 분은 오직 하나님의 영이시며, 그 없이는 기독교가 있을 수 없었을 것이다.

12) 이것이 항상 유대 랍비들에 의해서 적용되었던 것은 아니다. 우리는 미쉬나

신의 말씀을 영이요 생명이라고 계속해서 말씀하실 때 우리는 그것을 성령에 대한 또 다른 언급임을 알아야 한다. 그는 그의 가르침을 우둔한 문자적인 방법으로 해석할 것이 아니라 성령의 조명을 받아야 한다고 말씀하시는 것이다. 여기에 참된 생명과 성령의 아주 깊은 관련이 있다.

그렇다면 우리는 요한이 영적 생활의 주도자로서의 성령의 역사를 말하고 있음을 알 수 있다. 사람들을 살리기 위해 예수께서 초청했던 그 생명은 인간의 필사적인 방법으로 얻어지는 것이 아니다. 어떤 인간의 갸륵한 공로로 된 것이 아니다. 하나님의 호의로 얻어지는 것도 아니다. 그것은 신자들 안에서, 사람들로 하여금 신적 능력으로 거듭나게 하시는 방식으로 이루어지는 성령의 역사의 결과이다. 성령은 결코 그러한 인간의 노력으로 이룰 수 없는 삶의 새로운 차원을 열어 주는 것이다. 요한은 복음서 전체를 통하여 이러한 종류의 새로운 삶의 중요성을 명확하게 나타내고 있다. 요한복음은 사람들로 하여금 하나님의 성령의 임재와 능력으로 특징지어지는 생명의 놀라운 길로 들어가도록 호소하고 있는 것이다.

2. 성령 시대

요한의 또 다른 난해 구절은 예수께서 초막절에 성전에 올라가사 사람들에게 하신 말씀이다. 명절 끝날 곧 큰 날에 그는 서서 외치셨다. "누구든지 목마르거든 내게로 와서 마시라 나를 믿는 자는 성경에 이름과 같이 그 배에서 생수의 강이 흘러나리라." 요한은 여기에 주석을 덧붙인다. "이는 그를 믿는 자의 받을 성령을 가리켜 말씀하신 것이라 예수께서 아직 영광을 받지 못하신 고로 아직 성령이 아니시더라"(7:37-39). 여기에 구두점의 문제가 있다. 그래서 예를 들면, NEB는 그 구

에서 "위대한 것은 율법이다. 왜냐하면 율법이 이 세상에서나 다가올 세상에서 그것을 실행하는 자들에게 생명을 주기 때문이다"라는 말을 읽을 수 있다(*Aboth* 6:7). 이러한 관점에 의하면 중요한 것은 하나님의 은사가 아니라 율법을 실행하는 것이다.

절의 첫 부분을 "누구든지 목마르거든 내게로 오게 하라 나를 믿는 자는 누구든지 마시게 하라"고 번역한다. 이것은 가능한 번역이며, 많은 주석가들이 이 번역을 채택한다. 그러나 다른 방식으로 번역하는 것이 더 나을 것 같다. 마시도록 초청된 사람은 믿는 자라기보다는 목마른 자이다.[13] 예수께서는 영적 기갈의 만족을 위해 그에게 오라고 그 청중들을 초청하시되, 구약성경의 개념과 용어들을 사용하신다.

그러나 우리의 관심은 근본적으로 요한의 설명에 있다. 위에서 내가 번역한 "아직 성령이 아니시더라"는 일반적으로 "아직 성령이 주어지지 않았더라"(RSV; NEB, NIV, GNB처럼)로 이해되거나 "아직 성령이 계시지 아니하더라"(JB)로 이해된다. 그러한 번역상의 문제는 성령이 이미 주어졌다는 것이며, 이미 성령이 계셨다는 것이다. 요한은 성령이 예수께 내려왔다고 말하며(1:32), 예수께서 성령으로 세례를 주시리라고 말한다(1:33). 사람들이 하나님의 나라에 들어가기 위해서는 반드시 "성령으로 거듭나야 한다"고 말한다(3:5, 8). 예수께서, 살리는 것은 영이며 그의 말이 영이며 생명이라고 말씀하신 것을 요한이 인용한다(6:63). 요한의 관점에 의하면 성령이 계시지 않았다거나 아직 주어지지 않았다고 말하는 것은 불가능하다.

그가 우리에게 제시하는바 아직 성령이 아니시라고 말하는 이유를 살펴보는 것이 도움이 될 수 있다. 즉 "예수께서 아직 영광을 받지 못하신 고로"이다. 요한은 "우리가 그의 영광을 보니"(1:14)에서 이미 그의 앞에 있는 영광을 말하지만, 동사 "영화롭게 하다"의 형태로는 이것이 최초로 요한은 이 단어를 복음서 전체에서 모두 23회 사용한다(누가가 이 동사를 9회 사용하는 것보다 더 많이 사용하는 신약성경 저자는 이외에 없다). 요한에게 있어서 이것은 아주 중요한 개념이다. 영광은 일반적으로 위엄과 화려함이란 용어로 이해된다. 그러나 요한은 참된 영광은 겸손히 섬기는 것에서 발견될 수 있다는 심오한 개념을 가진다. 높고 고상한 자격이 있는 어떤 사람이 그 모든 것을 떠나서 겸손과 사

---

13) 나는 이 구절에 대한 토론과 내 입장에 대한 이유를 *The Gospel according to John*(Grand Rapids, 1971), pp. 422-27에서 제시했었다.

랑의 봉사를 행한다면 요한에게 있어서 그것이 참된 영광인 것이다. 예수께서 우리를 구원하시기 위해 세상에 오사 십자가에서 죽으신 그 비천한 삶의 방식에서 요한은 이것을 발견한다. 요한은 십자가에 못박히심을 예수의 영광으로 본다.[14] 요한은 죄인들과 함께 죄인들을 위해 수치스러운 죽음을 기꺼이 받아들이신 부분에서 탁월한 영광을 보는 것이다. 예수께서 "영화롭게 되시는"것은 바로 이것이다.

그렇다면 요한은 성령의 완전한 사역을 위해 예수의 죽음이 필연적이며 예비적이라고 설명하는 것이다. 갈보리가 오순절에 선행한다는 유익한 사고가 가능할 것이다. 요한은 하나님의 경륜 안에서 그 순서가 필연적이라고 말하고 있다. 성령의 예비적인 나타남이 있을 수 있다. 그러나 성령의 완전한 사역은 그리스도께서 구속 사역을 성취하신 것에 의존한다. 후대 신학자들의 언어를 사용하자면, 칭의는 성화에 선행한다. 우리가 앞서 언급했던 구절을 살펴보면, 요한은 성령께서 이미 하셨던 일들의 중요성을 약화시키지 않는다. 오히려 그는 예수께서 영화롭게 되시는 것이 성령 충만함을 예비하는 길이 되는 때를 기대하고 있다.[15]

3. 진리의 영

고별 설교에서 예수께서는 성령을 진리의 영으로 언급한다(14:7; 15:26; 16:13). 이것은 매우 특이한 표현으로, 신약성경의 어느 부분에서도 발견할 수 없으며, 유대 저작들에서도 일반적인 것이 아니다. 그

---

14) 참고. E. F. Harrison, "요한복음에서 '때'라는 말은 일반적으로 그리스도의 죽음을 가리킨다. 예수께서는 십자가의 고통과 부끄러움에 대한 심리학적 해독제를 상상으로 만들어 내기 위해 십자가를 그것이 가지지 않은 영광스러운 영기로 감싸려고 추구하지 않으셨다. 오히려 영광은 아마 아버지께서 그에게 수행하라고 주신 일을 마치시는 것 안에 포함되어 있을 것이다. 왜냐하면 그 일은 하나님의 완전한 의지를 나타내기 때문이다"(Walter A. Elwell, ed., *Evangelical Dictionary of Theology*, Grand Rapids, 1984, p. 444).

15) Donald Guthrie는 여기에서의 그 말들이 "예수의 사역에서 성령의 행동과 교회 안에서의 그의 후속적인 일 사이의 구별의 명확한 선을 긋는다"고 말한다 (*New Testament Theology*, London, 1981, p. 529).

것은 쿰란 사본이나 유다의 언약(Testament of Judah) 20:1, 5에서 (다른 부분에서는 나타나지 않는다) 발견되지만, 요한의 용법은 이 둘과 같지 않다. 쿰란 저작들에서 "진리의 영"은 "거짓의 영"과 대조되는 것으로 기록되어 있다. 예를 들면 여기에 공동체 규칙(The Community Rule)의 발췌문이 있다.

> 그는 세계를 통치하기 위해 사람을 창조했으며, 그에게 올 때까지 진리의 영과 거짓의 영 사이에서 활동하도록 정하셨다. 진리로 난 자들은 빛의 근원으로부터 났으나, 거짓으로부터 난 자들은 어둠의 근원으로부터 났다. 모든 의의 자녀들은 빛의 왕에 의해서 통치되며 빛의 길을 걸으나, 모든 거짓의 자녀들은 흑암의 천사들에 의해서 통치되며 어둠의 길을 걷는다.[16]

여기에서 "진리의 영"은 요한복음에서의 "진리의 영"과는 아주 다른 것이다. 쿰란 사본의 기록에서 두 영은 다소 대등한 입장이어서("하나님께서는 마지막 때에 이르기까지 그 영들을 동일한 기간 동안 머물도록 했으며, 이 둘 사이에는 영원한 적대 관계가 있다.")[17] 그들 모두는 계속되는 전쟁에 처해 있다. 그 전쟁은 때때로 사람들을 위한 전쟁인 것처럼 나타나기도 하고, 때로는 사람 안에서의 전쟁으로 나타나기도 한다. 그래서 "진리의 영"이 사람들로 하여금 옳은 일을 하도록 이끄는 반면, "거짓의 영"은 사람들로 하여금 악한 길에 참여하도록 이끈다.

요한이 쿰란 사본의 기자와 같이 동일한 의미로 사용하지 않은 것은 확실하다. 비록 언어의 유사성이 있을지라도, 그 의미에는 넘을 수 없는 한계가 있다. 요한은 매우 위대한 한 분을 이야기해 주고 있는데, 그분은 아버지 하나님과 그 아들과 함께하시는 분이시다. 이에 반하여 쿰란 사본은 대등한 가운데 끊임없이 전쟁하고 있는 아주 낮은 차원의

---

16) G. Vermes, *The Dead Sea Scrolls in English* (Harmondsworth, 1968), pp. 75-76에서 인용.

17) *Ibid.*, p. 77.

창조된 존재에 대해 언급하고 있다.

유다의 언약(Testament of Judah) 또한 두 영에 대해서 이야기하고 있다. "그러므로 나의 자녀들아 진리의 영과 거짓의 영이 인간과 함께 기회를 기다리고 있다는 것을 잊지 말라 이 두 영 사이에는 그 영이 원하는 대로 기우는 마음의 양심이 있다."[18] 그 뒤에 이 문서는 우리로 하여금 "진리의 영이 모든 것을 증거하며, 모든 정죄를 가져온다"는 것을 확신시킨다.[19] 분명히 이것은 우리가 쿰란에서 살펴보았던 것과 다르지 않은 이원론이다. 많은 유대 저작들에서 인류 안에서 싸우는 선과 악의 두 예째르(Yetzers)에 대한 개념이 있다. 쿰란 사본이 유다의 언약(Testament of Judah)을 사용하며, 둘 다 그 개념을 발전시킨 것으로 보인다. 그러나 용어의 유사성에도 불구하고 이러한 기록들은 요한복음의 진리의 영에 대한 그 어떤 것도 말해주지 않는다.

요한일서에 두 영에 대한 비교가 있다. "진리의 영과 미혹의 영을 이로써 아느니라"(요일 4:6). 이것은 쿰란 사본의 의미와 같은 의미로 이해되지만,[20] 그러나 그것은 복음서에서 요한이 성령을 가리키는 "진리의 영"과 유사하며 "미혹의 영"은 사단을 언급하는 방법으로 사용하고 있다.[21] 그 악한 존재는 다른 부분에서 이러한 명칭으로 사용하지 않지만, 그와 비슷한 표현이 그를 "온 세상을 꾀는 자"(계 12:9)라고 부를 때에 사용되고 있다.

요한은 이 구절에서 성령을 "진리의 영"이라고 부르는 이유를 설명하고 있지 않다. 그것은 요한이 성령이 특징적으로 진리에 대한 증거를 품고 있다는 것을 의미하는 것과 크게 다르지 않을 것이다. 요한일서에

---

18) 20:1, James H. Charlesworth, ed., *The Old Testament Pseudepigrapha*, I (New York, 1983), p. 800에서 인용.

19) 20:5, ibid.

20) J. L. Houlden은 쿰란으로부터 그 구절을 인용하면서 "우리의 현구절에 나타난 교리와 유사성은 놀랍다"고 논평한다(*A Commentary on the Johannine Epistles*, London, 1973, p. 106).

21) 그래서 Raymond E. Brown, *The Epistles of John* (New York, 1982), p. 501. 그는 그 악한 자의 명칭을 "거짓의 영"으로 번역하는데, 그것은 요한계시록 12:9과 더욱 견고하게 연결된다.

서 우리는 성령이 "진리이시다"(요일 5:6)는 것을 알 수 있는데, 그 문맥에서 그 의미는 성령의 증거는 철저하게 신뢰할 만하다. 즉 성령의 본질이 진리이시기에 그것은 수용할 만하다는 것이다. 성령은 하나님의 진리를 말씀하신다.[22] 요한복음 14:17에서 성령이 신자들 속에 거함을 강조하고 있다. 세상은 성령을 받을 수가 없다. 그들은 성령을 보지도 알지도 못한다. 그러나 신자들은 전혀 다르다. 왜냐하면 성령이 그들 안에 거하시기 때문이다. 그 진리의 영은 아버지로부터 나올 것이며,[23] 그는 그리스도에 대해 증거하실 것이다(15:26). 이러한 연합은 성령이 그리스도를 증거함이 수용될 만한 것임을 강조한다.

예수께서는 그 진리의 영이 "너희를 모든 진리 가운데로 인도하실 것이라"(16:13)고 말씀하신다. 여기서 동사 "인도하다"(hodēgeō〈호데게오〉, 요한복음에서 오직 여기에만 있다)는 "길"(hodos〈호도스〉)과 연결되어 있다. 그것은 그 진리의 영이 예수께서 사람들을 인도할 길이요, 진리이신 것과 같다(14:6). 그래서 그리스도의 사역과 성령의 사역은 밀접한 연관이 있음을 알 수 있다. 예수께서 성령이 사람들을 진리 안으로(eis〈에이스〉) 인도할 것을 말하고 있는지, 아니면 진리 안에서(en〈엔〉) 인도하실 것을 말하고 있는지 확실하지가 않다. 어떤 주석가들은

---

22) 참고. I. H. Marshall, "요한이 여기에서 이전에는 예수를 하나님의 아들로 증거하였으며, 지금도 여전히 그의 증거를 가지고 있으며, 신자들로 하여금 그가 이미 말했던 것들을 견고하게 하시는 성령의 행위를 생각하고 있다는 것은 가능하다"(*The Epistles of John*, Grand Rapids, 1978, p. 235).

23) 이 구절은 서방 교회가 주장하는 것처럼 아버지와 아들로부터가 아니라 오직 아버지로부터 성령이 나오신다는 동방 교회의 입장에 대한 성경적인 지지구절이다. 그러나 그 구절은 그 평가만큼 중요한 지지구절이 거의 되지 못한다. 그 전치사는 *ek*이라기 보다는 *para*이다. B. F. Westcott는 "이 부분에서 *para*의 사용은 그 언급이 영원한 출래(出來, 나오심, procession)가 아니라 성령의 일시적인 사명에 대한 언급임을 결정적으로 보여주는 것으로 보인다"고 논평한다(*The Gospel according to St. John*, II, Grand Rapids, 1954, p. 213). 그 문맥은 삼위일체 내의 관계에 대해 말하는 것이 아니라, 신자들에게 오시는 성령에 대해 말하고 있는 것이다. 이것은 예수께서 신자들 안에서 행하셨던 사역을 성령께서 계속해 나가는 방식에 대한 말이지, 성령의 기원에 대한 이야기가 아닌 것이다. 그것이 이성적이다.

사람들이 진리를 알도록 하기 위해 성령이 그들을 인도하신다는 의미로 생각하지만, 다른 주석가들은 진리의 길에서 진리를 아는 사람들을 성령이 인도한다고 생각한다. 그러나 두 전치사는 신약성경 시대에 분명히 구분할 만한 충분한 근거가 없다. 제안된 두 가지 의미는 모두 사실이며, 우리는 둘 다 감사함으로 받아들일 수 있다. 그러나 예수께서 믿는 자들에게 말씀하시는 부분에서는, 그 강조점이 우리를 진리의 지식으로 인도하는 성령의 사역에 있다.

예수께서는 성령께서 스스로 말하는 것이 아니라 그가 들은 것을 말하신다고 말씀하시는데, 그것은 아버지와 성령이 진리 가운데로 인도하시는 데 있어서 하나임을 말씀하시는 것이다. 예수께서는 더 나아가서 "성령께서 장래 일을 너희에게 알리시리라"고 말씀하신다. 이것은 아마 기독교 진리 체계 전체를 언급하는 것으로 이해할 수 있는데, 대부분은 예수께서 말씀하실 때에 장래의 일이었다.[24] 그것을 성령이 신자들에게 미래의 일을 계시할 것이라는 의미로 이해하는 것은 거의 불가능하다. 왜냐하면 모든 시대에 있어서 그리스도인들은 심지어 깊은 영적인 그리스도인들도 불신자들이 해왔던 것처럼 장래에 일어날 일을 미리 말하는 것에 있어서 잘못되었던 것이다. 그러나 성령은 전체적인 기독교 진리 체계 안으로 사람들을 인도하시는 데에서 실제적으로 활동하셨다. 더 나아가서 예수께서 말씀하시는 내용과 그 의미가 유사하다. "그가 내 영광을 나타내리니 내 것을 가지고 너희에게 알리겠음이라"(16:14). 성령의 사역은 아들의 사역에 반대하고서는 아무런 의미가 없다. 성령께서 선언하실 것은 아들이 이미 행하신 일이다.[25] 그래서 "진

---

24) Cf. Swete. "그는 그리스도의 계시 앞으로 나아가게 할 것이며, 그것을 완성할 것이다. 그는 장래 일들을 선언하실 것이다. 그 일들이란 오순절의 교회 앞에 막 열려지려는 위대하고 경험해 본 적이 없는 삶의 일들이며, 곧 다다를 그의 두 번째 오심으로 말미암은 완성 즉 새로운 세대의 일들과 영의 섭리에 대한 것들이다"(*The Holy Spirit in the New Testament*, p. 163).

25) 참고. Donald Guthrie. "성령은 근본적으로 숨으시는 분이시다. 그는 그 자신의 영광을 구하지 않으시며 오직 그리스도의 영광만을 구하신다. 이것은 가치 있는 시험으로 증명되었다. 왜냐하면 성령을 받았다고 선언하면서 그리스도 대신에 성령을 높이는 어떤 운동도 성령에 대한 그리스도의 가르침을 멀리하는 것으로

리의 영"은 성령을 언급하는 한 방식이라는 것이 증명된다. 이것은 그의 전체 활동을 포괄하는 것이 아니지만, 많은 중요한 진리들을 분명히 증거해준다. "진리의" 영이라는 말 안에 포함된 모든 의미를 완성하시는 그 영은 분명 중요한 존재이다.

4. 파라클레토스

고별 설교에서 성령에 대해 사용하는 또 다른 명칭은 헬라어로 파라클레토스이다. 영어에서 이 용어에 대한 정확한 동일어가 없다. 그래서 우리는 이것은 파라클레이트라고 음역하기로 한다.[26] 그 헬라어는 "…의 곁으로 부르다"라는 의미로, 도움을 목적으로 하는 존재로 이해된다. 이 말은 자주 법정 배경에서 사용되며, 자주 "변호사"라는 의미로 발견된다.[27] 그러나 우리는 이것을 넓은 의미에서 이해해야 할 것이다. 이것은 아마 "방어를 위한 상담자"라고 부를 수 있는 기능을 가진 자로 표현할 수 있을 것이지만, 이것을 그에게만 제한할 수 없다. 고소당한 사람을 법정에 와서 변호해주는 말을 해줄 수 있는 사람은 누구든지 파라클레토스이다. 중요한 점은 그 말이 법정 분위기를 가지고 있다는 점이며, 도움을 주는 어떤 이를 의미한다는 것이다.

그 용어는 고별 설교에서 모두 네 번 나타나는데 요한복음의 다른 부분에서는 나타나지 않는다. 신약성경에서의 유일한 이 단어의 출현은 요한일서 2:1로 거기에서 우리는 만일 우리가 죄를 범하면 "아버지 앞

볼 수 있기 때문이다"(*New Testament Theology*, p. 531).

26) Liddell과 Scott의 Greek-English Lexicon (rev. H. S. Jones and R. McKenzie)에서 말하는 그 의미는 법정에서 "사람을 돕기 위해 부름받은 사람", 실질적으로 법적 보조자나 변호사를 의미한다. 그들은 다른 가능한 동의어로 "격려자"나 "중재자"를 첨가한다. J. Behm은 "신약 이외의 전체 헬라어나 알려진 그리이스어 용법에서 그 용어의 역사는 법정과 관련되어 법적인 조언자나 도움자 또는 변호사에 대한 분명한 그림을 그려준다"라고 말한다(*TDNT*, V. p. 803).

* 이 책에서는 헬라어를 그대로 음역한 "파라클레토스"로 통일하기로 한다 — 역자주.

27) 우리는 "변호자"(advocate)라는 의미를 라틴어 *advocatus*에서 취했는데, 그것은 라틴어에서 정확히 ***paraklētos***에 상당하는 용어이다.

에 우리에게 대언자가 있으니 곧 의로우신 예수 그리스도시라"는 것을 배운다. 여기에서 "대언자"라는 단어는 확실히 정확한 용어로서, 그리스도께서 우리가 죄를 범하므로 참된 필요를 느낄 때에 아버지 보좌 앞에서 우리를 위한 변론자로서 직시하고 계신다는 것이다.

요한복음에서 그 단어가 처음 사용된 것은 그리스도에 대한 언급에서 나타난다. 예수께서는 "내가 아버지께 구하겠으니 그가 또 다른 보혜사(파라클레토스)를 너희에게 주사 영원토록 너희와 함께 있게 하시리니"(14:16-17)라고 말씀하신다. 여기에서 파라클레토스는 진리의 영으로 적용되지만, 그 안에 그러한 종류의 첫 도움자는 예수시라는 생각의 여지가 남아 있어서, 예수 자신이 그전의 다른 파라클레토스시라는 것이다. 이러한 사실은 요한복음에서 성령에게 돌려지는 모든 기능들이 다른 곳에서는 그리스도에 의해서 행해진 것으로 말해진다는 사실에 의해 더욱 확증된다. 그래서 성령께서 신자들을 가르치시지만(14:26), 예수께서도 그러하시며(7:14); 성령은 진리의 영이신데(14:17), 예수께서 진리이시며(14:6); 성령께서 제자들 안에 계시는데(14:17), 예수께서도 그러하시며(14:20; 참고. 요일 2:24); 성령께서 증거하시는데(15:26) 예수께서도 그와 동일한 일을 하신다(8:14). 둘 다 아버지로부터 나오셨으며(15:26; 16:27, 28); 세상은 둘 모두를 다 모른다(14:17; 16:3). 우리는 더 계속해서 말할 수 있지만 요한이 예수와 성령이 "파라클레토스"라는 개념으로 연결될 수 있다는 개념을 신중하게 취하고 있다는 것을 보여주는 것으로는 충분하다.[28]

요한이 보는 것처럼, 성령은 예수의 육체적인 임재가 그의 제자들로부터 떠날 때에 있게 될 신적 임재이다. 우리가 지금 관찰하고 있는 구

---

28) Stephen S. Smalley는 요한복음에서 파라클레토스는 성령과 동일시된다고 결론내리며, "그러나 요한에게 있어서 파라클레토스는 심지어 '성령'과 '파라클레토스'가 동의어로 나오는 요한복음 14:26에서 조차 성령의 다른 이름으로 나타나지 않는다. 왜냐하면 파라클레토스에 대한 요한의 교리는 다른 부분으로부터 우리가 알 수 있는 성령에 대한 우리의 지식에 무엇인가가 더해져 있기 때문이다. 특별히 파라클레토스는 본질상 예수와 같을 뿐만 아니라 행위에 있어서도 예수와 같다"고 결론 짓는다(*John: Evangelist and Interpreter*, Exeter, 1978, p. 231).

절은 예수와 성령 사이에 매우 밀접한 관계가 있음을 명확히 하는 것이다. 성령은 예수께서 그의 제자들과 계속적으로 함께하시는 것이다. 던 (J. D. G. Dunn)이 말하고 있는 것처럼 "요한과 역사적 예수 사이에 벌어진 긴 기간과 지속적으로 지체되는 파루시아는 기독교의 각 세대와 그리스도 사이의 지속적인 사이 벌어짐을 의미하는 것이 아니다. 그와 반대로 파라클레토스가 예수와 모든 세대에 걸친 그의 제자 사이를 즉각적으로 연결시키기 때문에 각 세대는 처음 세대나 마지막 세대와 동일하게 예수와 밀접한 관계에 있는 것이다."[29] 이러한 관점에서 성령께서 신자들 안에 거하시며 내주하신다는 것은 중요하다.

여기에서 파라클레토스는 "진리의 영"과 동일시되며(14:16-17), 후에는 "성령"(거룩한 영)과 동일시되어(14:26) 우리에게 강한 도덕적 목적을 지시해준다. 아보트(E. A. Abbott)가 말하는 것처럼 "파라클레토스나 변호사가 강조되는데 일상적인 존재—좋든 싫든 의뢰인의 목적을 취하여 그것을 위해 최선을 다하는—로서가 아니라 거룩한 존재—이것은 두 번이나 되풀이된다—로서와 '진리의 영'으로서의 강조이다."[30] 확실히 파라클레토스에 대한 구절뿐 아니라 신약성경 전체에 걸쳐서 그 영을 언급하는 특징적인 방식이 "능력의 영"이나 "지혜로운 영"과 같은 종류의 표현이 아니라 "성령"(거룩한 영)이라는 것을 염두에 두는 것이 좋을 것이다. 성령의 사역과 관련되어 있는 강한 도덕적 언급을 놓쳐서는 안될 것이다.

성령을 보내시되(14:26) 가르치시기 위해서 보내시는 이는 아버지시다(참고. 요일 2:27).[31] 이것은 확실히 중요한 기능이지만 그것이 어떻

---

29) *Jesus and the Spirit*, p. 351. Cf. Raymond E. Brown, "이 인물에 대한 요한의 모든 말 속에서 파라클레토스와 예수의 깊은 관계는 지배적인 것이다"(*NTS* 13, 1966-67, p. 126). 또한 다음을 참고하라. J. M. Boice, "그의 계시는 그리스도의 계시의 확장이다. 성령은 예수를 계시하시는 분이시다"(*Witness and Revelation in the Gospel of John*, Exeter, 1970, p. 152).

30) *Johannine Grammar* (London, 1906), p. 40.

31) R. Schnackenburg는 이것이 "성령에 대한 요한의 원래적인 견해라는 것을 발견하는데, 왜냐하면 성령의 기능으로서의 '가르침'은 이외에 오직 누가복음 12:12에서만 만날 수 있기 때문이다"(*The Gospel according to John*, III, pp.

게 수행되는지에 대해서는 명확하지가 않다. 예수께서는 성령께서 신자들 안에서 활동하시므로 각 사람들이 직접적으로 하나님으로부터 가르침을 받게 될 것을 의미하셨는가? 아니면 성령께서 교회의 교사들을 인도하심으로 그들을 통해 가르침을 받는 자들에게 신적인 가르침을 주시는 것을 의미하셨는가? 우리는 너무 날카로운 구별을 두지는 말아야 할 것이다. 왜냐하면 성령께서는 그 두 가지 방법 모두를 사용할 것이기 때문이다. 요한이 우리에게 주고 있는 가르침의 중요한 점은 예수께서 하시리라고 말씀하셨던 일을 직접적으로 성령께서 하시는 일로 돌린다는 것이다.[32]

성령께서는 또한 예수께서 가르치셨던 바를 기억나게 하실 것이다(14:26). 이것은 성령께서 가르치실 가르침이 예수께서 가르치신 가르침과 완전하게 조화를 이룰 것임을 지적해 준다. 우리는 파라클레토스가 구세주의 가르침을 바꾸거나 모순된 교리를 가르친다고 생각해서는 안된다.[33] 그 둘은 완전한 조화를 이루며 확실히 제자들이 잊을지도 모르는 일들이 성령에 의해서 그들의 기억 속에 떠오르게 될 것이다(이것은 요한복음 안에 포함되어 있는 바를 고려할 때 염두에 두어야 할 가치 있는 진리이다).

가르치는 자로서의 성령에 대한 생각과 관련되어 말해지는 것은 증인으로서의 성령이다(15:26). 그는 아버지로부터 나오시며 증거하신다.

141-42).

32) 참고. D. G. Vanderlip, "그러므로 요한의 파라클레토스에 대한 교리의 한 기능은 요한복음이 제공하는 깊은 이해와 통찰력의 정당성을 방어해 준다고 말하는 것이 정당하게 보인다. 다른 말로 하자면 파라클레토스는 요한복음에 실려있는 예수의 사역과 생애에 대한 전망을 위한 원천이며 동시에 보증이다" (*Christianity according to John*, Philadelphia, 1975, p. 172).

33) F. D. Bruner는 이 복음서 안에서 파라클레토스에 대한 말들에 대해 "몇 말씀들을 배열할 때에 가장 널리 미치는 인상은 그리스도 중심성이다. 성령은 그 중심되신 분을 가지신 것으로 나타날 뿐만 아니라, 예수를 증거하는 그의 사역의 영역을 가지신 것으로 나타난다"라고 말한다(*A Theology of the Holy Spirit*, London, 1971, p. 277). 이와 유사하게 J. D. G. Dunn은, "탁월한 주제는 예수의 사역과 파라클레토스 사역 사이의 연속성이다"고 말한다(*Baptism in the Holy Spirit*, p. 175).

요한은 그가 어떻게 이 증거를 수행하시는 지를 설명하지 않지만, 성령께서 신자들 안에 거하시며 옳은 길로 그들을 인도하시는 방식으로 그 일이 수행되는 것처럼 보인다.[34] 성령께서 그들을 가르치시고 지도하시므로 예수께서 누구시며 무엇을 행하셨는지에 대한 충만한 이해에 이르게 되며, 그가 의도한 견고한 위임에 이르게 된다. 이 말씀은 즉시 "너희도 증거하느니라"는 말씀으로 확언해 주는데, 제자들의 증거가 외부의 것이므로 성령의 증거의 한 부분과 같이 나타난다. 그 개념은 아마 성령께서 신자들 안에서 행하시는 바가 아직 그리스도인이 아닌 자들에게 증거를 형성한다는 것일 것이다. 이것은 세상이 그리스도에게로 돌아오는 방식이다. 이 사상은 우리에게 요한일서를 상기시키는데, 거기에서 우리는 성령께서 증거하시는 이로서 물과 피와 연결되어 있음을 본다(요일 5:8). 여기에 문제가 있지만, 우리는 가장 좋은 이해로 "물"은 그리스도의 세례받으심을 언급하며, "피"는 그의 갈보리에서의 죽음을 언급하는 것으로 이해하는 것이다.[35] 이것은 성령의 증거가 예수의 사역에 있어서의 결정적인 점들과 연결되어 있음을 의미한다. 다시 우리는 성령께서 사람들을 예수께로 인도하심을 본다. 이와 비슷하게 요한이 그의 독자들에게 영을 시험해 보라고 재촉하며(요일 4:1), 그들에게 말하기를 그들이 "하나님의 영"을 알 수 있는 방법은 "예수 그리스도께서 육체로 오신 것을 시인하는 영마다 하나님께 속한 것이요 예수를 시인하지 아니하는 영마다 하나님께 속한 것이 아니니"라고 말한다. 여기에 그는 "이것이 곧 적그리스도의 영이니라"는 말을 더한다. 확실히 성령의 사역과 그리스도의 사역은 가장 심오한 양식으로 연결되어 있다.

---

34) Cf. W. G. **Kümmel**, "여기에서 예수와 함께 있었기 때문에 그에 대해 말할 수 있는 그 제자들이 파라클레토스의 예수에 대한 증거들을 선전하는데, 그 안에서 파라클레토스가 그들을 통해서 말한다"(*The Theology of the New Testament*, London, 1974, p. 318).

35) 대안은 세례와 성만찬의 성례에 대한 언급을 보는 것이다. 이것은 개연성이 없지만 만일 이것이 받아들여진다 해도 그것은 여전히 그리스도에 대해 우리에게 지시해준다.

파라클레토스에 대한 마지막 언급은 예수의 "내가 떠나가는 것이 너희에게 유익이라 내가 떠나가지 아니하면 보혜사가 너희에게 오시지 아니할 것이요 가면 내가 그를 너희에게로 보내리니"(16:7)라는 말씀이다. 이것은 우리가 앞에서 살펴보았던 성령께서 제자들에게 예수께서 가르치신 바를 기억나게 하실 것이라는 점을 강화하며 심지어 예수의 사역 기간에서조차 "예수께서 아직 영광을 받지 못하신 고로 성령이 아직 저희에게 계시지 아니하시더라"(7:39)는 사실을 강화해 준다. 예수의 사역은 필연적으로 성령의 사역으로 이어지며, 그가 지상에서 떠나자 성령을 보내시기 전에는 그의 구원 사역이 완성된 것은 아닌 것이다.[36]

그 구절은 계속해서 죄에 대해 의에 대해 그리고 심판에 대해 세상을 책망하시는 파라클레토스를 말한다. 성령의 사역은 일반적으로 신자들과 관련되지만 확실히 이것은 그가 불신 세상에서 일하시는 것에 대해서 말씀하시는 한 부분이다. 또 그의 사역은 일반적으로 돕는 것이었지만 여기에서는 세상을 책망하신다. 이것은 중요한 사역이다. 왜냐하면 처음에는 사람들이 쉽게 그들이 어떤 존재인지 즉 죄인인지를 보는 데에 이르지 못하기 때문이다. 그들은 그들의 마음속에 이를 알 수 있도록 하는 하나님의 영의 일이 필요하다. 그는 또한 "의"에 대해 책망할 것인데, 그것은 확실히 그리스도께서 곤핍한 죄인들을 위해 죽으심으로 가지고 오신 의를 의미한다. 오직 성령께서 그들의 마음속에서 일하심으로 그들이 그들 자신의 하잘것없는 노력으로 하나님의 시야에서 의로울 수 없다는 것을 볼 수 있게 되는 것이다. 십자가에 예수를 못박은 인간 정의의 가공할 한 실패 속에서 의를 인식하기 위해서는 성령의 사역이 필요한 것이다. 예수께서는 "내가 아버지께로 가니 너희가 다시 나를 보지 못함이요"(16:10)라는 말씀을 첨가하시는데, 그것은 십자가와 승천을 지시하시는 것이다. 이 둘 다에서(비록 다른 의미이지만) 예

---

[36] 그래서 Swete는 이렇게 말한다. "성령의 사명은 아들의 사명이 끝날 때까지 시작할 수 없다. 예수께서 육체 안에 거하시기를 그만두기까지는 성령으로 오실 수가 없다"(*The Holy Spirit in the New Testament*, p. 157).

수께서는 그들로부터 분리되실 것이다. 그러나 성령께서는 그들 가운데 활동하셔서 이 모든 의미를 그들에게 가르치실 것이다. 마지막으로 예수께서는 "심판에 대하여라 함은 이 세상 임금이 심판을 받았음이니라" (16:11)고 말씀하신다. 악한 자의 패배는 단지 군사적인 승리일 뿐만 아니라 심판의 행위이다. 하나님의 영에 의해서 조명받은 자들 외에게는 명확하지 않다 할지라도 십자가에서 발생한 일 안에 의가 있었다.

이제까지 우리는 "파라클레토스"라는 용어를 비록 "변호를 위한 상담자"라는 제한적인 용어로 보지 않았을지라도 법정적인 배경에서 살펴보았다. 우리는 그 용어에 더 정확한 의미를 주기 위하여 지금까지 시도된 많은 시도들에 주목해야 한다. 흠정역(The King James Version)에서 그 용어는 "위로자"(Comforter)로 번역되었는데, 그 번역은 그 용어가 사용되는 문맥에 근심을 지시하는 구절들이 있다는 사실에 의해 지지될 수 있다. 즉 "너희는 마음에 근심하지 말라"(14:1); "내가 너희를 고아와 같이 버려두지 아니하고"(14:18); "너희는 마음에 근심도 말고 두려워하지도 말라"(14:27); "조금 있으면 너희가 나를 보지 못하겠고"(16:16); "너희는 곡하고 애통하리니…너희는 근심하겠으나…그때가 이르렀으므로 근심하나"(16:20-22). 흠정역의 번역자들은 또한 그 용어를 "위안자"(Consoler)와 같은 어떤 것을 의미하는 것으로 보았던 많은 초기의 헬라어 주석가들로부터 지지받는다.[37] 그럼에도 불구하고 이 의미는 일반적인 헬라어 용법에 의해서나 또는 헬라어역 구약성경에 의해서도 지지받지 못한다.[38] 데이비스(Davies)가 "위로자"를 옹호할

---

37) 그럼에도 불구하고 J. G. Davies는 그 용어에 대한 LXX의 용법을 조사해 보고 "그러므로 우리는 그 수동형에도 불구하고 요한복음의 저자에 의해서 그와 동일한 복문에 위치시켜진 *paraklētos*가 능동형의 의미를 취하여 그 우선적인 의미가 '위로자' 이다"라고 결론짓는다(*JTS*, n.s. 4, 1953, p. 38). Alan Richardson은 *paraklēsis*와 *parakalein*의 연결에 의해 인상받지만, 이것을 "이스라엘의 위로"(눅 2:25)와 그와 유사한 구절들의 용어 안에서 이해한다. 그는 파라클레토스가 "현저하게 종말론적 의미를 가지고 있다"고 말한다(*An Introduction to the Theology of the New Testament*, London, 1958, p. 114).

38) J. M. Boice는 위로자에 대한 개념에 대해 반대한다. "어려움은 위로라는

수 있는 유일한 길이 그 용어의 라틴어적 기원을 신중하게 취하여 con(〈콘〉, "…과 함께"〈with〉나 강의어)과 fortis(〈포티스〉, "강한")를 "강하게 하는 자"라는 의미로 보는 것이라고 말하지만, 이것은 우리가 "위로자"라는 말로서 의미하는 바가 아니다. 현대의 많은 번역자들은 그 용어를 "도와주는 자"(Helper, 배필)라는 용어로 취한다(예. Goodspeed, GNB). 이것에 대해서는 그 용어 안에서 수동적인 의미를 취하는 것이 바르지 못하기 때문에 거부된다(그 용어는 "옆에 모시다"는 의미를 가진다).

법정적인 배경은 많은 사람들로 하여금 적절한 번역으로 그 용어를 "변호사"(Advocate)(NEB, Rieu)나 "상담자"(Counselor)(RSV)라는 용어로 취하게 한다. 이것은 "변호사"라는 의미가 확실한 요한일서 2:1의 용법에 의해서 지지되는 것처럼, 문맥에서 율법을 지키는 것에 대한 몇몇 언급이 있다는 사실에 의해서도 지지된다(14:15, 21; 23, 24). 죄인들은 항상 하나님의 계명에 순종하지 않기 때문에 변호사가 필요하다. 심판 또한 요한복음의 중요한 주제 중 하나라는 것을 지적할 수 있다. 이러한 견해에 어긋나는 것은 변호사는 법관에게 말을 걸며 그의 의뢰인을 위해서 다른 사람들에게 말하지만, 요한의 파라클레토스는 오히려 그 의뢰인에게 말한다는 것이다(참고. 16:7-11). 만일 성령께서 어떤 사람을 위해 말한다면, 그것은 제자들이나 불신 세상이 아니라 그리스도에 대해서 말하는 것이다. 그는 그리스도의 변호사이신 것이다.[39] 우리는 또한 이 복음서에서 파라클레토스의 많은 사역—예를 들

개념과 성령께서 증거하시는 증거의 계시이며 심판적인 개념을 어떻게 조화시킬 것인가에 있다"(*Witness and Revelation in the Gospel of John*, p. 145).

39) Raymond E. Brown은 우리들에게 다음과 같은 것을 기억하게 한다. "요한복음은 예수께서 재판받으신 법정적인 분위기에서 기록되었다. 이 주제는 공식 질문자들이 그의 증거에 대해 예수께 많은 질문을 하므로 세례 요한에게 도전하는 요한복음의 시작 장면에서부터(5:31-40; 8:13-19), 빌라도 앞에서의 극적인 재판 장면에 이르기까지 계속되고 있다. 이러한 배경에서 파라클레토스의 법정적인 기능은 예수께서 시험 중에서도 승리하신다는 것을 증거하시는 그의 증거에 의해서 그의 제자들에게 보여준다(그리고 그들을 통하여 세상에게 보여준다)…." Brown은 더 나아가서 "변호사"나 "상담자"라는 번역을 거부하며, 순전히 법정적으로 번

자면 가르치거나 증거하시는 사역이 심판이나 계명을 지키는 것에 실패하는 것과 특별하게 관련되지 않는다는 것을 염두에 두어야 할 것이다.

법정적인 배경에 대해서는 의심할 여지가 없지만, 아마 우리는 그 용어가 법정적인 논쟁에서의 한 친구에게 사용될 수 있다는 것을 반드시 염두에 두어야 할 것이다. 그것은 변호를 위한 상담에만 제한되지 않는다. 아마 그것은 "친구"와 같은 번역으로 이끌 것이다(C. K. Williams; 참고. R. Knox, "너의 친구가 될 다른 이"). 그와 같은 번역에 대한 거부는 그 용어가 일반적인 우정을 표현하지 않는다는 것이다. 거기에는 처음부터 마음속에 법정적인 배경이 있다. 아마 "법정에서의 친구"와 같은 어떤 번역은 우리가 재발견할 수 있는 개념을 제공할 것이다. 성령은 하나님의 심판 앞에서 어떤 좋은 입장도 가지지 않은 죄인들의 친구이시다. 그들은 도움이 필요하다. 이것은 아마 그리스도의 가르침을 그들에게 생각나게 한다거나, 증거해 준다거나, 죄에 대해 책망하신다거나, 그들을 가르치시거나 또는 다른 어떤 행위 등 다양한 방법으로 올 수 있을 것이다. 이 모든 행위들을 포괄할 수 있는 하나의 단어는 없다. 그래서 우리는 그것들 중 하나를 집중적으로 사용하거나, 각각의 경우에서 서로 다른 용어들을 사용하거나, "파라클레토스"라는 용어를 존속시켜야만 할 것이다.[40]

5. 성령을 받으라

요한복음의 마지막 부분에 매우 중요하지만 매우 어려운 구절이 있다. 예수께서는 그의 제자들에게 위임하시며 세상에서의 그들의 과업을 위하여 성령으로 무장시키신다. 예수께서 죽은 자 가운데에서 다시 살아나신 날 저녁에 제자들이 함께 모여있을 때 예수께서 오사 그들 가운

역하는 것은 "선생으로서의 그의 기능에 적당하지 못하다"는 점을 지적해 준다 (*NTS* 13, 1966-67, pp. 116-17).

40) Schnackenburg는 "파라클레토스"란 용어의 근원에 대하여 수많은 개념들을 조사해본다(*The Gospel according to St John*, III, pp. 144-50). * 개역성경은 보혜사로 번역하고 있는데 그 직접적인 의미는 "은혜를 보호하는 스승"이라는 말로서 파라클레토스의 사역에 비추어 적절한 번역으로 보인다 – 역자주.

데 서셨다. 그는 그들에게 "너희에게 평강이 있을지어다"라고 인사하시고, 그의 손과 옆구리를 보여주셨다. 그때 그는 "너희에게 평강이 있을지어다 아버지께서 나를 보내신 것같이 나도 너희를 보내노라"고 말씀하시는데, 그때 주님께서 저희를 향하여 또는 저희에게 "성령을 받으라 너희가 뉘 죄든지 사하면 사하여질 것이요 뉘 죄든지 그대로 두면 그대로 있으리라"고 말씀하셨다고 한다(20:21-23).

사도행전 2장에 연결된 것으로 오순절에 성령을 보내신 것과 이 구절의 관계에 대하여 많은 토론이 있었다. 적지 않은 학자들이 누가와 요한이 동일한 일을 언급한다고 주장하며, 요한은 부활절에 교회에 주신 성령의 최종적인 은사를 보고 있으며, 누가는 그것을 몇 주 뒤로 썼다는 것이다. 불트만(Bultmann)은 더 나아가서 요한에게 있어서 "부활절이나 오순절 그리고 파루시아는 분리된 세 가지 사건이 아니라 동일한 한 가지 사건이다"라고 말한다.[41] 이것은 확실히 과장된 표현이다. 요한은 누가가 언급하는 것과 다른 성령의 은사를 언급하고 있는 것으로 이해하는 것이 가장 좋을 것으로 보인다.[42] 복음서 기자가 교회 세상에 사역을 위한 무장으로서 성령을 쏟아 부어주심을 언급하는 부분에서, 요한은 성령께서 신자들로 하여금 어떤 죄가 용서되었고 어떤 죄가 용서되지 않았는지를 선언할 수 있도록 하는 방법을 말한다. 요한은 누가가 말하고 있는 바를 마음에 두고 기록하고 있는 것이 아니며, 그를 수정하거나 보완하기 위해 기록하는 것이 아닌 것이다.

우선 예수께서 제자들을 사명에로 파송하시는 것을 주목해보자. 요한복음의 핵심 사상은 아버지께서 아들을 세상에 보내셨다는 것이다. 그러한 진리를 상기시키시면서 예수께서는 계속해서 그의 제자들을 보내

---

41) *Theology of the New Testament*, II (London, 1955), p. 57.
42) 비록 G. E. Ladd는 "행위로서 보여준 하나의 비유로서 요한의 사건을 취하여, 그것이 실제적으로는 오순절에 완성되었다는 것을 실질적으로 반대하는 것이 하나도 없다"고 주장하지만(*A Theology of the New Testament*, Grand Rapids, 1974, p. 289), James Moffatt은 요한이 성령의 은사를 예수께 매우 밀접하게 연결시킨다는 점을 지적한다. 그것은 그가 비록 사도행전 2:33의 중요성에 주의를 기울이지 않았을지라도 사도행전의 경우가 아니다(*The Theology of the Gospel*, London, 1912, p. 187).

시되 "아버지께서 나를 보내신 것같이 나도" 확실히 동일한 방식으로 보내시는 것이다. 우리는 예수께서 행하신 일과 동일한 일을 위하여 그들이 보내졌다고 말할 수 없다. 왜냐하면 그의 구원 사역은 유일하여 어떤 피조된 존재의 능력을 초월하는 것이기 때문이다. 그러나 우리는 그들의 과업이 그의 것으로부터 출발한다는 것을 말할 수 있다. 예수께서는 우리의 죄가 처리되기 위해서 사셨고 죽으셨고 부활하셨으며 제자들은 예수 안에 구원이 있으며 그에게로 되돌아 오는 모든 자들에게 구원이 있다는 복음 메시지를 가지고 나가는 것이다. 그 한 사명은 다른 한 사명과 밀접하게 연결되어 있다.

그 사명을 위해 그들이 취할 수 있는 모든 도움이 필요하게 될 것이다. 그래서 예수께서는 성령으로 그들을 무장하시는 것이다. 우선 그는 "숨을 내쉬셨다." 거기의 복합어 *emphysaō*(엠퓌사오)는 그가 그들을 향하여, 또는 그들 위에 숨을 내쉬었다는 의미일 수 있다. 우리는 거기에 아무런 개인적인 은사에 대한 언급이 없다는 것을 주목해야 한다. 즉 예수께서는 그 작은 단체에게 가지라고 말씀하신 것이 아니며, 개인적으로 그들 각 개인 개인에게 숨을 내쉰 것이 아니다. 그가 숨을 내쉼으로써 주신 선물은 전체로서의 그 단체에게 주어진다. 각 개개인에게 주어진 것이라기보다는 교회에게 주어진 은사인 것이다. 때때로 그 은사는 사도들에게 주어졌으므로 교회의 사역자들에게 주어진 것으로 주장된다. 그러나 아무 부분에서도 그 무리가 오직 사도들로만 구성되었다고 읽을 수 없다. 거기에는 그 무리들이 누가복음 24:33 이하가 말하는 무리라고 생각할 수 있는 많은 이유들이 있으며, 그 무리에는 글로바와 알려지지 않는 자가 포함되어 있다. 어쨌든 이 무리는 "제자들"이라고 불리지 사도들이라고 불리지 않는다(20:19). 그들은 교회의 사역자들이라기보다는 확실히 전체로서의 교회를 나타낸다.[43]

그 은사와 동반된 말들은 "성령을 받으라"이다. 거기에 정관사가 없

---

43) E. Schweizer는 만일 그들을 임원으로서 간주할 수 있다면, "그 고별 설교는(예. 사랑의 계명을 포함해서) 반드시 완전히 그들에게만 제한되어야 할 것이다" (*TDNT*, VI, p. 442, n. 753).

다는 사실로부터 혹자는 거기에서 의미하는 것은 성령이 아니라 성령의 어떤 은사이거나 심지어 "한 거룩한 영"을 의미한다는 결론을 이끌어 낸다. 그러나 이것은 관사가 없는 것에 너무 심한 강조를 준 것으로 보인다. 이것은 아마 그 은사라는 것이 성령 못지 않은 것임을 강조하여 보여주는 것일 수 있다. 여기에서 개인과 관계없는 일반적인 성령의 은사라는 개념이 있다. 오순절날 성령이 개인적으로 오셨다는 사실에서 보면 사도행전 2:4에서 성령에 정관사가 없다는 사실은 난관으로 빠져든다. 거기에서나 여기에서나 우리는 그 표현이 "성령"을 언급하는 것이지 "하나의 거룩한 영"을 언급하는 것이 아니라는 것을 이해해야 할 것이다.

예수께서는 사죄와 정죄에 대한 말씀으로 이어나가신다. "너희가 뉘 죄든지 사하면 사하여질 것이요 뉘 죄든지 그대로 두면 그대로 있으리라."[44] 교회 안에서 어떤 분파는 이것이 특별한 어떤 개인이 용서의 권세와 용서를 보류할 권세를 가지고 있다는 것을 의미한다고 주장하지만, 그 단어들이 사용되는 것에 의하여 그렇게 보는 것이 쉽지만은 않다. 우선 윌리엄 바클레이(William Barclay)의 정직한 말에서 "한 가지 사실이 확실히 분명한데 아무도 다른 어떤 사람의 죄를 용서할 수는 없다는 것이다." 그는 즉시 이어서 "그러나 또 다른 사실 역시 동등하게 확실하다 — 하나님께서 사람을 용서하셨다는 사실을 선포하고 그 메시지를 전달하는 것은 교회의 위대한 특권이라는 것이다"라고 말한다.[45] 이러한 두 가지 사실의 균형을 유지하는 것이 우리에게 있어서 진실로 어려운 문제이다. 우리는 반드시 그 은사가 개인적인 구성원들에게 주어진 것이 아니라 전체로서의 무리에게 주어진 것이라는 사실을 잊지 말아야 한다. 교회는 반드시 개인적인 구성원들을 통해 행사된다는 것이 논쟁될 수 있지만 반드시 필연적으로 그런 것은 아니다. 교회는 자주 종교 회의나 총회를 통해서 행사되기도 한다. 죄에 대한 용서가 한 개인의

---

44) 나는 an을 "만일"을 의미하는 것으로 해석했였지만 그것은 ASV에서처럼 접미사 "-ever"가 "누구의 죄든지…"가 될 수 있다. 그러나 의미상으로 다른 점은 없다.

45) *The Gospel of John*, II (Edinburgh, 1956), p. 318.

결정에 위탁될 수 없다는 것이 중요한 만큼 최소한 논쟁거리로 남아있다. 예수께서는 개인들에 대해서 이야기하시고 계신 것은 아니며, 우리는 만일 그 말들을 전체로서의 교회가 아니라 교회의 어떤 개인적인 구성원들에게 적용시키려면 반드시 강한 증거를 가져야 할 것이다.

그 다음에 우리는 "누구든지"라는 복수 단어에 주목해야 한다. 그 은사가 전체로서의 교회에게 주어진 것처럼, 그것은 개인들을 가리키는 것이 아니라 죄인들의 부류들을 언급하는 것이다. 부류를 나누신 것에 대해서 언급하는 것이 개인에 대한 적용을 포함하고 있는 것이라는 논쟁이 있을 수 있지만 예수께서는 오직 그 부류에 대해 말씀하고 계신다는 사실을 분명히 해야 할 것이다. 그는 "너희가 어느 개인이 지은 어떤 죄든지 용서하면"이라고 말씀하시지 않았다. 성령에 의하여 영감받은 교회는 "이러이러한 죄들은 용서받았다. 그러나 이러이러한 죄들은 용서받지 못한다"라고 말할 수 있을 것이다. 그러나 그 말들은 그 이상을 의미하지 않는다.

우리는 그 "용서하다"와 "그대로 두다"라는 동사가 둘 다 완료 시제라는 사실을 간과해서는 안될 것이다. 어떤 사본에서는 "용서하다"라는 동사가 현재 시제를 취하며, 심지어 미래 시제를 가지는 것도 있지만 대부분은 완료 시제를 취한다. 그리고 그 완료형은 "그대로 두다"라는 동사와 실제적으로 일치할 것이다. 만일 그 시제를 신중하게 취한다면 그 의미는 "그것들은 용서되었고…그것들은 그대로 두었다"일 것이다.[46] 다른 말로 하자면, 이것은 교회가 실제적으로 용서하는 일을 하는 것이 아니라는 이야기이다. 그것은 하나님의 특권이다. 그 말들이 지시하는 모든 것은 성령 충만한 교회가 권위있게 "이러이러한 죄인들은 용서되었고…이러이러한 죄인들은 용서되지 않았다"라고 말할 수

---

[46] Nigel Turner는 그 완료형이 "동시에 두 가지 진리를 표현해야만 한다. 즉 그 조건의 사전 발단과 그것의 현재적인 지속성이다"라는 것을 지적해 준다. 현구절에서 그는 그 완료형이 현재나 부정과거의 의미로 이해될 수 있다는 개념을 부인하고 "너희가 용서하는 누구의 죄든지 용서되었다(완료형); 너희가 그대로 두는 누구의 죄든지 그대로 있다"라고 번역한다(*Grammatical Insights into the New Testament*, Edinburgh, 1965, pp. 80, 81).

있을 것이라는 의미이다. 이것은 하나님께서 이루어 놓으신 일들에 대한 선언이지 교회가 지금 행하고 있는 것이 아니라는 이야기이다. 이것이 실제적으로 어떻게 이루어지는지를 우리가 이해하기 어려울지 모르지만, 그 언어들이 사용되고 있는 의의를 부인할 이유가 되지는 못한다.

더욱이 우리는 용서하는 권세와 용서를 보류하는 권세가 함께 있다는 것을 잊어서는 안된다. 예수께서 교회 안의 선택받은 개인들(사제들?)에게 용서할 수 있는 권세를 주셨다고 보는 자들은 항상 이 두 가지 권세가 함께 한다는 사실에 충분한 주의를 기울이지 않는다. 이것은 우리에게 개인적인 사제가 한 죄인에게 "내가 너의 죄들을 용서하노라"고 말할 수 있다는 것에 대해서 큰 문제를 삼지 않는다. 그러나 그 말들이 의미하는 바가 그것이라면 그와 동일하게 그 사제는 다른 죄인에게 "나는 너의 죄를 용서하는 것을 보류하노라"고 말할 수 있으며, 또 그 죄들은 존속될 것이다. 자, 개인적인 사제들은 경건한 사제라 할지라도 때때로 실수를 할 수 있다. 용서되어야 할 죄를 하나님께서 그대로 두실 것이라고 주장하는 것은 불가능하다. 그러나 그 한 가지 사실은 다른 한 가지 사실과 함께한다. 웨스트코트(B. F. Westcott)는 "순전한 개인에게 '그대로 두는' 권세를 실행할 수 있도록 고안하는 것이 불가능하다. 마찬가지로 그 구절에서 순전한 개인이 직접적으로 '용서하는' 권세를 실행할 수 있는 방법을 찾는 것이 모순이다"라고 논평한다.[47] 그것은 그 단어들을 죄를 용서하는 개인적인 능력이 각 개인들에게 맡겨졌다고 보므로 극복할 수 없는 어려움을 남겨 놓게 될 것이다.

이 단어들이 용서에 대해서, 그러한 용서의 보류에 대해서 언급하고 있다는 사실에는 의심의 여지가 없다. 그러나 그 구절에 대한 우리들의 최선의 이해는 그 용서함과 그대로 둠의 위대한 은사가 속기 쉬운 인간의 손에 주어진 것으로 볼 수 없다는 것이다. 예수께서는 성령으로 인도함을 받은 교회가 용서받은 죄와 용서받지 못한 죄를 말할 수 있는 권위를 가진다고 말씀하시고 계신다. 존 마쉬(John Marsh)는 유용한 주석을 해놓았다. "문맥으로부터 그것이 죄에 대한 용서와 용서를 보류

---

47) *The Gospel according to St. John*, II, p. 352.

하는 것에 대해서 언급하고 있다는 것에 의심할 여지가 없다. 그러나 비록 엄격하게 들릴지라도 그것은 단순히 복음 선포의 결과들을 말하는 것이다. 복음은 사람들로 하여금 하나님의 값비싼 용서를 듣고 회개하게 하기도 하지만, 복음으로 말미암아 용서해 주심에 대한 아무런 반응도 하지 않은 채 남아 있어서 그들의 죄에 그대로 남아 있게 한다."[48] 더 나아가 우리는 부활하신 후에 예수께서 그의 제자들에게 나타나심으로 일어났던 일들을 자세히 다시 생각해 보아야만 한다. 주님은 "이같이 그리스도가 고난을 받고 제3일에 죽은 자 가운데서 살아날 것과 또 그의 이름으로 죄 사함을 얻게 하는 회개가 예루살렘으로부터 시작하여 모든 족속에게 전파될 것이 기록되었다"는 것을 그들에게 기억하게 하신다(눅 24:46, 47). 이것은 아마 우리의 당면 구절에서 예수께서 말씀하시고 계신 것이기가 쉽다.

이처럼 요한은 하나님의 영에 대하여 독특하게 풍부하고 중요한 이해를 가지고 있다. 그가 말하고 있는 어떤 일들은 우리가 이해하기 어려우며, 어떤 구절들은 그 주석에 있어서 서로 의견을 달리한 채로 남아 있다. 그러나 그 가르침의 중요 요점은 명확하다. 성령은 그리스도의 사역을 계속하신다. 하나님의 경륜 안에서 결정적인 가르침을 주시며, 속죄 제물을 드리시는 이는 그리스도이시며, 죽음을 이기시고 부활하신 분은 그리스도이시다. 그러나 그리스도께서 그가 오셨던 곳으로 되돌아 가셨을 때에 하나님의 백성들의 마음 가운데 거하시는 이는 성령이시며, 예배를 위하여 그들 가운데서 그들을 강하게 하시며 인도하시며 보호하시는 분은 성령이시다. 하나님의 백성들의 삶은 하나님의 영의 불변하는 임재에 의하여 풍성해진 삶인 것이다.

---

48) *The Gospel of St. John* (Harmondsworth, 1968), pp. 641-42. 참고. Lesslie Newbigin, "성령의 약속에 의해 진리 안에서 성화된 교회는 그 유효한 행동들을 가지고 있는 전체 세상으로 파송되었다. 그들이 그에 일치된 삶을 보여주는 한 그리스도의 수난의 흔적이 될 것이다. 그리고 빛이 유효하게 존재할 때, 빛보다 어두움을 좋아하는 자들에게 임할 심판의 경우에서처럼 가공할 책임이 또한 있는 것이다"(*The Light Has Come*, Grand Rapids, 1982, p. 269).

제 9 장

"너희로 믿게 하려 함이요"

요한은 우리에게 요한복음이 "너희로 예수께서 하나님의 아들 그리스도이심을 믿게 하려고"(20:31) 기록되었다고 말한다.[1] 이것은 앞 장들에서 우리가 이미 살펴본 것처럼 이 책이 예수라는 인물에 집중하고 있다는 것과 일치한다. 요한은 그가 확실히 그리스도이며 하나님의 아들이심을 보여주기 위해서 애쓰고 있다. 그러나 그는 이것을 역사적인 관점에서 벗어나거나, 골동품 수집적인 관심에서 벗어나 수행하는 것이 아니다. 그의 목적은 사람들에게 믿음을 주는 것이요, 믿음으로 생명을 얻게 하려는 것이다. 이것은 그에게 있어서 믿음이 대단히 중요한 것이라는 것을 의미하며, 사실상 그는 그 개념을 그의 책 전체에서 고리로 만들었다. 그는 "믿다"라는 동사를 98회 사용하는데, 그것은 신약성경의 어떤 책보다도 훨씬 더 많은 것이다. 일반적으로 믿음에 큰 강조를 두었던 선생으로 바울을 생각하는데, 물론 그는 그렇게 했다. 그러나 그의 편지 중에서 그 동사를 가장 자주 사용한 것은 21회이며(로마서),

---

1) H. J. Hermisson과 E. Lohse는 이 구절을 세례 요한이 하나님으로부터 빛에 대하여 증거하기 위하여 보냄을 받았고 "모든 사람으로 자기를 인하여 믿게 하려 함이라"(1:7)는 구절과 연결시키며, "예수의 취지는 처음부터 끝까지 사람들을 믿음에로 인도하는 선언으로서 나타난다"고 결론을 내린다(*Faith*, Nashville, 1981, p. 160).

바울 서신 전체를 통하여서 겨우 54회 사용할 뿐이다(그는 "믿음"이라는 명사는 142회 사용한다. 그러나 요한이 그 동사의 사용에 있어서는 그를 훨씬 능가한다). 흥미롭게도 요한 다음으로 그 동사를 자주 사용하는 책은 사도행전이다. 그것은 아마 그 책이 효과있는 선포를 기록하고 있기 때문에, 그 결과로 많은 사람들이 믿게 되었기 때문일 것이다.

결코 만족하게 설명되지 않았던 사실 중 하나는, 요한이 그 동사 "믿다"에 대해서는 그토록 집중하면서도, 요한복음에서 그 명사 "믿음"에 대해서는 전체적으로 무시하는 것을 어떻게 서로 결부시켜 생각할 수 있는가이다. 이 용어는 요한복음에서 단 한 번도 나타나지 않는다(요한의 세 서신에서는 단 한 번 나올 뿐이며, 계시록에서는 4회 나타난다). 요한은 왜 그가 그 단어를 피하였는지에 대해서 결코 어떠한 암시도 주지 않는다. 아마 그는 동사가 더욱 역동적이기 때문에 동사를 더 좋아했을 것이지만, 이는 너무 간단한 추론이다.[2]

그 동사는, 약간은 근거가 있는 이유로 하나의 신뢰를 나타낸다고 가볍게 주장할 수 있다(예. 눅 8:13). 그러나 신약성경 저자들의 특징적인 사용법에 의하면 그것은 든든한 기초를 가지고, 믿는 자들로 하여금 영생을 즐기게 하는 확실한 신뢰를 지시한다. 그것은 "종교적으로 특별한 의미로의 신뢰를 말하며, 하나님에 대한 믿음으로서의 그의 능력과 그의 도우시는 임재에 특별한 강조를 가지며, 더 나아가서 그의 존재하심을 확신하고 그의 계시와 나타나심이 진리라고 확신하는 것이다"

---

[2] W. A. Whitehouse는 "구원이나 하나님과의 바른 관계를 위한 믿음의 효능은 그러한 믿는 행위 자체에서 추구될 수 없고 오히려 믿음을 굳게 붙잡는 사람에게 주어진다. 요한복음은 명사를 사용하지 않는다는 사실을 통해서 바로 그 사실을 분명하게 해준다"고 주석한다(A Richardson, ed., *A Theological Word Book of the Bible*, London, 1950, pp. 75-76). 때때로 요한이 그 명사를 피한 것은 그것이 영지 주의와 친밀한 관계를 가지기 때문이며, 그것은 그가 그와 비슷하게 *gnōsis*라는 단어를 피한다는 제안이 있었다. 그러나 이 복음서와 같이 이른 시기에 영지주의가 있었다는 확실한 증거는 없으며 어쨌든 W. F. Howard는 "그것이(즉 *pistis*) 그 단어에 사용하지 못하게 만든 헬라 신비주의의 의미를 취득했다고 가정할 만한 아무런 이유도 발견할 수 없다"고 말한다(*Christianity according to St. John*, London, 1943, p. 155).

(BAGD). 이것이 신약성경 전체에 걸쳐서 나타나는 의미이며, 특별히 요한복음에서도 그렇다. 요한에게 있어서 이것은 중심적으로 중요한 개념이다.

그는 그 개념을 다양한 방식으로 사용하며, 그것들 중의 얼마는 매우 일상적이다. 그래서 그는 예수께서 "이것을 네가 믿느냐?"(11:26)라고 물으실 때처럼 그 동사 뒤에 직접 목적격을 가진다. 이러한 의미를 표현하기 원할 때 그가 더욱 자주 여격을 사용하지만(예. 2:22), 이 구절은 그의 적용력을 보여준다. 또 그는 한 번 그 동사를 "맡기다"라는 의미로 사용하여 "예수께서 그 몸을 저희에게 의탁지 아니하셨으니"(2:24; 참고. 눅 16:11; 갈 2:7 등)라고 말한다. 한 경우에 그는 전치사 *peri*(〈페리〉, "…에 대해서", about)를 사용하여 유대인들이 그 사람에 대해 저가 소경으로 있다가 보게 된 것을 믿지 아니하였다고 말한다(9:18). 요한은 누군가로 인한 믿음을 말하며(1:7) 어떤 것으로 말미암는 믿음을 말하며(17:20), 또 말씀 "때문에" 믿는 믿음과(4:41, 42) 행하는 일로 말미암는 믿음을 말한다(14:11). 그러한 구문들은 그 동사를 운용하는 요한의 다재다능함을 보여주지만, 그것들이 일상적인 용법 이상의 것을 나타내는 것은 아니다.

더 중요한 사실은 요한의 용법을 그가 사용하는 헬라어 구문과 일치하는 네 가지 제목 아래 요약할 수 있다는 사실이다. 즉 (1) 단순 여격, (2) 그 동사 뒤에 믿음의 내용을 지시하는 관계 대명사 "that"(hoti〈호티〉)이 뒤따르는 경우, (3) 신뢰하는 인격을 지시하는 전치사 "in"(더욱 정확하게는 into)이 뒤따르는 경우, (4) 절대적인 용법. 우리는 이러한 것들을 차례대로 살펴볼 것이다.

1. 단순 여격

단순 여격의 용법은[3] 진술하는 것을 진실로서 받아들임으로 어떤 사

---

3) E. C. Blackman이 논평하기를 "요한의 사용법은 매우 독특하다. 그것은 근본적으로 교회의 사용법에서 기인한다. 그것은 여격과 함께 오는 동사가 *hoti*절과 함께 다시 나온다는 점에서 볼 수 있으며, 독립적인 용법에서 볼 수 있다"라고

람이나 사물을 믿는다는 의미를 가진다. 요한복음 처음 부분에서 그에 대한 예는 제자들이 "성경과 및 예수의 하신 말씀을 믿었더라"(2:22)고 요한이 말할 때이다. 문제가 되고 있는 예수의 말씀은 "너희가 이 성전을 헐라 내가 사흘 동안에 일으키리라"(2:19)이다. 요한은 그것들을 제자들이 그에 대해 거의 알지 못하고 그러한 수수께끼 같은 말을 헤아리기를 기대할 수 없는 예수의 사역 초기에 기록하고 있다. 그러나 요한은 부활 후에 그들이 믿게 되었다고 말하는 것이다. 그는 성경의 특별한 구절과 동일시하지 않고 있어서 아마 어떤 하나의 특별한 구절보다는 구약성경 전체의 일반적인 대의를 의미하는 것일 수 있을 것이다(부활을 예언하는 구절을 꼬집어내기가 어렵다는 것은 널리 알려져 있지만, 신약성경의 저자들은 그것이 "성경대로" 발생하였음을 명확히 하고 있다. 고전 15:4). 명확한 것은 여기에서의 그 동사 *pisteuō*(피스튜오)는 우선 성경을 믿는다는 의미로 사용되었으며, 그 성경과 관련되어 있는 예수의 말을 믿었다는 의미로 사용되었다는 것이다. 이것은 예수께서 그의 대적자들에게 "모세를 믿었더면 또 나를 믿었으리니 이는 그가 내게 대하여 기록하였음이라"(5:46)고 말씀하실 때와 그 구문이 다른 것이 아니다. 두 절 모두에서 그 의미는 "진실로 받아들이다"이다. 이것은 또한 왕의 신하가 "예수의 하신 말씀을 믿고"(4:50)라고 말할 때의 경우이다. 그는 그것을 진리로 받아들였고 그것에 기초하여 행하였다.

요한은 사람들이 예수를 믿었다거나, 믿지 않았다거나, 그를 믿도록 이끌었다고 수없이 보고한다. 그래서 예수께서는 우물가의 여인에게 "여자여 내 말을 믿으라 때가 오나니…"(4:21)라고 말씀하시는데 그 구문은 예수께서 하시는 예언을 진리로서 받아들이기를 초청하시는 것이다. 그러한 구문의 비슷한 용법을 예수의 청중들 중의 어떤 이들이 예수께 "우리로 보고 당신을 믿게 행하시는 표적이 무엇이니이까"(6:30)라고 물을 때에 발견할 수 있다.[4] 그들은 그의 가르침을 확신하지 않았

한다(*IDB*, II, p. 224).

4) C. K. Barrett는 "*hina*가 틀리게 사용되지 않았다. 그 표적은 우리가 그것을 볼 수 있도록 하기 위해서 행해졌다"고 주석한다. 그는 "우리로 하여금 당신을 믿게 할 자가 누구인지 우리에게 말해 주시오"라는 도마복음서(*The Gospel of*

다. 만일 그가 여기에서 하나의 표적을 행하신다면 그들이 그것을 보고 그를 승인하게 될 것이라고 추론하는 것이다. 그러면 그들을 믿게 될 것이다. 그들이 과연 그렇게 할지는 물론 의심스럽지만, 이것이 곧 그들이 제안하는 바이다.

또한 요한은 "그를 믿었던" 어떤 유대인들을 언급한다(8:31). 이것이 "많은 사람이 믿더라"는 진술 뒤에 오기 때문에(8:30), 어떤 학자들은 동일한 사람들이 언급되고 있으며, 따라서 그 두 구문이 다소간에 동의어로 사용되었을 것이라고 주장한다. 다른 사람들은 반대의 입장을 취한다. 예를 들자면 모울튼(J. H. Moulton)은 "앞의 p. eis(에이스)로부터의 어미 변화는 단지 우연일 수만은 없다"고 주장한다. 그는 후에 "참으로 중요한 점은(단지 요한에게서만이 아니라 신약성경 전체에서) 전치사가 있는 "믿다"(believe on 또는 in)와 단순한 여격을 가진 "믿다"(believe) 사이의 명확한 차이를 인식하는 것이다"라고 말한다.[5] 어떠한 사람이 말할 때에 그의 말이 진실이라고 받아들이는 것과 그를 신뢰하는 것 사이에는 중요한 차이가 있다는 것을 인식하는 것이 중요하다. 그러나 요한이 항상 그 차이점을 강조한다는 것은 그렇게 명확하지만은 않다. 요한복음에서의 용법처럼 두 구문 사이의 차이점들을 너무 엄격하게 구분하려고 할 필요는 없는 것으로 보이지만, 여기에서 단순한 여격을 가진 그 구문은 그 사람들이 그들 자신을(그들의 다음 행동이 보여주는 것처럼) 진실로 전심으로 예수께 의탁하지 않았음을 보여준다. 그들은 그가 말씀하신 것을 진실이라고 받아들였지만 그들이 마땅히 행해야 할 일을 행하지는 않았던 것이다. 그래서 잠시 후에 예수께서는 그들에게 "내가 진리를 말하매 어찌하여 나를 믿지 아니하느냐"(8:46)라고 질문하신다.

요한복음에 나타난 아버지와 아들은 매우 밀접하다. 그래서 때때로 아버지를 믿는다는 개념이 아들을 믿는 것과 연결되는 것이 그리 놀랄

Thomas)의 한 구절을 인용한다(*The Gospel according to St. John*, Philadelphia, 1978, p. 288).

5) *A Grammar of New Testament Greek, I, Prolegomena* (Edinburgh, 1906), pp. 67, 68.

만한 것은 아니다. 한 주목할 만한 말씀에서 예수께서는 "내 말을 듣고 또 나 보내신 이를 믿는 자는 영생을 얻었고"라고 선언하신다(5:24).[6] 그가 아버지에 의해서 보냄을 받았다는 개념은 "그 말씀이 너희 속에 거하지 아니하니 이는 그의 보내신 자를 믿지 아니함이니라"(5:38)와 같은 말씀에서 예수를 믿는 것과 연결된다. 기적적인 일이 기적적이지 않은 일과 연결된 그의 "일들"에 대한 언급에서, 예수께서는 "만일 내가 내 아버지의 일을 행치 아니하거든 나를 믿지 말려니와 내가 행하거든 나를 믿지 아니할지라도 그 일은 믿으라 그러면 너희가 아버지께서 내 안에 계시고 내가 아버지 안에 있음을 깨달아 알리라"(10:37, 38)고 말씀하신다. 그러한 말씀들 안에 흐르고 있는 것은 아버지께서 아들 안에서 그리고 아들로 말미암아 일하고 계신다는 생각이다. 그는 아들에게 사명을 주어 이 세상에 보내셨다. 그리고 아들이 행하는 그 일들은 아버지께서 그의 목적을 성취하신다는 것에 대한 증거들이다. 예수의 말씀을 듣는 것과 아버지를 믿는 것에 대한 언급은 교훈적이다. 그 둘은 분리될 수 없다. 그리고 예수의 말씀은 아버지의 말씀과 멀리 떨어진 것이 아니다. 예수를 믿는 데 실패한 그들은 아버지의 말씀을 그들 안에 거하게 하는 데 실패한 것이다.

이러한 구절들에서 전치사와 함께하는 믿음(believing in)과 전치사 없는 믿음(believing)이 그렇게 동떨어진 것은 아니다. 그 두 개념은 구별되며, 우리가 이미 살펴본 것처럼 요한은 이따금씩 그 구별됨을 효과적으로 사용한다. 그러나 결국 우리가 진실로 예수와 그의 아버지를 믿는다면 우리는 신뢰하게 될 것이고, 그 둘 다를 신뢰하게 될 것이다.

2. 믿음의 내용을 지시하는 관계 대명사 *

요한은 몇 번, 이어서 오는 내용(*hoti*〈호티〉)이 참임을 믿는 것에 대

---

6) 이 구절은 W. F. Howard가 말하는 목록 맨 앞에 "신용이라는 의미에서 믿음이란, 추호의 의심없이 어떤 사람의 말을 받아들이는 것이며, 그 권위가 자증적인 높은 지위를 부여하는 것이며, 영적 통찰력이 그 메시지의 자증성을 인식하는 것이다"라고 한다(*Christianity according to St. John*, p. 157).

* 한국어에는 관계 대명사가 없기 때문에 믿음의 내용을 지시하는 관계 대명사

해 말한다. 확실히 요한복음 전체는 "너희로 예수께서 그리스도이심을 (*hoti*〈호티〉) 믿게 하려고"(20:31)라고 기록하였다. 그 구문은 중요하다. 왜냐하면 그것은 요한에게 있어서 믿음이 내용을 가진다는 진리를 강조하기 때문이다. 그는 그의 독자들이 믿는 사람이 되도록 하는 것일 뿐, 그 이상의 목적을 위해서 기록한 것이 아니다. 그는 그들이 믿는 사람이 되어, 그들의 믿음이 예수를 향하는 그러한 방식의 믿음을 가진 자들이 되기를 원했던 것이다. 그래서 그의 복음서 전체를 통해 우리는 믿음의 정확한 내용의 중요성을 강조하는 진술들을 발견하게 되는 것이다.[7]

그러한 진술들은 한두 가지 방식으로 그리스도를 언급한다. 한 가지 흥미로운 예는 "생명의 떡"에 대한 설교의 끝 부분에서 발생한다. 예수의 청중들 중에 어떤 사람들이 그가 하신 말씀에 대해 분개하여 "물러가고 다시 그와 함께 다니지 아니하였다"(6:66). 예수께서 열두 제자에게 너희도 가려느냐고 물으실 때 베드로가 확언하기를 "우리(강조형. 다른 사람들에 대하여)가 주는 하나님의 거룩하신 자신 줄 믿고 알았삽 나이다"(We have believed and have known that you are the Holy One of God, 6:69)라고 말한다. 두 동사는 모두 완료 시제로 계속적인 상태를 지시한다. 베드로는 그와 그의 동료들이 예수를 믿게 되었다고 말하고 있을 뿐 아니라 그들이 계속 그러한 상태에 머무르고 있으며, 그에 대한 지식을 희미하게 알았을 뿐만 아니라 계속적으로 확신하게 되었다고 말하는 것이다. "하나님의 거룩한 자"라는 표현은 성경에서 드문 표현이다. 신약성경 다른 부분에서는 오직 회당에서 귀신이 예수께 "나는 당신이 누구인 줄 아노니 하나님의 거룩한 자니이다" (막 1:24; 눅 4:34)라고 외치는 부분에서 나올 뿐이다.[8] (비록 시편 106:16에서 아론이 사용하고 있을지라도) 그것은 또한 구약성경에서도

가 번역하는 과정에서 그렇게 명확하게 나타나지는 않는다 — 역자주.

7) "요한은 믿음을 막연한 신뢰로 생각하지 않으며 내용을 가진 것으로 생각한다…그래서 믿음은…을 믿는 것이다"(Leon Morris, *The Gospel according to St. John*, Grand Rapids, 1971, p. 856).

8) C. E. B. Cranfield는 그 표현이 "알려진 메시야적 칭호가 아니다…귀신들

역시 드문 것이다. 우리는 이것을 하나님에 의해서 거룩하게 되신 예수 그리스도를 지칭하는 것으로 이해해야 할 것이며(참고. 10:36), 요한이 그것을 이해하는 것처럼 믿음의 중요한 요소로 보아야 할 것이다. 지식과의 연결 또한 중요하다. 믿음이란 경건한 상상이나 취미와 관련된 것이 아니라, 그리스도와 그의 아버지와의 관련에 대한 참된 지식과 관련된다.

이것은 다른 방식으로 믿음의 내용을 말해 준다. 그래서 간단하게 아버지를 그들에게 보여주기만 하면 족하겠다고 빌립이 말할 때에 예수께서는 그에게 일련의 질문들을 하신다. 즉, "빌립아 내가 이렇게 오래 너희와 함께 있으되 네가 나를 알지 못하느냐 나를 본 자는 아버지를 보았거늘 어찌하여 아버지를 보이라 하느냐 나는 아버지 안에 있고 아버지는 내 안에 계신 것을 네가 믿지 아니하느냐"(14:8-10). 요한이 믿음에 대해서 이해하는 것처럼, 믿음의 한 부분은 예수와 그 하늘의 아버지 사이의 관계가 매우 밀접하여 그 한 분을 본 것은 곧 다른 한 분을 본 것이라는 것에 대해 아는 것이다. 우리는 또한 예수와 육체적으로 그토록 밀접하게 지냈던 빌립과 같은 사람도 여전히 그의 근본적인 존재는 오직 믿음을 통해서만 알게 된다는 것을 알아야만 한다.[9]

아버지와 아들의 밀접함은 그 후의 동일한 설교에서 나온다. 예수께서는 그곳에 함께 모인 그의 제자들에게 아버지께서 그들을 사랑하심이 "너희가 나를 사랑하고 또 나를 하나님께로서 온 줄 믿은"(16:27) 연고

이 예수께 대하여 외친 것은 메시야로서라기보다는 하나님의 신적 아들됨으로서이다"라고 지적한다. 요한복음 6:69에서 그는 그 명칭이 "예수를 이 세상을 초월하여 하나님께 속한 자로서 지시하는 데에" 사용되었다고 생각한다(*The Gospel according to St. Mark*, Cambridge, 1959, p. 77).

9) 참고. Walther **Lüthi**, "눈으로 모든 것들을 보아왔으며, 귀로 모든 것들을 들어왔으며, 손으로 만진 바 되었으며, 함께 걸으며 함께 먹었던 사람들조차도 그리스도께서 누구신지를 알 수 있는 것은 오직 믿음을 통해서라고 말씀하신다. 그러므로 빌립의 질문은 '나는 아버지 안에 있고 아버지는 내 안에 계신 것을 네가 믿지 아니하느냐?'이었다. 그리고 모든 제자들에게 향한 말씀은 '내가 아버지 안에 있고 아버지께서 내 안에 계심을 믿으라'였다"(*St John's Gospel*, Edinburgh and London, 1960, p. 190).

라고 확신시킨다. 예수의 신적 기원이 중요하다. 우리가 앞에서 본 대로 믿음이 지식과 연결되어 있었는데, 여기에서는 이제 사랑과 연결되어 있다. 사랑이란 표현에서 믿음의 따뜻함을 발견할 수 있다.[10] 그 뒤에 우리는 제자들이 예수께서 모든 것을 아신다는 것을 알고 있으며, 그래서 그는 그들에게 물으실 필요도 없다는 것을 알고 있다고 말하는 것을 볼 수 있다. 그들은 계속해서 "이로써 하나님께로서 나오심을 우리가 믿삽나이다"(16:30)라고 말한다. 이제 우리는 그 제자들의 믿음이 불충분하다는 것을 말할 수 있을 것이다. (라이트푸트〈R. H. Lightfoot〉는 제자들은 나다나엘이나 우물가의 여인〈1:47-50; 4:29〉보다도 못했다고 지적한다. 그들은 모두 지식에 근거한 믿음을 가지고 있었을 뿐이었다. 그러나 이제 이것들보다 더 큰 일을 보게 될 믿음(1:50)은 더 깊은 기초를 가져야만 했다).[11] 그러나 최소한 그들은 이제 그리스도의 인격에 대한 것을 보기에 이르렀고, 그들이 그의 봉사로 지내는 동안 이 지식과 믿음이 깊어지고 성장할 수 있었다.

근본적으로 이와 동일한 요점이 아버지의 예수를 "보내심"과 연결되어 있다. 예수께서는 나사로의 무덤 곁에서 그의 기도를 마치시면서, 그 둘러선 자들이 "아버지께서 나를 보내신 것을 믿도록"(11:42) 간청하고 있다. 그 주제는 그가 십자가에 달리시기 전날 밤에 기도하시던 또 다른 기도에서 발견되는데, 예수께서는 "저희는 내가 아버지께로부터 나온 줄을 참으로 아오며 아버지께서 나를 보내신 줄도 믿었사옵나이다"(17:8)라고 기도하셨던 것이다. 그는 후에 세상을 위해서도 "아버지께서 나를 보내신 것을 믿게 하옵소서"(17:21)라고 기도하신다. 앞 장에서 우리는 이미 신적인 사명을 살펴보았는데, 예수를 보내신 분이

---

10) 참고. Hermisson과 Lohse, "완전한 확신으로 예수의 말씀들을 신뢰하는 믿음은 사랑 안에서 압도되는 힘을 보여준다. 그래서 사람들은 예수의 제자들을 그들 가운데에 사랑이 있다는 사실을 통해서 알 수 있게 되는 것이다(13:35)" (Faith, p. 167).

11) St. John's Gospel(Oxford, 1956), p. 290. B. F. Westcott는 이 고백에 대해서 그 제자들이 세례 요한의 신앙 이상으로 진전하지 않았다는 것을 지적한다(The Gospel according to St. John, II, Grand Rapids, 1954, p. 236).

아버지이시라는 사실이 중요하다. 이것은 예수의 기도에 나타난다. 대부분의 경우에 그가 2인칭 "당신"을 말할 때 그것이 강조형이라는 것은 흥미롭다. 그 의미는 "나를 보내신 이는 아버지 바로 당신입니다"라는 의미를 강조하는 것이다. 요한에게 있어서 예수 안에 다른 갈릴리 사람을 보는 것 이상의 어떤 것을 볼 수 있다는 강한 확신이 믿음에 포함된다는 것이 중요하다. 그는 사명을 가지고 이 세상에 오신 분이시다. 그는 하나님에 의해서 보냄을 받은 분은 것이다.[12]

두 번씩이나 예수께서는 자신이 "스스로 계시는 분"(that I am)이심을 믿는 것이 중요하다고 말씀하신다. 그는 바로 그 하나님에 대한 말을 사용하신 것이다. 이러한 구절 중 첫번째 구절에서 그가 말씀하신 믿음의 대안은 자신의 죄 가운데서 죽는 것이다. 그래서 문제가 되고 있는 믿음은 구원론적인 중요성을 가진다(8:24).[13] 예수를 스스로 계신 분으로 믿는 것은 구원을 의미하며 믿지 않는 것은 사망을 의미한다. 두 번째 구절에서 예수께서는 배신에 대한 그의 예언이 그것이 성취될 때 그의 제자들로 하여금 그가 스스로 계신 분이심에 대한 믿음으로 이끌 것이라고 말씀하신다(13:19). 이것은 그가 행하신 일들이 결정적으로 그를 순전히 인간적인 전제로서만은 설명될 수 없으신 분이심에 대한 확신으로 이끌 것이다.

이제 우리는 마르다의 위대한 고백에 주목해야 한다. "주는 그리스도시요 세상에 오시는 하나님의 아들이신 줄 내가 믿나이다"(11:27). 확실히 이것은 풍부하고 충분한 믿음의 내용을 제시해 주는데, 예수께서

---

12) Keith W. Clements는 믿음을 "예수 안에서 알려진 은혜로운 하나님에 대한 개인적인 신뢰"라고 이해하며 "그것은 사랑 안에서 우리를 향하여 움직이시는 하나님에 대한 믿음이다"고 말한다(*Faith*, London, 1981, p. 25). 참고. 또한 아래 n. 22.

13) R. Schnackenburg는 그 "나는…이다(I Am)"는 "구약성경에서의 계시 공식으로, 신약성경의 계시자로서 요한복음의 예수께서 그 자신에 대해서 선언하는 것이라고 지적한다. 그 안에서 그는 하나님께서 지금 그의 종말론적 구속을 계시하시며 사람들에게 그것을 주신다고 말한다"(*The Gospel according to St. John*, II, New York, 1982, p. 200).

누구신지에 대한 지식을 보여준다.14) 우리는 마르다가 그녀가 말하는 말들의 충분한 의미를 완전히 알지는 못했다고 말할 수 있을 것이다. 왜냐하면 잠시 후에 그녀는 예수께서 나사로의 무덤을 열게 하시자 그에게 이의를 제기하고 있기 때문이다. 그러나 그녀의 믿음이 의미하는 바에 대한 중요한 진전을 이루었으며, 요한이 그녀의 단호한 확언을 포함시키므로 독자들이 믿음을 이해하기 위해서 가장 중요한 부분에 주의를 끌고 있다.

우리는 지식과 믿음과의 연결이 때로 다른 구문과 함께 표현된다는 것을 말해야 할 것이다. 그래서 예수께서는 "자기를(여격) 믿은" 유대인들에게 그들이 그의 말에 거하면 진리를 알게 될 것이며 진리가 그들을 자유케 할 것(8:31, 32)이라고 말씀하신다. 그와 동일한 구문이 일들을 믿을 것에 대해서 말씀하시는 구절에서 사용된다. "너희가 아버지께서 내 안에 계시고 내가 아버지 안에 있음을 깨달아 알리라"(10:38). 또 예수께서 멀리 있던 소년을 고치셨을 때 그 아버지는 치유가 예수께서 능력의 말씀을 하셨을 때에 일어났음을 알고 믿게 되었다(절대적 용법; 4:53). 믿음은 19:35에서 증거와 연결된다(이것은 요한에게 있어서 중요한 개념이다). 그러한 구절들은 요한이 소위 믿음 안에서 믿음을 변호하는 것이 아니라는 진리를 강조한다. 그가 기대하는 믿음은 사실에 근거한 것으로, 특별히 하나님께서 그의 아들을 이 세상에 구주로 보내셔서 행하신 일들의 사실에 근거하는 것이다.15)

---

14) 참고. John Marsh, "마르다의 대답은 얼핏 보기에 빗나간 것으로 보인다. 그러나 주의깊게 연구해 보면 그것이 그렇지 않음을 보여준다. 마르다는 예수께서 말씀하신 것이 살아있는 자와 죽은 자에 대한 일련의 두 가지 제안을 말씀하고 계신 것이 아니라, 오히려 그를 믿고 사랑하는 모든 자들에게 참된 생명이신 그 자신에 대한 진술임을 알고 있었다. 그래서 그녀의 대답은 진술된 제안에 동의하는 형태가 아니라, 주님의 아버지와의 특별한 관계에 대한 그녀의 믿음에 대한 고백이었다"(*The Gospel of St. John*, Harmondsworth, 1968, p. 428).

15) H. L. Jackson은 이 복음서에서 믿음과 지식이 "서로 교체할 수 있는 것"이라고 말하며 "오히려 서로 다른 쪽에서 본 동일한 진리를 표현한다"고 말한다. 요한의 언어에서 "안다"(*gignōskein*)라는 단어는 영원한 진리를 아는 것에 대한 표현이며, "믿다"는 단어는 그것에 대한 이 세상에서의 발견과 사용을 표현한다

요한에게서 지식과 믿음은 매우 밀접하게 연결되어 있지만 그 연결의 방법을 알기는 쉽지 않다. 우리는 믿음이 때때로 지식의 앞에 와서 그것을 인도한다고 말할 수 있다(예, 6:69; 8:31, 32). 이것은 매우 중요한 순서이다. 우리는 먼저 우리의 믿음을 그리스도에게 둠으로 점점 더 그리스도에 대한 지식과 아버지에 대한 지식 그리고 우리들의 동료들에 대한 지식으로 나아갈 수 있다. 그러나 또한 지식이 때때로 믿음 앞에 온다고 말할 수 있다(예, 16:30; 17:8). 이것 역시 매우 중요한 순서이다. 왜냐하면 믿음이 근거없는 것이 아니기 때문이다. 먼저 하나님에 대한 지식과 그리스도에 대한 지식이 우리에게 계시되었다. 그리고 그러한 지식이 믿게 한다. 우리는 그 두 지식을 너무 날카롭게 분리하려고 시도하지 말아야 한다. 요한에게 있어서 그 둘은 서로 조화되어 있기 때문이다.[16]

3. 동사 뒤에 이어오는 전치사(in 또는 on)

매우 중요한 구문 중의 하나로 요한이 자주 사용하는 것은, 동사 "믿다" 뒤에 "안으로"(into)인 전치사 *eis*(에이스)가 뒤따르는 것이다. 요한이 이 전치사를 *en*(〈엔〉, in)보다 더 자주 사용한다는 사실은 흥미있다. 영어에서 우리는 일상적으로 into보다는 in을 더 자주 사용한다. 그러나 요한은 좀더 역동적인 표현을 선호한다. 3:15에서 그 가능한 예외가 있지만,[17] 요한은 다른 부분에서는 결코 "믿다"라는 동사와 함께

(James Hastings, ed., *A Dictionary of Christ and the Gospel*, I, Edinburgh, 1906, p. 570).

16) R. Bultmann은 "우리는 지식을 취하되 믿음을 초월해서는 결코 취할 수 없으며, 믿음을 뒤에 두고 앞지를 수도 없다는 것은 명확하다. 모든 지식이 믿음으로 시작되듯이, 믿음에 대해서도 변하지 않는다. 이와 비슷하게 모든 믿음은 지식을 이룬다. 만일 모든 지식이 오직 믿음의 지식이 될 수밖에 없다면 믿음은 그 자체로 지식으로부터 나온다. 그래서 지식은 참된 믿음의 본질적인 요소이다"라고 표현하였다(*TDNT*, VI, p. 227).

17) 그 구절은 *hina pas ho pisteuōn en autōi echēi zōēn aiōnion*이다. 문법적으로 앞의 *ho pisteuōn*에 이어 *en autōi*를 취하는 것 역시 가능하다. 그러나 이것은 요한이 그 동사를 자주 사용함에도 불구하고 요한복음에서는 그 예를 찾아

전치사 in(en)을 사용하지 않으며(반면에 그는 "into"(eis)는 매우 자주 사용한다), 더 나아가 절대적인 용법으로 "믿다"라는 동사를 사용하는 것이 이 복음서에서 일상적인 것이다. 그 구절은 확실히 "믿는 자는 누구든지 그 안에서 영생을 얻도록 하기 위하여"라는 의미로 이해되어야만 할 것이다.

모울톤(J. H. Moulton)은 신약성경에서 일반적으로 전치사 eis(에이스)가 있는 동사 "믿다"에 대해서 관심을 기울였다. 그는 고대 헬라어에서 전치사가 있는 것과 없는 것 사이에 큰 차이가 없었다고 지적하며, 고대 저작들에서 그 두 개념이 서로 같은 의미라는 리델(Liddell)과 스코트(Scott)의 견해를 인용한다. 그러나 이것은 그리스도인들에게도 동일한 입장은 아니었다. "구별하기 불가능한 그 개념은 기독교의 구조 안에서 절대적이었기 때문에 확실히 신약 저자들에게 있어서는 심각한 요소였다."[18] 요한복음 이외에 *pisteuein epi*(피스튜에인 에피) 구문이 *eis*(에이스) 구문보다 더 일반적이지만, 모울톤(Moulton)은 그들 사이의 차이가 거의 없다는 것을 발견한다. "우리는 자유롭게 그것을 너무 정돈하는 것이 안전하지 않다는 것을 인정해야 할 것이다. 그 차이는 아마 우리들 자신의 서로 다른 전치사와 함께하는 동사(believe on과 believe in) 간의 차이보다 크지는 않을 것이다." 그는 계속해서 "참으로 중요한 사항은 전치사를 가진 동사(believe on이나 believe in)와 단순한 여격을 가진 동사(believe)와의 차이이다"라고 말한다.[19]

볼 수 없다. 반면에 뒤따르는 것으로 그것을 취하는 좋은 이유가 있다. 왜냐하면 요한은 그 개념을 그리스도 안에(in) 계속해서 머무는 개념을 가지고 있기 때문이다(6:56; 15:4 등; 12:46 또한 참고). 때때로 그 개념은 "…안의 생명"이라는 의미를 지닌다(5:39). Nigel Turner는 여기에서 "그를 믿는 누구든지"라는 의미를 부인한다. 그는 그 구절이 "그리스도 안에 그들의 생명이 감추어진, 모든 믿는 자들이 영생을 소유한다"는 의미를 발견한다(*Grammatical Insights into the New Testament*, Edinburgh, 1965, p. 121).

18) *Prolegomena*, p. 67. 참고. 또한 O. Michel, "*pisteuō eis*, 믿다라는 동사에 전치사가 붙은 구문의 빈번한 사용은…임무의 단어에서 일상적인 헬라어나 70인역에서 분리된 독특한 것이다"(*NIDNTT*, I, p. 599).

19) *Ibid.*, p. 68.

요한의 용법에 관한 한 모울톤(Moulton)이 그것을 너무 날카롭게 구별하였다고 할 수 있으나, 그의 주된 요점은 명백하다. 신약성경의 저자들에게 있어서 단순히 어떤 진술을 사실이라고 받아들이는 것과 한 사람을 신뢰하는 것을 구별하는 것은 중요했다. 요한이 *pisteuein eis*(피스튜에인 에이스)라는 표현을 사용하므로, 예수 그리스도께 대한 온전한 신뢰를 의미하였다는 것에는 조금의 의심도 있을 수 없다.[20]

요한이 이 구문을 사용할 때에 마음속에 있었던 믿음의 대상은 거의 변함없이 예수이다. 그래서 우리가 비록 "하나님을 믿으니"(14:1)라는 말씀을 가지고 있지만, 그 즉시 "또 나를 믿으라"는 말이 이어서 나온다는 것을 잊지 말아야 할 것이다. 그러나 그리스도를 믿는 것은 아버지를 믿는 것과 분리되어 생각할 수 없기에 우리는 이것을 너무 많이 비약시켜서는 안될 것이다.[21] 몇몇 구절에서 우리는 예수께서 "나를 믿는 자는…"(6:35)과 같이 말씀하는 것을 보지만, 전체 복음서를 통해 더욱 자주 사용되는 구문은 3인칭 대명사를 사용하여 "그를" 믿는 것에 대해 언급한다. 그래서 갈릴리 가나에서의 첫번째 이적이 있은 후에 요한은, 우리에게 그의 제자들이 "그를 믿었다"(2:11)라고 말한다. 이 구절에서 그것의 정확한 의미가 무엇인지를 알기는 쉽지 않다. 제자들이 믿음의 형태를 발휘하였다는 것은 분명하다. 이때에 그 누구도 예수를 믿었다고 말하지 않기 때문에, 그들은 분명히 아무도 하지 않는 그러한 방식으로 그들 자신을 예수께 맡겼다. 그러나 그들이 예수와 함께 거하기 시작하는 단계이므로, 그들의 믿음이 이때는 덜 발달되었음에 분명하다. 아마 그들의 믿음은 후에 좀더 성장하고 발전될 수 있을지라도, 그들의 믿음이 예수께서 누구신지에 대해서나, 위임의 어떠한 요소에

---

20) 이 구문에 대해서 E. C. Blackman은 "이 용법이 신약성경의 다른 부분에서 드문 것처럼 요한에게 있어서 두드러진 것이며, 70인역이나 성경 이외의 헬라어에서는 그 어떤 병행구도 발견할 수 없는 것이다"고 말한다(*IDB*, II, p. 225). 이것은 요한만의 독특한 것이다.

21) 참고. D. M. Baillie, "요한복음에 의하면 그리스도를 믿는 것은 그 안에 계시된 하나님을 발견하는 것이다"(*Faith in God and its Christian Consummation*, London, 1964, p. 260).

대한 모종의 이해를 지시한다고 말하는 것이 틀리지는 않을 것이다.

요한은 더 나아가 하나님께서 세상을 사랑하사 "독생자를 주셨으니 이는 저를 믿는 자마다 멸망치 않고 영생을 얻게 하려 하심이니라" (3:16)고 말한다. 이것은 기독교 복음의 핵심이다. 요한은 하나님께서 갈보리 십자가에서의 예수의 죽음에 능동적이셨음을 말하고 있는 것이다. 그것은 그를 믿는 자는 누구든지 영생을 소유하도록 했기 때문이다.[22] 이것의 소극적인 측면은 한두 절 후에 나타난다. "저를 믿는 자는 심판을 받지 아니하는 것이요", 이 말의 심각함은 이어오는 말을 명백하게 해준다. "믿지 아니하는 자는 하나님의 독생자의 이름을 믿지 아니하므로 벌써 심판을 받은 것이니라"(3:18). 예수를 믿는 것은 결정적인 일이다.

다양한 사람들이 예수를 믿었다고 말한다. 우리는 이것을 이미 그가 행하신 표적들이 예루살렘에 있는 "많은 사람들"로 하여금 그의 이름을 믿게 하였다는 것으로 알 수 있으며(2:23), 다른 부분에서도 많은 사람들이(예. 7:31; 8:30; 10:42) 그를 믿게 되었다는 것을 발견할 수 있다. 요한복음에서 "유대인들"은 일반적으로 예수의 대적자들이지만, 어떤 경우에 "유대인들 중의 많은 사람들이" 믿었으며(11:45; 12:11), 심지어 "많은 관원들"까지도(12:42) 믿었다고 말한다. 예수의 대적들이 만일 그들을 그대로 두면 "모든 사람들"이 그를 믿게 될 것을 두려워하는 경우가 확실히 있다(11:48; 그들은 많은 수의 유대인들을 의미한다. 그래서 그들은 로마인들이 와서 그들의 "땅"과 그들의 민족을 빼앗아갈 것이라는 두려움을 표현하고 있다). 예수를 믿는 자들 중에는 사마리아인들도 있다(4:39). 이와 대조적으로 예수의 형제들은 그를 믿지 않았다(7:5). 바리새인들이 "당국자들이나 바리새인 중에 그를 믿는 이가 있느냐?"(7:48)라고 묻는 경우도 있는데, 의문형을 사용함으로 부정적

---

22) R. Bultmann은 이것이 신자들 안에서 사랑을 일으킨다고 지적한다. "믿음은 예수 안에서 신적 사랑을 계시하는 자를 본다(3:16). 그래서 그 사랑을 받는 자는 그 자신들로서, 이 사랑을 받아들이므로 신자들 안에서 사랑이 솟아 오른다" (*TDNT*, VI, p. 228).

인 답변을 기대하는 것이다. 믿는 자는 영생을 얻을 것이다(6:40). 독특하고 매우 재미있는 구절에서 요한은, 성령에 대해 말하며 "이는 그 (즉 예수)를 믿는 자의 받을 성령"(7:39)이라고 말한다. 신자들은 기독교 예배의 삶을 떠나서 그들 자신의 힘으로 살려고 하지 않는다. 그래서 성령의 은사는 매우 중요하다. 이 구절은 신자들, 즉 모든 믿는 자들이 성령을 받는다고 말하는 것이다. 이 복음서에서 그 사상은 발전되지 않으며, 확실히 그럴 수도 없다. 왜냐하면 의미상 예수께서 "영광을 받으시기" 이전에는 주어질 수 없었기 때문이다. 성령이 충만해지기 전에 십자가에서의 못박힘이 반드시 발생해야 했던 것이다.[23]

"하나님의 일은 그의 보내신 자를 믿는 것이다"(6:29)라고 말할 때나, 더욱 인상적으로 그를 믿는 것과 그를 보내신 자를 믿는 것이 동일하다고 말할 때처럼(12:44) 믿음은 예수의 사명과 연결될 수 있다. 그것은 그가 "인자"를 믿는 것에 대해서 말할 때(9:35)와 별차이가 없을 것이다. 왜냐하면 그 명칭은 그의 사명을 실행하는 그 자신을 언급할 때에 취한 명칭이기 때문이다. 우리는 또한 "빛"을 믿는 것(12:36)에 대해서도 동일하게 말할 수 있을 것이다. 왜냐하면 예수께서 "세상의 빛"(8:12)이시기 때문이다. 또는 그가 "아들"을 믿는 것에 대해 말할 수 있을 것이다(3:36). 한 경우에 사람들이 나사로의 부활을 보고 매우 감명을 받아 "많은 유대인이 가서 예수를 믿게 되었다"(12:11). 요한은 자주 예수의 "이름을" 믿는 것에 대해서 언급하는데(1:12; 2:23; 3:18), 이것은 예수가 누구며 그의 위치가 무엇인가에 대해 언급하는 또 다른 방법이 될 것이다.[24] 그것이 중요한 이유는 예수의 이름을 믿

---

23) John Marsh는 성령의 은사가 "아들의 성육신으로 말미암는 모든 축복을 포함하며, 지상에서의 그의 사역이 완성되고 성취되기를 요구한다. 예수께서 영광을 받으시기 전까지는 성령께서 오실 수 없다는 것은 신학적이지 연대기적인 것은 아니다. 요한은 공관복음서가 그러하듯이 성육신 동안에 제자들의 삶 안에서 신적 본질의 활동을 알고 있었다"고 지적한다(*The Gospel of St. John*, pp. 342-43).

24) "'그를 영접하는 모든 자들', 즉 '그의 이름을 믿는 모든 자들'에게 있어서 그 완전한 의미는 믿음이 전적으로 새로운 영역을 요구한다는 것이다. 그것은 예수의 인격을 둘러싸고 있는 독특한 집착을 의미한다"(*DB*, p. 289).

지 아니하는 것이 죄라는 그러한 종류의 믿음이다(16:9; 참고. 12:37). 그러나 그를 믿는 것은 확실한 모든 것을 공급할 것이다. 그래서 신자들은 "결코 목마르지 않게 될 것"(12:35)이다.

우리는 이미 예수께서 때때로 "나를 믿는 자는…"(6:35; 7:38; 11:25, 26; 12:44, 46; 14:1, 12)과 같은 말씀을 하시는 것을 보았다. 그중의 한 구절에서 그는 그의 제자들의 "말을 통하여서" 그를 믿는 자들을 언급하신다(17:20). 결과적으로 사람들이 믿기 위해 반드시 나사렛 예수를 볼 필요는 없다는 것을 알 수 있다. 그들은 선포된 말씀에 기초하여 믿음으로 나아오는 것이 가능한 것이다. 요한이 그의 복음서를 기록할 때, 그 방법이 신자들이 믿음으로 나아오는 주된 방법이었으리라고 여겨진다.

4. 독립적 용법

때때로 그 동사를 독립적으로 사용하여 질문하시는 경우가 있다. 그래서 나다나엘이 예수께서 "하나님의 아들"이시며 "이스라엘의 왕"이심을 확언할 때 예수께서는 그에게 "내가 너를 무화과 나무 아래에서 보았다 하므로 믿느냐"고 하신다(1:50). 예수께서는 나다나엘이 믿는 바가 무엇인지를 말하고 계신 것이 아니라, 문맥상 우리가 분명히 말하고 있는 것처럼 그의 믿음의 내용을 지시하는바, 예수께서 방금 말씀하셨던 것을 말씀하고 계신다고 말할 수 있다. 나다나엘은 그 자신이 예수의 인격에 매혹되고 있음을 발견하였다. 그리고 그는 그가 일상적인 사람이 아니라는 사실을 확신하게 되었다. 오히려 그는 "하나님의 아들"이시요, "이스라엘의 왕"이신 것이다.

다른 경우에서는 그 질문을 사용하여 사람들이 믿는 데에 실패한 것에 대해서 말한다. 우리는 예수께서 니고데모와의 대화 끝 부분에서 "내가 땅의 일을 말하여도 너희가 믿지 아니하거든 하물며 하늘의 일을 말하면 어떻게 믿겠느냐"(3:12)고 물으실 때에 이것을 볼 수 있다. 이 질문은 잘못된 태도와 믿음을 방해하는 것을 지적하는 말씀이다. 이것은 다락방의 제자들과 전혀 다른 것이다. 왜냐하면 그들은 그들의 믿음에 대해 "우리가 주님께서 하나님께로서 나오심을 믿삽나이다"라고 확언하기 때문이다.[25] 그러나 주님께서는 이에 대해 "이제는 너희가 믿느냐 보라 너희가 다 각각 제 곳으로 흩어지고 나를 혼자 둘 때가 오나니"(16:30, 31)라고 하신다. 그 제자들은 그들이 예수를 신뢰하는 줄로 생각하였고 확실히 그들은 어느 정도 그러했을 것이다. 그러나 그들의 믿음은 눈앞에 직면한 시험의 때를 참고 견딜 만한 그러한 것이 아니었다. 예수께서 기대하시는 믿음은, 제자들이 그토록 쉽게 내뱉었던 말 이상의 것이었다. 그러나 이것은 여전히 어떤 대적자들에게 "너희가 서로 영광을 취하고 유일하신 하나님께로부터 오는 영광을 구하지 아니하니 어찌 나를 믿을 수 있겠느냐?"(5:44)라는 질문에서 발견할 수 있는 것처럼 완전히 예수를 대적하는 것보다는 낫다. 이것은 우리가 우리 자신을 하나님과의 바른 관계에서 끊어버린다는 다른 사람들의 말과 사상에 우리가 너무 몰입하는 것일 수 있다. 이러한 사람들은 믿지 않을 뿐만 아니라 믿을 수도 없다.

참된 믿음의 중요성은 그것이 참 생명으로 가는 길이라는 사실에 있다. 예수께서는 이것을 매우 간단하게 말씀하셨다. "믿는 자는 영생을 가졌나니"(6:47). 우리로 하여금 생명을 추구할 수 있도록 하는 것은 아무것도 없다. 그것은 하나님의 좋은 선물로 온다. 우리가 할 수 있는 모든 것은 신실하게 그것을 받아들이는 것뿐이다. 믿는 것은 생명을 소유하는 것이다. 우리는 이것을 신하의 경우에서 보아야만 한다. 가나에 계신 예수께서 멀리 가버나움에 있는 그의 아들을 고치셨다. 그때 그 자신이 믿었으며, 그의 온 집이 믿었다(4:53). 예수를 믿는 믿음이 위대한 치유의 역사를 가져왔다. 그러나 그것은 그 이상이다. 그것은 그

---

25) B. A. Mastin은 "그들의 믿음이 옳게 진행되고 있는 한 그들의 믿음은 신실한 것이었을지라도, 이것은 오직 예수께서 28절에서 선언하신 부분에서만 나타나고 있는 믿음이다. 아마 이것은 더욱 인상적인 아버지라는 말 대신에 하나님을 사용하고 있는 단어 속에서도 또한 불완전한 것이었을 것이다"라고 주장한다(B. A. Mastin에 의해서 완성되고 편집된 J. N. Sanders, *A Commentary on the Gospel according to St. John*, 1968. p. 363). 그들의 믿음이 아직 불완전하다는 것에 나는 동의하지만 '하나님'이란 단어의 사용은 그것을 지시하지 않는다. 그들은 단순히 예수께서 27절에서 말씀하신 것을 반복하였을 뿐이다.

신하로 하여금 그의 온 집과 함께 가졌던 믿음보다 더 충만한 믿음을 가지게 했고, 그와 그의 온 집으로 하여금 참된 생명으로 이끌었다.[26] 이와 같은 믿음은 예수께서 나사로의 무덤 곁에 서서 마르다에게 "내 말이 네가 믿으면 하나님의 영광을 보리라 하지 아니 하였느냐"(11:40)라고 말씀하실 때에도 염두에 두고 있었던 것이다. 놀라운 기적이 행해질 것이다. 그것을 볼 사람들은 다름아닌 지금 그 옆에 있는 모든 사람들이었다. 그러나 믿음을 가진 자들은 그 이상을 보게 될 것이다. 그들은 하나님의 영광을 보게 될 것이다.[27] 이것은 아마 예수께서 나사로의 병든 소식을 들었을 때에 제자들에게 하신 "나사로가 죽었느니라 내가 거기 있지 아니한 것을 너희를 위하여 기뻐하노니 이는 너희로 믿게 하려 함이라"(11:14, 15)는 말씀의 의미일 것이다. 막 발생할 사건은 제자들 편에서 그들의 참된 믿음을 고무시킬 것이었다. 아마 우리는 여기에서 예수께서 다락방에 모여있던 그의 제자들에게 그의 "떠남"을 예언하시며 "이제 일이 이루기 전에 너희에게 말한 것은 일이 이룰 때에 너희로 믿게 하려 함이라"(14:29)고 말씀하실 때의 언급을 더해야 할 것이다. 이 모든 경우에 기대되는 것은, 비록 외부로부터 그것을 정당화하는 것이 아무것도 없을지라도 예수께 대한 확고한 신뢰라는 것이다. 예수께 대한 신뢰이지, 적당한 환경에 대한 신뢰가 아닌 것이다.

부활 사건에 대한 믿음을 언급하는 몇 구절이 있다. 그 처음 구절은 사랑받던 제자가 무덤으로 달려 갔었을 때에 나온다. 처음에 그는 그 무덤을 들여다보는 것 이상을 하지는 않았지만, 베드로가 와서 들어간

---

26) G. H. C. MacGregor가 주석하기를 "다시 우리는 이 복음서에서 '믿다'라는 단어가 믿음의 많은 단계를 포함하고 있다는 것을 기억할 수 있다. 이 사람의 경우 믿음은 기적이 증명되기 전에도 있었다(50). 이제 그 믿음이 공고해지는 것이다. 이전에 그는 그 약속을 신뢰했었다. 이제 그는 그 완전한 의미, 즉 예수께서 그리스도이시라는 것을 믿는 것이다"라고 한다(*The Gospel of St. John*, London, 1928, pp. 122-23).

27) "그가(즉 예수) 하려 했던 바의 참된 의미는 오직 믿음에 의해서 도달할 수 있다. 믿든지 안 믿든지 모든 사람은 그 기적을 보게 될 것이다. 그러나 오직 믿는 자만이 그 참된 의미, 즉 영광을 볼 것이다"(Leon Morris, *The Gospel according to St. John*, p. 560).

후에 그렇게 한 이 제자가 "보고 믿었다"(20:8). 그가 믿은 것이 무엇인지를 결정하기는 쉽지 않다. 언뜻 보기에 우리는 "예수께서 부활하신 것을 믿었다"라고 말하고 싶어진다. 그것은 아마 가능한 의미일 것이다. 그러나 우리는 요한이 그렇게 많이 말하고 있지 않았다는 것을 염두에 두어야 할 것이다. 다음 절에서 우리는 그들이 여전히 그가 죽은 자 가운데서 다시 살아나야 하리라 하신 성경을 알지 못했다는 것을 발견할 수 있다. 그것은 분명히 부활에 대한 믿음이 견고한 것처럼 보이지는 않는다. 그러나 확실히 그 사랑받는 제자의 믿음은 어떤 식으로든 깊어졌다. 최소한 그는 어떤 놀라운 일이 발생했다는 것을 인식하였다.[28]

우리는 또한 도마 이야기를 주목해야만 한다(20:24-29). 그 제자는 예수께서 그 무리에게 처음으로 나타나셨을 때에 그 자리에 없었다. 예수께서 살아나셨다는 소식에 대한 그의 반응은 만일 그가 그 손의 못자국을 보며 그의 손을 그 옆구리에 넣어보지 않고는 믿지 아니하겠노라는 확언이었다. 문맥상으로 "믿는다"는 것은 분명히 "예수께서 죽은 자 가운데서 살아나셨다는 것을 믿는다"라는 의미이다. 일주일이 지난 후에 처음 나타나셨던 예수께서 다시 오사 마치 도마가 말했던 것을 아시는 것처럼 "믿음 없는 자(*apistos*⟨아피스토스⟩)가 되지 말고 믿는 자(*pistos*⟨피스토스⟩)가 되라"고 그에게 권면하신다. 도마의 반응은 "나의 주시며 나의 하나님이시니이다"라는 외침이었다.[29] 이때까지 그리스도

---

28) John Marsh는 "이것은 요한이 이 장의 후반부에서 예수께서 도마에게 하신 말씀을 말해야만 했었던 그러한 빛 안에서는 거의 읽을 수 없다. 그 사랑받은 제자는 빈 무덤을 보았고, 그 안에 버려진 세마포가 있는 것을 보았다. 그 모습에 대해 그는 믿었다. 그래서 그 복음서 저자는 주를 볼 수 있는 자는 지상의 예수를 봄에 의해서가 아니라는 것을 명확히 한다. 그는 빈 무덤을 통해서 증언되는 이 심오한 의미를 볼 수 없었던 것이다"라고 주석한다(*The Gospel of St. John*, p. 634).

29) Barnabas Lindars는 예수께서 "나와 아버지는 하나니라"(10:30)와 "나를 본 자는 아버지를 보았거늘"(14:9)이라는 말씀들의 조명하에 그 구절을 해석한다. 그는 계속해서 "이러한 의미에서 '나의 하나님'은 승귀하신 예수께 대한 믿음을 표현하는 적당한 방법이다. 믿음의 행위는 도마와 부활하신 주님에 관련되어 기초하는 것이 아니라, 아버지 자신에게도 기초하는 것이다"(*The Gospel of St. John*, London, 1972, p. 615). 그는 더 나아가서 도마의 말을 "전체 복음서의 요약"으로 본다(p. 616).

의 인격에 대하여 그러한 높은 견해를 표현한 자는 아무도 없었다. 예수께서는 "너는 나를 본 고로 믿느냐 보지 못하고 믿는 자들이 복되도다"라고 응답하신다. 여기에서 믿음은 명확하게 부활의 사실을 받아들이는 것뿐만 아니라 예수의 인격에 대한 높은 견해와도 관련된다. 믿음은 하나님께로부터 오신 분, 곧 하나님이신 그분에 대한 믿음이다.

우리는 아마 여기에서 요한복음의 저자가 예수의 실제적인 죽음에 대해 강조하고 있다는 것을 주목해야 할 것이다. 그는 우리에게 예수의 옆구리가 찔려 물과 피가 나온 것을 목격한 사람을 우리에게 말하며 "이를 본 자가 증거하였으니 그 증거가 참이라 저가 자기의 말하는 것이 참인 줄 알고 너희로 믿게 하려 함이니라"(19:35)고 한다. 이 구절과 연관된 몇 가지 문제들이 있다. 그러나 우리의 현재의 목적을 위해 믿음이 예수의 죽음과 연결되어 있다는 것을 주목하는 것이 중요하다. 물론 죽음 없이는 부활이 있을 수 없다. 요한이 이해한 바에 의하면, 믿음은 확실히 예수께서 죽은 자 가운데서 다시 살아나신 사실의 중요성을 인식하는 것을 포함한다.

요한복음에는 믿지 않는 자들에게 경고하는 많은 구절이 있다. 우리는 보고 믿은 도마에게 선언된 축복을 보았지만, 좀더 앞 부분에서는 보면서도 믿지 아니하는 사람들을 말씀하고 있음을 발견할 수 있다 (6:36). 그들이 믿지 아니하는 것이 무엇인지 확실히 말하지 않았다는 문제가 있다. 그러나 그들은 예수께서 그의 사역의 초기에 행하신 이적들을 보았고 그의 가르침을 들었다. 그들은 그들이 할 수 있는 대로 믿음으로 반응할 수 있었다. 그러나 그들은 그렇게 하지 않았다. 그들은 예수께 반응하지 않았고 그를 거부하였다. 그들은 "표적과 기사"를 보지 않으면 도무지 믿지 아니하리라고 비난받았던 자들과(4:48) 비슷한 태도를 지녔을 것이다.

불신은 심각한 것이다. "믿지 아니하는 자는 하나님의 독생자의 이름을 믿지 아니하므로 벌써 심판을 받은 것이니라"(3:18). 여기 "믿지 아니함"은 "하나님의 독생자의 이름을 믿지 아니함"으로 설명된다. 앞에서 우리가 이미 보았던 것처럼, 믿음은 내용을 가진다. 믿는 자들은 하나님의 아들을 믿는 것이고, 그들의 신뢰를 모든 것들보다 뛰어나신 분에게 두는 것이다. 믿지 아니하는 자들은 필연적으로 정죄받게 될 것이다. 이것이 의미하는 바가 똑똑히 설명되지 않았다는 사실이 그것을 극도로 심각하게 보지 않아도 된다는 것을 의미하지는 않는다.[30]

때때로 요한의 예정론적인 경향이 믿음과 관련된다. 그래서 생명의 떡에 대한 설교에서 예수께서는 "믿지 아니하는" 청중들이 있음을 지적하신다(6:64). 요한은 계속해서 예수께서 믿지 아니하는 자들이 누구며 자기를 팔 자가 누구인지 처음부터 아셨다고 말한다. 그래서 그는 "이러하므로 전에 너희에게 말하기를 내 아버지께서 오게 하여 주지 아니하시면 누구든지 내게 올 수 없다 하였노라"(6:65)는 예수의 말씀을 보도한다. 대부분의 번역이 RSV처럼 "당신이 언제까지나 우리 마음을 의혹케 하려나이까"(10:24)라고 번역하는, 예수께 대한 사람들의 불분명한 의미로 표현된 불평 안에서 이와 비슷한 구절이 있다.[31] 예수께서는 "내가 너희에게 말하였으되 믿지 아니하는도다"라고 대답하시며 그의 질문자들에게 그의 행하셨던 일들을 언급하신다. 그리고 그는 "너희가 내 양이 아니므로 믿지 아니하는도다"(10:26)라고 말씀하신다. 그러한 구절들과 함께 요한은 우리에게 예수의 공생애 마지막에 이르러 믿지 못하는 사람들이 있다고 말하며, 이것을 지지하기 위하여 이사야의 예언을 인용하는 데까지 나아간다(12:39, 40). 요한은 예수를 믿지 아니하는 자들이 비난받아 마땅하다는 진리를 얼버무리며 지나치지 않지

---

30) A. M. Hunter는 "개인적으로 그리스도를 신뢰하는 그 사람이 하나님의 심판 영역에서 벗어났다고 선언한다. 그러나 또 다른 어두운 부분이 있다. 그리스도와 정면으로 마주 대하여 중립으로 있을 수 없으며, 신앙과 불신앙의 중간에서 균형을 이룰 수가 없다. 그래서 믿지 않는 자는 이미 하나님의 독생자에게 그의 충성을 바치지 않았기 때문에 정죄받았다. 만일 하나님의 아들을 믿는 것을 거부하면 또 다른 판결이 필요하지 않다. 왜냐하면 그 자신의 행위가 그 자신이 잘못됨을 발견하기 때문이다"라고 말한다(*The Gospel according to St. John*, Cambridge, 1965, p. 41).

31) 그 말들은 아마 "당신이 얼마나 오랫동안 우리를 애태우시렵니까?", 또는 "왜 당신은 우리들의 삶을 제거하려고 하십니까?"를 의미할 것이다. 전자는 현대 헬라어로부터 지지되며, 후자는 그 동사가 18절보다 좀더 뒤에서 "(생명)을 제거하다"라는 의미로 사용되었다는 사실에 의해서 지지된다. 좀더 알아보기 위해서는 위의 pp. 118-119를 보라.

만, 또한 하나님께서 사람들이 믿고 구원에 이르는 과정에서 역사하신 다는 보충적인 진리 역시 얼버무리지 않는다. 신자들은 다른 사람들이 가지지 않은 영적 통찰력으로 자기들이 믿음을 가지게 되었다고 스스로를 칭찬하지 말아야 한다. 그들은 그들 안에 있는 은혜의 기적을 떠나서는 결코 믿음에 이를 수 없었음을 인식해야만 하는 것이다. 그러나 그 은혜가 하나의 실재이기에, 믿지 아니하는 자들은 그것을 가졌다고 볼 수 없다.

때때로 그것이 일상적이지는 않지만 믿음에 대한 이유로 지정되기도 한다. 우물가에서 예수께서 여인과 말씀하신 후에, 그녀는 그녀의 마을로 들어가서 사람들에게 그를 만나기 위해서 나오라고 부른다. 요한은 우리에게 그들 중의 많은 사람들이 그녀가 그들에게 말한 것 때문에 "믿었다"고 말한다(4:39). 그러나 그들이 직접 예수를 알게 되었을 때, 그들은 더 이상 그녀의 말 때문이 아니라 "친히 듣고 그가 참으로 세상의 구주신 줄 앎이니라"(4:42)고 말한다. 특별한 이유가 진술되지는 않지만, 날 때부터 소경되었던 자가 예수와 말씀을 나눈 후에 "주여 내가 믿나이다"(9:38)라고 고백하는 것은 주목할 만한 가치가 있다.

5. 기본적인 통일성

요한이 사용한 구문을 살펴보고 그것들 각각으로부터 배울 만한 것들을 발견하려고 시도하는 것은 중요하다. 그러나 요한이 그러한 구분들을 너무 완고하게 나타내지 않았다는 것을 이해하는 것 역시 중요하다. 그가 "믿다"라는 용어를 사용함으로 일련의 의미들을 제공한다는 것은 명확하지만, 그가 특별한 어떤 구문들을 사용하여 다른 구문으로 표현할 수 없는 것들을 나타내려고 의도하지 않았다는 것 역시 분명하다. 예를 들면, 우리가 방금 살펴보았던 날 때부터 소경되었던 자의 경우, 예수께서는 "네가 인자를 믿느냐(believe in⟨eis, 에이스⟩)"고 물으신다. 앞의 그 소경은 "주여 그가 누구시오니이까 내가 믿고자(eis) 하나이다"라고 묻는다. 그에게 말씀하시고 계신 분이 바로 그분이라는 것을 발견하고, 그는 "주여 내가 믿나이다"라고 말한다(9:35-38). 이 짧은 대화에서 그 단어의 의미가 시작할 때의 의미와 극적으로 달라졌다고 생각하기는 쉽지 않다.

우리는 처음 부분에서도 그와 비슷한 생각들을 찾아볼 수 있을 것이다. 요한은 우리에게 "저를 믿는(eis〈에이스〉) 자는 심판을 받지 아니하는 것이요 믿지 아니하는 자는 벌써 심판을 받았느니라"(3:18)고 말한다. 이것은 요한복음의 목적을 진술할 때에도 동일하다. 그는 "오직 이것을 기록함은 너희로 예수께서 하나님의 아들 그리스도이심을 믿게 하려 함이요 또 너희로 믿고 그 이름을 힘입어 영생을 얻게 하려 함이니라"(20:31)고 말한다. 이와 같은 구절들에서 그 동사의 두 용법이 구별된다는 것을 발견하는 것은 불가능하다.

또한 우리는 전치사와 함께하는 구문이 독특한 구문이라는 것을 주목해야 할 것이다. 그것은 생명을 주시는 것과 관련되어 있다. 그러나 우리는 "내 말을 듣고 또 나 보내신 이를 믿는 자는 영생을 얻었고"(5:24)라고 말씀하시는 예수의 말씀을 간과해서는 안 될 것이다. 여기에서 문제가 되는 것은 분명히 믿음이며, 그것은 영생으로 들어가는 수단이다. 그러나 그 동사는 단순한 여격을 취하며 아들보다는 아버지를 언급한다.

우리는 하나님께서 그의 아들의 사명 안에서 역사하셨으며, 사람들이 그 아들을 믿을 때에 이 구원을 받는다고 말할 수 있을지도 모른다. 전치사(eis〈에이스〉)와 함께하는 구문은 이것을 가장 적당하게 표현하는 것이라고 말할 수 있을지도 모른다. 그러나 결국 우리는 그 과정을 고찰하는 다른 방법들로부터 이것을 너무 날카롭게 분리시킬 수 없다. 만일 우리가 (전치사없이 단순히 여격을 사용하여) 하나님을 믿거나 그리스도를 믿는다면, 만일 우리가 진실로 그를 (전치사없이) 믿는다면, 그러면 우리는 그가 구원을 위해 행하신 일들을(관계 대명사가 있는) 믿게 될 것이며, 그를 (전치사가 있게) 믿게 될 것이다. 그리고 우리에게 있어서 근본적인 것은 믿음으로 그것을 단순히 "믿는 것"이라고 언급할 수 있게 될 것이다. 결국 이 모든 구문들이 의미하는 바는 하나의 만족할 만한 영적 경험으로 결합된다.

제10장

생명

 최소한 "생명"이라는 용어를 사용함에 있어서 요한은 신약성경의 어느 저자들보다 더 생명에 대하여 관심을 가지고 있는 사람이다.[1] 그는 zao(자오)라는 동사를 17회 사용하며(로마서는 이 동사를 23회 사용하고, 그 다음이 요한복음이며, 계시록이 17회이다), 명사 zōē(조에)는 36회 사용한다(그 다음은 계시록으로 17회이다). 만일 우리가 그 동사와 명사를 총계하여 결합시킨다면, 로마서는 37회 사용하고 계시록이 30회 사용함에 반하여 요한복음은 53회를 사용하여 그 둘 모두를 능가한다. 확실히 요한에게 있어서 생명은 주요한 주제이다. 그가 언급하고 있는 생명의 거의 반 이상이 "영원한 생명"으로 특징지어진다는 것은 주목할 만하다(36회 중에서 17회). 심지어 그가 그 형용사를 사용하지 않을 때조차도 문맥상 그가 염두에 두고 있는 것은 영생이다.

---

 1) A. M. Hunter는 왜 요한복음이 계속해서 그렇게 많은 그리스도인들의 "상태에 대한 말"을 반복하는지에 대해서 세 가지 이유를 제시하는데 그 첫째는 이 복음서가 생명의 복음서이기 때문이라는 것이다. 그는 후에 "서곡과 종곡(즉 1:4와 20:31) 사이에 생명은 요한의 주도적인 주제이다"라고 말한다(*According to John*, London, 1968, pp. 107, 108).

1. 육체적인 생명

비록 생명에 대한 매우 독특한 어떤 것이 있을지라도, 생명은 현재의 일상적인 육체적 생명을 의미하는 것으로 보인다. 예를 들면, 가나에서 심각하게 병든 소년의 아버지가 가버나움에 있는 예수께 도움을 청했을 때에 예수께서는 "네 아들이 살았다"(4:50)고 말씀하셨는데,[2] 그 능력의 말씀이 떨어지자 그 소년의 육체적인 생명이 소생되었다. 그 본래적인 표현의 반복(4:51, 53)은 그 말씀이 능력의 말씀이라는 사실과 예수께서 영원한 생명에 대해서와 마찬가지로 이 육체적인 생명에 대해서 역시 주인이시라는 진리를 말해 준다. 죽음이 그를 이길 수 없는 것이다.

그러나 이 일상적인 육체적 생명을 염두에 두고 있을 때 요한은 대부분 *psychē*(프쉬케)라는 동사를 사용한다(그는 이 단어를 10회 사용한다).[3] 특히 자주 그는 생명을 버린다고 말할 때와 같은 부분에서 그 용어를 사용한다. 예를 들면 선한 목자는 자기 목숨을 버린다고 언급하는 부분에서이다(10:11, 15, 17). 이 구절들에서 그 용어가 "영생"이나 그와 같은 것들을 가리킨다는 것에는 의심의 여지가 없다. 예수께서는 그가 그의 양들에게 구원을 주시기 위해 죽으시리라고 말씀하시고 계신

---

2) "네 아들이 살아나리라"와 같은 번역은(RSV, GNB) 그 결과에 대한 예언의 말을 감소시킨다. 이것은 그 동사의 시제와 요한이 하나의 "표적"을 기록하고 있다는 사실을 간과한 것이다(4:54). 이것은 요한이 기록하고 있는 예수의 능력있는 말에 의한 죽음에 대한 승리이지, 두려워할 필요가 없다고 그 아버지를 확신시키므로 진정시키는 말이 아니다.

3) Alf Corell는 다음과 같이 말한다. "지속적으로 *zēn*과 *zōē*는 '영적인 생명'을 의미하기 위하여 사용된다. 그 생명은 순수한 육체적인 생명에 반대되는 것으로 그리스도 안에 또는 그리스도를 통하여 주어지는 생명이다. 육체적인 생명은 대개 *psychē*라는 용어로 표현된다. 예. 10:15, 17에서, 예수께서는 그의 양들을 위하여 그의 목숨을 버리신다… *psychē*와 *zōē* 사이의 차이점은 12:25에서 명확하게 나타난다. '이 세상에서 자기 생명(*psychē*)을 미워하는 자는 영생(*eis zōēn aiōnion*)하도록 보존하리라'"(*Consummatum Est*, London, 1958, p. 139). 이러한 구별이 항상 엄격하게 발견될 수 있을지는 의심스럽다(4:50, 51, 53 등과 같이 *zēn*을 사용하여 육체적인 생명을 언급하는 것으로 보이는 구절들이 있다). 그러나 *zōē*가 자주 "영적인 생명"을 의미하며, *psychē*가 "육체적인 생명"을 의미한다는 것은 의심할 여지가 없다.

다. 그는 결국 지상의 생명을 가리키고 있는 것이며 그 마지막은 십자가에서 성취될 것이다. 예수께서 "사람이 친구를 위하여 자기 목숨을 버리면 이에서 더 큰 사랑이 없나니"(15:13)라고 말씀하실 때에도 그와 동일한 생명을 마음속으로는 언급하고 계신다. 그 진술은 아주 일반적이다. 그러나 예수께서 그가 곧 십자가에서 이루실 그의 죽음을 특별히 언급하고 계신다는 사실에 대해서는 의심의 여지가 없다.

베드로가 예수를 위하여 죽을 준비가 되었다고 말하는 데서 사용되는 단어 역시 이 단어이다. 베드로는 예수께 "주여 내가 지금은 어찌하여 따를 수 없나이까 주를 위하여 내 목숨(life)을 버리겠나이다"(13:37)라고 말한다. 그는 그 구절의 처음 부분에 그 단어를 놓으므로 강조한다. "내 목숨을 당신을 위하여 버리겠나이다"(My life for you I will lay down) 예수께서는 베드로의 말과 그의 강조된 말을 사용하여 "네 목숨을 나를 위하여 버리겠느냐"고 물으시며 베드로가 세 번 부인할 것에 대해서 예언하신다(13:38). 사실 베드로가 그러한 방식으로 예수를 위하여 죽지 않았다는 사실은 요점에서 벗어나는 것이다. 그 두 사람이 말하고 있는 것이 육체적인 죽음을 넘겨주는 것에 대해서라는 것이 요점이다.

"목숨"은 예수께서 "자기 생명(psychē, 목숨)을 사랑하는 자는 잃어버릴 것이요 이 세상에서 자기 생명(psychē, 목숨)을 미워하는 자는 영생(zōē)하도록 보존하리라"(12:25)고 말씀하시는 구절에서 역시 발견된다. 그것은 공관복음서와 강하게 병행을 이룬다. 여기에서 그 사상은 현재의 자기 자신만의 성공에 집중하는 사람은 중요한 모든 것과 함께 생명을 잃어버릴 것이로되, 개인적인 이익을 추구하지 아니하는 자(주님을 신뢰하는 자?)는 영원한 생명인 영생을 얻게 될 것이라는 것이다.[4] "생명"에 대해서 두 단어를 사용하는 것은 흥미있다. 첫번째와 두

---

4) 참고. W. Barclay, "오직 생명을 허비함으로 생명을 보존할 수 있다. 그의 생명을 사랑하는 자는 두 가지 목적에 의해서 움직이는 사람이다. 즉 이기심으로 움직이거나 안정을 위한 추구로 움직이는 것이다. 그 자신의 출세와 안전은 생명을 이끌어 가는 두 가지 요소이다. 예수께서는 그의 생명을 보존하려는 사람은 반드시 그것을 잃게 될 것이며 그 생명을 소비하는 사람은 반드시 다시 얻을 것이라

번째에서 사용되고 있는 단어는 다양한 관심이나 기회들과 더불어 단순히 이 일상적인 육체적 생명을 가리키는 것이다. 그의 노력과 관심을 오직 이 생명 안에 집중시켜 그 자신의 힘으로 그 자신만을 위하여 사는 사람은 결국 그 모든 것을 잃게 될 것이다. 그리스도를 위하여 이 생명을 버릴 준비가 되어있는 사람은 중요한 생명, 곧 영생을 소유하게 될 것이다.[5] 요한은 그 단어를 한번 더 사용하는데, 그가 우리에게 예수께서 "지금 내 마음이 민망하니"(12:27)라고 말씀하셨다고 말해주는 부분에서이다. 이것은 우리로 하여금 예수께서도 인간적인 삶 안에서 우리들과 마찬가지로 곤란을 겪으실 수 있으며, 우리보다 더 겪으실 수 있다는 것을 기억하게 한다. 우리들 중 아무도 죄인들을 위하여 죽으심으로 그의 영혼이 경험한 고통을 경험하지 못했기 때문이다. 그러나 여기에서 사용된 단어는 "생명"이라는 의미라기보다는 "마음"이라는 의미로 사용된 것으로 보인다. 그러므로 그것은 우리의 당면 연구에 적당한 것이 아니다.

2. 예수는 생명이시다

중요한 관심 중 하나는 요한이 생명을 예수와 연결시키는 방식이다. 두 번이나 그는 우리에게 예수께서 그 자신이 생명이심을 말씀하셨다고 말한다. 예수께서는 마르다에게 "나는 부활이요 생명이니"(11:25)라고 말씀하셨고, 다락방에서 제자들에게 "나는 길이요 진리요 생명이니"(14:6)라고 말씀하셨다. 이 두 말씀 모두, 생명을 예수와 매우 밀접한 양식으로 연결시키지만, 이것을 이해하기는 쉽지 않다.[6] 어떤 사람이

고 여러 번 말씀하셨다."(*The Gospel of John*, II, Edinburgh, 1956, p. 144).

5) "그 사람은 그의 *psychē*를 유지하되, 주위에 있는 육체적인 생명이 아니라, 결코 빼앗기지 않을 영원한 생명을 유지하게 될 것이다"(C. K. Barrett, *The Gospel according to St. John*, 2 Philadelphia, 1978, p. 424).

6) G. R. Beasley-Murray는 "진리"와 "생명"은 예수께서 어떻게 "그 길"이신가를 설명해준다고 주장한다. 예수께서 길이신 것은 "그가 진리시고 하나님의 생명이 그 안에 거하시기 때문이다"(복음서의 그 문맥은 창조에 있어서의 생명을 포함하며 새 창조에 있어서의 생명을 포함한다). 조금 후에 그는 "생명으로서 그는 하나님 안의 생명인 구원의 중보자이시다"라고 말한다(*Word Biblical*

살아있다고 말하는 것은 쉽게 이해할 만하다. 그러나 그가 생명이라는 말은 그렇지 않다. 두 구절 모두에서 "생명"이 정관사를 가진 "나는 생명이다"(I am the life)이기 때문에, 우리는 이것이 생명을 소유하고 있다거나 살아있다는 등으로 이해하는 모든 잘못된 주장들에 대항하여, 그가 참된 생명이시며 진짜 생명이라는 진리를 나타낸다고 말할 수 있을 것이다. 자신들이 멸시하는 사람들은 진정으로 살아있지 않고, 오직 그들 자신만이 참된 생명이 있고, 진실로 살아있다고 주장하는 자들이 있어 왔다. 그들은 자주 종교적인 판단을 가지며, 하나님을 위한 생명에 이르는 그들의 특별한 길을 주장한다. 그러나 흥미롭게도 그들은 세속적인 마음을 가진 평범한 사람들로서 신실한 사람들을 잃어버린다. 그러면서도 그들은 방탕이나 그와 같은 것들을 떠나 그들의 생각에 가치있는 삶을 살게 하는 좁고 제한된 삶을 산다고 주장한다.

그러한 모든 주장들에 반하여 예수께서는 생명이시다. 우리가 그 후 많은 세기 동안 그가 여전히 세상의 거의 모든 나라의 폭넓고 다양한 인종과 사회 계층의 사람들로 하여금 최선의 충성을 그에게 드리도록 하며, 그를 섬기기 위해 그들의 삶 전체를 사용하도록 감동시키신다는 것을 생각할 때, 예수께서 그 생명력이시며 그 생명이시라는 것을 약간은 볼 수 있을 것이다. 우리는 그의 이름으로 세계 선교 지역의 낮고 천한 장소에서 남에게 인정받지 못하는 사역들에 기쁨으로 봉사하거나 세계의 큰 도시들의 빈민촌이나 사회의 부랑자들 사이에서 봉사하는 셀 수 없는 사람들에 대해서도 그와 동일한 것을 말할 수 있을 것이다.

매우 다른 관점에서 반세기 전의 비벌리 니콜스(Beverly Nichols)는 그와 비슷한 점을 말했다. 예수께 대해 단지 "한 사람의 일생과 개인적인 활동에 대한 추적으로 여전히 독특하다"라고밖에 말하지 못하는 과격한 신학 비평들에 대해 니콜스(Nichols)가 기록하기를:

여러분! 만일 여러분이 어떤 책이라도 출간하여 보았다면 오직 한 출판 기간 동안 오직 한 언어로 **생명**이란 인물을 만드는 데 따르는 막

Commentary: John, Waco, 1987, p. 252).

대한 어려움에 대한 어렴풋한 개념이라도 가질 수 있을 것입니다. 또 만일 여러분이 어떤 책이라도 읽어보았다면, 유럽의 문학에 대해 가장 희미하게 아는 사람이라도 (문학에서 가장 생생하게 창출된 인물이라는) 돈키호테(Don Quixote)조차 예수라는 인물의 거대한 실존에 대해서는 조그마한 그림자에 지나지 않는다는 것을 알게 될 것입니다.

여러분은 그가 어떠한 몸 안에 존재하든지 간에 이 인물의 실존에 대해 부인할 수 없습니다. 심지어 우리가 그것이 전설의 뒤범벅일 뿐이라는 어느 교수의 이론을 인정한다 할지라도 어떤 사람이 "안식일이 인간을 위해서 있지 인간이 안식일을 위해서 있지 않다"고 말했을 것이고, 어떤 사람이 "사람이 온 천하를 얻고도 그 자신의 영혼을 잃는다면 그 사람에게 무엇이 유익하겠느냐?"라고 말했을 것이고, 또 어떤 사람이 "어린아이들이 내게 오는 것을 용납하고 금하지 말라. 하나님의 나라가 이런 자의 것이니라"고 말했을 것이며, 어떤 사람이 "부자들이 하나님 나라에 들어가기가 얼마나 어려운지"라고 말했을 것이며, 또 어떤 사람인가가 "검을 가지는 자는 다 검으로 망하느니라"고 말했을 것입니다.

어떤 사람이 이러한 말들을 했다고 말하는 것은 그 말씀들이 성경으로부터 지금 이 순간 나를 응시하고 있기 때문입니다. 도대체 누가 그 말씀들을 위대하다고 하겠습니까? 그리고 도대체 누가 그 말씀들이 살아있다고 말하겠습니까? 왜냐하면 우리는 1936년을 살고 있고 나도 현대적이며 여러분도 현대적이기 때문입니다. 우리 모두는 영화보러 가기 좋아할 수 있고, 차를 몰고 드라이브할 수 있으며, 또 그와 같은 일들을 할 수 있습니다. 그러나 우리는 여전히 현존하는 문학에서 그와 같은 아름다움과 진리 그리고 개성을 지닌 어떤 구절도 발견할 수 없으며 그러한 구절들과 같은 불멸성을 가진 구절을 발견할 수 없습니다.

내가 다만 무작위적으로 다섯 구절만을 인용했다는 것을 기억하십시오.[7]

---

7) *The Fool Hath Said* (London, 1936), pp. 126-27 (Nichols's italics)

나는 단순히 문학적 작품 안에 등장 인물이 살아있다는 의미로 예수께서 사신다고 주장하는 것은 물론 아니다. 나는 신학적 모임들에서는 거의 고려되지 않는 관점으로 니콜스(Nichols)가 예수께서 살아 계신다는 진리를 말하였다는 것을 말하고 있는 것이다. 다른 부분에서는 볼 수 없는 예수의 생명력이 있고, 그것에 대한 특별한 강조가 있다. 예수는 생명이시다.

3. 예수께서 생명을 주신다

예수께서는 생명의 근원이시다. 요한은 그의 복음서의 시작에서 바로 "그 안에 생명이 있었으니"(1:4)라고 말하는데, 그 진술은 모든 창조가 말씀을 통하여서 일어났다는 확언에 이어서 나온다. 우리는 비록 요한이 그러한 개념을 발전시키지는 않았을지라도, 예수가 지상의 모든 생명의 원천이시라고 추론하는 것은 공정할 것이다. 그는 더 나아가서 "내가 저희에게 영생을 주노니"(10:28)라는 말씀이나 "내가 온 것은 양으로 생명을 얻게 하고 더 풍성히 얻게 하려는 것이라"(10:10)[8]는 예수의 말씀을 인용하므로 예수를 영적 생명의 원천으로서 말하려는 경향이 있다. 예수께서 그의 대제사장적 기도에서 "아버지께서 아들에게 주신 모든 자에게 영생을 주게 하시려고 만민을 다스리는 권세를 아들에게 주셨음이로소이다"(17:2)라고 기도하셨다고 말해준다. 이 마지막 구절은, 아들과 아버지를 앞에서 이미 살펴보므로 익숙해진 방식으로 연결시킨다. 아들이 생명을 주신다는 의미도 있지만, 또한 생명이 아버지께 속한다는 의미도 있다.

이전의 설교에서 예수께서는 아버지를 "그 안에 생명이 있으신" 분으로 그리고 아들에게 "그 자신 안에 있는 생명을" 주신 것으로 말한다(5:26). 이 특별한 표현은 GNB가 "아버지 자신이 생명의 원천이신 것

---

8) R. F. Bailey는 그 구절이 "내가 온 것은 그들로 생명을 얻게 하고 충만히 얻게 하려는 것이라"고 묘사하며, 더 나아가서 "후에 우리가 발견할 수 있는 것처럼 '나는 길이다'는 말씀은 '나는 생명이다'라는 말이 된다"고 말한다(*Saint John's Gospel*, London, 1957, p. 136)

처럼 동일한 방식으로 아들을 생명의 원천이 되게 하셨다"라고 하는 것에 반하여 굳스피드(Goodspeed)는 "아버지는 자존자이시다"라고 표현한다. 확실히 요한은 우리에게 예수께서 생명에 대해 가지시는 관계가 우리의 것과 동일한 것이 아님을 말해준다. 우리의 생명이 임시적인 것에 반하여 그의 생명은 필연적이다. 우리들의 생명은 원천지를 가지지만, 그의 생명은 그렇지 않다.[9] 다른 부분에서 예수께서는 하나님을 "사시는 아버지"(생명은 그의 특성이다)라고 언급하며 계속해서 "내가 아버지로 인하여 사는 것같이"(6:57)라고 말씀하신다. 그러한 구절들은 예수께서 그 자신의 생명을 우리들이 사는 것과 같은 생명의 범주에 포함시키지 않았다는 것을 의미한다. 그분은 확실히 우리가 사는 곳에 오셨다. 그리고 삶을 사신다. 그러나 그것이 다는 아니다. 그의 근본적인 존재는 아버지의 생명을 공유하신다는 것이다. 그러나 그의 존재되심으로 말미암아 그는 그에게 오는 자들에게 생명을 주실 수 있다. "이는 내가 살았고 너희도 살겠음이라"(14:19).

38년된 병자를 고치신 후에 하신 설교의 앞 부분에서 예수께서는 "진실로 진실로 너희에게 이르노니 죽은 자들이 하나님의 음성을 들을 때가 오나니 곧 이때라 듣는 자는 살아나리라"(5:25)고 말씀하신다. 이것은 계속해서 표현되는 개념처럼(28, 29절) 그리스도께서 마지막날에 그들의 무덤에서 죽은 자들을 부르신다는 의미로 이해할 수 있다. 그러나 이 지점에서 그는 "곧 이때라"는 말들이 시사하듯이 오히려 지금 현재의 생명을 말하고 있는 것처럼 보인다. 예수께서는 지금 즉시 영적으로 죽은 자들을 그들의 잃어버린 상태에서 부르사 그들에게 생명을 주신다고 말씀하고 계신 것이다. 이러한 의미에서 생명은 저절로 소유되는 것이 아니라 하나님의 은사이다. 그는 금방 신자들이 "사망에서 생명으로 옮겼느니라"(24절)고 말씀하셨다. 비록 심판에 이르지 아니한다는 말씀이[10] 시사하듯이 종말론적인 함축성을 가진다 해도 예수께서는 확실히

---

9) 참고. Augustine, p. 105 이상 인용
10) 요한의 방식에 의하면, 거기에는 아마 현재의 심판이라는 개념이 있다. 즉 신자들은 심판을 자초하지 않는다. 그러나 종말론적으로 말하는 것이 전혀 없다고

그가 주시는 생명이 심판의 큰 날에도 효력이 있다고 말씀하고 계신 것이다. 그의 선물을 잘 받아들이는 자는 심판날에 부족한 것이 발견된다 할지라도 두려워할 필요가 없다. 심지어 그곳 그때에도 그는 생명을 소유하게 될 것이다.

4. 생명의 떡

생명에 대한 중요한 구절 중의 하나는 예수께서 그의 유대인 청중들에게 "썩는 양식을 위하여 일하지 말고 영생하도록 있는 양식을 위하여 하라 이 양식은 인자가 너희에게 주리니 인자는 아버지 하나님의 인치신 자니라"(6:27)는 말씀으로 시작된다. 이 말씀은 오천 명이나 되는 사람들이 오병이어를 기적적으로 먹고 난 후에, 강 저편에서 예수를 찾았을 때에 하신 말씀이다. 그들은 확실히 예수를 찾았지만, 어떤 심오한 영적 안목으로 찾은 것이 아니었다. 그들은 잘 먹었고, 명백하게 예수께서 이러한 종류의 전문적인 기술을 계속하기를 기대했다. 그들은 예수를 왕으로 삼으려고 했다.[11] 그러나 예수께서는 그들이 생각하는 것에 동조하지 않았으며, 즉시 그들이 그토록 감명받은 물질적인 양식에서 떠날 것을 지시한다. 그는 그들에게 그들로 하여금 "영생으로 인도하도록" 보양하는 양식을 기대하라고 촉구한다. 그들은 비록 그것이 놀라운 것일지라도 그로부터 최근에 받은 그러한 종류의 자양물이 아니라 영생에 집중하여야만 했던 것이다.

우리는 "나는 …이다"라는 말씀에 관한 장에서 예수께서 그 자신을 "생명의 떡"(6:35, 48)이라고 부르시는 것에 주목했었다. 그 표현은 예수께서 참된 생명의 유지자시라는 진리에 관심을 갖기 만든다. 그 첫번째 사용은 그의 청중들이 표적을 요구하는 것에 대한 응답으로 주어졌

말하는 것은 불가능한 것으로 보인다. 현재적인 심판에 지배되지 않을 뿐만 아니라, 미래의 심판에서 역시 구원받을 자들은 바로 신자들이다.

11) Lesslie Newbigin은 "열광적인 군중들이 일어났다. 그들은 즉시 예수를 잡아 왕으로 삼으려 했다"라고 주석한다. 그는 계속해서 "이것은 믿음이 아니라 불신앙이다. 그들은 예수께서 누구신 줄 알지 못했다. 예수께서는 인간들의 열광의 수단이나 계획을 위한 상징이 아니시다"라고 말한다(*The Light Has Come*,

다. 그들은 예수께 "우리 조상들은 광야에서 만나를 먹었나이다"라고 회상하며 "하늘에서 저희에게 떡을 주어 먹게 하였다"라는 시편 78:24을 인용한다. 분명히 그들은 예수께서 메시야시라면 그가 하신 일을 본 것보다 더 큰 일을 해야 하리라고 말하는 것이다. 유대인들 사이에는 메시야가 만나의 기적을 재현하리라는 기대가 널리 퍼져 있었으며,[12] 그들이 하늘에서 떡을 주었다고 말할 때, 그들의 마음에는 자양분의 환상적인 것이 있었다. 요한은 예수의 청중들이 영적 통찰력이 부족하였다는 것을 분명히 한다. 예수께서 무슨 일을 하셨으며 무슨 가르침을 베푸셨든지 그들은 그를 거부할 모종의 방법만을 찾을 것이다. 그러나 요한의 관심은 예수께서 말씀하신 것, 특히 그가 생명에 대해서 말씀하신 것이다. 이것이 전체 설교를 꿰뚫고 있다.

우리는 떡이 예수와 그의 청중들에게 있어서 가장 중요한 음식 목록이었음을 염두에 두어야 한다. "너희 의뢰하는 양식"에 대한 언급(레 26:26 [13]; 겔 4:16; 5:16; 14:13)은 삶을 유지하기 위하여 떡이 가지는 그 중심적인 중요성을 보여준다. 예수께서 생명의 떡이시라고 말씀하실 때에 그 없이는 그 이름에 걸맞는 생명이라는 것은 없다는 진리를 지적하시는 것이다. 그는 생명을 주시며 생명을 유지시키시는데 그 말씀은 우리가 살펴본 것처럼, 그가 생명이시라는 것을 매우 밀접하게 반복하고 있는 것이다.

예수께서는 또한 그의 청중들이 언급하였던 "하나님의 떡"을 말씀하시며, 그들에게 그 하나님의 떡은 "하늘에서 내려 세상에게 생명을 주

Grand Rapids, 1982, p. 76).

12) 그래서 *Midrash Rabbah*는 우리에게 "R. Berekiah가 R. Isaac의 이름으로 말하기를 첫번째 구속자가 그랬던 것처럼…그 후의 구속자가 그럴 것이며…앞의 구속자가 만나를 내렸던 것처럼 보라 나는 너희에게 하늘로서 오는 떡을 비오듯하게 하리라고 말할 것이며(Ex. XVI, 4), 후의 구속자가 만나를 내려주었듯이 '그로 하여금 땅 위의 풍성한 밭이 되게 하소서'라고 말할 것이다(Ps. LXXII, 16)"라는 정보를 제공한다(*Ecclesiastes Rabbah* 1.9; Soncino edition, p. 33).

13) Martin Noth는 "음식은 더욱 안전하게 걷기 위하여 의지하는 양식이다. 참고, 한 조각의 떡으로 자활하다는 표현 = (음식으로) 스스로를 강하게 하다"라고 설명한다(*Leviticus*, London, 1965, p. 199).

는 것이니라"(6:33)고 말씀하신다.14) 그의 청중들은 의심할 여지없이 그것이 만나 또는 그들의 일상 생활에서 사용하는 떡과는 특별히 다른 것을 언급한다고 이해하여, 계속해서 "주여 이 떡을 항상 우리에게 주소서"(6:34)라고 말한다. "나는 생명의 떡이다"라는 예수의 말씀을 이끌어 낸 것은 바로 이 말이다. 그래서 그는 확실히 그 말들을 통해서 "하늘로부터 내려오는 자"를 의미했음이 분명하다. 이것은 그의 천상적인 기원과 오직 그만이 세상에 생명을 주신다는 진리를 언급하는 또 다른 방법이다. 여기에는 또다시 이 문제많은 세상에 생명을 주시는 이가 예수, 오직 예수시라는 선언이 있다. 그가 계속해서 "내게 오는 자는 결코 주리지 아니할 터이요 나를 믿는 자는 영원히 목마르지 아니하리라"고 말씀하실 때에 마음속에 이러한 생각이 있었을 것이다. 떡이나 생명이 이 표현에서 나타나지 않지만, 그것이 무한정 만족을 주신다는 생각을 첨가하여 그와 동일한 근본적인 개념을 가지고 있다.

유대인들은 예수께 대하여 중얼거리기 시작한다(그 말은 보통 실제적으로 누가 말했는지를 규정짓기 어렵게 하는 작은 소리의 적대적인 발언을 의미하는 것으로 보인다). 그들은 그가 "하늘로서 내려온 떡이라"(6:41)고 말했다고 주장한다. 이것은 예수께서 하신 말씀에 대한 완전한 인용은 아닐 것이지만, 우리가 걱정할 필요가 없는 것은 그가 주장하는 요점을 재생한 것이기 때문이다. 요한이 그의 이야기에 이 말씀을 삽입한 것은 예수의 천상적 기원에 초점을 맞추기 위한 것이며, 그가 주시는 그 생명이 이 땅의 생명 중 최선의 것이라는 의미가 아니라, 뭔가 다른 천상적인 생명이며 요한이 언급하는 것처럼 "영생"이라는 것에 대한 암시가 있다는 것을 놓치지 말아야 할 것이다.15)

---

14) J. H. Bernard는 "하나님의 떡"이 "만나라고 일컬어지는 '하늘로부터 내려오는 떡' 뿐만 아니라…생명을 주기 위해서 내려오는 것과 같으며 단지 육체적인 자양물만은 아니다"라는 점을 지적한다(*A Critical and Exegetical Commentary on the Gospel according to St. John*, I, Edinburgh, 1928, p. 195).

15) Peder Borgen은 "영생은 현재적인 실재로서 마지막 날의 육체적인 부활의 때에 나타난다"는 사실을 이 장이 가르치고 있다는 데에 동의한다(*Bread from Heaven*, Leiden, 1965, p. 172).

그 설교의 마지막에 이르면서 예수께서는 그가 생명의 떡이라는 말씀을 반복한다(6:48). 그리고 이어서 그의 청중들에게 그들의 조상들이 "광야에서 만나를 먹었어도 죽었거니와"(6:49)라고 말한다.[16] 그들은 만나에 대해서 그가 관심을 가지도록 주장하며, 그것은 그가 행하신 일들이 놀라운 일이 아니며, 확실히 40년 동안이나 모든 세대에게 만나를 먹이신 일에 비하면 아무것도 아니라는 것을 암시한다. 그러나 예수께서는 만나가 이 육체적인 생명을 유지하는 것 이상에 관심을 가지신다. 그는 "하늘로서 내려온 떡 즉 사람으로 하여금 먹고 죽지 않게 하는 것"(6:50)에 대해서 말씀하시는 것이다.[17] 이것은 그가 명확하게 "나는 하늘로서 내려온 산 떡이니"(6:51)라고 말씀하시는 부분으로까지 나아간다. 그 자신이 사람들로 하여금 죽지 않게 하는 생명을 주시는 떡이심에는 의심할 여지가 없다. 예수께서는 이어서 "사람이 이 떡을 먹으면 영생하리라 나의 줄 떡은 곧 세상의 생명을 위한 내 살이로라"고 말씀하신다. 이것은 유대인들간에 어떻게 그들이 예수의 육체를 먹을 수 있겠는가 하는 다툼을 야기시켰다는 것에 대해 놀랄 필요가 없다. 그러나 요한의 독자들은 예수께서 그의 구속적 죽음을 언급하시고 계신다는 것을 알 수 있을 것으로 기대된다. 사람들은 생명을 얻게 될 것이지만, 그들의 생명에 대한 대가는 예수의 죽음이다.

---

16) U. E. Simon은 "너희 조상들은 죽었거니와"(6:48, 58)라고 말하며, "이것은 존재하는 모든 종교들의 덧없음을 증거하는 명백한 증거이다. 이교도들은 분명히 요한복음서에서 쓸모없게 되지 않기를 희망할 것이다"라고 말한다. 먼저 그는 요한복음이 "사실주의로 시작하며 또 Cullmann에 의해서 지금도 이어지는 '죽음에 대한 비관적인 개념'이라고 일컬었을지라도, 여전히 살아계신 하나님에 대한 낙관적인 최선의 전승을 지속해간다"라고 말했었다(F. L. Cross, ed., *Studies in the Gospel*, London, 1957, p. 99).

17) Bertil **Gärtner**는 요한이 "그들의 '떡'과 세 '세대' 사이의 구분을 확실히 하고 있다. 즉 모세 시대 광야에서의 만나, 예수께서 광야에서 백성들을 먹이심, 하나님 나라의 잔치에서 전유될 떡, 성례전적인 떡"이라고 주장한다(*John 6 and the Jewish Passover*, Lund, 1959, p. 23). 나는 "성례전적인 떡"을 언급하고 있다는 그의 의견에 동조할 수는 없지만 거기에는 확실히 두 종류의 떡에 대한 중요한 구분이 확실히 있다. 즉 생명을 지속시키지 못하는 것과 생명을 지속시키는 떡으로서의 예수의 몸이다.

제10장 생명 · 263 ·

  이 설교의 마지막 부분에서 새로운 사상이 소개되고 있다는 것에 우리는 주목할 필요가 있다. 하늘로부터 내려온 떡에 대해 언급하며 말하는 처음 부분에서 성육신에 대해서 우리에게 가르쳐 주는 것이 있다고 이해할 수 있을 것이다. 그것은 우리에게 생명을 주시기 위해서 하나님의 아들이 하늘에 있는 그의 보좌를 떠나사 지상의 낮은 자리를 취하셨다는 진리를 지시해준다. 그러나 이것은 이제 하나님의 아들의 죽으심은 그 생명이 유용하게 되기 위해서 필연적인 것이라는 사상으로 보충된다.[18] 두 진리 모두 전체적으로 이 장을 이해하기 위하여 중요하며, 영생에 대한 요한의 견해를 이해하기 위하여 중요하다. 예수의 죽으심의 필연성은 많은 부분에서 나타난다. 하나님의 사랑이 사람들로 하여금 생명을 얻게 하기 위하여 그의 아들을 주시기까지 하셨으며(3:16), 양을 위하여 생명을 주시는 선한 목자에 대한 구절들에서 그 진리는 강화된다. 그러나 전체 복음서의 모습이 확실히 이것을 지적한다. 요한은 예수의 공생애 전체를 그의 처음 12장에서 다루지만 그 뒤의 아홉 장을 그의 제자들을 향한 예수의 말씀들과 그의 죽으심과 부활에 대해 기록한다. 이것은 그의 죽으심에 강조를 둔 것이다. 왜냐하면 그 죽음이 생명을 주시기 위해서는 중심적인 것이기 때문이다.

  유대인들이 깨달은 몸을 먹는 것의 어려움에 대한 반응으로 예수께서는 더 나아가 "내가 진실로 진실로 너희에게 이르노니 인자의 살을 먹지 아니하고 인자의 피를 마시지 아니하면 너희 속에 생명이 없느니라 내 살을 먹고 내 피를 마시는 자는 영생을 가졌고 마지막날에 내가 그를 다시 살리리니"(6:53, 54)라고 말씀하신다. 그 살을 먹는 것에 피를 마시는 것을 더하므로 유대인들에게는 더욱 지겨운 말씀이 되었을 것이

---

  18) 참고. W. H. Cadman, "전체적인 설교의 사상을 해석함에 있어서 떡의 양상에 대한 이러한 두 종류의 적용이 중요하다는 것을 놓치지 않는 것이 중요하다. 한 관점에 의하면 예수께서 '생명의 떡', '하늘 바깥으로부터 오는 산 떡'(35, 48, 51절)이시므로 이제 인간적인 지상 질서 안에 그가 현존하시게 되어 인간에게 접근하기 쉽게 되었다. 다른 관점에 의하면 예수께서 '생명의 떡'이신 것은 그가 죽음을 택하심으로 그 안에 있는 생명으로 하여금 실재적으로 더욱더 많은 사람들이 소유할 수 있도록 하셨기 때문이다"(*The Open Heaven*, Oxford, 1969, p. 81).

다. 그러나 그것은 예수를 영접하는 자에게 생명을 가져다 주는 죽음의 실재성을 강조한다. 하늘의 영원한 통찰력으로 아무것도 보지 못하고 그 모든 가치를 오직 이 지상의 삶에 두므로 그토록 이생에 묶여 있는 자들에게 예수께서는 참된 생명을 주실 것이다. 그는 그 대가로 그 자신의 죽음을 치르므로 이 생명을 가지고 오실 것이다. 이것이 우리가 있는 기독교 도리의 바로 그 심장부이다.[19]

그의 죽음으로부터 그 생명이 나온다는 설명을 하면서 예수께서는 그것을 아버지의 생명과 연결시키는 데까지 나아간다. 그는 그를 보내신 자로서 "살아 계신 아버지"를 말하며, 그가 "아버지로 인하여" 산다고 말한다(6:57). 이것은 두 가지 사실을 이야기한다. 예수의 생명은 아버지와 매우 밀접한 관계가 있어서 그가 독립적인 존재가 아니라는 사실과(5:26 참고),[20] 더 나아가 그는 아버지의 뜻을 행하시기 위해서 산다

---

[19] 대부분의 현대 신학자들은 요한이 여기에서 성찬식을 언급하고 있다고 주장한다. 그러나 그러한 견해의 대중성에도 불구하고, 왜 예수께서 아직 존재하지도 않는 성례를 언급하심으로 가버나움의 청중들을 혼란스럽게 하셨는지를 설명하지 못하는 것으로 보이며(이것은 아마 최소한 성찬식이 제정되기 전일 것이다), 그들이 가능성있게 이해했다고도 할 수 없다. 만일 요한이 그 단어의 의미를 정확한 역사성과 관련시키지 않고, 이 부분에서 성례전적인 가르침을 제시하고 있다고 한다면, 아직 성찬식도 있기 최소한 1년 전에 광범위한 불신자들에게 얘기된 성례전적인 가르침에 대하여 요한이 어떻게 독자들이 아무런 문제도 느끼지 않으리라고 생각할 수 있었겠는가에 대한 의문이 떠오른다. 또한 아무도 그 성찬식에 동참하지 않았다는 것 역시 문제가 된다. (그 성찬의 필수불가결한 요소인 포도주를 마신 자는 그 누구도 언급되지 않는다). 더 나아가서 성찬식에 대한 모든 설명에 있어서도 예수의 "몸"에 대한 언급이 있지 그의 "육체"에 대한 언급은 없다. 왜 그 단어가 유독 이 한 경우에서만 바뀌어야 했는가? 우리는 그 언어가 사용되고 있는 강조점에 주목해야만 한다. 53절에서 우리는 "내가 진실로 진실로 너희에게 이르노니 인자의 살을 먹지 아니하고 인자의 피를 마시지 아니하면 너희 속에 생명이 없느니라"는 말씀을 읽는다. 그 언어는 절대적이다. 만일 성찬을 받지 않으면 우리에게 생명이 없다고 요한이 가르치고 있다고 말할 것인가? 그것이 생명에 있어서 필수불가결한 것 중의 하나라고 말하겠는가? 이 모든 대중성에도 불구하고 그 가설은 무효화될 수밖에 없다.

[20] C. K. Barrett은 "아들의 생명은 영원토록 아버지께 의존된다(dia ton patera). 그는 독립적인 생명이나 권위가 없다. 그것은 사람들이 그 안에 거할 때에 살게 되는 것처럼 그가 아버지 안에 거하시기 때문이다"라고 주석한다(The

는 사실이다(4:34에서 이것은 바로 그의 음식이다). 이것은 "나를 먹는 그 사람도 나를 인하여 살리라"(6:57)는 사상으로 이끈다. 그리스도에 동참하며 그가 주시는 생명에 들어가는 것은 파생적인 삶, 그리스도와 밀접하게 연결된 삶, 그리스도를 봉사하는 삶을 살기 시작했다는 의미이다. 예수께서 주신 생명은 결코 자기 중심적인 삶이 아니며 항상 섬기는 삶이다. 그때 그는 이미 우리에게 주신 사상을 반복하여 말씀하신다. "이것은 하늘로서 내려온 떡이니 조상들이 먹고도 죽은 그것과 같지 아니하며 이 떡을 먹는 자는 영원히 살리라"(6:58). 그가 말씀하시는 생명은 그의 대적자들이 말하는 생명 즉 광야에서 특이한 음식의 공급으로 유지되었던 육체적인 생명과 다른 것이라는 것을 이해하는 것은 중요하다. 그는 영생 즉 결코 끝이 없는 생명을 말씀하고 계신다. 그리고 그 생명은 그의 죽음을 대신으로 하여 주어진 것이다.

  예수께서는 계속해서 "살리는 것은 영이니 육은 무익하니라 내가 너희에게 이른 말이 영이요 생명이니라"(6:63)고 말씀하신다. 이 어려운 표현은 인간의 몸 안의 육체와 영을 대조시키는 것이라기보다는 성령을 언급하시는 것으로 보아야 할 것이다. 인간의 영은 살리는 영이 되지 못하기 때문이다. 예수께서 하신 말씀이 영이요 생명이라는 것은 성령께서 그의 가르침 안에 포함된다는 것을 의미한다. 예수의 말씀은 우둔하게 문자적인 방식으로 이해되어서는 안된다. 성령께서 우리로 하여금 그것들을 이해하도록 이끄신다는 것을 의미하는 것으로 이해해야 할 것이다. 이러한 방식으로 이해할 때 그것들은 우리에게 생명을 가져온다. 또 다른 관점에서 예수께서는 참된 생명이 지구상 어떠한 것으로부터 오지 않는다고 주장한다. 베드로는 이것을 알아차렸다. 왜냐하면 예수께서 사람들이 그를 떠나는 것을 보시고 열두 제자들에게 "너희도 가려느냐"고 물으실 때, 그 제자는 그들 모두를 대표하여 "주여 영생의 말씀이 계시매 우리가 뉘게로 가오리까"라고 말하고 있기 때문이다(6:67, 68). 이미 베드로는 영생이 예수께로부터 나온다는 것을 알고 있었다.[21] 그것은 아마 또한 아버지로부터 온다고도 말할 수 있을 것이며

Gospel according to St. John, p. 300).

  21) 물론 그는 여전히 아직도 배워야 할 많은 것들이 있다. R. Alan

(5:24, 26), 이제 그와 동일하게 성령도 포함된다는 것을 알 수 있다. 삼위일체의 구성원으로 포함된다는 표현은 예수께서 인간의 노력에 의해서 만들어질 수 있는 어떠한 생명의 형태를 언급하고 있는 것이 아니라는 것을 말해준다. 그는 하나님의 선물을 언급하고 있는 것이다.

5. 믿음과 생명

지금까지 우리가 말한 것에서 영생이 하나님의 좋은 선물이라는 진리를 요한이 강조하고 있음이 분명하다. 그것은 일반적으로 그리스도로부터 오는 것으로 제시되며, 특히 그 과정에서 그의 죽음이 말해진다. 그러나 그는 이 생명의 선물이 인류에게 무차별적으로 주어지는 것으로 간주하지 않는다. 과연 그것은 자유롭게 얻을 수 있는 것이며, 모든 종족과 모든 계층의 사람들이 얻을 수 있는 것이다. 그러나 그것은 반드시 믿음에 의해서 충당되어야 한다. 그는 "하나님이 세상을 이처럼 사랑하사 독생자를 주셨으니 이는 저를 믿는 자마다 멸망치 않고 영생을 얻게 하려 하심이라"(3:16)고 말한다. "아들을 보고 믿는 자마다 영생을 얻는 이것"은 아버지의 뜻이다(6:40, 예수께서는 이어서 마지막날에 내가 이를 다시 살리리라고 말씀하신다). 나사로가 죽고 난 후 마르다에게 말씀하실 때 예수께서는 그 자신을 "부활이요 생명이니"라고 말씀하시며, 계속해서 "나를 믿는 자는 죽어도 살겠고 무릇 살아서 나를 믿는 자는 영원히 죽지 아니하리니 이것을 네가 믿느냐"(11:25, 26)고 말씀하신다. 그가 믿는 자들에게 주시는 생명은 결코 끝이 없는 생명이다. 또는 이것이 매우 단순한 형태로 표현된다. "아들을 믿는 자는 영생이 있고"(3:36). 믿음은 단순히 추천할 만한 절차가 아니다. 그것은 반드시 필요한 것이다. 죄인들이 생명의 선물을 얻을 수 있는 길은 오직 이 한 길이다.[22]

Culpepper는 "그는 예수의 말씀과 그의 영광 그리고 그의 말씀들이 주는 생명의 중요성을 인지했다. 역설적으로 그 생명의 말씀들은 또한 죽음을 요구할 수 있는데 이 점을 베드로가 아직 알아차리지 못했다"라고 말할 수 있었다(*Anatomy of the Fourth Gospel*, Philadelphia, 1983, p. 120).

22) "믿음이란 사람이 구원을 얻기 위하여 그가 행한 자선의 행위나 도덕적인

지금까지 언급한 모든 구절들은 "(전치사 있는) 믿다(believe in···)"라는 구문을 사용하지만, 동일한 진리가 다른 방식으로 표현될 수도 있다. 3:15에 대한 가장 좋은 이해에 의하면 인자가 반드시 들려야 하는데 그 이유는 "이는 저를 믿는 자마다 영생을 얻게 하려 하심"이다. 또는 생명에 단순 여격이 사용되어 아버지와 연결되기도 한다. "내가 진실로 진실로 너희에게 이르노니 내 말을 듣고 또 나 보내신 이를 믿는 자는 영생을 얻었고"(5:24).[23] 믿음의 중요성은 단순한 진술에 의해서도 강조된다. (앞에 덧붙여진 엄숙한 "진실로 진실로"에 이어서) "믿는 자는 영생을 가졌나니"(6:47). 그 어느 것도 우리가 은혜의 선물에 대해서 할 수 있는 것이라고는 아무것도 없다는 것을 명확히 보여주지는 못한다. 우리는 믿고 왔다. 그것이 전부이다. 믿는 자는 영생을 얻는 것이다.

요한에게 있어서 믿음의 결정적인 중요성은 독자들에게 요한복음 저술 목적을 예수께서 그리스도시라는 것을 믿게 하기 위해서, 그리고 "믿고 그 이름을 힘입어 생명을 얻게 하려 함이니라"(20:31)고 말한다는 사실에서 찾아볼 수 있을 것이다. 믿음과 생명은 가장 밀접하게 연결되어 있다. 요한은 사람들에게 믿음을 주기 위해 기록한다.

때때로 생명은 빛과 연결된다. 4절에 벌써 그것이 나타난다. (그것은 요한이 그 개념을 매우 중요한 것으로 간주했다는 사실을 보여준다. 그러나 거기에서 그것을 충분히 발전시키지는 않았다). "그 안에 생명이 있었으니 이 생명은 사람들의 빛이라"(1:4). 말씀이 주는 생명은 전체 생명을 조명한다. 생명의 선물이 그것을 소유한 사람에게는 더 이상 사망에 거주하지 않게 한다는 것이 사실이다. 또한 그들이 살고 있는 생

선행, 또 다른 어떤 것도, 그 자신의 노력에 의지하는 것을 포기하는 태도이다. 그것은 그리스도에 대한 완전한 신뢰이며, 구원을 얻기 위한 수단으로 오직 그분만을 의지하는 것이다··· 믿음만이 사람이 구원을 얻을 수 있는 유일한 길이다"(*IBD*, I, p. 496).

23) R. Schnackenburg는 "아버지는 아들 안에서 들려진다"고 주석하며, 여격에 대해서는 "여격이 있는 그 동사 *pisteuein*은 '아버지를 믿는다'는 의미가 아니라 오히려 '아들을 보내신 그를 믿는다'라는 의미이다"라고 주석한다(*The Gospel according to St John*, II, New York, 1982, pp. 108, 109).

명이 충만한 빛 가운데 있으므로 빛을 받아들이지 않은 사람들이 어둠 가운데에 존재하는 것과 날카롭게 대조된다는 것 역시 사실이다. 또 다시 예수께서는 그 자신이 "세상의 빛"이시라고 말씀하시고, 이어서 "나를 따르는 자는 어두움에 다니지 아니하고 생명의 빛을 얻으리라" (8:12)고 말씀하신다. 여기에 또 다시 빛도 없는 가련한 존재와 빛을 소유함으로 놀랍게 조명받는 삶이 대조된다. 또한 빛과 생명이 공존한다는 개념이 있을 수 있다. 빛없이는 우리가 진실로 생명을 가졌다고 말할 수 없는 것이다.[24]

우리는 또한 빛이 조명과 더불어 심판을 초래한다는 진전된 사실을 놓쳐서는 안될 것이다. 그래서 우리는 "그 정죄(또는 심판)는 이것이니 곧 빛이 세상에 왔으되 사람들이 자기 행위가 악하므로 빛보다 어두움을 더 사랑한 것이니라"(3:19)는 말씀을 읽을 수 있다. 빛은 물론 생명을 인도하는 조명을 예비하는데, 이것이 복음서가 말하는 바이다. 그러나 빛의 도래가 빛의 유익에 대한 반응을 의미한다는 것 역시 분명히 하고 있다. 사람들이 빛을 거부한다면 그들은 정죄당할 것이다.[25] 빛의 도래가 필연적으로 생명을 가져오지는 않는다. 거기에 없어서는 안될 것을 보여줌으로써 정죄할 수도 있는 것이다.

6. 생명은 영원하다

요한이 이해하는 바 생명의 특징은 끝이 없다는 것이다. 17회씩이나 그는 "영생"(*zōē aiōnios*)이라는 표현을 사용한다. 거기의 형용사는 우

---

24) 참고. Alf Corell, "지상의 모든 생명에게 없어서는 안되는 필수적인 상태가 빛인 것처럼, 모든 인류가 존재할 수 있는 상태로서 그리스도는 빛이시며 바로 빛의 원천이시다." 그는 창세기 1:3의 중요성에 관심을 가진다(*Consummatum Est*, p. 142).

25) 참고. Barnabas Lindars, "요한은 단순히 영적인 조명을 함축할 것을 기대해서가 아니라, 오히려 진리와 거짓을 보여준다는 개념으로 빛이라는 주제는 사용한다. 그래서 그 주제는 심판과 통찰력이라는 주제와 밀접하게 연관된다." 즉 8:12에서 "그 빛의 주제는 지식의 계시라는 관점에서 발전되지 않는다. 여기에서 다시 거짓으로부터 참을 드러내는 빛이나 심판이라는 주제가 관련된다"(*Behind the Fourth Gospel*, London, 1971, pp. 24, 67).

리에게 끝이 없는 그 무엇을 지시해 준다. 그 단어는 *aiōn*, "한 세대"에서 유래된 말로 "한 세대에 속하다"라는 의미이다. 유대인들은 모든 시간을 창조 이전 세대, 현세대 그리고 다가올 세대로 나누었다. 다가올 세대란 메시야의 도래로 시작되는 세대로 끝이 없는 세대이다. 이론상 그 형용사가 다른 어떤 세대에 적용할 수 없는 이유는 없는 것으로 보이지만, 실제적으로 그것은 "다가올 세대에 속한다"는 것을 알 수 있다. "그 세대로 들어가다"(*eis ton aiōna*)는 표현은 "영원"을 의미한다.

그렇다면 "영생"은 "다가올 세대의 생명", "다가올 세대에 적당한 생명"을 의미한다. 주어진 문맥에서 그 의미는 "끝없는 생명"을 의미할 수 있지만, 요한은 이보다 더 깊은 의미를 뜻한 것으로 보인다. 그는 생명을 다가올 세대에 적당한 것으로 언급하는 것이다. 그는 끝이 없다는 양적인 것보다는 특별히 질적으로 생명을 언급한다. 물론 그는 이 생명을 끝이 없는 것으로 말한다. 그러나 요한에게 있어서 이것은 분명히 영생의 한 양상에 불과하다. 영생의 근본적인 특성은 아닌 것이다. 그래서 우리는 예수의 대제사장적 기도에서 "영생은 곧 유일하신 참 하나님과 그의 보내신 자 예수 그리스도를 아는 것이니이다"(17:3)라는 말을 발견할 수 있다. 하나님과 그리스도에 대한 지식이 곧 그 자체로 영생이다.[26] 그것이 영생을 가져오는 것이 아니라 그 자체가 영생인 것이다. 이와 유사한 예수의 말씀은 "나는 그의 명령이 영생인 줄 아노라"(12:50)이다. 그는 하나님의 명령을 지키는 것이 영생을 가져온다고 말하는 것이 아니다. 그는 그 명령이 곧 영생이라고 말하는 것이다. (참고. *Twentieth Century* 역, "영원한 생명은 그의 명령을 지키는 데에 있다").

이와 함께 지금 여기에서 우리가 행하는 바가 다가오는 생명에 대한 영향을 가진다는 개념으로 나아간다. 그래서 요한은 우물가의 사마리아 여인이 그 마을 사람들에게 되돌아갔을 때에 예수께서 제자들과 하셨던

---

26) W. H. Rigg는 "영생은 신적 생명이며, 본질적으로 영적이다. 그것은 근본적으로 하나님과의 연합이다…. 그것은 상호간의 거주로 신자들이 그리스도 안에 살고 그리스도가 그들 안에 사는 것이다(15:4, 7)"라고 주장한다(*The Fourth Gospel*, London, 1952, p. 84).

대화를 기록한다. 거기에서 그는 밭을 "희어져 추수하게 되었도다"라고 말씀하시며 이어서 "거두는 자가 이미 삯도 받고 영생에 이르는 열매를 모으나니"(4:36)라고 말씀하신다. 거두는 자가 받을 삯이란 죄인들이 영생에 들어가는 것을 보는 것을 의미할 수 있다. 또는 거두는 자가 다가올 세대에서 받게 될 보상을 의미할 수 있다. 어느 방식이든 이 구절은 이 세상을 초월한 생명을 바라본다. 그 생명 안에서 지금 여기에서 우리가 행하는 바의 결과를 가진다. 이것은 또한 예수께서 심판 날을 말씀하시며 "선한 일을 행한 자는 생명의 부활로 나오리라"(5:29)고 말씀하실 때에 역시 염두에 있는 사상이다.[27] 지금 우리가 행하는 바가 다가올 생명에 영향력이 있다.

물론 이 생명이 결코 끝이 없다는 사실은 많은 진술들에 나타난다. 그 생명을 가진 자는 "영원히 살 것이다"(6:58). 이 세대의 끝에 있을 부활에 대한 전형적인 진술이 있다. 그 부활은 아들이 무덤에 있는 사람들을 부름으로 발생하게 될 것이다. 그때, 어떤 사람들은 "생명의 부활"을 체험하게 될 것인데, 그것은 "심판의 부활"과 대조되어 표현된다(5:29). 이것은 끝이 없고 그래서 결코 죽지 않는 그 세대의 생명을 우리에게 가져올 것이다. 우리는 또한 이것을 "생명의 떡"에 대한 설교에서 반복되는 "내가 그를 마지막날에 다시 살리리라"는 말 속에서 역시 추론할 수 있다(6:39, 40, 44, 54).[28] 이 장은 그리스도께서 가지고 오는 생명의 질에 대해 다루었다. 그러나 또한 그것은 우리를 다가오는

---

[27] "그 '생명의 부활'이 요한의 생명에 대한 개념과 모순되지 않는다. 왜냐하면 이것이 전인(whole man)과 관련되기 때문이다"(Schnackenburg, *The Gospel according to St John*, II, p. 118. 그는 또 "복음서 저자에게 있어서 문제되는 것은 미래의 사건이 아니라, 지금 하나님의 아들을 믿음으로 말미암아 생명에 도달하는 것이다"라고 말한다).

[28] "그 '마지막날'은 오직 하나님의 전체 교회를 위한 부활의 긴 기간을 의미한다… 마지막날에 속하는 것은 영생의 선물이 아니다. 아들을 영접하는 자는 누구든지 그 즉시 그 안에서 영생을 얻게 하는 것이다… 그러나 육체가 부활하는 그 날, 지금 주어진 영생의 선물의 완전함이 증명된다"(W. Milligan and W. F. Moulton, *Commentary on the Gospel of St. John*, Edinburgh, 1898, p. 82).

세상의 생명에 들어가게 한다는 진술을 반복하게 한다.

7. 생명과 성령

우물가에서 사마리아 여인과 대화하시면서 예수께서는 그녀에게 만일 하나님의 자유로운 선물과, 함께 말하고 있는 자가 누구인지를 알았다면 "네가 그에게 구하였을 것이요 그가 생수를 네게 주었으리라"(4:10)고 말한다. 그 여인은 예수께서 어디에서 생수를 구할 것인지를 물었다. 왜냐하면 그 우물이 깊고 그에게는 두레박이 없었기 때문이었다. 그녀는 생수가 무엇인지를 묻지 않았으며, 예수께서도 그것을 설명하지 않았다. 그러나 우리는 요한의 용법이 독특하다는 것을 주목해야 한다. 랍비들은 자주 "물"을 은유적으로 사용한다. (특히 율법과 관련된 진리를 나타낸다). 그러나 "생수"는 매우 드문 은유적 표현이다. 그 일상적인 용법은 "고인 물"이나 "웅덩이의 물" 또는 그와 같은 것에 반대하여 흐르는 물에 대해 사용하는 말이다. 우리가 지금 여기에서의 토론에 주의를 기울인다면 현재 구절 안에서 그것으로 예수께서 의미하려고 하는 바를 발견할 수 있을 것이다. 예수께서는 그 우물에서 마시는 자는 다시 목마르게 될 것이라고 하신다. 이어서 "내가 주는 물을 먹는 자는 영원히 목마르지 아니하리니 나의 주는 물은 그 속에서 영생하도록 솟아나는 샘물이 되리라"(4:14)고 말씀하신다.[29] 영생에 대한 언급은 예수께서 단지 순간적인 선물을 언급하시는 것이 아니라, 오직 하나님만이 주실 수 있는 생명에 대해서 언급하신다는 것을 보여준다.

물에 대한 은유는 초막절 사건에서 다시 발견된다. 초막절의 마지막 날 곧 큰 날에 예수께서는 서서 "누구든지 목마르거든 내게로 와서 마시라 나를 믿는 자는 성경에 이름과 같이 그 배에서 생수의 강이 흘러나리라"고 외치셨고, 요한은 여기에 "이는 그를 믿는 자의 받을 성령을

---

[29] J. A. McClymont는 여기에서 예수는 "그의 선물이 비교할 수 없는 가치를 지닌 것으로 주장한다. 인간이 가진 갈증은 잠시 동안이 아니라 영원히 풀어주는 능력을 가지며, 그것을 영접한 사람과 함께 거주하며, 무한한 완전함과 끝없는 에너지 그리고 계속해서 솟아나는 신선한 샘물로서 그 안에 거주하는 것으로 주장하는 것이다"라고 말한다(*St. John*, Edinburgh, 1901, p. 155).

가리켜 말씀하신 것이라 예수께서 아직 영광을 받지 못하신 고로 아직 성령이 아니시더라"는 설명을 덧붙인다(7:37, 39). 이것이 완전히 똑바른 구절이라고 말할 수는 없을지 모르지만, 어떠한 방식으로든지 "생수"와 성령이 연결되어 있다는 것은 분명하다.[30] 예수의 지상 사역이 완성될 때까지 충만하게 성령이 아직 주어지지 않았지만, 신자들에게 깊은 만족을 가져다 줄 것이다.

이러한 구절 모두는 그리스도께서 사람들에게 가지고 올 새로운 생명을 바라보는데, 그 생명은 신자들 안에서 역사하시는 성령의 사역으로 특징지어진다. 이것은 신자들이 다시는 목마르지 아니할 만족이다. 그것은 예수로부터 생수를 영접하기 전의 그들의 불충분함으로 인한 기갈이 다시는 없는 만족이다. 물에 대한 또 다른 중요한 언급을 말하는 것이 가능할 것이다. 즉 한 군병이 창으로 옆구리를 찌르니 곧 피와 물이 흐르더라고 말하는 십자가 옆의 한 목격자의 진술이다(19:34). 존 라이트푸트(John Lightfoot)는 랍비 문서의 한 구절을 주목한다. 거기에서는 모세가 광야에서 반석을 치던 때의 사건을 언급하며 "그래서 모세는 그 반석을 두 번 쳤다. 첫번째에는 피가 쏟아져 나왔고 그 다음에 물이 었다"고 말한다.[31] 라이트푸트는 요한의 마음속에 그러한 랍비적 가르침이 있었다고 주장하며, 그래서 그는 이러한 방식으로 주님의 옆구리로부터 흘러나오는 피와 물의 중요성을 보았다고 주장한다. "이것은 새 언약의 참된 피이다. 그래서 옛 것을 확인하는 모형으로 그렇게 직접적으로 반응한다."[32]

---

30) E. Schweizer, "생수로서의 성령은 말씀과 행위로 이루어지는 선포를 통해 공동체 안으로 흘러 들어올 것이다. 그럼에도 불구하고 여기에서의 새로운 진술은 성령이 오직 예수의 죽으심 뒤에 오신다는 것이다. 첫번째의 경우에 이것은 단순히 역사적인 사실들과 조화된다. 그러나 요한에게 있어서 그것은 장차 파라클레토스가 보여주게 될 것들을 말함으로써 특별한 의미를 지닌다"(*TDNT*, VI, p. 442).

31) *A Commentary on the New Testament from the Talmud and Hebraica*, III (Grand Rapids, 1859년도 것에 대한 재판으로 1979년), p. 440.

32) *Ibid.*, p. 441.

8. 죽음

 만일 사람이 생명을 얻었다면 그 결과 생명을 얻지 못한 사람은 죽은 자들이라는 것이다. 이것은 요한이 가르치는 교훈의 한 부분을 이룬다. 그는 예수께서 대적자들에게 "그러나 너희가 영생을 얻기 위하여 내게로 오기를 원하지 아니하는도다"(5:40)라고 말씀하신 슬픈 말들을 기록한다. 이 사람들은 성경을 가지고 있었고, 그것을 성실하게 연구하는 자들이었다. 그러나 그 방식으로는 성경이 예수를 지시하고 있는 것을 알지 못했다. 그들은 그러한 구절들에서 영생을 얻을 수 있다고 생각하였다(5:39).[33] 사람들이 하나님의 말씀을 보면서도, 하나님의 아들을 발견하지 못하는 것은 가장 큰 비극이다. 그러나 그것은 그 세대 사람들의 운명이었다.

 지속적으로 그들은 생명의 길을 거부하였다. 요한은 그의 독자들에게 "아들을 믿는 자는 영생이 있고"라고 말하는 반면에 "아들을 순종치 아니하는[34] 자는 영생을 보지 못하고 도리어 하나님의 진노가 그 위에 머물러 있느니라"(3:36)고 말한다. 그는 사람들이 참된 선택의 길에 직면해 있으며, 거기에 영원한 결과가 달려있다는 진리를 둘러대지 않는다. 믿지 않는 자는 하나님의 진노 외에 아무것도 기대할 것이 없다는 것이다.

 다른 부분에서 요한은 예수께서 가버나움의 회당 안의 사람들에게 "내가 진실로 진실로 너희에게 이르노니 인자의 살을 먹지 아니하고 인자의 피를 마시지 아니하면 너희 속에 생명이 없느니라"(6:53)고 말씀하셨다고 한다. 우리는 앞에서 이것이 예수의 죽음으로 말미암아 우리

---

 33) 대랍비 Hillel은 "율법에 대해 더 연구하면 할수록 더 생명이 있고… 사람이 스스로 율법의 말씀들을 얻었다면, 그는 스스로 장차 올 세상의 생명을 얻은 것이다"라고 말한다(Aboth 2:7).
 34) "믿다"의 자연스러운 반대말은 "믿지 않다"이지만, 그 동사 apeitheō는 일상적으로 "불순종"을 의미한다(그래서 비록 JB가 "믿기를 거부하다"로 번역하고 LB가 "믿지 않고 순종치 않다"로 번역할지라도, 대부분의 번역은 "불순종"으로 번역한다). 자세한 것을 위해서는 제5장 n. 12를 보라. 우리가 어떻게 번역하든지, 이 구절에서 특별한 불순종은 믿기를 거부하는 것임에는 의심할 여지가 없다.

에게 주어지는 축복들의 전유에 대해서 말하는 생생한 표현이라는 것을 보았지만, 사람들이 그렇지 않을 때에 주어지는 것에 대해서 말하고 있다. 그들은 생명에로의 길을 보지 아니하고, 죽음의 길에 협조할 것이다. 그러한 이유 때문에 최후의 심판에서 그들에게는 오직 "심판의 부활"(5:29)만이 있는 것이다.

요한이 생명에 대해 강조하는 것은 생명의 선물을 받아들이지 않는 결과인 죽음에 대한 경고를 자주하고 있다는 것과 조화된다. 그래서 그는 우리들에게 예수께서 유대인들에게 "내가 가리니 너희가 나를 찾다가 너희 죄 가운데에서 죽겠고"라고 말씀하셨으며, 이어서 "이러므로 내가 너희에게 말하기를 너희가 너희 죄 가운데에서 죽으리라 하였노라 너희가 만일 내가 그인 줄 믿지 아니하면 너희 죄 가운데서 죽으리라" (8:21, 24)고 말씀하셨다고 말해준다. 이 부분에서뿐만 아니라 다른 부분에서도 "죄 가운데서 죽음"이 의미하는 바를 설명하지 않지만, 이것은 분명히 궁극적인 공포를 의미할 것이다.[35] 요한이 그토록 강조하는 생명에 대한 바로 그 정반대의 것이다. 우리는 또한 이것을 예수께서 그가 영생을 주는 자들이 "영원히 멸망하지 아니할 터이요"(10:28)라고 말하는 구절들에서 발견할 수 있는데, 거기에는 이 선물을 받지 아니하는 자가 영원히 멸망할 것이라는 암시가 있다.

이것은 요한이 그 동사 *apothnēskō*(아포스네스코), "죽다"를 신약성경의 어느 저자보다 더 많이(28회) 사용하고 있다는 것과 일치한다. 이것은 자주 예수께서 백성들을 위해 죽으실 죽음을 언급한다. 방금 인용한 구절들과 같은 부분에서 죽음은 믿기를 거부하는 자들이 피할 수 없는 운명이기도 하다. 요한이 죽음에 대해 병적인 관심을 가지고 있는

---

35) 참고. R. Bultmann, "요한복음에서 예수 외의 계시는 인류를 죽음으로 이끌 것이다. 그것이 죄되었기에 이에 대한 책임이 있는 것이다. 그 죄는 단순히 창조주의 관점에서 피조물됨을 이해하지 않는 것이다… 그것은 오히려 그 자체의 용어로 이해하려고 추구한다. 이것은 하나님과의 관계에서 반드시 증명되므로 그 표준을 가진다고 생각하며(5:31 이하; 8:13 이하), 스스로 자유롭다고 생각하며(8:33), 하나님의 영광을 구하기보다는 그 자신의 영광의 표준을 설립하려고 한다(5:41 이하)는 사실에서 볼 수 있다. 그래서 죄와 죽음 안에 있는 것이다(8:21~24, 34~37)"(*TDNT*, III, p. 16).

것은 아니다. 그는 그러한 관심을 가지지 않는다. 그는 단순히 사람들에게 생명이 주어졌을 때 그들 앞에 매우 심각한 선택의 길이 놓여있다는 진리에 집중하고 있는 것이다. 그것을 거부하는 것은 곧 죽음을 선택하는 것이다. 우리 모두는 그 점을 확실히 해야 한다. 그러나 요한의 목적은 사람들로 하여금 이 죽음을 선택하도록 하는 것이 아니라 오히려 믿는 자가 되게 하고 생명 즉 영원한 생명에로 들어가게 하려는 것이다.

CHRISTIAN LITERATURE CRUSADE

기독교문서선교회는 청교도적 복음주의신학과 신앙을 선포하는 국제적, 초교파적, 비영리 문서선교기관입니다.

기독교문서선교회는 한국교회를 위한 교육, 전도, 교화에 힘쓰고 있습니다.

만일 당신이 예수 그리스도와 그리스도인의 생활에 대하여 알기를 원하시면 지체말고 서신연락을 주십시오. 주 안에서 기쁜 마음으로 도움을 드리겠습니다.

서울 서초구 방배동 983~2
Tel. 586-8761~3

기독교문서선교회

요한신학

Jesus is the Christ

1995년 3월 25일 초판발행
2009년 4월 25일 초판 4쇄

지은이 | 레온 모리스
옮긴이 | 홍 찬 혁

펴낸곳 | 사) 기독교문서선교회
등록 | 제16~25호(1980. 1. 18)
주소 | 서울시 서초구 방배동 983-2
전화 | 02) 586-8761~3(본사) 031) 923-8762~3(영업부)
팩스 | 02) 523-0131(본사) 031) 923-8761(영업부)
홈페이지 | www.clcbook.com
이메일 | clckor@gmail.com
온라인 | 기업은행 073-000308-04-020, 국민은행 043-01-0379-646
예금주: 사)기독교문서선교회

ISBN 978-89-341-0495-7(93230)

* 낙장·파본은 교환해 드립니다.